関与と越境

日本企業再生の論理

軽部 大

有斐閣

まえがき

　自力と他力の結合：経営の本質
　我々は一人で生きているのではない。社会に生かされているのだ。その事実は，誕生と死のタイミングで顕著に現れる。自らの記憶こそないものの，この世に生を受けた時，誰もが周囲の様々な人々の支援をもって誕生した。老いて行く過程もまた同じである。好きかどうか，できるかどうか，そうしたいかどうかにかかわらず，老いとともに周囲の支援を受けざるをえない。他力（他者の力）なくして，自力（自らの力）を発揮できないのだ。
　企業もまた，そのような人の一生と同じである。企業は社会に生き，生かされる存在である。自力を活かすためには他力が必要であり，企業経営とは自力と他力の結合そのものである。企業経営の進化とは，自力と他力の創造的結合に他ならない。世界を先導する強い会社には，自力が他力を誘因し他力が自力を強化するという好循環が存在する。企業経営とは，自力と他力を結合することで，社会に散在する課題解決に資することにあるのだ。
　オープン・イノベーションの時代とは，他力を活用する時代である。エレクトロニクス産業に代表される日本企業の地位低下は，日本企業に未だ支配的な「自力一辺倒」の必然的帰結である。目指すべき方向性は，徹底的に自力を磨くことで，それを梃子に他力を誘因し活用することにある。しかしながら，日本企業の意思決定の現場で観察されるのは，中途半端な自力の錬磨であり，現状の自力に過度に合わせた戦略計画である。
　中途半端な自力は，他者から見て魅力的ではない。他力本願となるほど，他者は逃げていく。徹底的に自力を磨くことでのみ，他力を利用できる道が開かれる。自らできることは時代とともに陳腐化するので，できることに絞り込んでやるべきことを決めていると，社会での存在意義は自ずと小さくなる。
　他者を巻き込み，他者の協力を得ることが経営の本質であり，その重要性はこれまで以上に大きくなっている。そこで鍵となるのが，他者に積極的に関与してもらう「包摂の論理（logic of inclusion）」である。それは，自力志向で他者の協力を拒む「排除の論理（logic of exclusion）」とは対極にある論理である。排除の論理を志向する者は，同じく他者に排除の論理を以て駆逐されることにな

る。

関与と越境：日本企業再生の二つの論理

　それでは，日本企業が直面する具体的な経営課題とは何か。課題解決を通じた日本企業再生の論理とは何か。それを検討するのが本書の目的である。強調するのは，関与と越境という二つの論理である。この二つの論理を以て，日本企業経営の再生の方向性を検討する。論理とは，現実を理解する補助線となる見方である。

　関与とは，文字通り個人や組織が「ある物事に関わること」を意味し，ある物事にたずさわり，引き受けて「自らの問題の一部として面倒をみること」である。これに対して越境とは，この世の中に存在する「様々な境界を跨ぎ，超えること」である。日本企業が長期に低迷し，迷走してきた原因は，企業戦略や組織のあり方という表面的な問題にあるのではなく，経営を預かる様々な階層の人々による関与と越境のあり方にある，というのが本書の基本的な「見立て」である。関与の主体も，関与の対象も様々あり，越境すべき事態も多様である。しかし，眼前の経営課題の背後に存在すると思われる問題は，一方で関与の問題に，他方で越境の問題に帰着することが可能なものである。

　関与と越境という二つの概念は，外来語が支配し，最先端の企業経営が海外から来ると考える人たちには，馴染みのない概念かもしれない。しかし，（企業）経営の原則に立ち返れば，これらの二つの概念は，とりたてて目新しい概念ではない。というのも，経営とは他力を誘因し自力と結合することで，個人ではできないことを達成することに他ならないからである。越境もまた，経営を革新することに伴い生まれる現象である。企業経営の革新は，既存の境界線を跨ぎ，超えることで生まれる新しい知識を以てはじめて実現される。

　戦略が悪い，組織が悪いでは，単に経営の責任論を語るに過ぎない。そうではなく，まずい経営の背後には，健康を害するような過剰な関与や「タダ乗り」のような過小な関与が支配していないだろうか。古典的にはタコツボ，現代的にはサイロ化とも呼ばれる，狭い殻に閉じこもり高い障壁を設けることで敢えて越境することを避ける傾向は観察されないだろうか。新たな創造や問題解決の原動力として，越境に伴い起こる摩擦や対立を積極的に利用する努力が，どれだけ払われているだろうか。関与や越境という観点から，日本企業の経営，そして経営の土台となる日本企業社会の問題を検討するのが本書の目的である。

利害関係者とその関わり方は時代とともに変化し，それに応じて関与のあり方を企業は自らの意思を以て変えていかなければならない。関与の対象や関与のあり方に関して主体的な変化を促すのが越境である。越境は，自らの領域に他者が入ってくるという行為であり，他者の領域に自らが足を踏み入れるという行為である。そのため，必然的に境界の周辺では，摩擦や対立が生まれ，現実に対峙しようとする人々から新たな課題解決のための関心や努力，そして解決策が生まれてくる。それが経営進化の原動力となる。

越境は，境界を越えるという意味である。境界線は何も国と国との境にある国境線に留まらない。身近でいえば自らの部署と隣の部署との間にも境界線があり，異なる学問や職業の間にも境界線が存在する。それゆえ，越境とは国境を越えるという特定の意味で使われるだけでなく，自らの「持ち場」を超えるという意味でも使われる。たまたま組織や社会から与えられた「持ち場」に逃げ込み，さらに狭く自らの関与の範囲を狭めて行く行為こそ，避けねばならぬ事態である。関与の範囲を拡げ，関与の対象を変えるためには，どこかで境界線を越える越境行為が必要となる。革新は異なる原理やルール，文化が交錯する境界線で生まれるので，越境こそが他社に先駆けて革新実現の契機となるはずである。

本書の構成

本書が想定する読者は，企業経営に関心を持つ研究者およびビジネスパーソンである。経営現象に関心を持つ多くの人々に手にとって読んでいただきたい。各章は独立しているので，興味のある部分だけを選んで読んでもらって構わない。

例えば，時間の限られている読者であれば，結論に当たる第9章のみをまず読んでいただき，必要に応じて問題意識について検討した第1章もしくは経営課題について論じた第2章をお読みいただきたい。日米の企業システムの違いに関心があれば第3章を，ミドル・マネジメント主導の戦略の限界について関心があれば第4章を，本社機構について興味があれば第5章をお読みいただきたい。また，近年増加するM&Aに関心があれば第6章と第7章を，株主との関係性や開示行動に注目する読者には第8章をお読みいただきたい。

第2章から第8章までは，立論と検証の方法論こそ異なるものの，主として学術的観点から，日本企業に関する経営課題を検討している。これに対して第

9章では，より実務的観点から日本企業経営の再生の方向性について議論している。日々企業経営で悩まれる方へのメッセージもここに含まれている。

　経営という営みに日々従事される多くの人々にとって，本書の議論が身近な現実として理解され，そこに幾許かの現実妥当性を見いだしていただけるのであるならば幸いである。

目　次

まえがき　i

第1章　事業と企業を見る眼 ―――― 1

Ⅰ　日本企業を取り巻く現状 …… 1
1. 日本企業の経営課題と未来　1
2. 楽観論と認識の遅れ　4

Ⅱ　企業を見る眼：役割，目的，機能 …… 6
1. 企業が果たす役割：社会に散在する課題の認識と解決　6
2. 企業はなぜ存在するのか：課題解決・技術的変換主体としての企業　8
3. 「かけがえのなさ」としての競争力　9
4. 有効性と効率性：技術的変換能力の二つの側面　10
5. 変換能力向上と顧客接点　12
6. 能力構築の場：顧客と競争　14
7. 計画至上主義と挑戦的実験　15

Ⅲ　関与のマネジメント：本書の視点 …… 19
1. 関係性を構築する：関与という視点　19
2. 資源提供者への依存と関与　21
3. 関与の二極化：従業員の企業への関与　24
4. 定まらない関与：外部投資家への関与　25
5. 思い込みの関与：顧客と課題への関与　26
6. 未来への関与：経営者の事業への関与　26

第2章　日本企業の経営課題の構図 ―――― 29

Ⅰ　環境の不確実性と特徴 …… 29
1. 増大する環境の不確実性　29
2. さようなら成長期　33
3. 急速な価格低下　35
4. 革新と陳腐化　40

Ⅱ　収益性の低下と二極化 …… 44
1. 低下する収益性　44
2. 低迷する労働生産性　46

3．戦略と収益性格差　49
   4．増大する戦略の役割　51
   5．戦略巧拙の帰結：一つの例示　51
 Ⅲ　直面する経営課題の構図 ………………………………… 55
   1．複雑性の増大と組織能力　55
   2．細分化と脱文脈化：関与の低下　59
   3．もの造り神話の背景：自力と微視的視点　61
   4．オープン性と共創：競争ルールの変化　62
 Ⅳ　新しい市場を創る ………………………………………… 64
   1．平均的な顧客像の限界　64
   2．大局と越境　66

第3章　自己革新性の限界とその超克 ── 71
 Ⅰ　日本型企業システムの特徴 ……………………………… 71
   1．日本的経営とは何か　71
   2．日本的経営の構成要素と多面性　72
   3．日本的経営の評価とその変遷　76
   4．多様な資本主義の一つとしての日本型資本主義　78
   5．日本型と米国型：二つの企業システム　79
 Ⅱ　ランキング変遷から見る日本型企業システムの特徴 ……… 82
   1．日米売上高上位500社の変遷　82
   2．日米時価総額上位20社の変遷：古参企業の長期支配　86
   3．日米で異なる新陳代謝のダイナミズム　90
   4．日本型システムに内在する問題　93
 Ⅲ　日本企業における管理機構の肥大化 ………………………… 95
   1．問題の所在：管理機構肥大化仮説　95
   2．二つの現場の相違：製造と管理　98
   3．ミドル階層の管理職能の肥大化　99
   4．経営トップ階層の肥大化　102
   5．むすび　104

第4章　事業戦略の構造的課題：
　　　　ミドル・マネジメント主導の限界 ―――― 107

Ⅰ　戦略とは何か ………………………………………… 107
　1．戦略の定義　107
　2．事業戦略と全社戦略　108
　3．良い戦略と悪い戦略　109

Ⅱ　なぜ自己革新性は低下するのか ……………………… 111
　1．中核能力の罠と組織慣性　111
　2．組織は戦略に従い，戦略は組織に従う　112
　3．問題の所在：組織と戦略の健全性　114
　4．健全性を担保するものは何か　117

Ⅲ　日本企業の事業環境・事業成果・市場地位 ………… 119
　1．調査対象企業およびビジネスユニットの概要　119
　2．事業成果：収益性と競合企業に対する比較優位性　121
　3．直面する競争環境と市場地位　123
　4．事業成果との関係　126

Ⅳ　ミドル・マネジャーの戦略志向性と環境適応 ……… 128
　1．戦略志向性に関するBUの特徴　128
　2．戦略志向性と事業成果　131
　3．戦略志向性と計画プロセス　133
　4．事業戦略に関する得られた知見　137
　5．ミドル・マネジメントの重要性と限界　138

第5章　全社戦略の機能不全と本社：
　　　　本社の役割の再検討 ―――――――――― 141

Ⅰ　全社戦略の機能不全 …………………………………… 141
　1．問題の所在：「強い現場と弱い本社」　141
　2．全社戦略機能不全の背景　142
　3．何が問題か：能力不足か規律の欠如か　144

Ⅱ　本社に関する現状と研究課題 ………………………… 146
　1．小さな本社論　146
　2．等閑視された本社研究　148
　3．定式化された事実と研究課題　149
　4．本社とは何か：機能と役割　151

 Ⅲ 検討すべき仮説 …………………………………………… 153
 Ⅳ サンプルと変数 …………………………………………… 157
  1. データサンプル 157
  2. 変　　数 158
  3. 記述統計 161
 Ⅴ 推計結果 …………………………………………………… 165
 Ⅵ まとめ ……………………………………………………… 170
  1. ディスカッション 170
  2. 本社組織とマクロ・マネジメント 172

第6章　増加するM&Aとシナジー幻想：
　　　　自力と他力の結合を阻むもの ────── 175

 Ⅰ 他力を活用する時代 ……………………………………… 175
  1. 自力と他力の結合としてのM&A 175
  2. 急増する日本企業のM&A 176
  3. M&A増加の背景 177
 Ⅱ M&Aは経営成果の改善をもたらすか …………………… 179
  1. M&Aの便益：四つの節約効果 179
  2. M&Aの費用：経営統合コスト 180
  3. 経営成果との関係 181
 Ⅲ 合併に伴う組織統合 ……………………………………… 182
  1. M&Aに伴うシナジー幻想 182
  2. 既存研究における統合問題 184
  3. 残された三つの研究課題 185
 Ⅳ 乗り越えるべき「組織の壁」 …………………………… 186
  1. 基本的な課題：過去に最適化される組織 186
  2. 様々な場で観察される組織の壁 188
  3. 奇妙な一致：サイロ化した二つのエレクトロニクスメーカー 190
  4. 組織のサイロ化をいかに克服するか 191

第7章　組織の壁を越える：新規顧客の役割 ──── 195

 Ⅰ 専門職サービス組織の合併と統合過程 ………………… 195
  1. 問題の所在：合併後の統合過程 195

2. 専門職サービス組織の特徴　196
　　　3. 顧客との関係は誰のものか　198
　　　4. 顧客共有の四つのタイプ　200
　Ⅱ　検討する仮説：何を検証すべきか …………………………… 202
　　　1. ネットワーク閉鎖性（network closure）　202
　　　2. 埋め込み（embeddedness）　203
　　　3. 顧客の属性　204
　　　4. 新たな経営慣行の導入　207
　Ⅲ　データと分析 …………………………………………………… 208
　　　1. 対象事例の選択　208
　　　2. 事例の紹介　209
　　　3. データ　211
　　　4. 従属変数　212
　　　5. 独立変数　213
　　　6. コントロール変数　215
　Ⅳ　分析と結果 ……………………………………………………… 216
　　　1. 分析方法と結果　216
　　　2. 結論：新しい顧客を獲得する意義　223
　　　3. 含意：組織の壁を乗り越えるために必要なこと　224

第 8 章　外部投資家との対話と関与 ──────── 229

　Ⅰ　外部投資家との対話と関与 …………………………………… 229
　　　1. 多様な利害関係者による資源提供　229
　　　2. 高まる外部投資家の重要性　230
　　　3. 問題の所在　231
　Ⅱ　決算発表を通じた投資家との対話 …………………………… 233
　　　1. 決算発表の適時性と経営システム　233
　　　2. 法定開示，適時開示，任意開示　234
　　　3. 適時開示から法定開示までの一連のプロセス　237
　　　4. 決算発表の「早さ」と発表集中日からの「逸脱」　239
　Ⅲ　二つの開示戦略と 2000 年代の動向 ………………………… 241
　　　1. 早期化による開示戦略：決算発表の速報性　241
　　　2.「逸脱」による開示戦略：非集中日での決算発表　244
　　　3. 決算発表の早期化：2000 年代の動向　246
　　　4. 決算発表集中日からの逸脱：2000 年代の動向　249

Ⅳ　早期決算開示と開示の質 ·· 250
　　　　1．検討すべき仮説：開示の質に与える影響　250
　　　　2．データと変数　252
　　　　3．得られた結果と考察　253
　　　　4．対話と関与のための組織能力構築の重要性　254

第9章　市場を創る：日本企業の未来 ─────── 261
　　Ⅰ　経営不況とマイクロ・マネジメントの支配 ·················· 261
　　　　1．「勝利の方程式」の限界と経営不況　261
　　　　2．マイクロ・マネジメントの自走　263
　　　　3．マクロ・マネジメント重視への転換　264
　　　　4．問われる経営者の役割：内部留保と経営者報酬　266
　　Ⅱ　事業を創り，市場を創る ·· 268
　　　　1．アクションカメラ市場の事例　268
　　　　2．事業創造の障壁　270
　　　　3．最先端の課題に立つ：先進課題はどこにあるか　272
　　　　4．経営者の仕事：関与と越境の促進　273
　　Ⅲ　日本企業の経営の未来 ··· 275
　　　　1．経営技能の進化：経験則の一般化　275
　　　　2．新たな能力構築を考える際の鍵　276
　　　　3．顧客が直面する問題に深く関与する　278

参考文献 ───────────────── 281

あとがき ───────────────── 297

索　　引 ───────────────── 301

図表リスト

図表 1-1：主要先進国の GDP シェア　2
図表 1-2：主要先進国の一人当たり GDP（1970〜2014 年）　3
図表 1-3：技術的変換能力の四つの企業タイプ　11
図表 1-4：投資プロジェクトの分布：三つの異なるケース　16
図表 2-1：経営課題の全体像　30
図表 2-2：日経平均変動係数（1980〜2015 年）　31
図表 2-3：原油価格変動係数（1980〜2016 年）　32
図表 2-4：液化天然ガス価格変動係数（1992〜2015 年）　32
図表 2-5：小麦価格変動係数の推移（1980〜2015 年）　34
図表 2-6：大豆価格変動係数の推移（1980〜2015 年）　34
図表 2-7：組立系製造業の企業物価指数の推移（1990〜2016 年，2010 年基準価格）　36
図表 2-8：情報通信業種の主要 6 製品の企業物価指数の推移（1990〜2016 年，2010 年基準価格）　37
図表 2-9：電子部品・デバイス業種の主要 4 製品の企業物価指数の推移（1990〜2016 年，2010 年基準価格）　38
図表 2-10：電気機器業種の主要 4 製品の企業物価指数の推移（1990〜2016 年，2010 年基準価格）　39
図表 2-11：デジタル化の影響：銀塩カメラ・デジタルカメラの出荷数量・単価の推移（1951〜2015 年）　41
図表 2-12：業種別の短命化の傾向　42
図表 2-13：収益性と回転率（全産業，全規模）　45
図表 2-14：収益性と回転率（製造業，全規模）　45
図表 2-15：収益性と回転率（非製造業，全規模）　46
図表 2-16：実質労働生産性（従業員一人当たり付加価値額）　47
図表 2-17：利益率の決定要因：既存研究　50
図表 2-18：東レ・帝人・旭化成：連結売上高　52
図表 2-19：東レ・帝人・旭化成：総資産営業利益率　53
図表 2-20：東レ・帝人・旭化成：総資産回転率　54
図表 2-21：事業環境の複雑性と組織能力の関係：仮説例　58
図表 2-22：グローバル最適化と越境：三つの例示　67
図表 3-1：日本的経営・日本企業研究の概要　74
図表 3-2：日本経済に占める大企業（資本金 10 億円以上）の構成比　80
図表 3-3：理念型としての日本型企業システムと米国型企業システム　82
図表 3-4：日本企業売上高上位 500 社のコホート別残存率の推移　83
図表 3-5：米国企業売上高上位 500 社のコホート別残存率の推移　84

図表 3-6：企業数残存率日米比較：1960 年上位 500 社　85
図表 3-7：企業数残存率日米比較：1970 年上位 500 社　85
図表 3-8：企業数残存率日米比較：1980 年上位 500 社　86
図表 3-9：企業数残存率日米比較：1990 年上位 500 社　86
図表 3-10：企業数残存率日米比較：2000 年上位 500 社　87
図表 3-11：時価総額上位 20 社の変遷：日本　88-89
図表 3-12：時価総額上位 20 社の変遷：米国　88-89
図表 3-13：日本企業 500 社の企業年齢別企業数の推移　91
図表 3-14：米国企業 500 社の企業年齢別企業数の推移　91
図表 3-15：ROS（売上高利益率，税引き後利益）日米上位 500 社比較　92
図表 3-16：付加価値総額に占める従業員給与・賞与（福利厚生費を含む）と役員給与・賞与の割合の推移　96
図表 3-17：売上原価と販管費の動向（資本金 10 億円以上，製造業）　97
図表 3-18：売上原価と販管費の動向（資本金 10 億円以上，非製造業）　97
図表 3-19：職業別就業者数の推移　99
図表 3-20：全規模製造業の生産労働者数および管理・事務・技術労働者の推移　100
図表 3-21：管理職の比率（対従業員数，従業員数 100 人当たり管理職者数）　101
図表 3-22：年齢階級別比率：係長　102
図表 3-23：年齢階級別比率：課長　102
図表 3-24：年齢階級別比率：部長　103
図表 3-25：役員数の対従業員数比率　104
図表 3-26：一人当たり付加価値額（役員と従業員）：製造業 10 億円以上　105
図表 3-27：一人当たり付加価値額（役員と従業員）：非製造業 10 億円以上　105
図表 4-1：日米で異なる相互依存関係　117
図表 4-2：対象企業の概要　120
図表 4-3：BU の主要経営成果指標　122
図表 4-4：主たる事業の競争環境と市場地位　125
図表 4-5：BU 基本属性・経営環境・市場地位と事業成果の相関　127
図表 4-6：戦略志向性の記述統計　129
図表 4-7：戦略志向次元の BU 別度数分布　131
図表 4-8：戦略志向性と事業成果の相関　133
図表 4-9：重回帰分析の結果（被説明変数：収益優位性）　134
図表 4-10：計画プロセス変数の影響（被説明変数：五つの戦略志向性）　136
図表 5-1：暴走につながる戦略着手年の分布　146
図表 5-2：議論の全体像　154
図表 5-3：組織構造の 9 類型　160
図表 5-4：本社機能部門従事者数（1,000 人当たり，全サンプル）　162
図表 5-5：本社機能部門従事者数（1,000 人当たり，製造業）　162

図表 5-6：本社機能部門従事者数（1,000人当たり，従業員2,000人以上上場製造業）　163
図表 5-7：本社組織の規模の国際比較　163
図表 5-8：主要変数の相関行列　164-165
図表 5-9：プールデータ（1995〜2008年）によるOLS推計結果　166-167
図表 5-10：プールデータのOLS推計結果（年・産業効果統制なし）　168
図表 5-11：固定効果モデルと変量効果モデルの推計結果　169
図表 5-12：1998〜2008年組織構造9類型の遷移　171
図表 7-1：顧客とサービス提供者との関係　199
図表 7-2：顧客共有の例　201
図表 7-3：研究事例の概要と比較　210
図表 7-4：合併当初の協働ネットワーク（1985年，合併時点）　218
図表 7-5：協働ネットワークの変化（1990年，5年後）　218
図表 7-6：協働ネットワークの変化（1995年，10年後）　219
図表 7-7：協働ネットワークの変化（1999年，14年後）　219
図表 7-8：記述統計　220
図表 7-9：相関行列　222-223
図表 7-10：組織間顧客共有の推計結果（Generalized Estimating Equation Population Averaged Model）　224
図表 7-11：世代間顧客共有の推計結果（Generalized Estimating Equation Population Averaged Model）　225
図表 8-1：多様な利害関係者との資源提供と対話　231
図表 8-2：上場企業の持株所有比率の推移　232
図表 8-3：情報開示・株主総会のスケジュール：3月末決算期企業の場合　238
図表 8-4：動機と能力：企業の4タイプ　240
図表 8-5：決算発表までの平均所要日数　247
図表 8-6：決算短信発表日数：全上場企業サンプル（Unbalanced Panel Data，3万9254企業・年）　248
図表 8-7：決算短信発表の所要日数（Balanced Panel Data，1680社，2万1840ケース）　249
図表 8-8：決算集中日の推移（3月期決算上場企業1680社対象）　251
図表 8-9：早期企業：所要日数の影響（Panel Logitの推定結果）　255
図表 8-10：早期企業：30日以内（Panel Logitの推定結果）　255
図表 8-11：短縮化効果：3日短縮の場合（Panel Logitの推定結果）　256
図表 8-12：短縮化効果：5日短縮の場合（Panel Logitの推定結果）　256

本書のコピー，スキャン，デジタル化等の無断複製は著作権法上での例外を除き禁じられています。本書を代行業者等の第三者に依頼してスキャンやデジタル化することは，たとえ個人や家庭内での利用でも著作権法違反です。

第1章 事業と企業を見る眼

　本章では，日本企業が直面する経営課題を論ずる前に，各章に通底する事業と企業に関する基本的な見方を提示する。それは，企業は課題解決主体として，技術的変換能力の有効性と効率性を高めることで，社会に散在する課題の解決を可能としているという見方である。その上で，変換能力の向上の鍵として，顧客接点と競争の重要性を指摘する。最後に，経営活動における「関与」という態度（心構え）とそれに基づく行為に注目して，企業が直面する経営課題の特徴を概観する。

I 日本企業を取り巻く現状

1. 日本企業の経営課題と未来

　本書は，日本企業に特徴的な経営行動や成果に注目し，直面する経営課題を同定し，解決へ向けた方策を検討する。その上で，未来に向けた経営のあり方を展望する。過去，現在，未来と視点の時間移動を通じて，日本企業の組織，戦略，そして経営のあり方を検討するのが本書の目的である。

　かつて，日本企業は，日本的経営という独特の経営慣行を以て，経営史上の奇跡として礼賛された（Vogel, 1979）。しかし，その成功も長くは続かなかった。それは，日経平均が3万8957円の最高値をつける1989年12月29日の大納会までであった。年明けの1990年1月4日の大発会は，「失われた10年」，あるいは「失われた20年」と表現されることとなる長い低迷・混迷期の始まりであった。日経平均の大幅下落が始まったのである。

　もっとも，日本企業変調の最初の引き金となったのは，バブル経済の崩壊で

図表 1-1 主要先進国の GDP シェア

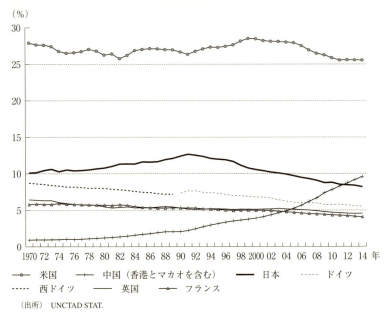

(出所) UNCTAD STAT.

はないことには注意を払う必要がある。のちに検討するように，日本企業はすでにプラザ合意に端を発する大幅な円高不況に直面していたし，その前の1980年代前半にはいくつかの変調の兆候が観察されているからである。加えて，日本企業の長期変調の原因は，バブル崩壊後に進展するマクロレベルの構造変化にも求められる。それは，1990年代以降に本格化する金融自由化やデジタル化・オープン化を特徴とした情報通信革命，2000年代のグローバル化の流れに呼応して台頭する韓国・中国・台湾企業との競争である。

　ここで問うべき問題とは，日本企業の経営が，必ずしもこれらの構造変動に主体的に適応し，他国の企業に先駆けて変化を主導しているわけではない，という点にある。もちろん，全ての日本企業に当てはまる問題ではないが，日本企業の経営課題に共通項なるものが存在すると仮定するならば，まず日本企業の経営慣行に共通するものは一体何であるのか。なぜ構造的な環境変化に適応できていないのか。主体的に環境変化を先取りしていくためには，何をすべきなのか。それを可能な限り多面的に明らかにすることが求められていると思われる。

　日本企業や日本経済の歴史を「失われた10年」と表現するには異論はない

図表 1-2　主要先進国の一人当たり GDP（1970〜2014 年）

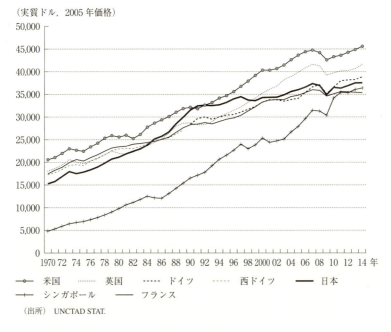

（出所）UNCTAD STAT.

ものの,「失われた 20 年」と表現するには違和感を感じる人も少なくないだろう。なぜなら，日本経済は，2002 年 2 月から 2008 年 2 月までの 73 カ月は「いざなみ景気」と呼ばれる長期間の好景気を経験したことになっているからである。実際，多くの日本企業の企業業績もこの時期大幅に改善している。それにもかかわらず，「失われた 20 年」という表現が一部の人々にとって的を射た表現であるのには，バブル崩壊以降の構造的な問題が，経済全体のマクロレベルで，あるいは個別経営レベルで根本的に解決されていない，という見方が存在するからであろう。

　そのことを傍証するのが，GDP の世界シェア（図表 1-1）と一人当たりの実質 GDP 額の推移（図表 1-2）である。二つの図表から日本の生み出した経済価値の総額という点で経済地位の変化を振り返ると，1991 年以降の日本の GDP 世界シェアは，残念ながら一貫して低下傾向にある。2003 年以降は 1970 年以前の水準にまで落ち込み，2012 年には中国に逆転されている。一人当たりの実質 GDP で見てもまた，1991 年以降他の先進国と比較して成長率が鈍化しており，1998 年には英国に，2011 年にはドイツに逆転されている。この点で，

淡路島と同程度の規模しかないシンガポールの目覚ましい急速な成長とは対照的である。2002年から2008年に日本経済はいざなみ景気を経験したにもかかわらず，世界経済の中でその地位を低下させている背景には，日本以外で1990年代以降進展した世界経済の成長機会を，日本企業は十分に享受できていないという課題が存在するのである。

2. 楽観論と認識の遅れ

　1980年代にすでに変調が見られた日本企業に対して，経営学者は残念ながら目に見える現実を追認するに過ぎなかったことは否めない。成長する企業の経営戦略や慣行をその他の企業がその後実践すべき成功事例として単に追認するのであれば，学者の役割や職業的存在意義をそこに見いだすことは難しい。誰でも観察できるような目先の事業成果に判断が左右されることなく，利益が出ている時に敢えて撤退を判断し，利益が出ていなくても未来を見据えて継続を判断する。これが経営者の仕事である[1]。経営学者の仕事もそれと同じだ。成長している企業にこそ未来への警鐘を鳴らし，低迷する企業にこそ未来の「よすが」を提示することが，経営学者に求められる仕事である。

　その意味で，バブル崩壊後も我々経営学者は，残念ながらその職業的責任を全うしていたとは言いがたいと思われる。例えば，沼上（2006）が指摘するように，製造業の不調が顕在化した1990年代半ばにおいても，日本企業に対する経営学者の評価は楽観的であった可能性がある。それは，不調の原因は金融セクターにあり，製造業を中心とした日本企業は課題を抱えつつも深刻な状況には必ずしもない，というものである。そのような見方が大きく転換するのは，2000年代初頭に入ってからであった（Porter, Takeuchi, & Sakakibara, 2000；三品，2002；延岡，2002）。日本企業の戦略と組織の双方に本質的な欠陥があるという指摘が出てくるのに，バブル崩壊から10年を要することとなった。楽観論が我々の現実認識を遅らせていた可能性がある。

　未来に向けた日本企業の経営のあり方に関して，様々な見方が存在することは至極真っ当な状況である。問題なのは，その対立が事実前提そのものの相違に起因して，協約不可能な対立という様相を呈している点にある[2]。そもそも，日本的経営慣行の構成要素を同定することなしに，日本的経営を守るべきなのかという一般論は無意味である。日本企業の経営慣行の一部には明らかに非効率な慣行が存在することも事実である。しかしながら，諸外国の「先進例」を

引き合いに出して，全てを改革すべきであるという議論も感情的な主張である。例えば，社外取締役制度の導入は，社長の暴走や不正を防ぐという意味で一定の役割を果たすかもしれないが，決して万能な制度ではない。そもそも，社長を牽制できるだけの見識と判断力を持った社会取締役候補者の人材プールは，どれだけこの社会に存在するのだろうか。もっとも，社長をはじめとした内部取締役の制御を彼らが立脚する倫理観に求めることも残念ながら幻想と言わざるをえない。あるべき方向性とは，双方の解決策の課題を踏まえた上で，さらにそれらの課題にいかに手を打つべきかを議論するものであろう。

　もの造りに関する一連の議論も同型である。もの造り企業という日本企業にまつわる典型的なイメージは，製造企業として躍進したという点で歴史的事実ではある。しかし，今後も目指すべき方向性かという点では異なる意見が存在するはずである。その一つは，経済全体のサービス産業化は，もの造りの重要性を低下させるという点で，もの造り企業への過度な訴求と懐古は，経営リスクを大きくする一手となる，という意見であろう。もの造り企業やすり合わせの重要性への訴求は，往々にして絶え間ない現場の人々のたゆまぬ努力に支えられて実現しているという点で賞賛に値するものであるが，他方でその実現コストを無視している。過剰な品質やスペックという形で，すり合わせの価値が顧客から十分に評価されていない場合もある。もう一つの意見は，それとは対照的に，逆張りの論理に基づくものである。つまり，サービス産業化が進展するからこそ，もの造り企業としての固有性が生まれ，そこをさらに強化していくべきだという意見である。

　どちらの意見もまた，自身の信念を明示的に正当化すべく，より理念化された極端な方向へと議論が強化されていく。いわば対立する主張の二極化現象である。二極化が進めば対話の機会が失われ，両者の対立は先鋭化する。一見すると直感に反するものの，組織内や組織間で顕在化する摩擦や対立は常に避けるべきものでは決してない。なぜなら，世の中を当然視する人にとって組織や社会で起こる摩擦こそが，互いの暗黙裡の相違を明示的に気づかせてくれる機会を提供するからである。そのような機会は，その解決を目指した活動が起きる時，革新への活動の起点となる可能性がある（Stalk, 2011）。この議論に従えば，現状の様々な経営施策に関する考え方の相違や摩擦が創造的活動の主体的な原資となるためには，互いの了解の共通項となる十分な証拠（エビデンス）が決定的に欠けており，その証拠を用意することが必要とされていると思われ

る。本書は，全てを自ら集めた独自の一次資料に基づく立論ではないという点で，決して十分なものではないものの，ささやかなる一歩としてその間隙を埋めるべく書かれるものである。

　日本企業が直面する経営課題の構図を導出する前に，本書が立脚する基本的な前提について説明しておこう。それは，企業は何をする存在か，企業はなぜ存在するのか，競争力とは何か，経営プロセスの本質とは何か，というものである。そのような基本的前提に関する説明について，少し読者の皆様にもお付き合いいただきたい。筆者と異なる意見を読者の皆さんが仮にお持ちだとしても，前提さえ共有できれば，対話を通じて新たな将来像を共に構想できる可能性が残されているからである。

II　企業を見る眼：役割，目的，機能

1. 企業が果たす役割：社会に散在する課題の認識と解決

　我々は様々な課題を抱えた社会に生きている。その課題は実に多様である。明日の食べ物に困るという経済的貧困はその一つであり，受けたい教育を受けられないという教育的課題もその一つである。自然破壊や地球温暖化などの環境に関する課題，急激な人口増加や高齢化という人口問題，雇用機会の均等や食の安全や食品廃棄物，飢餓などの食糧問題，安全や人権に関わる課題などもその一例である。このような容易に解決することができない，社会で共有すべき課題は，社会的課題と一般的に呼ばれている。

　もっとも，これらの課題は，社会の様々な人々に問題として共有されているわけではない。健常者は，道路の段差の存在は容易に越えられるものとして，その段差がもたらす不便の存在に気がつかない。車椅子での移動が不可避である時，ベビーカーを押している時，初めてその段差の大きさに気がつき，その不便の存在に気づくのである。多くの人にとって，日々の生活で爪切りの不自由さは顕在化しない。どちらかの（あるいは両方の）手が不自由な人しか，爪切りの不自由さには気がつかない。両手が自由に動く人にとっては至極当たり前だが，通常の爪切りは互いの手が自由に動くことを前提としているからである。病院のベッドは昔と比べて改善されているかもしれないが，革新的な進歩からほど遠い状態にある。そこは寝心地の悪さを声としてあげ，病院へフィードバックするメカニズムがうまく機能しにくいからである。課題が存在しても，そ

れが声となり社会の改善活動につながらないことは,世の中に数多くある。当たり前に観察すること,当たり前に考え,想像してみることでは決して見えてこない,発見できない,そのような課題は,世の中に大小いわば散らばって隠れた形で存在している。我々は,そのような社会に生きているのである。自分自身が立脚する「当たり前」を見直すことは容易ではないが,それを振り返ることなしに,社会に散在する課題は発見できないのである[3]。

社会に生きるとは,周囲から制度的に,あるいは社会文化的に期待された役割を果たしつつ,社会に散在する課題を新たに発見し,周囲の人とその課題を共有し,解決のための方策を構想し,実行のために周囲の協力を得るということである。これは一人一人の個人にのみ当てはまる言明ではない。企業にも全く同じく当てはまる言明である。つまり,企業は法律を遵守し,企業活動を行う場を取り巻く人々からの役割期待を果たしながら,社会に散在する課題を見いだし,解決策を導き出し,課題の解決を通じて社会からその存在意義を認められる主体である。課題解決の対価として,組織体の維持,成長のための原資としての金銭的対価を得るのである。企業は営利活動を行う主体ではあるが,営利活動のみを目的とする主体ではない。非営利組織と違って,さらなる利益を獲得することを組織運営の駆動力として,社会に散在する課題を主体的に発見し,解決する主体こそが企業のあるべき姿なのである。

ここで強調しておきたいのは,課題発見・解決という一連の活動と,その対価として利益を獲得するという活動とが,表裏一体の関係にあるという点である。利益を全く無視して課題発見・解決を試みる主体では決してないし,利益獲得のみを目的とする主体でもない。世の中には,そのような類いの企業がそれぞれ存在することは否定しないが,利益を度外視した企業も,利益しか考えない企業も「長期的には」存続しえない。「売り手よし」「買い手よし」「世間よし」から成る「三方よし」という近江商人の心得がある。利益か社会貢献かという単純な二分法ではない。事業活動が利益を生み,しかも社会貢献となるのが企業が果たすべき役割である。

言うなれば,事業活動とは,利益の上がる形で,社会に散在する課題を発見し,解決を試みようとする活動である。したがって,社会に対する観察能力の低い人々,もしくはそのような人々によって構成される企業が,他社に先駆けて新しい事業機会(ビジネスチャンス)を見いだすことは稀であろう。そのような企業に残された成長機会は,先行する他社とは異なる「よりうまい方法で」

すでに発見された課題を解決する方法論を見いだすことにある。

　後述するように，社会を構成する人々の多様な課題が起きる現場に寄り添うことなしに，あるいはその現場に深く入り込むことなしに，新しい事業機会を見つけることは決してできない。その意味で，新しい事業機会は，人々の日常の不便や不都合，不満や怒りあるいは悲しみの中に密かに隠れて存在しているのであって，必ずしも人々の頭の中の構想や計画，そして夢や希望の中に明示的に存在しているわけではない。

2．企業はなぜ存在するのか：課題解決・技術的変換主体としての企業

　たしかに，課題は個人でも認識できるし，解決策を提案し，その問題に取り組むことも可能ではある。しかし，個人の力は限られている。個人ではなく組織として課題を認識し，解決策を提案し，その問題に集団として組織的に取り組むことで，個人の能力限界を超えることが可能になるという点に，企業として取り組む積極的な意義がある。もっとも，そうであるならば，個人の単なる集合体としての組織と企業との本質的な違いは見られないはずである。課題の発見や認識だけが問題であるならば，企業という存在は必ずしも必要ではない。むしろ，企業という存在が必要となるのは，具体的な解決策を実現し，体現することのできる知恵や技術を企業が有しているからである。新古典派経済学の最も古典的な企業観に，技術的変換主体としての企業という見方がある。その見方のエッセンスは，市場から原材料を調達し，加工を経て新しい財を生み出す主体としての企業である。この企業観は，現代の製造企業のみならず，サービス企業にも該当する。つまり，原材料を調達し，技術的変換という過程を経て，新しい財やサービスを提供する主体としての企業である[4]。

　この，一見すると当たり前の見方が重要となるのは，技術的変換能力が企業によって大きく異なるからである。課題解決の難易度によっては，課題を解決できる企業と全く解決できない企業がある。うまくできる企業とできない企業，早くできる企業とできない企業，安くできる企業とできない企業とが存在するのである。高い技術的変換能力を必要としない課題であれば，個人でも解決可能であり，企業の出番はそもそもない。言い換えれば，高い技術的変換能力を持ってこそ，社会から課題解決主体としての存在意義が見いだされる。したがって，社会に散在する課題の中でも，容易に解決できない問題に挑戦し，技術的変換能力をより高いレベルに持っていく能力構築の努力が企業には必要とさ

れるのである。同一グレードの鉄鉱石と石炭を利用したとしても，ハイテンと呼ばれる高張力鋼板や電磁鋼板を競争力のある価格で安定的に提供できる企業は，現時点では日本メーカーに限られている。まさに，企業の技術的変換能力を語る一例である。彼らは技術的変換の一過程である加工・成形プロセスに，限られた企業しか有しない高い技術的変換能力を有しているのだ。

　原材料を財に変換するプロセスは，サービス業でも同じである。同じ従業員を使っても，提供されるサービスの質に違いが生まれるのは，企業が持つ従業員の教育と組織化の方法という点で，技術的変換能力の違いがそこに存在しているためである。高い技術的変換能力を有し，社会でそれを活用してこそ，その企業は社会に生かされ，社会を生かす存在となる。

3.「かけがえのなさ」としての競争力

　経営の世界で，競争力という言葉は必ず耳にする言葉ではある。競争力は，目に見えるモノではなく，触れられるモノでもない。その点で，捉えることが必ずしも容易ではない（elusive）概念ではある。しかし，すでに述べたように，課題解決と課題解決のための技術的変換能力という観点から企業の競争力を再定義すると，より明確に定義することが可能となる。つまり，競争力とは，課題に直面する顧客から見た「かけがえのなさ」の程度である。かけがえのなさの程度を規定するのが技術的変換能力なのだ。いわば，代替性の低さや希少性の源泉は，他社が有しない技術力に立脚した変換能力にある，という見方である。

　これに対して，置かれた競争環境や業界構造上の地位が，かけがえのなさを規定するという反論もあるだろう。一般的には，業界構造分析に基づく戦略論の一連の議論がそれに該当する[5]。その基本的主張は，置かれた外部環境が希少性と代替性を規定し，業界間の平均的な経営成果の違いを生むというものである。しかし，そもそもそのような高い市場地位を確立できた歴史的背景をひもとくと，多くの事例において，外的な影響力として自ら操作できない運や規制という要因を除けば，主体的な活動を通じて初めて獲得可能な固有の技術に起因した高い技術的変換能力に，代替性の低さや希少性の高さの源泉が求められるはずである。

　競争力とは，顧客の直面する課題をいち早く認識し，他社では提供できない高い技術的変換能力を通じて課題を解決するという，「代替の難しい（なくては

ならない)」程度である。高い競争力とは，顧客の課題を唯一解決できる主体になっているという状態である。それとは対照的に，誰でも顧客の課題を解決できる状態とは，他社との差別性が全く無く，競争力が全く無い状態である。

特定の顧客に留まらず，多様な社会の構成員や企業にとってなくてはならない，かけがえのない存在になるために他社では容易に提供できない技術的変換能力を磨き，高めていくことこそが企業に期待される役割なのである。

4．有効性と効率性：技術的変換能力の二つの側面

一般に，組織の存在意義は，組織の効率性と有効性によって評価される[6]。それと同様に技術的変換能力には二つの側面がある。技術的変換能力の効率性という側面と有効性という側面である。

技術的変換能力の効率性とは，投入要素と産出物との関係性によって表わされ，それは物理的関係か経済的価値の関係で評価される[7]。同一品質の投入要素を同一量だけ使ったとしても，変換能力の効率性が異なれば，産出物の品質や量に違いが生まれる。少ない投入要素でより多くの産出物が生み出せるのも，技術的変換能力の効率性が優れていることの賜物である。あるいは，より悪い品質の投入要素で，より高い品質の産出物を安定的に生み出すことができるのも，技術的変換能力の効率性の高さの賜物である。

これに対して，技術的変換能力の有効性は，社会で必要とされる課題解決の必要度や優先度によって規定される。特定の課題が解決される必要性が高く，その課題解決に当該技術が不可欠であるほど，技術的変換能力の有効性は高くなる。もっとも，純粋に工学的意味での技術的変換能力の高さは，常に社会から必要なものとして高く評価されるわけではない。なぜなら，技術的変換能力の有効性は，当該技術と社会の潜在的・顕在的ニーズとがどの程度適合するか，その程度によって規定されるからである。社会から必要とされない技術的変換能力の有効性は低く，逆に社会に必要とされるほど技術的変換能力の有効性は高くなる。したがって，技術的変換能力の有効性を高めるためには，社会で必要とされる課題解決のニーズは何かを同定することから出発する必要がある。このように考えると，その必要性がしばしば強調される能力構築は，社会に散在する課題の同定と表裏一体の関係にあることが明らかとなる。能力構築の方向性を考えることと，社会のニーズの方向性を考えることは同じ問題を異なる方向から検討しているに過ぎないのである。

図表1-3 技術的変換能力の四つの企業タイプ

	有効性 低	有効性 高
効率性 低	有効性も効率性も低い（第二象限）	有効性は高いが，効率性は低い（第一象限）
効率性 高	有効性は低いが，効率性は高い（第三象限）	有効性も効率性も高い（第四象限）

　このように技術的変換能力を二つの側面から定義することで，世の中に存在する企業は図表1-3が示すように，四つのタイプに大別できる。技術的変換能力の有効性も効率性も高い企業（第四象限），技術的変換能力の有効性は低いが効率性は高い企業（第三象限），技術的変換能力の有効性も効率性も低い企業（第二象限），そして技術的変換能力の有効性は高いが，効率性は低い企業である（第一象限）。第一象限にある企業は，社会的意義は高いものの，効率性を高める必要がある。第三象限にある企業は，社会的意義は限定的であり，長期的に有効性を高める必要がある。第二象限にある有効性も効率性も低い企業は，社会に求められる課題解決に答えるべく，有効性を訴求する能力構築を目指すか，効率性を訴求する能力構築を目指す必要がある。技術的変換能力の有効性は，企業を取り巻く社会のニーズの変化や外部の利害関係者との関係性の変化によって経時的に変化する。技術的変換能力の効率性は，文字通り組織内部の経営資源の組織化のあり方に規定される。社会で必要とされる財やサービスを他社に先駆けて提供できないという問題は，技術的変換能力の有効性に関わる問題であり，社会で必要とされる財やサービスを顧客が必要とする価格・納期・品質で提供できないという問題は，技術的変換能力の効率性に関わる問題である。

　技術変換能力の有効性と効率性は，互いに独立ではあるものの，長期的にはダイナミックな相互作用を想定することが可能である。それは，有効性が向上することで効率性が向上し，効率性が向上すれば有効性も向上するという関係

だ。いわば良循環の関係である。それとは逆に，悪循環の関係もありえる。有効性が低下すれば効率性も低下するという関係であり，効率性が低下すると有効性も低下するという関係である。このような見方に立脚すると，技術開発のマネジメントとは，自社の技術的変換能力を，有効性と効率性の両面から高めることを意図した活動であると考えられる。企業を取り巻く外部環境は常に変化しており，競合他社との相対的な優位性（劣位性）も常に変化しているため，有効性と効率性の絶えざる向上を意図した経営努力なくして競争優位性は維持できない。

5．変換能力向上と顧客接点

それでは，変換能力の向上には何が必要なのだろうか。技術的変換を支えるのは，企業の技術力そのものであるから，企業による研究開発活動が，長期的には企業の変換能力を規定することとなる。研究開発活動の強化を通じて，技術的変換能力を高めるという経路である。ただし，変換能力向上に至る経路は，実はそれだけではない。

もう一つの経路は，顧客が直面する課題を現場で観察することから生まれる経路である。それは，顧客の元に足を運んで顧客が直面する課題の「現場」に立ち会い，顧客の「現物」をそこで確認して，顧客の直面する「現実」を知ることが，技術的変換能力の向上につながるという経路だ。いわば三現主義（現場・現物・現実主義）である[8]。研究室あるいは研究所で研究開発活動を行うことと同じく，顧客の課題を現場で観察するという活動は，変換能力の長期的向上には重要になる。というのも，解決すべき課題の起点は，企業の中にあるのではなく，顧客の手元にあるからだ。課題が生まれるリアルな場に立ち会うことなしに，決して社会的に意味ある技術的解決策は生まれてこない。

課題が生まれる現場とは，単に製造現場という意味での工場という狭い意味に留まらない。産業財であれば顧客の〈研究開発から営業に至る一連の業務プロセス〉全てに課題が生まれる現場があり，消費財であれば最終顧客の日々の生活プロセス全てに課題が生まれる現場がある。「何を作るべきか（what to make）は分からないが，どのようにして作るか（how to make）は誰よりも知っている」という笑えない話が時として日本企業の技術者から聞こえるのは，解決すべき課題と課題解決のための手段としての技術が断絶している一例である。技術はあくまでも顧客の課題解決のための手段であって目的ではない。手段と

しての技術開発が自己目的化するという本来避けるべき事態は，企業規模や事業規模の拡大，研究開発職能や技術開発職能の制度化によって必然的に起きる。規模の拡大や社内の職能分業の進展によって，残念ながら研究開発部門での研究テーマの選定は，本来目的とされるべき顧客の課題解決から乖離し，研究者の個人目標やこれまでの研究活動の経緯を反映したものになる。技術は技術のことを考え，営業は営業のことを考えるという職能分業の原理を単純に追求すると，技術開発部門は，営業部門が都合良く収集選択した顧客情報に基づいて開発する視界不良の開発プロセスを遂行していかなければならなくなるのである。

ここで，営業は最も現場の課題を知っていると主張するつもりは全くない。むしろ，その前提さえ時として成り立たない。なぜなら，営業もまた，顧客の現場に立ち会ってはいるものの，彼らの課題に対峙しているわけでは必ずしもないからである。企業は顧客が発信するニーズではなく，ニーズが生まれる背後の課題の存在に立ち入らなければならない。常に顧客のニーズを追いかける企業は，顧客と対等の立場には立てず，顧客の奴隷，あるいはニーズの後追い企業となる道しか残されていないのである。そこに，マーケティング志向企業の成長限界がある。

変換能力の持続的向上において鍵となるのは，顧客接点の「数」と個々の接点との「深さ」である。数が多ければ，多様な課題を企業は収集可能となる。個々の顧客との接点が深ければ，より精度の高い課題情報を収集することが可能となる。例えば，BtoB業界であれば業界の主導権を握る企業と接点を持つことで，業界動向を知ることが可能となる。技術力の高い企業と接点を持つことで，技術的課題の最新動向を知ることが可能となる。

顧客接点の重要性は，このように様々な顧客の課題の発見・同定を起点にして，技術的変換能力を高めていくという点で，マーケット・インの思想と類似するものである。ただし，マーケット・イン思想では，ニーズと課題の区別は必ずしも明らかではなく，特に，顧客の声を拾うという点にその強調点がある。そこには，顧客自身が自ら抱える課題とニーズを全て事前に認識しているという前提がある。顧客自身も気がつかない課題を抱えている，という点は十分には考慮されていない。他方で，顧客接点の重要性はまた，高い技術的変換能力の高さを起点にして，様々な顧客の課題の発見・同定を可能とするという点で，プロダクト・アウトの発想に類似するものでもある。ただし，プロダクト・ア

ウト思想は，作り手が顧客ニーズを全て事前に認識しているという前提の基に成立した視点であり，時として作り手の論理を押しつけるというニュアンスを含んでいる。それらの点で，ここでの主張は，どちらの発想にも与するものではない。

むしろ，ここで強調したいのは，どのような顧客とどのような関係性を構築するかが，長期的な技術的変換能力の方向性や水準を決定する重要な要素であるという点である。顧客の厳しい要求が能力構築の機会なのである。顧客接点が課題の発見・同定を通じて，技術的変換能力を高める機会となり，逆に高い技術変換能力が顧客接点を通じて，さらなる課題発見・同定の機会につながるのだ。

6. 能力構築の場：顧客と競争

課題発見の起点となるのが，顧客が直面している課題の広範囲の探索である。また，数多く拾ってきた課題の中でも，それに優先順位をつけ，自社で注力すべき課題に絞り込むのが技術の役割である。そして，絞り込んだ課題解決を具現化する手段としての役割を果たすのもまた，技術の役割である。

幅広く顧客が直面する課題を拾うためには，すでに取引関係にある既存顧客の課題だけに注目するだけでは十分ではない。むしろ，これまで取引関係にない新規顧客に目を向ける必要がある。それは，潜在的に課題を抱えたいわば潜在顧客であり，未だ課題さえ抱えていない未知の顧客である。環境変化に伴ってすでに取引のある既存顧客が直面する課題のみならず，潜在顧客や未知の顧客が直面する課題も変化する。それらの顧客と新たな接点を持つことこそが，技術的変換能力を高めていく上で必要となる。長期的には，自社の組織文化や経営慣行とは相容れない，挑戦的で厳しい課題を投げかけてくれる顧客との接点を作ることが，能力構築の場となるからである。全く新しい顧客との取引は，自社の組織文化や経営慣行のあり方を見直す契機となる。挑戦的な課題は，従来の研究開発のアプローチを変更する契機となる。また，厳しい課題は，業務システムの冗長さをあぶり出し，システム全体の見直しの契機となる。挑戦的で厳しい顧客との関係性こそが，能力構築の場として重要な役割を果たすのである。

もう一つの能力構築の場が企業間競争である。競争に対する戦略論の教科書の示唆は，いかに競争を避けるかである。しかし，短期的にはそれが可能であ

ったとしても，長期的に競争から逃れることは決してできない。知財で仮に先行して独自技術を守れたとしても，それは時間の問題である。遅かれ早かれ，代替手段や代替品の出現によって，競争に巻き込まれることになる。そうではなくて，むしろ積極的に激しい競争に身を置くことで，能力向上が促されるという側面がある。長期的に能力構築を図るには，逆に激しい競争の海に飛び込むということも必要となるのである。

　自社の能力を鍛えてくれる顧客は，かつては身近にいる日本人であり，日本企業自身であった。身近に鍛えてくれる顧客がいたことで，急速に素材と完成品の双方で競争力が向上した。日本市場での激しい競争はまた，その後の海外市場での競争に打ち勝つ能力を獲得する機会となったのである。厳しい環境に意図して身を置くことが，能力構築には必要となる。かつて，厳しい要求をつきつける顧客が日本にいたからこそ自然と能力構築が可能となった。今でもそのような厳しい要求を出す顧客は日本にいるかもしれないし，すでにそのような顧客はいないかもしれない。あるいは海外にこそ，自社の能力を高めてくれる顧客が存在するかもしれないのである。成長する市場を求めて海外展開を推進するだけではなく，新たな顧客との接点を求めて，あるいは自らを鍛えてくれる相手を求めて，海外展開を志向する必要もある。

7. 計画至上主義と挑戦的実験

　「科学的管理法」の父であるフレデリック・テーラーの名前を引き合いに出すまでもなく，経営管理の歴史とは，見えなかった経営活動を見えるように可視化し，測定可能なものにし，測定に基づいて計画を立て，計画策定を以て人の行動を統制する（もしくは，影響を及ぼす）ことを試みた歴史である。それは，人間は限定合理性という能力限界に縛られるものの，事前に我々が有する知恵を結集すれば，優れた計画の立案が可能であり，ひとたび優れた計画が立案されれば，計画遂行の問題はさておき，他社に抜きんでる経営成果が達成できる，という素朴な前提に基づいていた。こうした，いわば計画至上主義は，我々の世界ではあらゆる組織で見られる傾向である。

　この計画至上主義の限界を明確に指摘したのが，ミンツバーグ（Mintzberg, 2000）である。彼は，計画至上主義的戦略が，戦略の一つの見方にしか過ぎないことを指摘し，実行過程で当初意図した戦略の中身を変更していく戦略を創発戦略と呼んで，計画至上主義的戦略の限界を示した。そこで特に強調される

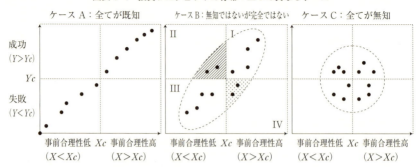

図表1-4 投資プロジェクトの分布：三つの異なるケース

(出所) Shapira (1995) および Garud, Nayyar, & Shapira (1997) を参考に作成。

のは，ある時点の人間の限定合理性は，ビジネスの実行過程で結果的に書き換えられる，という点である。ビジネスを実践するとは，顧客と対話し，市場と対話する作業を通じて，計画を書き換えていく過程である。その過程で，ビジネスに従事する人々の発見や学習が促されるのである。したがって，事前に分からないから実行しないという戦略は適切ではない。むしろ，分からないからこそ，他社に先駆けて取り組んでみるということが必要となる。

この問題を考える上で，ある企業内で行われる投資プロジェクト（研究開発プロジェクトでも良い）を仮説例として考えてみよう（図表1-4）。そこで，比較時点となるのは，投資前と投資後の二つの意思決定評価時点である。投資前とはプロジェクト推進以前の時点であり，実際に投資プロジェクトを推進するかどうかの意思決定が迫られている時点だ。もう一つの意思決定の時点である投資後とは，投資が実際行われ，該当プロジェクトを事後的に評価するという時点である。つまり，プロジェクトへの投資が行われる前の時点とプロジェクトが終了しその成果の評価を行う時点という二つの時点を検討することとする。

投資プロジェクトは，社内の事前評価を受け，投資決定基準である X_c を超える評価を事前に得なければ，プロジェクトとして正式な支援を受けられないと仮定する。投資基準を満たさない場合は，その時点で頓挫するか，社外の支援を受けるなどの例外を除けば，結果的に実現しないケースとなるので事後的な評価さえも得られないこととなる。いわば未実現のケースである。Y 軸の Y_c はプロジェクトの事後的な成功と失敗の基準を示したものである。事後的な評価が評価基準である Y_c を超えていれば，そのプロジェクトは成功であり，それ以下であれば失敗という評価が社内で下されることとなる。

ケースAからケースCまでの三つの図にはそれぞれ12個の点がプロットされているので，三つの図においてその分布の違いこそあれ，企業内では12のプロジェクトが事前評価と事後的評価を受けていることを示している。図のX軸は具体的には，各技術開発プロジェクトの〈事前の〉評価を示し，Y軸が各プロジェクトの〈事後の〉評価を示している。

　ケースAは，意思決定主体が，投資プロジェクトのもたらす事後的な価値について事前に完全に知っている（あるいは結果として完全に一致する）ケースである。〈事前の〉評価と〈事後の〉評価とが各プロジェクトに関して完全に一致するケースだ。これとは対照的に，ケースCは図に示されるとおり，〈事前の〉評価と〈事後の〉評価の相関が全くない。つまり，事前の評価と事後的な評価とが全く一致しないというケースである。ケースAは事前の評価と事後の評価とが一致する完全に既知の世界だとすると，ケースCは両者の相関が全くない完全に無知の世界である。

　我々が，このようなプロジェクトの事前と事後の評価に関する世の中の真の分布について知っていると仮定することはできないけれども，楽観的に考えるならば，現実の世界はケースCではなく，ケースBのような世界にあると考えても差し支えないであろう。つまり，事前の評価と事後的な評価は，正の相関関係にあるというものである。言い換えれば，事前評価が高いものは，概ね事後的な評価は高くなり，逆に事前評価が低いものは事後評価も低くなるというものだ。つまり，第Ⅰ象限のケースとは，事前の評価が高く（$X>X_c$），事後的な評価も高い（$Y>Y_c$）という「計画の勝利」とでも呼ぶべきケースである。これとは対照的に，第Ⅲ象限とは，事前の評価が低く（$X<X_c$），事後的な評価も低い（$Y<Y_c$）という「失敗の追認」とでも呼ぶべきケースである。我々が完全な合理性を有しているならば，この二つのケースしか生起しないこととなる。さらに投資基準を厳密に運用しているとするならば，「計画の勝利」のみが生起するケースとなるはずである。

　ここで問題となるのは，現実的な分布であるケースBにおける第Ⅱ象限と第Ⅳ象限に該当するプロジェクトの存在である。第Ⅱ象限のケースとは，事前の評価が投資基準を満たなかったため（$X<X_c$），投資決定を行う組織としては開発プロジェクトの継続を見送ったケースである。そのようなプロジェクトは当該組織内の支援を受けられないため，それ以外の支援を得られなければ，プロジェクトがその後継続しない。事後的に振り返れば，投資していれば成功の

果実を得られたにもかかわらず，事前の投資基準とそのベースとなる事前の合理性に照らし合わせると残念ながら投資決定が見送られたケースである。これに対して，第IV象限のケースとは，先のケースとは対照的に事前の投資基準をクリアしたにもかかわらず，事後的な成功基準である Y_c をクリアできなかったケースである。いわば典型的な計画の失敗例だ。

　このような限定的な合理性に基づく投資意思決定の誤謬は，Shapira（1995）や加護野（2002）らが指摘するように，プロジェクトの事後的成果を事前に知ることができないために，投資決定が立脚する事前の合理性が必ずしも事後的な結果の合理性の保証とならないことに起因している。投資決定という観点からこの二つの誤謬を検討すると，投資決定のハードルを上げることで，事前の評価は高いが事後的評価が低いケースを排除することが可能になる。しかし，他方で事前評価は低いが，事後的な評価は高いというケースを拾えないという問題が発生するのである。

　それとは逆に，採択基準を下げることで，事前評価は低いが事後的な評価が高いケースを事前に社内プロジェクトとして拾うことが可能となる。しかし，そのことは同時に，事前評価が低く事後的評価も低いというプロジェクトを増やすことにもつながるのである。このことは，二つの誤謬への適切な対処が，単に事前の合理性に立脚するだけでは，容易に解決できないことを示している。

　二つの投資意思決定の誤謬においてさらに事態が深刻となりうるのは，加護野が合理性の罠として指摘するように，第II象限のケースは意図せざる大きな成果を得られる可能性があるのに対して，第IV象限のケースは大きな損失を被る可能性があるという点である。加護野（2002）の説明ロジックに従えば，次のようになる。つまり，事前の合理性が高いということは，容易に周囲の人間を説得でき，また周囲の人間も容易に納得するプロジェクトである。それゆえ，大きな投資が行われている可能性がある。また，事前合理性の高いプロジェクトは，他社もまた同様のプロジェクトを推進している可能性が高いプロジェクトである。市場競争の影響を考慮に入れるならば，事前合理性の高いプロジェクトは社内の協力を得やすいプロジェクトであり，製品化に結びつきやすいが，同様の理由から他社から投入される可能性も高いために，事後的に起きる市場競争に起因して，結果として大きな投資に見合うだけの経済的成果は得られない可能性がある。事前に必要な投資規模と事後的な市場競争の程度に依存するが，大きな損失につながる可能性があるのだ。それとは逆に，事前合理性の低

さは，社内の人間の説得を通じて，社内のプロジェクトとして製品化や事業化にこぎ着けることは大変難しいが，逆に他社においても同様に難しいために，社内の説得に成功し支援を取り付けることに仮に成功することができるならば，市場で一人勝ちする可能性が相対的に高くなり，結果として大きな経済的利得を獲得する可能性がある。

以上の思考実験から明らかとなるのは，計画は事前の合理性に基づいて行われるものであったとしても，その意思決定は完全であることは決してない。また，それをより完全なものにすることは，単に投資基準を厳しくすることだけでは解決できない，ということだ。これが計画至上主義の限界である。計画は安定的な時こそその効果を生む。取り巻く環境が不確実になるほど，計画をその実行過程で柔軟に変更していく必要がある。どれだけ事前に考えても，事前に全てを考えきることは残念ながらできない。事前の基準を厳しくするだけでは決して解決できない問題である。むしろ，そこに経営者の役割がある。事前に読み切れないから敢えてやってみるという判断を経営者が下す必要があるのだ。経営者にしかできない判断とは，事前には必ずしも客観的な根拠に基づかない判断である。変化する世界だからこそ，やってみて事後的に修正するという実験的態度が必要となるのである。

III　関与のマネジメント：本書の視点

1．関係性を構築する：関与という視点[9]

日本企業の経営，もしくは日本企業の経営システムが直面する課題の構図を同定し，経営の未来を構想するのが本書の目的である。その出発点となるのが，これまでの議論であった。まず，企業を課題解決主体として捉え，課題解決の手段としての技術的変換能力に注目するのが本書で立脚する企業観である。そこから，技術的変換能力の有効性と効率性を高めることで，社会に散在する課題の解決を可能とし，企業が社会にかけがえのない存在として生かされる存在であるという見方が導出される。さらに，変換能力の向上には顧客接点と競争が鍵であり，多様な顧客接点を持つこと，深い顧客接点を持つこと，そして能力構築の場として，激しい競争の場に身を置くことの重要性を指摘した。そして，経営における事前計画の限界を指摘し，実験の重要性について言及した。これらの一連の議論は，この後展開される各章のいわば基本前提である。

各章を貫く本書の基本テーマは，経営活動における「関与」という態度（心構え）と，それに基づく行為である。「関与」という態度を起点にした交換行為に注目する。関与とは読んで字のごとし，主体が対象として客体に関心を持ち，対象物としての客体を自らに関連があるもの，あるいは重要性の高いものとして認識し，その態度ゆえに交換を通じて経済主体間で新たな関係性が構築されるという意味である。そこで想定する経済主体には，個人や企業などその分析単位の違いは問わない。関係性は本来多様な種類を含むものの，本書が焦点を当てるのは，経済的交換に基づく主体間の関係性の構築である。個人と個人，個人と組織，組織と組織が，関与という態度を起点に，主体的な交換を経て関係性を構築するという点に注目するのである。

　主体間の関係性に注目する分析視座は，社会学の伝統に照らせば取り立てて目新しいものではないものの，この20年で急速な進展を見せる社会ネットワーク分析は，個人と構造という二項対立の下で個人属性に行為の原因を帰属させる社会学の伝統に，関係性という新しい分析単位を提供し，斬新な知見を提供してきたと言うべきだろう（安田，2001）。他方で，関与に注目する分析視座もまた格別新しいものではない。心理学の「自我関与」に端を発した関与という概念は，様々な領域でその展開が試みられている。例えば，組織心理学の分野では組織成員の動機づけやコミットメントとの関連で検討され，マーケティング分野では，消費者関与という視点から多くの知見が積み重ねられてきている。

　もっとも，社会ネットワーク分析の知見は，ひとたびネットワークとして形成された関係性がもたらす具体的な機能や役割を明らかにするという点で，有用な知見を提供してくれるものの，そもそもどのようにネットワークが形成されるか，あるいはそれとは逆に，ネットワークがどのように消滅するのか，という形成と消滅のロジックには必ずしも十分な回答を有していないように思われる。他方で，関与という視点は，社会心理学や組織心理学，そしてマーケティング分野を中心に様々な研究知見が積み重ねられてはきているものの，従業員を中心にした組織構成員の職場における個人と組織の関係性，あるいは購買行動における個人と製品という関係性に注目しており，それ以外の文脈では残念ながら関与という問題が十分に検討されていないと思われる。

　むしろ本書は，日本企業の経営課題を同定し，未来への方向性を展望する上で，関与という分析視座が有効である，という立場に立っている。それは，

我々が現象として観察する一見多様に見える経営課題が,その程度に差こそあれ,現象の背後で,関与という視点によって初めて明らかにできる問題と結びついている,という見立て(仮説)に基づいている。

2. 資源提供者への依存と関与

組織は社会の中で生かされている存在である。この点を明示的に指摘したのは,フェッファーとサランシック(Pfeffer & Salancik, 1978)である。彼らは,組織は外部環境を構成する様々な他組織と相互依存関係にあり,その相互依存関係がパワーの源泉となって,組織の生存と成功に影響を及ぼすという見方を提供している。外部組織との相互依存関係ゆえに,組織の行動は制約されているというこの見方は,資源依存の組織理論と一般的に呼ばれている。一見すると企業の戦略的自由度にその強調点を置く戦略論に基づく視点とは相容れない見方のように思えるが,経営活動を利害関係者による協力という視点から見ると,それほど特異な見方ではない。

企業は事業存続のために,労働力や原材料,運転資金や技術的ノウハウを外部から調達して生産活動を行っており,存続のために様々な外部の経済主体からの資源提供に依存している。労働力の提供は労働者からの資源提供であり,原材料は供給業者からの資源提供である。運転資金は金融機関からの資源提供であり,インフラは地方政府や中央政府からの資源提供である。許認可を必要とする規制業種であれば,正当性という資源を規制監督官庁から提供してもらっていることになる。顧客との関係もまた,製品・サービスの対価として金銭的報酬を受けているという点で,顧客からカネという資源提供を受けている。戦略論からすれば,企業の進むべき方向性は全て経営者の戦略によって決まると言いたいところだが,資源依存的視座に基づけば,大きな自由度の下で構想・実行されると思われる戦略さえも,現実には労働者,供給業者,金融機関,政府,そして顧客との相互依存関係とそれに起因する相対的なパワー関係に制約されている,と解釈される。

企業の戦略の自由度が外部組織の影響を受けるという点に注目するならば,自由度が低下するという点で必ずしも望ましい事態ではないものの,そもそも他者(他社)からの資源提供なくしては,事業は存続できない。それは事業を立ち上げるのに必要な資源の全てを自前で揃えることができたとしても,事業という形態を前提とする限り,顧客の存在なくして事業は存続しえないことを

考えてみるとよい。むしろ，どのように外部組織の意向に主体的に影響を及ぼせるか，という点が相互依存関係をコントロールするという視点から重要となる。

資源依存の考え方は，一方でどのような外部主体が当該組織に影響を与え，当該組織はそれに対抗すべく相互依存関係を再構築すべきか，という視点を提供してくれるものの，それとは逆に資源提供者が当該組織を選択し，資源提供を行い，関係性を主体的に構築する理由について十分な説明を与えてくれるわけではない。

他方で，よりマイクロレベルで組織の成立という問題に光を当てると，バーナード，サイモンの系譜で発展した既存の組織均衡理論から，組織への個人の参加が，誘因と貢献のバランスによって規定されることが知られている。つまり，組織から組織参加者に提供される誘因が，組織への参加者による貢献よりも大きければ組織は存続し，小さくなると組織は存続しないというものである。個人の能力限界を克服する協力システムとして組織を見る時，協力システムが成立し続けるためには誘因が貢献を上回る状態を維持しなければならないのである。この議論は，組織と個人の関係という説明レベルだけでなく，資源依存論が想定する組織間関係にも拡張可能である。つまり，主体的に当該企業を選択し，相互依存関係を構築するのは，関係性構築の誘因が貢献を上回るからである，という説明だ。ある供給業者が特定の川下企業と取引を開始するのは，その他の川下企業と取引するよりも貢献に見合った誘因が大きいからであり，ある顧客が特定企業の製品を購入するのは，自らの貢献（対価）に見合った誘因（製品・サービス自体の直接的便益や間接的便益〔製品に付随する社会的地位など〕）があるからである。

個人と組織，あるいは組織と組織，という異なる主体が何らかの明示的な経済的関係性を構築した状態，あるいはその状態ゆえに行われる行為を，本書では，関与と呼ぶ。関与とは，文字通り対象となる物事や人に関わる意識であり，行為であると定義する。一労働者のある組織への主体的な参加は，関与の一形態である。関与は，必ずしも参加の形態を取るわけではない。消費者であれば，当該組織の製品・サービスの購入という形で，該当企業への関与が生まれる。個人投資家や機関投資家であれば，特定銘柄の株式を購入する行為も，関与の一形態である。購入という行為を取らなくても，特定の財やサービス，あるいは株式への好意的な意思表明を行うことも関与の一形態である。個人が，もし

くは組織が自らの生活や業務の一部として主体的に関係性を持つことを，ここでは関与と呼ぶのである。財やサービスの主体的な交換を通じて関係性を構築することは，特定主体への別の主体からの関与と表現することができる。

それとは逆に，すでに構築されている主体間の関係性が消滅する状況は，脱関与という行為を通じて実現する。Hirschman（1970）の議論になぞらえれば，忠誠を通じた「発言」（voice）は能動的関与，「退出」（exit）は能動的脱関与である。株主という主体に注目すれば，「物言う株主」（activist）の基本思想は，企業統治における能動的関与の重要性を前提としたものである。

顧客による関与とは，特定企業の製品やサービスを購入するという行為であり，脱関与とは，製品・サービスの購入をやめることがそれに当たる。供給業者と川下の完成品企業との関係で言えば，供給業者による材料や中間財の提供が関与に当たり，提供の中止が脱関与に当たる。製品・サービスの熱狂的愛好者は，積極的な購入や継続的購入，あるいは製品・サービスの好意的評価の発信という行為を通じて能動的関与を行う。供給業者の川下業者との短期的利得を超えた長期購買取引やデザイン・インのような行為も，能動的関与の一例である。

いずれの主体においても，関係性の主体的な構築は能動的関与と定義され，主体的な理由ではなくそれしか選択できないような外的制約を伴った関係性の構築は受動的関与と定義することができる。また，関与していない状態は非関与の状態と定義することができる。このように，取引関係の有無とそれに伴う相互依存関係の有無によって，関与と非関与の状態が定義され，関与の仕方も能動的関与と受動的関与とに分けることができる。関与から非関与への状態の変化を脱関与と呼ぶ。

関与（involvement）に類似の概念として，コミットメント（commitment）という概念がある。もっとも，コミットメントは個人と組織の関係性（組織コミットメント），もしくは個人と職業の関係性（職業コミットメント）を想定した概念であり，個人を主体とし，主体による対象への帰属意識・心理的距離を規定する概念である。また，関与という表現が対象への関わりを示すより価値中立的概念であるのに対して，コミットメントは愛着などの価値依存的な心理状態を捉えた概念である。さらに，lifetime commitment（終身の関係）の表現に代表されるように，コミットメントは主体である自身と対象物との間の不可分の関係性を意味する概念であり，感情状態とそれに伴う行為を指示する。

以下では，従業員，株主，顧客，経営者を起点に関与の問題を少し検討してみよう。

3. 関与の二極化：従業員の企業への関与

労働力の提供者としての従業員と，その提供を受けて事業活動を行う企業との関係を考えてみよう。かつて，日本企業の特徴的な経営慣行の一つとして，長期的雇用慣行の存在が指摘されてきた。その慣行を司る基本原理は，「終身の関係（lifetime employment）」（Abegglen, 1958）である。言い換えれば，生涯所属する組織に面倒を見てもらう安定という保証を提供してもらう対価として，個人は組織への責任を持った関与を行うという関係である。個人の責任を持った組織への関与は，それ自体として望ましい態度である。ただし，長期的な関係性の維持は，結果として，自身を組織と同一視する認識を生み，情緒的・認知的・功利的側面のいずれにおいても組織と自分とを離れがたい関係にする。終身の関係は，全人格を組織の仕事に投入することを試みる，いわゆる「会社人間」を生み出す源泉でもある（田尾，1997）。全人格を組織の仕事に投入することは，過剰労働に起因した精神疾患や過労死等の避けるべき事態をもたらす。これが日本の企業社会の一つの現実である。しかし，それと同時に，大規模組織や規制などの制度によって守られた組織を中心に，コミットメントが低い組織成員の存在も指摘されている（沼上他，2007）。

前者はまさに過剰関与の事例であり，後者は過少関与の事例である。このような関与の二極化が起こるのは，結果こそ大きく違いはあるにせよ，背後で同じ問題に根ざしている。それは，個人と組織の関係が，かつての「終身の関係」の制度化によって保証するほど明確には定義できなくなっているということに端を発している。終身の関係を保証できない事態がすでに進行しつつあるにもかかわらず，「終身の関係」の重要性が標榜されるというのが現実だ。このような状況下では，周囲の人間に「当事者意識」の重要性を主張することや，個人の組織へのコミットメントを高める具体的方策を検討することに一定の意義はあるものの，その効果は限定的である。そもそも，個人と組織のこれまでのあり方が変容してきたのだという認識があるならば，具体策の前に，具体策の礎となる新たな原理の提示が必要となるはずである。

4. 定まらない関与：外部投資家への関与

　個人の組織に対する関与のあり方は，その一例に過ぎない。カネという金銭的資源の提供者である金融機関や，外部投資家と企業との関係性もまた，関係性の修正が迫られている。かつての高度成長期においては，カネという希少資源の獲得のために，金融機関との密接な関係性の維持が企業の成長には不可欠であった。しかし，成長の帰結として内部留保を十分に保有することになった日本企業は，金融機関以上に個人投資家や海外投資家を中心とした新たな外部投資家との関係性が重要になってきている。このような関係性の変化は，「株式持ち合い」の解消というバブル崩壊後の経済的な構造変化を伴いながら進展した変化である。さらに外国人投資家の増加によって，これまで以上に資本の論理の圧力に晒されるようになっている。

　その結果，日本企業は対立する資本主義の中で，どの程度資本の論理に従うかという問題に直面している。一つはアクティビスト（物言う株主）に代表される株主を主権者として想定する株主資本主義であり，もう一つは株主資本主義のアンチテーゼとしての資本主義である（Kennedy, 2001）。それには，資本従業員を主権者として想定する人本主義（伊丹，1987）に加えて，取引先や社会も含むより多くのステークホルダーを主権者として想定する公益資本主義が挙げられる（原，2007）。どの理念形としての資本主義を志向するにせよ，日本企業はカネという資源提供者への関与のあり方について，経営の基本姿勢が問われているのである。それは，かつて規模拡大の代償として収益性を過度に犠牲にしてきた日本企業にとっては特に当てはまる。なぜなら収益の絶対額に関心を払うものの，カネの効率性を問題とする収益率には関心を払ってこなかったからである。

　株主資本主義を否定することは容易ではあるが，株式会社を前提として資本提供者としての外部投資家が果たす役割を決して無視することはできない。他方で，従業員主権が持つ現場性やボトムアップ的民主制は評価すべき点ではあるものの，新卒一括採用・内部昇進を前提とする雇用システムは，システムに内在する閉鎖性を克服する必要がある。ヒトの論理とともに，日本企業は，どのようにカネの論理に関与していくのか，どのように外部投資家に関与するのか，その基本姿勢が問われていると思われる。

5. 思い込みの関与：顧客と課題への関与

　従業員や株主と並んで，顧客もまた重要な資源提供者である。製品・サービスへの対価として支払われるカネの提供者であるとともに，顧客は製品・サービスの支持者でもある。日本企業の顧客への関与は，輸出から現地生産へ，現地生産から現地開発へという形で，日本国内の顧客から海外への顧客へとその範囲を広げてきた。しかし，関与の範囲を広げ，それを成長の駆動力にすることができた日本企業は，次章以降で詳しく検討するように実際は必ずしも多くない。先進国の中でも例外的に人口増加が見込まれる米国とカナダを除いて，日本でも長期的な内需の拡大は期待できない。当然のことながら，人口減少に直面する中で成長が見込めないのであれば，日本以外の伸びる市場に自社の事業を位置づける必要がある。その意味で，もっと海外の成長機会に目を向ける必要があるのだ。

　これまでの議論と同じく，日本企業は顧客への関与についてもまた，今までのやり方を見直す必要があると思われる。それは，国内の顧客像と国内市場で成り立つ前提を進出先へも「輸出」することで顧客の課題へ関与しようとする姿勢である。日本の顧客が直面する課題は，海外の顧客も直面する課題であるかもしれないが，必ずしもそうとは限らないのである。また，過度な技術・品質・安全信仰も海外展開の障壁となっていると思われる。高い技術力は，顧客の課題に資することで初めて技術力の高さが訴求できる。品質が顧客の課題になっているからこそ，品質の高さが訴求できるはずだ。安全性もまた同じである。

　日本企業の技術力の高さは誇りを持つべきものではあるが，顧客の直面する課題の解決に資することができなければ，それは技術者の信仰以上のものではない。技術が良ければ商品が売れるというのも，思い込みの顧客関与である。顧客の課題解決に資する唯一の技術であって初めて，顧客にその技術力の高さを訴求できる。

6. 未来への関与：経営者の事業への関与

　経営者は，外部資源提供者を束ねる役割を果たすとともに，専門的な経営技能と最終意思決定を提供する主体として欠かせない存在である。経営者は，現場のことをどれだけ努力しても完全に把握できるわけではない。かつては一線の技術者であったとしても，自社の技術の内容を全て知ることはできない。顧

客動向も同じである．それを一番よく知っている部下に仕事を任せるという意味で，知っている人を知っているということが重要である．それでも不確実性は削減できない（Knight, 1921 [1933]）．どこかで，知らなくても判断することを求められるのが経営者の役割なのだ．

かつての経営者には，当時の能力と市場地位からすると身の丈を超えたストレッチ戦略と呼ぶべき壮大な構想を持った者が日本にも存在した．そこには，こうなりたい，こうしたいという意思が直に感じられた．それが残念ながら今では，少なくとも大手上場企業の経営者や経営者予備軍にはそれほど多く見られない．確かに，高度に複雑化し急速に変動する環境下において，将来を見通すのは難しい．3年先を予測するなんて不可能である，というのが正直な気持ちであろう．不確実な環境に直面するにつれて，投資行動や開発行動は小出しになり，横並びになる．小出しであれば失敗も小さく，自らの責任が問われる可能性も小さい．横並びで投資や開発行動を進めれば，失敗も業界の中で目立たなくなる．

しかし，トップ経営者は，決して社内のマイクロ・マネジメントに従事することが仕事ではない．細かな仕事に介入するのが仕事でもない．むしろ，企業が直面する外部環境を動かすマクロ・マネジメントに従事することが期待されるのである．将来を予測できないからこそ，主体的に環境を変化させ，業界を変革する努力が経営者に求められている．将来を予測できないからこそ，あたかも将来が自らの手元にあるかのように現場の従業員が感じるような将来像の提示が必要となる．将来像の提示なしに，現場は思いきった挑戦はできない．多くの企業 CI（Corporate Identity）にイノベーションが入っている．あたかもマジックワードである．顧客から期待されるのは，この会社が「他社と違って」どんな独自の製品・サービスを通じて，将来世界を構想しているのか，という点である．

細部ではなく大局で，内向きミクロ視点ではなく外向きマクロ視点で，現状の追認ではなく未来の構想へと，日本企業の経営者は関与の方向性を過去から未来へとシフトする必要がある．経営者こそ未来を創る仕事であり，未来に最も強く関与しないといけない主体なのである．

注
1) 利益が出ていれば継続，赤字であれば撤退という経営判断は，単純なルーチンに従っ

ている。そのような単純判断を行うホワイトカラーの職能は，デジタル技術に奪われることになるであろう。教員の仕事も同様である。デジタル技術の進歩が雇用に与える影響については，例えばブリニョルフソンとマカフィーによる共著『機械との競争』（Brynjolfsson & McAfee, 2012）を参照されたい。経営職能が，対立する複数目標のトレードオフ，そして時間的トレードオフを巡る総合判断を必要とする職能であるならば，その職能はコンピュータやAI（Artificial Intelligence）に容易に代替されることはないだろう。

2) 例えば，同時代に出版された宮本（1997）と中谷（1998）の議論を対比して読まれたい。
3) ここで指摘する顧客が直面する「課題」とは，Christensen & Raynor（2003）の言葉を借りれば，JTBD（Jobs To Be Done）に対応する。
4) この見方は，青木・伊丹（1985）によって提示される企業観である。
5) その代表的な議論が，Porter（1980）によって提案された業界構造に注目して利益格差を説明する説明モデルである。資源の競争優位の源泉となるレントの発生原因を非競争的な要素・製品市場の存在から説明を試みるPeteraf（1993）の議論もまた，経営資源がもたらす競争優位性を改変困難な市場の「構造的」側面から説明している。
6) 組織の効率性と有効性については，例えばPfeffer & Salancik（1978）の議論を参照されたい。組織の効率性とは，いわば組織の目標を前提とした上での，投入要素と産出物との関係性として定義できる。より少ない（多い）投入要素とより多い（少ない）産出物の関係は，生産性の向上（低下）と定義される。これに対して，組織の有効性とは，該当組織を包摂される社会から見た必要性と定義することが可能である。
7) 物理的関係とは，投入要素を何トン投入すると産出物が何トン生産されるという関係である（ここで単位は任意である。トンでもグラムでも良い）。経済的価値の関係とは，例えば，投入費用10万円を使って100万円の製品を作るという，経済的に評価された関係である。
8) 「現場」の具体的な意味は多様ではあるが，様々な経営者が「現場」の重要性を繰り返し説いている。研究開発活動と並んで，現場経験を通じた学習ルートの重要性を強調した議論として伊丹（1984）を参照されたい。
9) この議論は，内田大輔氏（九州大学）との議論の中で生まれたものである。関与という視点で株主総会の議論を論じたものとしては内田（2016b）を参照されたい。

第2章 日本企業の経営課題の構図

　我々は変化の時代に生きている。変化にうまく適応できない事業や企業は淘汰され，市場から退出を迫られる。環境変化の速度は，以前にも増して大きくなっており，時間という経営資源の希少性は高まっている（Stalk & Hout, 1990）。経営者や事業責任者が変化への対処のために意思決定に費やせる時間はますます少なくなっている。その結果，柔軟に変化に対処するには何をすべきか，という問題は，従来にも増してマネジメントの中心課題となっている。

　本章では，環境変化への適応という観点から，日本企業の経営課題を提示する。具体的には，次ページの図表2-1に示される経営課題を提示する。どのような環境変化が到来し，日本企業はどのように適応しているのか。適応できていないのであれば何が原因かを仮説という形で提示する。基本メッセージは，日本企業は既存の組織能力の陳腐化と新しい組織能力の獲得の双方において，経営課題を抱えている，というものである。

I　環境の不確実性と特徴

1. 増大する環境の不確実性

　企業が直面する経営環境は，以前にも増して多様化し，事前に予測することが難しくなっている（Schoemaker, 2002）。不確実性の増大の背景には，環境変化の大きさ（連続的変化から非連続の変化）の増大に加えて，環境の変化速度（environmental velocity）の増大も影響している。（Baum & Wally, 2003; McCarthy, Lawrence, Wixted, & Gordon, 2010）。変化の程度や変化速度が増大するにつれて，意思決定の質は，意思決定の内容のみならず，実行のタイミングと実行速度に大きく規

図表 2-1　経営課題の全体像

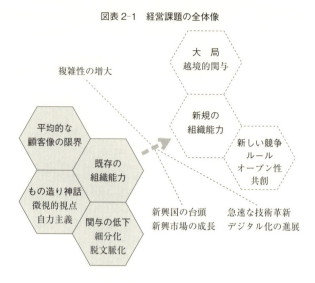

定される (Bourgeois & Eisenhardt, 1988)。つまり、時間の価値が、大きくなっているのである。

　まず、不確実性が増大しているという事実を、いくつかの主要な経済指標の変動係数の経時的推移を見ることで確認しておこう。変動係数とは、標準偏差を算術平均で除したものである。いわば、平均水準の相違を考慮に入れた相対的なばらつきの程度を表すものである。平均水準が同じであれば、標準偏差が大きくなるにつれて変動係数は大きくなるので、変動係数の大きさは平均の違いを考慮したばらつきの大きさを示していると言える。変動が大きくなることを以て、不確実性が増大することを示そうとするものである。

　図表 2-2 は、1980 年から 2015 年までの日経平均株価（日次データ）の変動係数の推移を示したものである。この図が示すように、各年で変動係数の水準に大きな違いが見られるものの、日経平均の年内の変動が、1980 年から 2015 年にかけて平均的な傾向として拡大していることが読み取れる。また、バブル崩壊年と呼ぶべき 1990 年およびリーマンショックと呼ばれた金融危機が起きた 2008 年に、日経平均が大きく変動したことが窺える。日経平均は、東証上場企業の中でも相対的に業績が安定的な企業の株価から算出されているので、安定的な企業でさえも株価がより変動する傾向が見られるのである。企業の株価は、投資家が考える企業業績の未来を反映するものであるから、株価のより大

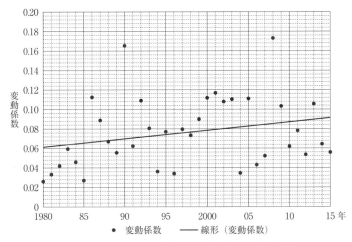

図表 2-2 日経平均変動係数（1980〜2015 年）

(注) 日経平均日次データを基に日経平均の変動係数（標準偏差／平均）を算出。
(出所) http://indexes.nikkei.co.jp/nkave/archives/data.

きな変動は，投資家の間でより大きく異なる期待と予想を反映したものであり，投資家の考える企業業績の不確実性は経時的に高まっていることを示唆している。

　もっとも，株価の変動は，あくまで投資家が考える不確実性の増大を示唆するに過ぎない。そこで，より直接的に直面する経営環境の不確実性の増大を確認してみよう。図表 2-3 は，1980 年から 2016 年までの原油価格（WTI, 月次データ）の変動係数の推移を示したものである。先の株価の傾向と同じく，各年でのばらつきが見られるものの，原油価格の変動がより大きくなる傾向が指摘できる。このような基礎的な天然資源の一つである原油価格の変動の増大は，経営環境の不確実性が増大する傾向をより直接的に示唆している。例えば，2012 年において OECD34 カ国のうちで日本は，ルクセンブルクに続いてエネルギー自給率が低く，原油価格変動の増大の影響をより大きく受ける状況となっている[1]。

　そもそも一次エネルギーの自給率が大きく低下する日本において，原子力発電を主たるエネルギー源とする状況に代わって，石炭や液化天然ガス（LNG）への輸入依存が増大する傾向も，経営環境の不確実性を増大させる直接的な要因となっている。図表 2-4 は，原油と並んで基礎的天然資源の一つである LNG 価格の変動係数の推移を示したものである。これもまた，経時的な変動

図表 2-3　原油価格変動係数（1980〜2016 年）

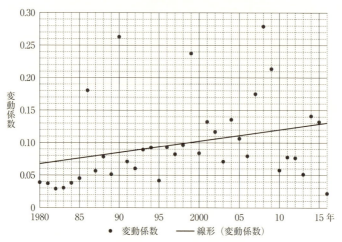

（注）　月次データを基にした原油価格の変動係数（標準偏差／平均）。
　　　　Crude Oil (petroleum), West Texas Intermediate 40 API, Midland Texas, US$ per barrel.
（出所）　IMF eLibrary Data より取得。

図表 2-4　液化天然ガス価格変動係数（1992〜2015 年）

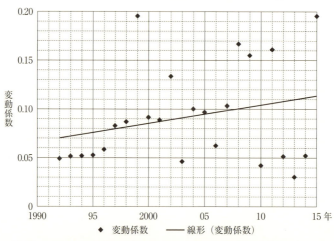

（出所）　International Monetary Fund, *Global price of LNG, Asia* © [PNGASJPUSDM], retrieved
　　　　from FRED, Federal Reserve Bank of St. Louis
　　　　https://research.stlouisfed.org/fred2/series/PNGASJPUSDM, April 20, 2016.

係数の増大傾向を示しており、直面する経営環境の不確実性の増大を示唆している。

変動の拡大に伴う不確実性の増大は、エネルギー価格に留まらない。食料価格もまた大きく変動する傾向を示している。図表 2-5 は、世界的に取引される小麦価格の変動係数の推移を示したものであり、図表 2-6 は同じく世界的に取引される大豆価格の変動係数の推移を示したものである。大豆価格は小麦価格ほどではないが、どちらの穀物価格の変動も、経時的に拡大しているのである。食料自給率の低い日本企業は、エネルギー調達のみならず食料調達においても、不確実性増大の影響をより直接的に受けるのである。

このような様々な財の価格変動は、新興国の急速な経済発展と人口増加、急速な技術革新、予期せぬ気候変動や自然災害、そして戦争等の要因の複合的結果として観察されるものでもあり、必ずしも個々の企業が主体的な経営施策を通じて削減可能な不確実性ではない。その点で、日本を含めたどの国の企業にとっても与件として扱うべき現象ではある。しかし、日本という国土を主たる事業活動の拠点とする企業ほど、エネルギー自給率と食料自給率の低さゆえに、不確実性増大の影響をより大きく受ける状況に直面していることは間違いない。

2. さようなら成長期

不確実性の増大は、成長期の終焉という要因に起因している。経営環境の不確実性の増大とは、経営の先行きが事前には容易には見通せない状況を意味する。そこでは、成長期のような「右肩上がりの持続的な成長」を前提とした経営コンセプトから決別することを必要とする。高度成長期のような急成長を享受できた時代には、他社に先駆けて供給能力を拡大することが成長の鍵であった。短期的には過剰投資であったとしても、事後的な需要の拡大が過剰投資の問題を結果的に解決してくれるからである。企業統治や遵法意識の重要性が強く問われる現在の基準に照らせば、必ずしも適切ではない取引や企業経営のあり方がかつて存在したと思われる。しかしながら、「成長は七難隠す」ではないが、事後的な経済成長や企業成長が結果的にそれらの問題を不問にしてくれていた[2]。その一例が株主総会である。株主総会の形骸化はずっと昔から指摘されていたにもかかわらず、それが組織運営上の課題とされるようになったのは、長引く日本企業低迷の中で企業統治のあり方が問題とされた 2000 年代以降であった（内田、2016b）。成長期と違って変動が拡大する成熟経済の下では、

図表 2-5　小麦価格変動係数の推移（1980〜2015 年）

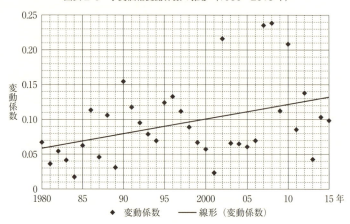

（出所）International Monetary Fund, *Global price of Wheat* © ［PWHEAMTUSDM］, retrieved from FRED, Federal Reserve Bank of St. Louis
https://research.stlouisfed.org/fred2/series/PWHEAMTUSDM, April 20, 2016.

図表 2-6　大豆価格変動係数の推移（1980〜2015 年）

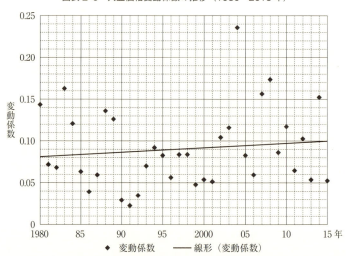

（出所）International Monetary Fund, *Global price of Soybeans* © ［PSOYBUSDM］, retrieved from FRED, Federal Reserve Bank of St. Louis
https://research.stlouisfed.org/fred2/series/PSOYBUSDM, April 20, 2016.

当然のことながら過剰投資は命取りになる。市場というパイは必ずしも拡大する保証はなく、限られたパイを競合企業と取り合うゼロサムゲームとなるからである。これまで以上に、時間展開を踏まえた他社との相互作用に留意した戦略が必要となる。

経営コンセプト転換の必要性は、それだけではない。不確実性の増大に伴い、刻々と変化する経営環境への迅速な適応の重要性が大きくなることを意味している。このことは、意思決定スピードの向上とともに、想定される環境変化に応じて複数の選択肢を創出する必要性が高くなっていること、そして予期せぬ変化への対応能力としての経営資源の蓄積が重要となっていることを意味している。経営資源の蓄積とは、失敗を許容するリスクマネーの準備や内部留保を厚くする施策、そして変化対応能力を高めるための技術的変換能力の向上である。意思決定の遅い企業は、変化を事前に予期していても結果的に環境変化に取り残される。選択肢を持たない企業は、環境変化に柔軟に対応できない。選択肢を持っていても、備えのない企業は変革の途中で資源が尽きて環境変化に適応できない。意思決定の向上に基づく迅速性の向上、複数の選択肢創出による柔軟性の向上、そして蓄積を通じた備えのいずれもが、不確実性が増大する経済では必要となる。

当然のことながら、国内でこれ以上の成長が見込めない場合は、成長を求めて積極的に海外展開を試みるか、国内市場でイノベーションを通じた脱成熟化を試みるか、残された道はこの二つしかない。特に、長期雇用制を維持する日本企業にとっては、どちらかもしくはその双方に注力することが強く求められる。なぜなら、長期雇用制は、新規事業の立ち上げなしに、維持可能な制度ではないからである。市場が伸びない中で長期雇用を維持すると、新規採用は時間とともに困難となる。相対的に高齢化していく固定的な組織構成員で、既存事業の鈍化に対抗する新規事業を立案し、実行する必要性に迫られる。業界によってその程度の違いこそあれ、日本の企業社会の、特に既存組織に見られる閉塞感は、組織メンバーの固定性と高齢化という二つの要因に起因する可能性がある。

3. 急速な価格低下

意思決定のスピード向上が重要となるのは、単に直面する経営環境の不確実性が増大しているという理由にのみ求められるわけではない。経営環境自体が

図表 2-7　組立系製造業の企業物価指数の推移（1990～2016 年，2010 年基準価格）

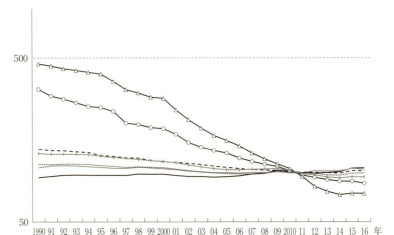

（出所）　日本銀行時系列統計データ検索サイトより取得。

急速に変化することで，変化への迅速な適応が必要とされているからである[3]。環境変化の高速化は，後発企業のキャッチアップとそれらの企業との競争の激化，デジタル技術の進歩に伴う技術のオープン化にも起因している（青島，2016）。オープン・システムの台頭は，さらなる企業間競争激化の原因となり，他方で価格競争が唯一残された競争の武器となるコモディティ化をもたらす。コモディティ化の進展に対して，企業に残された方法は二つしかない。コモディティ化を避けるべく，戦う場所と戦う武器，戦う方法を徹底的に絞り込んで他社との違いを訴求する差別化戦略を追求するか，コモディティ化の進展に敢えて身を投じて，時間的先行性を徹底的に訴求する先行者の戦略を追求するかのどちらかである。環境変化の高速化に対応できない企業は，コモディティ化に伴う価格競争に対応することはできず，企業側が差別性を意図した製品を投入したとしても，それを顧客価値として価格に転嫁することはできなくなる。

　もっとも，全ての業種において，日本企業はコモディティ化に伴う価格競争に直面しているわけではない。例えば，化学や非鉄，鉄鋼などの素材産業は，原料価格の高騰を自社製品の価格に転嫁することによって，価格下落に抗している。むしろ深刻なのは，組立系製造業の一部業種である。図表 2-7 はそのこ

図表2-8 情報通信業種の主要6製品の企業物価指数の推移（1990～2016年，2010年基準価格）

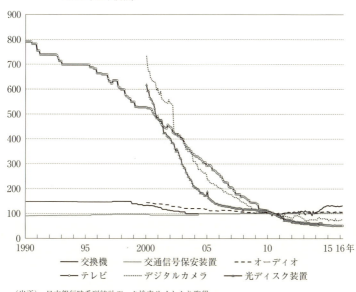

（出所）日本銀行時系列統計データ検索サイトより取得。

とを示唆している。この図表は，組立系製造業種の企業物価指数の推移（2010年基準価格）を示したものである。組立系業種はスマイルカーブの底にあり儲からない，というよく知られた一般的な言説とは異なり，業種によって大きな違いが見られる。

その中でも最も厳しい状況に置かれているのが，情報通信機器であり，それに，電子部品・デバイス，そして電気機器が続いている。これに対して汎用機器，生産用機器，業務用機器，そして自動車をはじめとした輸送用機器は価格低下圧力に抗するように善戦している。コモディティ化に伴う価格低下圧力は，いわゆるコミュニケーション，エレクトロニクス業種において特に顕著であり，その影響は組立業種の中でもかなり異なるのである。

さらに，コミュニケーション，エレクトロニクス業種を詳しく見ると，製品によってもその影響は大きく異なる。図表2-8は，情報通信業種の中でも，顕著に物価指数の下落の激しい3製品（光ディスク装置，デジタルカメラ，テレビ）と，逆に下落の小さい3製品（交換機，交通信号保安装置，オーディオ）の物価指数の推移を示したものである。年率換算で下落率が最も大きかったのが光ディ

図表2-9　電子部品・デバイス業種の主要4製品の企業物価指数の推移（1990～2016年, 2010年基準価格）

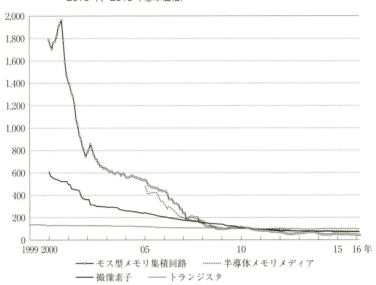

（出所）　日本銀行時系列統計データ検索サイトより取得。

スク装置で15.6％，デジタルカメラの下落率が13.6％，テレビの下落率が10.3％である。これに対して，オーディオの下落率が2.0％，交換機の下落率が1.9％である。交通信号保安装置の下落率はわずか0.4％であり，ほとんど下落していない。デジタル家電の下落が激しいのに対して，成熟製品，企業向け製品の下落率が小さい[4]。組立系エレクトロニクス産業の中でも，特に家電エレクトロニクスメーカーは，厳しいコモディティ化の影響に直面していることを窺い知ることができる。

図表2-9は，電子部品・デバイスの中でも，物価指数の下落の激しい3製品（モス型メモリ集積回路，半導体メモリメディア，撮像素子）と下落の小さい製品の一例としてトランジスタの物価指数の推移を示したものである。ここでもデジタルデバイスの急速な価格低下が確認できる。DRAMやEPROM等のモス型メモリの年換算下落率は年率21.8％，半導体メモリメディアが16.4％，そしてデジタルカメラの急速な市場拡大で伸長する撮像素子が13.2％である。いずれも市場は大きく拡大するものの，技術進歩に見合う形で価格が維持できていない状況が窺える。他方で，成熟した電子デバイスは技術革新余地も小さく，

図表 2-10 電気機器業種の主要 4 製品の企業物価指数の推移（1990～2016 年，2010 年基準価格）

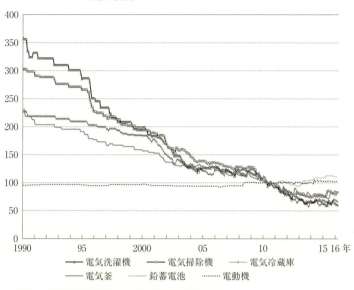

（出所）　日本銀行時系列統計データ検索サイトより取得。

同時に価格下落の影響をそれほど大きく受けていない。図表に示されるようにトランジスタの下落率は先の 3 製品とは対照的に，わずか 1.0％ である[5]。技術進歩が激しいゆえに差別化余地が生まれて価格下落が抑えられ，成熟しているから価格競争が激しく価格下落が著しい，という単純な問題の構図にあるわけではない。むしろ技術革新の進展とともに価格競争もまた進展することで，大幅な価格性能比向上が結果として実現し，市場が拡大していくのがデジタル技術の進歩の特徴のようである。

　最後に，物価低下が比較的緩やかな電気機器業界の製品レベルの傾向を示したのが，図表 2-10 である。この図では，下落率が大きい代表的 4 製品（電気洗濯機，電気掃除機，電気冷蔵庫，電気釜）と下落率が小さい 2 製品（鉛蓄電池，電動機）の物価推移を示している。電気洗濯機の年平均下落率が最も高く 6.8％ で，電気掃除機が 4.9％，電気冷蔵庫が 4.7％，電気釜が 3.9％ である。総じてこれまで振り返った製品よりも下落率が小さい。いずれも，藤本（2004）のアーキテクチャー二類型に従えば，相対的に「すり合わせ」の程度が高い製品群である。これに対して，鉛蓄電池の物価指数はこの 25 年間で年率 1.8％ 上昇し，

電動機（モータ）の価格指数は3.9%の上昇である。黒物とも呼ばれるデジタル家電と比較して，白物家電は相対的に価格下落率が小さく，ブランド指名買いが行われる傾向が強い製品，もしくは企業間の産業財取引で継続的な取引慣行が形成されている製品の価格は低下しにくい傾向が見られる[6]。

デジタル化に起因した環境変化の高速化，さらにそれに伴う急速な価格下落に抗するという意味で，企業の意思決定速度の向上は，今まで以上に重要である。ただし，価格下落へ対処する必要性は業種によって異なっている。

4. 革新と陳腐化

当然のことながら，経営環境の高速化は，情報通信やエレクトロニクス業界でのみ進展しているわけではない。情報通信業界やエレクトロニクス業界は，デジタル化進展の発信源ではあるが，その影響はこれらの業界に留まらず，業界横断的な影響をもたらすからである。デジタル化という現象自体が，新しい業界を創造し，既存業界との代替を通じて，既存業界の境界線を変革する原動力となる（Tripsas, 1997）。

技術革新によって新市場が誕生し，既存市場がそれに代替されるという現象は，過去の産業発展史を振り返れば，繰り返し観察されてきた現象である（Utterback, 1994）。ただし，デジタル化の進展に伴う新旧市場の代替過程では，より顕著に，より短期間に代替が起きることにその特徴がある。その一例が，銀塩カメラとデジタルカメラの代替である。CCDおよびCMOS等の撮像素子の急速な進歩に起因したデジタルカメラ市場（およびその後の撮影機能付き携帯電話）の台頭に伴い，銀塩カメラはあっという間にその支配的地位をデジタルカメラに奪われた。

図表2-11はそのことを示唆するものである。この図表は，1951年から2015年までの銀塩カメラおよびデジタルカメラの出荷数量と出荷単価の推移を示している。200年の歴史を持つ銀塩カメラは，戦後から1977年まで出荷単価の向上と出荷数量の伸びを同時に享受し，1977年から1997年までの20年間は，価格低下を伴いながら出荷数量を伸ばすという顧客の裾野を広げる成長を実現した。大きな転換点が1997年である。銀塩カメラはこの年を出荷数量のピークとして，デジタルカメラの出現によって，わずか10年で年率換算40%の数量減少という急激な衰退を迎えることとなる。200年という長い発展史を有する銀塩カメラという一大産業が，わずか10年で終焉したのである。それだけ

図表2-11　デジタル化の影響：銀塩カメラ・デジタルカメラの出荷数量・単価の推移（1951〜2015年）

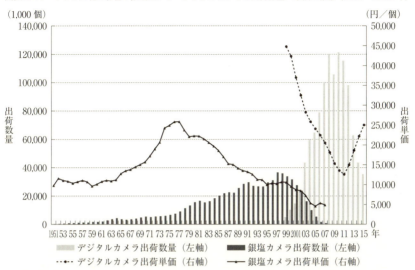

（注）　2008年1月以降の銀塩カメラのデータは，統計上の要件を満たさなくなったという理由から公表されていない。
（出所）　一般社団法人カメラ映像機器工業会。

ではない。付随する銀塩フィルム産業もまた，この期間に市場の表舞台から消え去ることとなった。

　さらに，このように銀塩カメラを駆逐することで台頭したデジタルカメラもまた，新たな競争に直面し，苦境に立たされている。撮像素子付き携帯電話・スマートフォンとの競争である。デジタルカメラの出荷数量は2010年をピークにして，大幅に減少した。一つの例示に過ぎないが，デジタル化は急速な環境変化をもたらす駆動力であり，デジタル技術の進展に伴う革新は，新市場を創出するとともに，既存の製品や事業，そしてビジネスモデル（ビジネスシステムと呼んでもよい）の破壊と陳腐化をもたらす。インターネット普及による紙媒体購読者の減少や書店廃業，ECサイト台頭に伴う既存店舗売上の伸び悩みはそのよく知られた事例である。大学教育もオンライン教育との競争に晒されている。

　加えて，デジタル化という技術革新は，新旧市場の代替をもたらすだけでなく，既存の業界構造の位置づけを変革する契機ともなる。自動車の電装化は，その一例である。自動車の電装化とは，機械工学に基づくメカニカル部品の「かたまり」であった自動車に，多くのエレクトロニクス技術・部品が搭載さ

図表 2-12 業種別の短命化の傾向

(単位:年)

業種	開発リードタイム 1988年	開発リードタイム 1998年	製品ライフサイクル 1988年	製品ライフサイクル 1998年	開発リードタイム変化 1988-1998	製品ライフサイクル変化 1988-1998
食料品	2.2	1.7	6.4	2.8	－0.5	－3.6
パルプ・紙	5	3	15	10	－2	－5
石油精製・製品	2.6	1.8	8.5	5.9	－0.8	－2.6
鉄鋼	4.3	2.6	13.1	9.4	－1.7	－3.7
非鉄	3.5	1.6	7.5	3.8	－1.9	－3.7
繊維	4.2	2.4	5.8	4.1	－1.8	－1.7
化成品	5	3	14.1	5.7	－2	－8.4
洗剤・化粧品・油脂	7	2.8	7.7	5.7	－4.2	－2
医薬品	9.9	13.2	15.8	9	3.3	－6.8
ゴム製品	2	0.6	5.5	2.5	－1.4	－3
窯業・土石製品	4.5	2.4	13	9.6	－2.1	－3.4
金属製品	5.8	3.1	20	10	－2.7	－10
重電機器	6.6	5.4	24.4	23.1	－1.2	－1.3
家電機器	1.6	1.1	1.6	0.9	－0.5	－0.7
半導体・デバイス	4.2	1.9	5.4	2.9	－2.3	－2.5
情報・通信機器	3.8	1.6	4.8	2	－2.2	－2.8
自動車	4.7	2.3	7.3	4.6	－2.4	－2.7
船舶	2.2	1.8	14.2	14.2	－0.4	0
産業機械	3.1	1.5	14.7	9.1	－1.6	－5.6
精密機器	3.1	1.8	6.3	4.1	－1.3	－2.2
電力・ガス・原子力	6.6	9.2	18.4	26.8	2.6	8.4
情報・通信サービス	3.8	1.8	8.8	3.6	－2	－5.2
建築	3.3	2	7.7	5.7	－1.3	－2
エンジニアリング	4	3.3	21.3	18.8	－0.7	－2.5

(注) 「開発リードタイム」は製品開発開始から販売開始まで(基礎研究を除く)の期間。「製品ライフサイクル」は市場での一機種の寿命。回答企業は経団連会員 123 企業。
(出所) 『産業技術力強化のための実態調査』報告書(社)経済団体連合会, 1998 年 9 月。

れ,従来のメカニカル部品・技術とエレクトロニクス部品・技術との機能分業や融合現象を指している。一般的に自動車の電装化は,エアコンや AV,カーナビ等の装備品の電装化,エンジンから HEV あるいは EV という形で進展するパワートレインの電装化,そして電子制御や運転支援などのドライブトレイ

ンの電装化に分けられる[7]。このような電装化の進展によって，自動車の技術進歩はこれまで以上に，エレクトロニクス技術の進展の影響を受けることとなっている。さらにいえば，将来的な自動車の社会的位置づけにも影響を及ぼす可能性がある。それは単なる移動手段としての自動車でなく，デジタル情報端末として自動車が再定義されるというものである。いずれにせよ，デジタル化の影響は狭い意味での情報通信業種やエレクトロニクス業種のみならず，「基盤技術（generic technology）」として，その他の業界にも波及する。したがって，デジタル化に伴う競争環境変化の高速化という兆候は，程度の違いこそあれ，業種の違いを超えて観察される傾向である。

　業種を超えた環境変化の高速化という兆候は，すでに2000年代前後から繰り返し指摘されている兆候でもある。例えば，図表2-12は経済団体連合会会員企業へのアンケート結果である。回答企業123社への質問票調査結果という点で極めて限定的ではあるが，この図表に示されるように，24業種のうち「電力・ガス・原子力」と「船舶」を除く22業種において製品ライフサイクルが短縮化し，「電力・ガス・原子力」と「医薬品」を除く22業種において開発リードタイムが短縮化している。「繊維」，「洗剤・化粧品・油脂」，「船舶」，「電力・ガス・原子力」を除いた20業種では，開発リードタイムよりも製品ライフサイクルにおいてより短縮化が進行し，より迅速な環境変化への適応が迫られていることが窺える（経済団体連合会，1998）。

　ほぼ同時期に行われた科学技術庁の調査でも同様に，短縮化の傾向が見いだせる（科学技術庁科学技術政策研究所，1999）。同調査では，質問票調査を通じて，「研究開発期間」，「市場導入までの期間」，「市場導入後利益を獲得できる期間」を，それぞれ三つの時代（1970年代，1980年代，1990年代）について回顧的に尋ねている。研究開発期間は3.9年（1970年代）→3.4年（1980年代）→2.6年（1990年代）へと短縮化し，市場導入までの期間は，1.5年（1970年代）→1.2年（1980年代）→0.9年（1990年代）へと短縮化している。市場導入後利益を獲得できる期間は，10.2年（1970年代）→6.5年（1980年代）→3.2年（1990年代）と大幅に短縮化している。知識を作り出す時間と比較して，知識から利益を獲得する時間が大幅に短縮していることから，従来にも増して競争優位を持続的に維持することが難しくなっていることが示唆されるのである[8]。

　『2013年版ものづくり白書』でも，自社の主力製品が自動車，産業用機器，電気機械のいずれかと回答した企業を対象にし，想定する四つの異なる製品タ

イプ別の製品寿命に関する調査結果を報告している。それによれば,「10年前」(1990年) と「現在」(2000年) とを比較すると,「機械制御から電子制御へと重点がシフト (した製品)」,「モジュール化が進んでいる (製品)」,「標準化が進んでいる (製品)」,「技術革新のスピードが速い (製品)」という四つの特徴の異なる製品のいずれにおいても, 製品寿命を3年以下もしくは1年以下と回答した企業の割合が顕著に増えている。具体的には, 製品寿命が3年以下と回答した企業の割合は,「機械制御から電子制御へと重点がシフト (した製品)」では23.5%から45.9%へ,「モジュール化が進んでいる (製品)」では24.6%から45.5%へ,「標準化が進んでいる (製品)」では24%から45.6%へ,「技術革新のスピードが速い (製品)」では28.7%から56.5%へと大幅に増加している。製品特性の違いによってその影響は当然異なるものの, 共通して製品の短命化が進行していることが窺えるのである。

II　収益性の低下と二極化

1. 低下する収益性

　高速化する環境変化に対して, 企業がうまく適応できるのであるならば, そうでない場合と比較して, 相対的に高収益を実現できるはずである。しかし, 残念ながら日本企業の平均像は, 収益性の長期トレンドを見る限り必ずしもそうとは言えないようである。

　例えば, 図表2-13と図表2-14そして図表2-15は, 財務省『法人企業統計』調査 (年次別) に基づく総資産利益率 (ROA), 売上高利益率 (ROS), 総資産回転率について, 全産業, 製造業, 非製造業別にそれぞれ示したものである。利益には営業利益を使用している。ROA (総資産営業利益率:営業利益／総資産) は, ROS (売上高営業利益率:営業利益／売上高) と総資産回転率 (売上高／総資産) の積として定義される。図表2-13が示すように, ROAは1998年まで低下し続け, それ以降は2007年までの国内好景気を反映して回復傾向にある。2009年の金融危機に大きく落ち込むものの, 2015年にかけて再度回復基調にあることが読み取れる。ROAとROSの連動は近年になるほど高まっており, ROAの低下もしくは上昇は, ROSの低下もしくは上昇に依存するようになっている。回転率は残念ながら1980年をピークに一貫して低下傾向にある。つまり, 収益性は1998年以降改善傾向にあるものの, 総資産規模に比較して売上規模が十

図表 2-13 収益性と回転率（全産業，全規模）

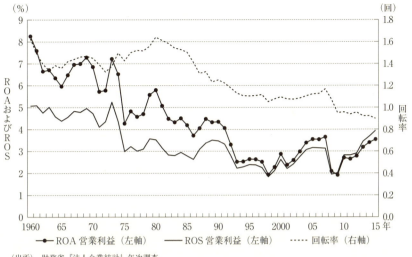

（出所）財務省『法人企業統計』年次調査。

図表 2-14 収益性と回転率（製造業，全規模）

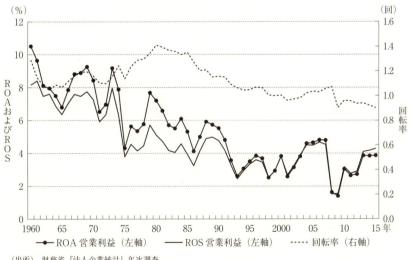

（出所）財務省『法人企業統計』年次調査。

分にあげられない状況に陥っていることが窺える。

　図表 2-14 が示すように，収益性と回転率の低下傾向は，製造業ではより深刻である。2001 年から 2007 年にかけての内需の盛り上がりを受けて ROA と

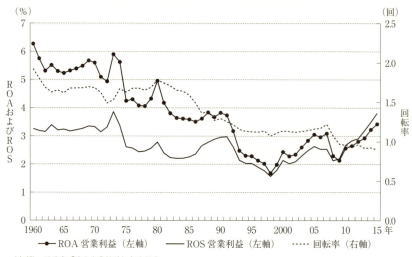

図表 2-15 収益性と回転率（非製造業，全規模）

(出所) 財務省『法人企業統計』年次調査。

ROS は共に改善傾向にあるものの，大局的に見れば金融危機の 2009 年までは低下トレンド上にある。ようやく反転の傾向を見せるのは，2009 年以降である。総資産回転率も 1980 年以降一貫して低下傾向にあり，総資産規模に見合った売上規模をあげることが年々難しくなっている。

これに対して，図表 2-15 が示すように，非製造業の状況は製造業に比べれば，より早い段階から回復傾向にある。2009 年にやはり落ち込むものの，ROA と ROS は共に改善傾向にある。しかし，ここでも問題なのは，やはり総資産回転率の悪化である。売上高に比して総資産が大きすぎると見るべきか，総資産に比べて売上高拡大が十分に追いついていないと言うべきか，どちらにしても総資産規模に見合う十分な売上規模を達成できておらず，その状況は年々悪化している。

2. 低迷する労働生産性

図表 2-16 は，労働生産性（一人当たりの実質化した付加価値額）の推移を，全産業，製造業，非製造業でそれぞれ示している。製造業の労働生産性は，1990年を境にややその改善率で鈍化するものの，金融危機を経験する 2009 年まで一貫して上昇している。日本という国土における製造業存続の「限界」が叫ばれて久しいが，それでもなお製造企業の努力をそこに垣間見ることができる。

図表2-16 実質労働生産性（従業員一人当たり付加価値額）

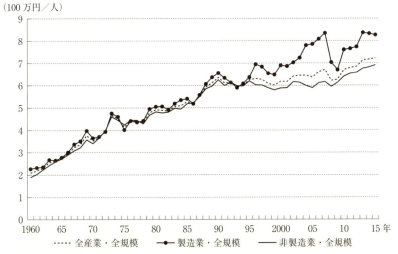

(注) GDPデフレーターで実質化している。
(出所) 財務省『法人企業統計』年次調査。

　これに対して，非製造業の労働生産性は，1990年を境に大きく鈍化し，1990年から2008年までの18年間ほとんど改善していない。改善するのは2009年以降である。例えば，正社員からパート労働者への代替という形でインプット価格を抑える努力が継続的に進められつつも，長期継続するデフレという低価格圧力に抗しきれていないようである。つまり，根本的な物理的な意味での生産性向上とプレミアム価格を顧客に受け入れてもらうことを可能とする価値創造が求められているのだ。非製造業を含む実際の業界は広範なので一概には言えないが，経済全体のサービス化の進展は，より労働生産性の低い領域の拡大を意味することになるので，経済全体の成長性を制約する要因として機能する。非製造業で長期間改善傾向が見られなかった背景には，デフレの進展によるアウトプットで見たサービス価格の低下傾向も影響していると思われるが，それとともに，労働集約的な形態が改善されることなく放置されている可能性も無視できない。
　一見すると収益改善傾向が強く見られるという点で，製造業よりも非製造業が置かれた状況は，軽視されがちである。しかし非製造業は，実際にはより深刻な問題を含んでいる。なぜなら，分配の追加的原資となる生産性の伸びがないままに，収益を改善させている可能性が示唆されるからである。

もっとも，労働生産性で見て製造業に問題はなく，非製造業にのみ問題があるという主張は適切ではない。むしろ，労働生産性の国際水準という観点からすると，2009年まで大きな改善が見られなかった非製造業のみならず，改善が見られる製造業さえも，大きな課題を抱えているからである。例えば，厚生労働省が調査公表する『労働経済の分析（労働経済白書）』の最新版である2016年版によれば，日本の労働生産性の国際水準は，名目で見ても実質で見ても主要OECD諸国の中で最低水準である。フランス，ドイツ，米国が名目，実質ベースのいずれにおいても2005年から2013年の平均値で60ドル（マンアワーベース）程度であるのに対して，日本は40ドル程度であり，スウェーデン，イタリア，オーストラリア，英国，カナダの生産性よりも低い水準にある。

　さらに，製造業だけを取り出してみても，日本の実質労働生産性の2000年から2009年までの平均値は35ドルに満たない水準にあり，45ドル近傍にあるドイツや米国に遠く及ばない。日本企業の製造現場に対して持たれる「ムダのない圧倒的に高い生産性」というイメージは，一部の輸出主導型企業や産業でのみ見られる現実で，日本企業に対する誇張された印象に過ぎなくなっている。日本はGDPの構成比で見ても就業者の中に占める割合で見ても，ドイツと並んで先進国の中でも製造業への依存度が大きい。この日本において，製造業の労働生産性の低迷は正面から取り組むべき課題である[9]。

　サービス化が進展する中で，深刻なのは非製造業の労働生産性の長期低迷である。例えば，上記報告書が指摘するように，「小売業では労働生産性が上昇し就業者数が横ばいとなっている一方で，医療・福祉では労働生産性が低下傾向にある中で就業者が増加している」。労働生産性が伸びない産業で就業者数が増加するのだから，経済全体で見て生産性が低下するのも必然である。

　このように，製造業と非製造業ともに，さらなる労働生産性向上は解決すべき政策課題であり，個別企業の戦略課題である。それは当然ながらいかに効率的に付加価値を創出するかという問題に帰着する。日本の場合，貨幣的価値の変動（デフレ），就業者数の変化，就業時間の変化に比して，付加価値額そのものがほとんど伸びていないことに本質的な課題がある。「価値づくりの経営」（延岡，2011）が重要となる時代において，環境変化に応じて主体的に価値を創出し，顧客に提案し，認めてもらうという一連のプロセス実現に成功していないことが，集計レベルで見た日本企業の課題なのである。

3. 戦略と収益性格差

　これまでの議論は，個別企業の経営成果を集計したデータから導き出された，いわゆる「平均像としての日本企業」が直面する課題である。平均像はあくまでも平均値が代表性を以て初めて語る意義があり，他方で個別企業の相違や相違の程度（ばらつき）を残念ながら捨象してしまっている。そこで，もう少し具体的に，収益性の低下やその直接的原因である労働生産性の低迷が，マクロレベルの経済政策のみならず，直面する企業環境を主体的に変えていく経営施策の問題であることを示す必要があるだろう。それを見るためには，業種間の平均的な収益性格差と業種内の企業間の収益性格差を同定する必要がある。

　企業間の収益性格差は，一般的に次の三つの要素から規定されることが知られている。第一に選択する業界の相違，第二に選択した業界内での企業努力の相違，そして第三に偶然という要素である。第一の選択する業界の相違とは，世の中には儲かる業界と儲からない業界があるので，その選択を間違うと選択後の企業努力の多寡にかかわらずその企業は低収益に苦しむことになる，ということである。儲かる業界か否かは，一般的に業種間で異なる平均的な収益性格差として同定できる。どの業界を選択するかという意思決定の問題は，戦略論の世界では全社戦略に関わるものである。全社戦略の要諦は，新規市場への進出に関する意思決定であり，新規事業と既存事業，あるいは既存事業間の資源配分の問題であり，異なる事業部門に横串を通す共通技術・共通ブランド・共通販売網，そしてそれらを束ねる共通能力の形成・維持の問題である。これらはトップ・マネジメントを中心とした本社が関わる意思決定だ。

　第二の選択した業界内での企業努力の相違とは，同一環境下での経営努力の投入量の大きさや巧拙の企業間の違いである。この意思決定は，いわゆる事業戦略に関わるものであり，選択した業界の中でいかに戦うべきかという意思決定であり，事業責任者たる事業部長などと呼ばれる経営ミドルが担うべきものだ。変化を認識し対処するという問題は，言い換えれば，どのような業界に出て行くかという全社戦略の問題と，狙いを定めた業界の中でどのように戦うべきかという事業戦略の問題とに分けることができるのである[10]。

　第三の偶然という要素が収益性に与える影響を無視することはできないけれども，企業の収益性格差は第一の要素である全社戦略の相違と第二の事業戦略の相違によって規定されることが理解されるはずである。ここで問題となるのが，全社戦略や事業戦略の相違という企業の主体的な意思決定や行動の相違に

図表2-17　利益率の決定要因：既存研究

(単位：%)

	産業効果	産業・年効果	年効果	企業独自要因効果(全社,セグメント,BU)	うち全社効果	うちセグメント効果	うちBU効果	モデル説明力合計	説明できない差異
Schmalensee (1985)	19.6			0.6				20.2	79.8
Rumelt (1991)	17.9	9.8	0.03	48.7	14.6		33.7	76.4	23.6
Roquebert et al. (1996)	10.2	2.3		55.0	17.9	37.1		67.5	32.5
McGahan & Porter (1997)	18.7		2.4	36.0	4.3	31.7		57.1	42.9
Hawawini et al. (2003)	8.1			35.8				43.9	56.1
Misangyi et al. (2006)	7.6		0.8	43.8	7.2	36.6		52.2	47.8

(出所)　Grant (2008) および Schoemaker (2002) の他, 上記文献参照。

　よって，どの程度収益性格差が生まれてくるのかという点である。例えば，日経139業種のうち製造業89業種に絞って，業種間の平均収益性を1985年，1995年，2005年と比較すると，平均収益性の分散は6.46→6.83→20.43と業種間の収益性格差が拡大している可能性が示唆される。つまり，第一の業界選択の相違が企業間格差を生み出している可能性が示唆されるのである。もっとも，それだけでは，第二の選択の影響，つまり同一環境下における企業間の経営成果の格差とその程度を明らかにしたことにならない。図表2-17は，既存研究におけるその答えを一覧にしたものである。この図表は，個別企業の経時的な利益率の変動が，表中の右欄の考えられる要因の変動によってどの程度説明可能かを示している。

　個々の研究結果は，推計方法の違いから単純比較することはできないが，この図表から読み取れるのは，第一に，企業間の収益性格差を説明する上で，産業の固有効果は多く見積もっても変動の50％しか説明できないということ。第二に，その程度に大きな差が見られるものの，収益性の変動のより多くの部分が企業固有の要因によって説明されるということ。第三に，収益性の変動の半分程度は，産業固有要因によっても，企業固有要因によっても説明できない，ということである。これらの事実は，企業間の収益性格差が選択した産業（業界）によって決定論的に規定されるわけではなく，他方で企業の固有要因を作

り出す戦略的要素が全てを規定するわけでもない,ということを示唆している。驚くべきことに,これだけこの世の中で戦略論の重要性が強調されたとしても,個々の企業の利益の変動のたかだか50%しか説明できないのである[11]。

4. 増大する戦略の役割

近年の研究成果は,もう少し具体的に企業の個別要因がどの程度企業の収益性格差を説明するかについて,実証的知見を積み重ねつつある。例えば,Crossland & Hambrick (2011) は,日本を含む15カ国の比較研究を通じて,CEOの交代が経営成果の変動に与える影響を計測し,日本では経営者交代が収益性変動に与える影響が英国や米国と比較して非常に小さく,諸外国に比べて日本では経営者の裁量の余地が小さい可能性を指摘している[12]。

また,内田 (2016a) は,これらの米国の既存研究と同様の推計方法に則って,日本企業間の収益性格差の原因を産業固有要因とそれ以外の要因とに分けて検討している。その発見事実に基づけば,第一に収益性の変動要因の10%程度が産業固有要因によって説明され,しかも安定的に推移している。第二に,収益性の変動要因の10%から20%程度が企業の固有要因によって説明される。そして第三に,1990年前後を境にして企業固有要因によって説明される程度が大きくなっていることが明らかにされている。

もちろん,企業の固有要因が,個々の企業で異なるはずの戦略要因によってのみ規定されるわけでは決してない。しかしながら,同じ業界で事業活動を営んで互いに競争する競合企業の間でさえも,長期的に大きな業績格差が生まれるのは,そこに事業運営の巧拙という相違が存在するからである。それらの相違は,究極的には戦略の相違に起因した環境適応の巧拙に起因するものであるはずだ。また,そのような環境変化への適応の巧拙は,環境が安定的に変化するときよりも,環境変化の程度が大きくなるときに顕著に表れるはずである。「1990年前後を境にして企業固有要因によって説明される程度が大きくなっている」(内田,2016a) 事実は,そのことを間接的に示唆するものでもある[13]。環境が急速に変化し,不確実性が増大しているがゆえに,戦略が果たす役割はこれまで以上に大きくなっているのである。

5. 戦略巧拙の帰結:一つの例示

最後に,戦略が果たす役割が大きくなっていることを示す一つの例示として,

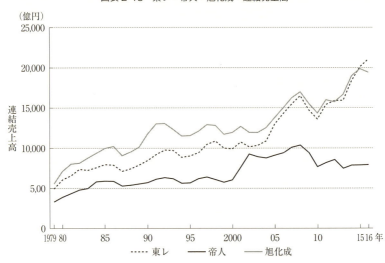

図表 2-18　東レ・帝人・旭化成：連結売上高

よく知られた競合企業の対比を提示してみよう。東レと帝人と旭化成である。東レは，三井物産の出資により東洋レーヨンとして 1926 年に創業した化学メーカーである。帝人は，売上が当時の GNP の 1 割に匹敵し日本一の総合商社と言われた鈴木商店によって，1918 年に帝国人造絹絲株式会社として設立された化学メーカーである。旭化成は，積水化学工業や積水ハウスそして信越化学工業の実質的な創業者でもあった野口遵によって 1922 年に設立された旭絹織株式会社にその源流を持つ化学メーカーである。

　これらの企業 3 社は，大正時代に繊維化学メーカーとして創業し，技術のコアが化学繊維事業を起点にしているという点，成長過程で繊維事業の成熟化とコモディティ化に直面した点，脱成熟化戦略として新規事業の創出を通じた多角化展開を迫られたという点で，共通した経営環境に直面してきた企業である。また，電力やガス，金融や証券，そして通信と運輸などと違って，市場競争を通じて環境適応してきたという点で，観察される経営成果は主体的な企業戦略を通じた環境適応の賜物でもある。その点で，3 社の経営成果の差は，まさに長期的な企業戦略の実践と環境適応への巧拙の違いを反映した結果そのものである。

　図表 2-18 は，3 社の連結売上高推移を見たものである。日本企業でしばしば見られる子会社を通じた多角化展開の影響も考慮するならば，連結単位全体

図表2-19 東レ・帝人・旭化成：総資産営業利益率

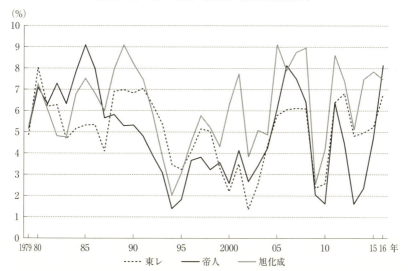

で売上高の推移を見ることが適切である。3社の売上高の動向は，主体的環境適応としての戦略の重要性を顕著に示すものである。1970年代後半の売上高は，旭化成，東レ，帝人の順番であった。それが円高不況の1980年代半ばを契機にして一変する。旭化成と東レが伸び，帝人は2000年まで約15年間ほとんど連結売上高が伸びない状況を経験している。さらに2002年から2008年までのいざなみ景気に当たる時期の3社の売上高の推移も対照的である。ここでも大きく伸びる2社と取り残される帝人，という構図が観察される。さらに金融危機以降の東レ・旭化成と帝人との対比も極めて印象的である。大きく伸びる2社と，横ばいで苦しい状況にある帝人という構図をそこにも見いだすことができる。特に，東レの躍進は旭化成との比較においても顕著である。2004年3月期以降猛追する東レは旭化成の背後を追走するように売上高を伸ばし，2016年3月期には売上高で旭化成を逆転するに至っている。

　もっとも，このような解釈に対する反論もあるだろう。例えば，量産効果が重要な化学産業においても，すでに規模を追求する時代は終焉しており，売上高規模で事業成果の巧拙を判断することは適切ではないという反論だ。規模拡大を追求するのではなく，収益性を追求する戦略もありえるからである。そこで，図表2-19では，収益性の代理変数として総資産営業利益率の推移を示している。残念ながら収益性で見ても，帝人が東レや旭化成などの同業競合企業

図表 2-20　東レ・帝人・旭化成：総資産回転率

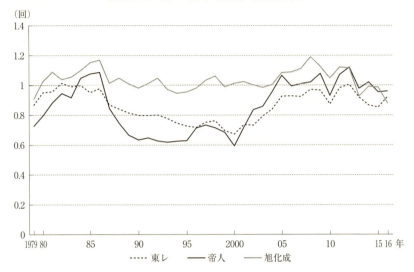

と比較して高い経営成果を達成しているとは言いがたい状況にある。円高不況までは競合他社と比較して相対的に高い収益性をあげているものの，それ以降1994年までは大幅な収益性低下を経験している。1994年以降2006年までは堅調に収益性改善を実現してきたけれども，その後の約10年間は他の2社と比べても収益性が相対的に大きく変動する事態に直面している。競合他社と比較して強い事業，環境変化に抵抗力のある事業構造を構築できず，環境変化に翻弄されやすい状況に直面している可能性が示唆される。

　図表2-20は，さらに売上高と総資産の比率を見るために，3社の総資産回転率の推移を示したものである。旭化成は売上高と総資産の比率が安定的である。売上規模を考慮しながら総資産規模がコントロールされていることが読み取れる。これに対して，帝人と東レの傾向は全般的に類似しているが，1987年から2000年までの13年間は総資産に見合う売上高が全く実現できなかったことが読み取れる。帝人はバブル崩壊後の影響をまともに受けた典型的企業である。

　これに対して，旭化成や東レは主体的な環境適応を試みた結果として，大きく成長した事例である。両者を分けた理由は様々に指摘可能であるが，その一因は川上から川下に至るバリューチェーンの中での自社事業の位置づけについて，どこまで変革する努力を行ってきたかの相違に求められる。それは単なる

個別事業戦略の枠内で行えるものではなく，既存事業の枠を超えて経営資源を再配分することで初めてなしえる作業のはずだ。その点で，3社の事業成果の顕著な違いは，経営者が実践してきた全社戦略の相違に起因する可能性が示唆される。

ここで再度強調したいのは，3社の具体的な経営の巧拙ではない。むしろ，顕著な例示を通じて確認しておきたいのは，偶然という要因に加えて事後的な経営成果の大きな相違が，我々が戦略としばしば呼ぶ，環境変化への主体的な適応の結果として生まれてきている，という点である。その傾向が，以前にも増して，高速化する環境変化ゆえに増幅している可能性が示唆されるのである。

Ⅲ　直面する経営課題の構図

いつの時代にも，どの企業にも経営課題は存在する。ただし，同じ日本企業と言っても，人材確保や国際展開で苦労する中小企業と，名の知れた大企業では，直面する経営課題は大きく異なるはずである。また，コモディティ化が進展するエレクトロニクスの世界と，高度にすり合わせ技術が要求される自動車の世界でも取り組むべき経営課題は大きく異なるだろう。

とはいえ，企業規模や業種の違いといった眼前の経営課題の相違よりも，背後の経営課題の共通性や関連性に注目し，課題の真因に迫る必要があると思われる。目に見える経営課題の場当たり的な解決を試みても事態は好転しない。真因に迫る課題を正面から取り上げ，課題の構図を明らかにする必要がある。日本企業が直面する経営課題は多面的であるものの，背後の共通性や関連性を，俯瞰的視点から同定する必要がある。

1．複雑性の増大と組織能力

日本企業の中でも，大規模企業が直面する経営課題の一つに，急速に増大する複雑性の増大にいかに対処するか，という課題が挙げられる（三品，2004；延岡・軽部，2012）。そこでの仮説は，日本の大企業は自ら直面する事業環境の複雑性を上手く処理する組織能力を実現できていないのではないか，というものである。組織が処理能力を超えた複雑性に直面すると，組織の意思決定が遅延し，意思決定の質が低下することによって，環境に適切に適応できなくなる。ここで念頭に置いている事業環境の複雑性とは，経営上の意思決定と実行にお

いて，事前に考慮検討すべき要因数とそれらの相互依存関係が増加する状況と定義する。

　規模の拡大と事業領域（範囲）の拡大は，拡大戦略や多角化戦略の帰結であると同時に，企業成長の必然的な帰結である。したがって，結果として事業規模や事業領域が拡大することは，社会での当該企業の影響力が増大し，社会における存在意義がより広範に確立されているという点で，歓迎すべき事態である。問題は拡大成長の代償としての複雑性の増大に，どの程度適切に組織として対処できるのかという問題だ。複雑性の増大にいかに対処するかという経営課題は，日本企業に特殊な課題でもなく，新規の課題でもない。すでに，20世紀初頭の欧米企業が，長年にわたって取り組んできた課題である（Chandler, 1990）。1980年代から2000年代にかけて，欧米が先行し日本が遅れる形で追従した事業の選択集中という行動も（Franko, 2004），低収益部門からの撤退であり，複雑性の削減を意図したものであったと解釈することが可能である。

　組織内部の管理という視点から複雑性へ対処する基本は，「近代的な経営管理」の原則に則れば，標準化，専門化，目標の一致，階層組織，計画・管理，外的報酬の六つである（Hamel & Breen, 2007）。多角化展開に伴う事業部制の導入という「組織革新」も加えれば，分権化がそれに加えられることとなる。現代的には，情報技術の導入による意思決定支援がそれにさらに加わることになるだろう。

　教科書的に考えれば，積極的な情報技術の導入を行い，古典的な標準化や専門化を徹底追求することで複雑性を削減し，事業規模の拡大に伴って規模の経済性を追求できる。あるいは，事業部門間の綿密な計画やそれに基づく調整を通じて複雑性を削減し，事業領域の拡大に伴い範囲の経済性を追求できるはずである。階層組織もまた，現実には常に上意下達であるわけではないし，それではそもそも組織は機能しない。上位階層が長期的で例外的な判断（戦略的判断）を行い，下位階層が短期的でルーチン的判断（業務的判断）を行うという点で，分権的判断を制度化したものが階層組織であり，階層組織の存在ゆえに複雑な環境に適応可能になっている側面はある。

　しかしながら，そのような近代的管理手法と情報技術による意思決定支援を以てして，規模の経済性や範囲の経済性を実現することは，以前にも増して容易ではなくなってきている。規模の経済性が活かせる範囲が相対的に限定的となってきた背景には，供給側の要因としてデジタル技術の進展と製造受託（開

発受託）事業の急成長によって，もの造りに必要となる最小投資規模が小さくなったことが挙げられる。初期に必要な固定費が小さくなれば，規模の経済性が活きる領域も限定的となる。他方で，需要側の要因もある。想定する市場セグメントにもよるが，マス・マーケット（mass market）と呼ばれる同質的で均質性の高い需要が以前にも増して減少していることにも起因している。マス・マーケットの減少が規模の経済性を活かしにくくさせているのである。

また，デジタル技術の進展は，供給側から見れば異なる製品の互換性を低コストで実現可能にするという意味で，設計開発活動や生産活動での範囲の経済性の実現を，以前より容易に実現することを可能としている側面がある。しかしながら，需要側から見れば，製品間の互換性の高さゆえに，特定企業の製品に囲い込まれにくくなるという意味で，範囲の経済性を実現することが相対的に難しくなっている側面もある。そもそも，異なる製品間の互換性は，組織内部では異なる事業部門間の調整によって初めて実現可能となるものである。組織内部の調整コストが大きければ，技術的には範囲の経済性を享受できる余地があるとしても現実には享受できなくなる。規模が大きければ競争力が高いわけでもなく，様々な事業を手がけていれば競争力が高いわけでもなくなったのである。むしろ，競争環境が激しく変化する場合には，規模の大きさや事業領域の広さは，意思決定と実行速度の遅延によって，戦略実行の足かせとなる。

上記の古典的管理手法が有効に機能するには，組織として複雑性を吸収できるような能力構築がなしえることを前提としている。ここで問うべきことは，日本企業において，高速化する経営環境の変化に対応する形で組織能力が進化しているのだろうか，という点である。図表 2-21 は，事業環境の複雑性と組織能力の関係を概念的に図示したものである。横軸は時間で，縦軸は直面する事業環境の複雑性（実線）と組織としての複雑性処理能力の水準（点線）をそれぞれ示している。仮説的に t 時点以前では環境変化が安定的で，それ以降は時間当たりの複雑性が大きく増加することを前提としている。ケース(1)からケース(4)までの四つのケースは，直面する事業環境は同一であることを前提にして，組織能力に関して四つの異なるケースを想定している。ケース(1)は複雑性を処理する組織能力が変化していない「能力進化ゼロ」のケースである。ケース(2)は，複雑性を処理する組織能力が逆に時間とともに低下する「能力劣化」ケースである。それに対してケース(3)は環境変化の複雑性増大速度には追いついていないが，複雑性の処理能力が向上する「能力進化が遅い」ケー

図表 2-21　事業環境の複雑性と組織能力の関係：仮説例

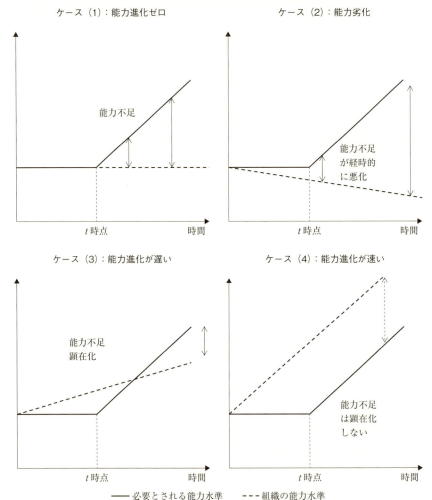

スである。最後のケース(4)は、「能力進化が速い」ケースであり、そこでは能力不足は顕在化しない。

　現実の日本企業全てが、ケース(1)からケース(3)のいずれかにあると主張するつもりは毛頭ないが、ケース(4)のような環境変化の速度以上に複雑性を処理する能力を高めることに成功している企業はそれほど多くないと思われる。能力不足は、短期的には意思決定の遅延や経営施策の実行遅延として顕在化し、

中期的には計画と実績のギャップや収益性の低下として顕在化し，長期的には顧客から見た「かけがえのなさ」の低下という形で顕在化する。例えば，20年前と比較して主たる顧客の顔ぶれや主戦場となる市場が変化し，立脚すべき基本技術が変化したにもかかわらず，日々の業務や意思決定のあり方，分業と協業のあり方が根本的に進化していなければ，複雑性を処理する組織能力が低下している可能性が高いのである。

本書が立脚する経営課題に関する第一の仮説とは，日本企業において事業環境の複雑性に上手く対処する経営技能の進化が十分に実現できていない，というものである。

2. 細分化と脱文脈化：関与の低下

第二の仮説は，業務の細分化と脱文脈化が，組織構成員の過度な微視的視点への偏重と日々の業務活動への関与の低下をもたらしている，というものである。

上述したように，増大する複雑性対処の基本原則は，徹底した分業，標準化の推進，分業に基づく専門化の追求である（Hamel & Breen, 2007）。これらの一連の施策は，一方で効率化のために不可欠な原則ではあるが，他方でその必然的な帰結として業務の細分化と脱文脈化をもたらす。業務の細分化によって，その業務に従事する人々の視点はより微視的（マイクロ）な世界へと誘われることとなる。過度な微視的視点は，細部にこだわりすぎる傾向として観察される。また，細分化によって，業務に従事する人々がそれぞれに置かれた個別の状況を考慮に入れなくてもよくなるという脱文脈化の状況が起きる。この細分化と脱文脈化は，狭い範囲での能力形成，効率的学習という点では意味がありうるものの，様々な経営上の副作用を従業員にもたらすこととなる。

例えば，小さな企業であれば密接につながっていたはずの職人気質の技術者と顧客との関係は，規模の拡大とそれに伴う組織内部での分業や専門化の追求によって自然と希薄になっていく。顧客の声は，それは「感謝の言葉」であっても「怒りのクレーム」であったとしても，技術者が自ら獲得するナマの直接的情報として受け取られることはなくなる。それを直接受け取るのは営業担当の人間であり，営業網の発展とともに営業と顧客の間に介在する代理店の営業となるかもしれない。

その結果，顧客が直面する課題を解決するための方策を考え出すことが期待

される技術者は，ヒト伝いでのみ顧客の声を獲得することが可能となり，間接的で不正確な顧客ニーズを基に顧客の課題解決の方法を検討せざるをえなくなる。さらに，開発，生産，マーケティング，営業という一連の職能グループに分化していく過程で，開発者は顧客と対話する「万能職人」ではなく，マーケティングや営業職能に所属する人たちが有する顧客ニーズを追い求める「一技術者」に成り下がってしまうのである。その過程で，営業の人間でさえ，代理店の営業に大きく依存し，顧客ニーズを直接的に獲得する主体ではなくなっているかもしれない。

さらに，開発から営業に至る一連の職能が高度に分化することによって，それぞれの職能の人は他の職能の人とさえ，相互作用する機会が相対的に少なくなる。その結果，組織内部で個々の細分化した業務に携わっている人たちが，業務でつながっているにもかかわらず，あまりにもその長いバリューチェーンの一部しか担当していないために，全体のプロセスに関して理解する機会を失い，結果として自らの業務がどのように顧客の問題解決に寄与しているかを理解する機会を失うこととなる。また，個々の従業員が担当する業務が細分化され脱文脈化されることで，細かな背景情報は一連の業務プロセスの中で捨象されてしまう。背景情報のない業務プロセスは，特定の目的（何のために）とか，特定の顧客（誰のために）という情報が抜け落ちたプロセスであり，いわば無味乾燥のプロセスである。その結果，その業務に関わりたいという関与の動機をも従業員から奪うこととなる[14]。

前章で述べたように，企業の「かけがえのなさ」は，企業の技術的変換能力の高さに依存している。その能力は，究極的には一連の業務をそれぞれに支える個人が，どれだけ共通の顧客の課題を念頭に置いて，業務に深く関与するかにかかっている。それゆえ，例えば，製造企業が顧客接点の数を失っていく，あるいは深い関係性を持つ接点を失うことは，長期的な競争力維持という観点で望ましい傾向ではない。製造企業と顧客の間に，強力なEC業者や強大な量販店などの流通業者が介在する事態は，真の顧客の課題とは何かを同定する上で障壁が存在する事態であり，製造企業からすると避けるべき事態である。顧客の課題が生まれるリアルな現場を想像できなければ，長期的にはその具体的解決策も創造できなくなるのである。

3. もの造り神話の背景：自力と微視的視点

　日本企業はもの造り企業として生きていくべきだとか，もの造りこそがかつての強みの源泉だからこそ今後もその強みを活かすべきだという議論が展開されている（藤本，2004；中沢・藤本・新宅，2016）。他方で，日本企業による過度なもの造り訴求は神話以外の何物でもないという厳しい指摘もある（木村，2009；湯之上，2013）。ここで問題とするのは，もの造り企業を訴求することの正否ではなく，なぜもの造り訴求の議論が出てくるのか，という点である。

　職人はストイックである。匠の技は美しい。進化する暗黙知は神秘的でさえある。こだわりのある人にしか分からないデザインや意匠，微妙な材質やテクスチャーの相違，形質や重さそして精度など，暗黙的で知覚的な差異を愛でる価値観は文化の一部と言えるかもしれない。ただし，それ自体には何らかの評価を与えるべきものではない。むしろ経営課題として指摘すべきことは，「神は細部に宿る」がごとく，「日本に固有の」文化的特徴を割り引いてもなお，なぜもの造りにこだわる傾向が生まれるのか，という点である。

　例えば，バブル崩壊後の日本企業では，全てではないにせよ，もの造りへの訴求とその源泉としてさらなる「すり合わせ技術」を重視する施策が追求されたように思われる。それは国内工場維持のための論理として，あるいは容易に真似されないブラックボックス技術として訴求されることとなった。興味深いのは，価値を生み出す一連の活動のうち，もの造りが占める割合が低下しつつある状況でも，そのようなもの造り回帰の重要性が強調された点にある。戦略的観点からもの造りの重要性が当時考えられていたのであれば，なぜ製造受託事業のような，その後急速に台頭することとなる新規事業を日本企業は積極的に手がけられなかったのか，という点に答える必要がある。

　現実には，もの造り改革は，一部の企業を除けば，微視的な工場改革に終始したのであり，それは社外の動向とは関係なく，自社のみで経営改革を実施可能であるという点で，自力中心の経営改革であったと思われる。つまり，第三の仮説は，もの造り企業か否かではなく，その背後にある経営の前提について日本企業は改革すべき課題を抱えているのではないか，というものだ。それは，自社でのみ完結可能な自力中心の経営改革であり，業界全体の中でも自分の得意なもの造りに注力する改革である。つまり，過度に自力中心で，微視的な視点に焦点化して経営改革に取り組む姿勢に，日本企業の経営課題があるという仮説である。それは，後出の章で議論するように，微に入り細を穿って配慮す

る微視的経営（マイクロ・マネジメント）には長けているが，直面する世界を改変しようとする巨視的経営（マクロ・マネジメント）には弱い日本企業の経営の特徴を反映している可能性がある。

4．オープン性と共創：競争ルールの変化

　日本企業の経営課題に関する第四の仮説は，直面する新しい競争ルールの変化に日本企業が上手く適応できていない，というものである。かつての日本企業が欧米市場に持ち込んだ新しい競争ルールは，「高品質の製品を安く，しかも手離れよく大量に」であった。それは，競合企業から見れば，高品質と低価格というそれまで相矛盾すると考えられていた二つの性能次元が，一つの製品として共存するという点で，日本企業が創り出した新たな競争次元であった。「手離れよく大量に」とは，高品質であるために壊れにくく，使い手の文化的文脈や使用環境に大きく依存しないという点で，〈説明の必要性が低く〉，売れれば〈メンテナンスの必要性がない〉ため，馴染みの薄い世界市場へ打って出る日本企業に適合的な戦略であった。

　しかし，新興企業の登場とともに，新しい競争ルールが台頭しつつある。ルールの中身を検討する上で注目すべき影響要因とは，第一にデジタル技術の進展に伴うオープン・システムの台頭であり，第二に共創の重要性である。オープン・システムの台頭については言うまでもない。アナログ時代と違ってデジタル時代の技術開発戦略において重要となっているのが，プラットフォーム戦略（Gawer & Cusumano, 2002）であり，研究開発のオープン化であり（Chesbrough, 2003），エコシステムの中で自社の製品・サービス開発戦略を考えるという視点である（Iansiti & Levien, 2004）。

　プラットフォームを意識した技術戦略は，一つの商品やサービス開発を単体・単発開発として位置づける古典的な技術戦略と違って，一連の製品群（世代）の一つとして個々の製品を位置づけ，製品間に関連性や連続性を持たせることによって価格や機能上の優位性を生み出そうとする試みである。毎回新たな技術戦略を策定・実行するのではなく，技術的な共通基盤となるプラットフォームやビジネスの場としてプラットフォームを作ることによって，持続的な競争優位性を確立しようとする試みである。

　オープン・イノベーション戦略もまた，急速な技術進歩に対処するための一方策である。自らできる開発に限界があるからこそ，他のパートナーと協働し，

価値を協働で創造する必要が出てくる。エコシステムという言葉も含めて，これからの技術戦略の策定と実行において必要なのは，他者と競争し，同時に共創するという視点である（Prahalad & Ramaswamy, 2004 ; von Hippel, 2005）。共創の相手は従来のような狭い意味での供給業者には留まらない。時として競合企業が，あるいは価値の提供先である顧客が共創相手となる。政府もまた規制当局主体としてではなく，共創相手となりうる主体である。供給者と需要者という古典的な二分法も必ずしも適切ではない。関係性は時間とともにダイナミックに変化する。

　オープン性と共創を世界で最も上手く利用しているのがグーグル（Google）である。同社は，他社の参加を促すオープン性を訴求する部分と収益化を意図したクローズドな部分とを使いわけている。クローズド・システムを前提とした戦略が20世紀の戦略だとすれば，オープン性と共創を前提とした戦略は21世紀の戦略である。クローズド・システムの特徴は，システム全体をコントロールする特定企業が，可能な限り自らシステムを専有しようとする。これに対して，オープン・システムの特徴は，クローズド・システムであれば獲得できるはずの自らの専有部分（システム全体に占めるシェア）を犠牲にしてでも，それ以上にシステム全体の価値を増大することを優先する戦略である。それによりシェアが小さく（あるいは低下に）なっても，システム全体の価値がそれ以上に拡大すれば，クローズド・システム戦略よりもより大きな利得を得ることができる（Rosenberg, 2009）。オープン・システムのエッセンスは，様々な利害関係者のオープン性に基づく共創動機を促進することによって，システム改善に関与することを誘因し，他のシステムよりも速い技術進化と価値増大を追求することにある。

　垂直統合型ビジネスモデルを追求してきた多くの日本企業は，オープン・イノベーション戦略を追求する余地が数多く残されているという点で，経営課題が残されていると思われる。ただし，日本企業による具体的な成果が出ているとは思われない。なぜか。その理由の一つに，自社の強みに関する深い理解が十分ではないことが挙げられる。オープン・システムの進化に事業として関与するためには，自社が強みとするクローズドなコア活動を今以上に明確に認識する必要がある。グーグルであれインテル（Intel）であれ，オープン・システムのメリットのみを訴求しているのではない。例えば，グーグルであれば，オープン・システムの中でクローズドなコア活動（グーグルであれば検索と広告）

を成立させて初めて，ビジネスの進化性とビジネスの収益性を共存させている。

　オープン性と共創という点で，日本企業の多くが大きく出遅れている可能性は，単に研究開発・技術開発領域の問題に留まらない。それは，マーケティング領域でも観察される現象である。例えば，大手メーカーの広告は，未だに機能主導であり，カタログ性能次元主導という点で「モノの世界の論理」のマーケティングである。SNSをはじめとした多様な情報技術の発展・アプリの普及にもかかわらず，顧客コミュニティの価値を増大するという視点は大きく欠落している。第9章で後述するように，アクションカメラという新規の市場セグメントを創出した米国GoPro（ゴープロ）社と後追いする日本企業との対比は，機能的に類似製品であるものの全く製品ポジショニングが異なる典型的な対照事例である。そこには残念ながら新しいセグメントを自ら開拓する日本企業ではなく，新しいセグメントに表層的に対応する日本企業の模倣行動が見て取れる。

Ⅳ　新しい市場を創る

1．平均的な顧客像の限界

　日本企業が上記で指摘する経営課題を克服する過程で，最終的に目指すべき目標は，新しい市場を創るということに帰着するだろう。それは，国内において新しい市場を創ることと言い換えてもいいし，後述するように海外において新しい市場を創ると言い換えてもいい。その最初の出発点となるのが新製品・新サービスの投入である。しかし，企業の研究開発もしくは技術開発現場を見る限り，「顧客が将来直面するであろう課題解決」のために先回りして開発に取り組む企業は思いの外少ないように思われる。現在支配的なのは，マーケティングベースの製品開発論である。それは御用聞きとも揶揄される「顧客に直接聞く」マーケティングであり，「データで検証する」マーケティングである。もっとも，未来の課題は顧客自身に聞いても分からない。感性や感覚は数字にならない。証拠はあくまでも過去の傾向を懐古的になぞり確認するだけである。未来の顧客との対話に関する議論は，残念ながらマーケティングの教科書のどこにも書いていない。

　日本企業においてことさら深刻と思われるのは，開発現場が顧客のお困りごとをリアルに想像することができているか，という点である。その意味で日本

企業の中でも特に既存大手企業が市場に上市する製品の多くが，単純化して価格帯で表現すれば，低価格品と高級品の「真ん中」に位置するように思われる。「真ん中」と表現すれば穏当な表現かもしれないが，業界によっては二極化が進展し，真ん中の市場セグメントには顧客は存在しなくなっているかもしれないのである。このことは衣料品や生活雑貨の世界で，超低価格と超高級品が台頭し，中価格帯のセグメント市場が伸び悩んでいることに対応している。このような事態は，例えば専門チェーン店による低価格品のファストフードと超高級店による贅を尽くした料理の間に位置する，百貨店最上階に存在した直営食堂を思い浮かべればよい。それは，そこそこ高いがまた来たいと思うほど安くもおいしくもないという市場ポジションである。

　このような商品が市場に投入される最大の理由は，技術者が不真面目だからでも，マーケティング活動をやっていないからでもない。むしろ，技術者が真面目に市場調査の結果を信じて開発するからこそ，逆説的ながらそのような製品が市場に投入されるのである。それは，マス・マーケットを狙うという誤った前提に起因するのであり，平均的な顧客とは何かという誤った問いに端を発している。平均的な顧客を前提に製品開発が出発すると，あらゆる要素（デザイン，材質，色，その他機能）が正当化され盛り込まれやすくなる。その結果，あらゆる職能，あらゆる階層の稟議を経て，製品開発プロジェクトは特徴のない製品を生み出す。また，製品開発はある意味で事前には結果が分からないプロセスなので，安全策という意味で様々な機能が追加されていくことになる。このような傾向は，業務プロセスが細分化され，顧客が直面するであろう課題を想像しにくい人々が関与している場合に，より顕著なものとなる。民主的であるがゆえに生まれるプロセスである。

　全面的にその有効性を否定するつもりは毛頭ないが，セグメンテーションに基づくマーケティングは，大量生産の時代のコンセプトであることに留意する必要がある。それは個別対応を基本的に最小化し，市場を構成する主たる顧客の平均像に近づく方法論であるからである。むしろ，セグメンテーションで市場少数者として切り捨てられる市場に実はもっと目を向けるべきであり，セグメンテーションでは取りこぼしてしまう顧客に目を向ける必要が，新しい市場を創る製品開発には求められる。これは残念ながらほとんどのマーケティング戦略では語られない点である。この点については，第9章で詳しくその論理も含めて再論することにしたい。

新しい市場を創りだす力を持つ新製品を開発するためには，顧客に先回りして顧客の課題を考える必要がある。そのためには，日本の中間層という虚像化した平均的な顧客像から脱却する必要がある。なぜならその顧客像は，そもそも現実には存在しないものであるか，あったとしても小さな規模としてしか存在しないものだからである。

2. 大局と越境

　それでは，日本企業に必要とされているものは何か。それは，「大局」という視点であり大局に基づく越境である。大局とは，最適化の範囲を広げる経営目線である。それは，末節や部分にのみこだわる，目に見えるモノにのみこだわる，短期的なモノにこだわるのではなく，物事の全体の成り行きを俯瞰し，全体から部分の問題を同定する見方である。言い換えれば，日々の些細な事象がより大きな動向の一部なのか，逆に大きな動向の一部として観察される具体的な現場の事象は何か，を問う姿勢である。微視的視点とは対照的に巨視的視点とは，まさに大局から具体的な経営方策を考える視点である。

　グローバル展開という近年流行の経営のバズワード（buzzword）も，狭い意味で日本を起点に海外へ進出するという，国境を越える経営施策と考えるべきではない。グローバル展開の意味することは，最適化の範囲をより広域に拡げることによって，日本市場以外の市場も成長市場と捉え，さらに日本市場を展開する市場の一部として捉える視点である。それはグローバル最適化と言い換えてもいいものである。かつての日本企業の勝ちパターンは，日本にいる厳しい顧客への要求に応えることによって組織能力を高め，事後的に日本以外で立ち上がることになる拡大ニーズに対応可能となるというパターンであった。しかし，先導ニーズは日本にあるとは限らない。厳しい顧客，難題を抱える顧客は日本にはいないかもしれない。日本以外にこそ，自らが正面切って相手とする顧客がいるかもしれないのである。その探索範囲を拡げることで，そのような課題を抱えた顧客との出会いの確率が高まるはずである。低い目線では，国境は常に壁であり，その先に何があるかは分からない。高い目線を持ってこそ，国境の先にある顧客の存在が見えてくるはずである。グローバル最適化の第一の意味は，最も一般的な意味で使われるグローバル展開という意味であり，国境を越えると言うことであり，国と国の境界線，異なる歴史と文化を越境するという行為である。

図表 2-22 グローバル最適化と越境：三つの例示

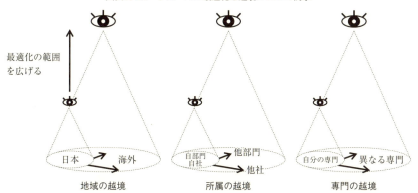

　グローバル最適化の第二の意味は，国境を越えるという意味ではなく，組織内部にある異なる職能や部署の壁を越えて最適化の範囲を拡げるという意味であり，既存の組織の枠や目標の違いを超えて利害の一致を模索する視点である。既存の組織の境界線や，すでにある価値前提や経営慣行に基づいて最大効率を目指すのが管理者の仕事だ。これに対して，期待される経営職能とは，組織内部と組織外部の境界線を越境し，異なる人々の関心・努力・エネルギーを結びつけ直す仕事である。既存組織の慣行や職務，さらに職務を規定する価値観やルールに縛られていては新しいモノを生み出せない。組織内部の壁，異なる組織の間に存在する厚い壁を破るためには，壁にぶつかって破壊するのではなく，壁を乗り越えるより高い視点が必要となる。

　第二の意味が所属の違いを越境して広域に最適化を目指すことだとすれば，グローバル最適化の第三の意味は，異なる専門（ディシプリン：discipline）や信条の違いを越境して最適化を図るという意味である。このような異なる専門や信条の境界は第二の越境で問題となる組織の境界とは独立に存在するものである。図表 2-22 は，グローバル最適化と越境の意味を概念的に例示したものである。

　最適化の範囲を拡げる努力をするからこそ結果的に外部環境を知る機会となり，自社の当たり前が外部世界では当たり前ではないことに気づく契機となるはずである。海外展開をすべきか否かにかかわらず，企業規模や社歴にかかわらず，全ての企業に必要とされるのは，大きな変化の起点となる些細な兆候を拾う確率を高めることにある。それには外の世界にもっと目を向け，最適化の

範囲を拡げ，境界を越境する努力をすることから出発する必要がある。

注
1) 東日本大震災以降，原子力発電の停止により電力の供給を海外からの化石燃料に大きく依存することになっている。例えば，震災前の一次エネルギー自給率は，2010年19.9%（OECD29位）だったのが，2011年には11.2%（同33位），2012年には6.0%（同33位）となっている。
2) 例えば，早房（2010）の記述を参照されたい。
3) 韓国企業との対比については吉川（2011）に詳しい。
4) 例えば，製品別の物価指数の年平均下落率（1990年から2016年まで）は，ビデオカメラ（－13.3%），サーバ（－11.1%），録画・再生装置（－12.5%），パーソナルコンピュータ（デスクトップ型）（－9.6%），携帯電話機（－10.4%），固定局通信装置（－1.3%），オーディオ（－2.0%），無線応用装置（－1.1%），交通信号保安装置（0.4%）である。
5) その他の製品については，次の通りである。ダイオード（－1.1%），整流素子（－0.6%），ディスプレイデバイス（－7.4%），記録用テープ・ディスク（－6.8%），光電変換素子（発光ダイオードを除く）（－6.5%），発光ダイオード（－6.5%），水晶振動子（－3.7%），シリコンウエハ（－3.3%），モス型ロジック集積回路（－4.7%），電子機器用コンデンサ（－2.6%），超小型電動機（－0.7%），電子機器用抵抗器（－1.3%），電子機器用コネクタ（－2.8%），電子機器用変成器（－1.4%），サーミスタ（－1.3%），スイッチング電源（－1.2%），プリント配線板（－1.6%），混成集積回路（－2.3%），電子機器用スイッチ（－1.9%），線形回路（－2.0%），コントロールユニット（－0.9%），高周波組立部品（－1.5%），音響部品（1.2%）である。
6) ちなみに，民生用機器は若干の下落傾向が見られる。例えば，電子レンジ（－6.5%），ルームエアコン（－6.1%），太陽電池（－4.5%），食器洗い乾燥機（－3.4%），リチウムイオン蓄電池（－2.1%），乾電池（－0.8%），換気扇（－0.4%）はその一例である。これに対して，継電器，工業計器，配電盤，変圧器，開閉器，配線器具，遮断器，電気溶接機等は，伸び率0%のほぼ近傍ではあるが上昇傾向が見られる。
7) 池田・斉藤（2014）の調査結果に依拠している。
8) 蜂谷（2005）も「ある年に特許が放棄されずに残っている割合（残存率）推移をみると，特許技術の陳腐化が早まっている可能性」を指摘している。
9) 例えば，2013年時点で日本における製造業の総GDPに占める割合は18.8%である。ちなみに，ドイツは22.2%，米国12.1%，中国29.9%，韓国31.1%である（内閣府「国民経済計算」と国際連合「National Accounts Main Aggregates Database」に基づく）。また，就業構成比で見ると，2014年で日本16.4%，米国10.3%，ドイツ19.6%，中国28.7%，韓国16.9%である（労働政策研究・研修機構，2016）。
10) 古典的な戦略論に従えば，前者を戦略的意思決定と呼び，後者を業務的意思決定と呼んでいる（Ansoff, 1965）。
11) 戦略論の重要性は言うまでもないが，企業の収益性は，偶然によっても支配されていることに，我々は目を向ける必要がある。
12) Crossland & Hambrick（2011）の研究は，経営者交代というイベントを収益変動の分散の大きさを説明する一要因として検討しているのであって，経営者の裁量余地の多寡

を決める一要因を検討しているのに過ぎない点に注意を払う必要がある。
13) 同一企業内の企業間格差の進展は,「勝ち組」と「負け組」という業界内の二極化を表す言葉がいつ登場しどのように普及したかを確認することによっても間接的に確認可能である。例えば,1997年までほとんど登場することがなかった「勝ち組」という表現は,その後2002年のピークまで急増し,それ以降内需拡大を起点にした好景気によって言及される件数は減少した。具体的には,『日本経済新聞』朝刊版で,1989年まで企業業績を語る文脈で「勝ち組」という言葉は一度も使われていない。1997年までは年間1～2件程度である。本格的に登場するのは1997年であり,2002年の141件をピークにして減少していく。その後は内需の拡大とともに,二極化に言及する記事は減少している。
14) 工場見学を積極的に社外に公開すること,見学者を工場に受け入れることに積極的な企業がある。顧客や一般の人々が工場を訪れ,見られるという経験は,そうでなければ顧客とのつながりが見いだしにくい工場現場の人々が,顧客と工場のリアルなつながりを想起させる機会となるはずである。それが生産現場の従業員の動機づけにつながると指摘されることもある。

第3章 自己革新性の限界とその超克

本章では，理念型として語られ，日本企業に特徴的な経営慣行とされる「日本的経営」と，それを包摂する日本型企業システムの特徴と限界を指摘する。最初に，日本的経営および日本型企業システムに関する既存研究の知見を振り返る。そして，理念型としての米国型企業システムとの比較を通じて，「日本的経営」および日本型企業システム存続の前提が，既存企業の自己革新性にあることを指摘する。

本章の結論は，次の2点である。第一に，新旧企業間の競争淘汰という点で特徴づけられる米国型企業システムと違って，日本型企業システムは既存企業内部の自己革新性に重きを置いたシステムである。第二に，既存企業の自己革新性を支える鍵は，組織の内部効率性にあり，管理機構の肥大化はその効率性低下の原因となる，というものである。

I 日本型企業システムの特徴[1]

1. 日本的経営とは何か

日常的に使用されるにもかかわらず，その定義や指示内容が多義的で，曖昧にしか共有されない表現が世の中には存在する。「日本的経営」という表現もまたその一つである。その原因は，一つに「日本的」という曖昧な形容詞に由来している。日本的という表現は，日本文化を意味することもあるし，経営の主体である日本人やその集合体である日本企業を意味することもある。

そもそも日本企業の定義は，本社の所在地で定義されるのだろうか。あるいは，主たる株主の地理的拠点（個人であれば居住地，企業であれば所在地）で定義

されるのだろうか。日本的経営という表現には，日本企業に歴史的に由来するという意味を含んでいることもある。主要な企業活動を行う地理的な場としての日本や，対象市場としての日本市場を暗示していることもある。「日本的経営」という表現は，実に多様な意味を含んでいる。外形的ではあるが，最も狭い意味で日本的経営を定義するならば，日本で歴史的に形成された文化的価値観や規範を前提として，日本という地理的な場での開発・生産・営業活動を通じて，日本人顧客に向けて価値提供を行う経営慣行とその慣行を司る経営原理と定義されるであろう。

もっとも，このような狭い定義は，かつての日本企業には有効だったかもしれないが，現在では益々その有効性は低下している。その一例として，日本企業による急速な海外事業の進展を考えてみるとよい。日本の海外進出は，海外顧客への輸出という形で始まり，現地生産活動は1985年のプラザ合意を起点にした急速な円高によって進展した。現在では研究開発拠点を海外に持つ企業も増加してきている（浅川，2010）。その結果，日本企業では営業や生産のみならず，研究開発という現場でもまた，多様な文化的背景を持つ人材がより多く参加することとなっている。国境を越えて事業活動を行うことが当たり前になった今こそ，事業活動の中心と対象とする顧客は，日本に限定する必然性は低下してきている。

誕生の合理性と制度存続の合理性は必ずしも一致しないので，これまでのように暗黙裡に共有された日本文化や日本人の固有性を強調するのでは十分ではない。それゆえ，歴史的に日本人が日本企業という場で結果的に生み出すこととなった経営慣行とその背後の原理の汎用性を検討する必要性が高まっているのである。

2. 日本的経営の構成要素と多面性

すでに述べたように，「日本的」という形容詞の曖昧さゆえに，日本的経営という表現は，必然的に多義的である。そのため，「日本的経営」が意味する異なる側面（多面性）を，網羅的に検討することはそもそも困難である。例えば，日本的経営の中核的特性とされる人事・労務上の諸慣行を取り上げてもその内容は，極めて多様でまた多面的である。一例として，尾高（1984）の指摘を取り上げてみよう。そこでは，日本的経営の特徴として，次の要素が挙げられている。それは，(1)「終身雇用の慣行」，(2)「丸抱え的な一括採用」，(3)「平

均的な会社人間を作る定型訓練」，(4)「ジェネラリストを育成する職場遍歴」，(5)「年功による処遇と地位の序列」，(6)「競争の抑制と人の和の尊重」，(7)「稟議制度」，(8)「おみこし経営と集団責任体制」，(9)「権威主義的であるとともに，民主的，参画的な組織」，そして(10)「私生活にまで及ぶ従業員福祉への温情的配慮」，である。それには採用から評価，そして意思決定スタイルや組織文化に至るまで広範なものが含まれている。

　しかし，それでもなお，いくつかの先駆的研究もしくは代表的な研究に注目することで，日本的経営の構成要素の多面性を確認する意義はあるだろう。図表3-1は，日本的経営および日本企業研究と呼ばれる過去の先行研究群の一部を，主要な議論の例示という観点から一覧にしたものである。決して網羅的ではないことを留意してほしい。この図表では，最左列から順に，大別した研究領域，分析対象，主たる発見事実・主張，そして代表的研究・調査を挙げている。

　この図表中の諸研究が全体として示すように，日本的経営および日本企業研究が念頭に置いてきた分析対象は非常に広範で，結果的に多面的な現象を取り扱っている。決して，経営の「三種の神器」としてよく知られた終身雇用・年功序列・企業別組合（Abegglen, 1958, 1984, 2004；OECD, 1973）に関する検討のみを行ってきたわけではない。例えば，日本企業の雇用・選抜システムは，「終身の関係」（Abegglen, 1958）や「組織志向型」という表現（Dore, 1973）に見られるように，市場原理と対比する形で組織的原理を追求する経営慣行として捉えられがちである。しかし，そのような経営慣行の下でも，一度採用されればその後のキャリアは，「ぬるま湯」のように，自動的に保証されていたわけでは決してない。現実には，大企業を中心に新卒一括採用（菅山, 2011）を基本とした長期的な雇用を前提としつつも，組織内部で長期的な技能形成と選抜競争が存在していたことが指摘されている（花田, 1987；小池, 1987, 1999）。

　米国で頻繁に見られるような転職を通じた組織間異動に代わって，組織内での幅広い技能形成を意図した異動が，日本企業の，特に大企業を中心とした雇用上の特徴であったと言えるだろう。そもそも，よく知られた事実であるが，日本的経営の主たる構成要素として指摘される人事・労務上の諸慣行をセットとして兼ね備えている日本企業は，その数において圧倒的に少数派である従業員数300人以上の大企業や大事業所に限られる（尾高, 1984）。尾高が指摘するように，日本的経営とは日本の大企業の諸慣行を取り上げているという意味で，

図表3-1 日本的経営・日本企業研究の概要

研究領域	分析対象	主たる発見事実・主張	代表的研究・調査*
雇用・選抜・人材形成・協働	雇用関係	終身雇用の関係、「終身雇用制」、「年功賃金」、「企業別労働組合」	Abegglen (1958, 1984, 2004), OECD (1973)
	雇用の源泉	組織志向的な日本 vs 市場志向的なイギリス	Dore (1973)
	採用	新卒一括採用	菅山 (2011)
	選抜・技能形成	長期的競争（選抜）、知的熟練形成（変化への対応、異常への対応）	小池 (1987, 1999)
	ホワイトカラー選抜	ホワイトカラー形成における選抜と処遇管理の重要性	花田 (1987)
	企業内人事施策と評価	A理論とJ理論（終身雇用、遅い人事考課と昇進、ジェネラリスト育成、非明示的な評価・意思決定基準、参加的意思決定、集団責任、人間関係の形成）	Ouchi (1981)
	協働と意思決定	組織の重み	沼上他 (2007)
意思決定・企業戦略	トップ・マネジメントの選抜過程	企業家型経営者の歴史的台頭	森川 (1991)
	トップ・マネジメントの戦略的意思決定	意思決定過程の日本的性格	三品 (2004)
企業行動	ミドル・アップダウン	ミドル・アップダウン	Nonaka (1988)
	多角化志向性	より小さい多角化、左人右脳的分野への進出	吉原・佐久間・伊丹・加護野 (1981)
	戦略志向性	衰退効率化 vs 差別化	Porter, Takeuchi, & Sakakibara (2000)
	戦略志向性	同質的競争（横並び）	浅羽 (2002)
製品開発・ものづくり	小集団活動	QCサークル（小集団改善活動）、TQC（総合的品質管理）	日本科学技術連盟
	生産システム	ジャスト・イン・タイム、「自働化」、かんばん、「標準作業」	大野 (1978)
	製品設計・開発	ラグビー（オーバーラップ）型製品開発	Imai, Nonaka, & Takeuchi, (1985), 竹内・野中 (1985)
	製品設計・開発	マルチ・プロジェクト戦略	延岡 (1996)
	生産システム	インテグラル（すり合わせ）型 vs モジュラー（組み合わせ）型	藤本 (2003)
組織構造	事業部	職能別事業部制	加護野・野中・奥村・吉村 (2006)
	本社	相対的に大きな本社	橋本 (1991)
取引関係	材料・中間財調達	長期相対取引	岡崎・奥野 (1993), 橋本 (1996), 寺西 (1982)
	資金調達	間接金融を通じた成長資金の供給	浅沼 (1997)
	供給業者の選択と関係的取引の形成	部品供給業者の選択と関係的取引の形成	今井・伊丹・小池 (1982)
	中間組織、組織と市場の相互浸透	中間組織（組織と市場の相互浸透）	宮島 (2011)
	取締役会の境界	内部昇進者中心の取締役会、「監督機能と執行機能の未分離」、「相対的に大きな組織」	
企業統治	取締役会の特徴	新役会変貌	
	株主との関係性	安定株主、「株式持ち合い」	奥村 (1975, 2000)
	日本的コーポレート・ガバナンス	日本型コード、「上野・吉村・加護野 (1999)、田中 (2014)	伊丹 (2000b), 上野・吉村・加護野 (1999), 田中 (2014)
	メインバンク機能	メインバンク制、「銀行からの役員派遣」	Nakatani (1984), Aoki & Patrick (1995), 三輪・ラムザイヤー (2001)
	調整機能	市場競争任力による統合	宮内 (2000)
機能のロジック（説明原理）	取締役会の特徴	水平的調整メカニズム vs ヒエラルキー的調整メカニズム	Aoki (1988)
	制度の相互依存関係	システムとしての相互補完性	青木・ドーア (1995)
	異なる資本主義観	ランクヒエラルキー	
		企業福祉主義（Welfare Corporatism）	Dore (1973)
		人本主義（従業員主権、分配シェアリング、組織的市場）	伊丹 (1987)
		法人資本主義	奥村 (1975, 1995, 2000)
		ライン型資本主義 vs アングロサクソン型資本主義	Albert (1991)
		資本主義の多様性（Varieties of Capitalism）	Hall & Soskice (2001)
		大企業資本主義 vs 起業家的資本主義	Baumol, Litan, & Schramm (2007)
		集団主義、「イエの論理」	岩田 (1977, 1978)
生成のロジック（文化論的説明）	生成要因、誘因	共同体としての企業	間 (1963, 1971)
		経営家族主義	津田 (1975, 1977)
		文化論的アプローチと環境論的アプローチ	公文 (1981)
		企業カプセル論	土屋 (1978)

（注） *参考文献は、代表的な議論と考えられるものを選択しており、網羅的なものではない。

過度な一般化がなされている（神話化されている）側面がある。

　このような日本の，特に大企業を中心とした人事・労務慣行上の特徴は，直接的には組織内部の分業・協業パターン，間接的には意思決定や戦略行動にも影響を与えている。例えば，長期的雇用は新卒採用から退社に至るキャリアのほとんど全てを同一企業で過ごすことを促し，それが結果として「より小さい多角化，より小さい異分野への進出」という多角化行動を生んでいる側面がある（吉原・佐久間・伊丹・加護野，1981）。なぜなら，日本企業に特徴的な漸進的多角化という多角化行動は，組織構成員のメンバーシップの低い流動性に起因した組織能力の固定性に注目して初めて積極的な理由として説明することが可能となるからである。

　「業務効率化」志向（Porter, Takeuchi, & Sakakibara, 2000）や「同質的競争（横並び）」志向（浅羽，2002）といった戦略志向性もまた，長期的雇用を中心とした人事・労務上の諸慣行と決して無関係ではない。というのも，尾高（1984）が指摘するように，長期的な雇用がもたらす会社生活の安定性は，結果として従業員の依存心の増大や自主創造精神の抑制を生み出すからである。外向きの差別化志向とは対照的に，内向きの業務効率化志向は，取り巻く外部環境を所与とする会社生活の安定性を前提として初めて生まれる志向性である。横並びや同質志向は，他律的な意思決定傾向の一つであると解釈するならば，従業員の依存心の増大と自主創造精神の抑制の結果として生まれるという点で，長期的雇用にその源泉があると指摘することも可能であろう。

　製品開発やもの造り，そしてQCサークルなどの現場作業者を中心とした品質向上や生産性改善を目指した自律的な小集団活動もまた，長期的な雇用があってこそ継続的な実践と高いコミットメントが可能になるという意味で，長期的雇用と親和性の高いものである（大野，1978）。藤本（2003）による先駆的な研究によって指摘され，日本企業に広範に観察されるとされる「すり合わせ」的な調整活動もまた，長期的な雇用を前提としたメンバーシップの固定性ゆえに成立する関係性である。そもそも組織構成員の企業間流動性が高ければ，高い組織忠誠心とコミットメントを前提とする「すり合わせ」的な調整活動を実践することは難しいであろう。

　経営トップと現場を効果的に結びつける，「ミドル・アップダウン」（Nonaka, 1988）と呼ばれるミドル経営層を中核とした意思決定メカニズムも，長期雇用者が前提となっているという点で，長期的な視点で推進される人事・労務上の

諸慣行の帰結でもある。企業統治の特徴でもある「内部昇進者中心の取締役会」や「監督機能と執行機能の未分離」(宮島, 2011) もまた, 自らのキャリア人生を同一企業で役員として終える「元従業員」によって支えられていることを踏まえれば, 長期雇用という制度に支えられてきたことは明らかである。

もっとも, 日本的経営や日本型企業システムの構成要素とされる全てが, 長期雇用制度にその源泉があるわけではないことにも注意を払う必要がある。例えば, 日本企業に特徴的な「職能別事業部制」(加護野, 1993) と呼ばれる組織構造は, 日本企業が直面した歴史的な経緯ゆえに生まれた可能性がある。職能別事業部制とは, 生産や販売などの主要職能が事業部として独立して存在する組織形態である。「本社規模が大きい」という日本企業の特徴 (加護野・上野・吉村, 2006) は, 本社主導でもの造り活動に従事する日本企業の生産活動戦略に起因している可能性が示唆される。あるいは, 企業間の長期相対的取引関係や企業統治上の特徴は, 日本企業の人事・労務関連の諸慣行の影響というよりはむしろ, 技術進歩や外資との競争など多様な歴史的経緯に影響を受け, 環境変化への主体的な適応の結果として進化してきたものであると思われる (浅沼, 1997 : 今井・伊丹・小池, 1982)。

これらの多面性を踏まえれば, 日本的経営の構成要素とされる様々な経営慣行を, そもそも日本人に特徴的な集団主義的文化から主として説明しようとする一連の主張は, 日本的経営の一側面を静的に捉えたに過ぎず, 時代時代の日本企業による環境適応能力の進化という動的過程を過小評価していることになる。

3. 日本的経営の評価とその変遷

日本企業に観察される様々な経営慣行を「日本的経営」と仮に定義するならば, 日本的経営に対する評価は, 研究対象となる日本企業の経時的な盛衰を反映するように変遷してきた。元々, Abegglen (1958) による研究を契機に「発見された」日本的経営は, 当初は西欧社会と異なる前近代的な経営慣行として指摘されたものだった。

しかし, その後の高度成長と二度の石油ショックを経てもなお観察される日本企業の躍進を目のあたりにした海外の研究者, 経営者, ジャーナリストによって, 日本的経営は誇張して指摘され, 拡大解釈されることによって「神話化」したのである (尾高, 1984)。尾高は, 1980年代の日本的経営論ブームと

は現実から逸脱した虚構や誇張によって創られた神話であり，無批判な日本的経営論は日本人に根ざした潜在的な劣等感の裏返しであると指摘し，環境変化に応じた日本的経営革新の必要性を主張している。経営学者の土屋は，そもそも日本企業に独特で特徴的とされる経営慣行は，日本以外の欧米諸国の企業にも見られる経営慣行であることを指摘している（土屋，1978）。日本的経営論が注目する経営慣行が日本企業に独自のものであるか，諸外国にも観察可能なものであるかについては，本格的な実証研究を必要としていたのである。

　もっとも，そのような事態を経営学者は全く静観していたわけではない。例えば，実証データに基づかない印象論や集団主義との関連性を強調する文化論とは一線を画し，日本企業の行動特性を実証的側面から明らかにしようとした吉原他（1981）による『日本企業の多角化戦略』は，本格的な実証企業研究の先駆けであった。同書は，日本企業を研究対象としているものの，米国の先行研究との比較検討を強く意識して，日本企業の特殊性と一般性の双方を析出しようと試みている。加護野他（1983）による『日米企業の経営比較』は，さらに踏み込んで，日米主要企業のペア比較に基づく本格的な国際比較研究によって，日本企業の特徴を明らかにしようと試みている。

　さらに，1980年代後半のバブル経済の好況を享受した日本企業の躍進は，日本的経営の評価に留まらず，日本型資本主義の存在を確認する作業と，その経済合理性を説明しようと試みる一連の研究を生み出した。例えば，奥村（1975，1995，2000）による「法人資本主義」，伊丹（1987）による「人本主義」，そしてAoki（1988）による比較制度分析の手法を用いた日本企業の意思決定メカニズムと企業行動の合理性を説明する諸議論は，日本型システムの成立経緯や存続可能性の説明を試みたものであった。それは，日本的経営成立の源流を，「集団主義」や「ムラの論理」（岩田，1977，1978），あるいは，「経営家族主義（イエの論理）」（間，1963，1971）そして「共同生活体としての企業」（津田，1975，1977）に求める「文化論的アプローチ」に対して，直面した歴史的環境要因に求める「環境論的アプローチ」と呼ばれる立場であった（公文，1981）。

　日本的経営を巡る諸議論は，当初経営学者による「日本的経営」研究という形で推進され，日本企業の独自性や文化の固有性をしばしば強調する方向で進展してきた。しかし，1980年代後半に入ると，経済学者による日本企業研究という形でより一般的な文脈で推進され，歴史的に形成された経営慣行や制度の経済合理性を明確に強調する方向で進展してきた（岡崎，1993）。つまり，日

本企業の経営は，当初日本文化の独自性に起因した諸要因が強調され，その後経済合理性の探究という形で普遍性により力点が置かれることとなる（Aoki, 1988）。しかし，その高い評価が続くのは，ベルリンの壁の崩壊（1989年）までであり，バブル経済崩壊（1992年）までであった（宮本，1997）。

4. 多様な資本主義の一つとしての日本型資本主義

1970年代までが文化論から日本的経営の特徴や特殊性を析出しようとする時代だったとすれば，1980年代は日本的経営の普遍性を見いだす試みがなされた時代であった。それは，日本的経営の特殊性が生まれる源流はどこにあるかという経営慣行生成原理を探求する作業から，日本的経営の他国への応用可能性と普遍的説明原理を探求する作業へと踏み出す試みであった。振り返れば，わずかにしか続かない時代ではあったが，円高不況からバブル崩壊までの日本は急拡大する経済成長を謳歌した。その後押しも受けて，欧米で理念型とされる資本主義とは異なる「日本型の資本主義」が存在し，日本的な経営慣行もその一部と考えられるようになったのである。

日本的経営がAbegglen（1958）によって「発見」されたのと同じように，日本型資本主義もまた海外で「発見」されたものであった。それがアルベールによって発表された『資本主義対資本主義』（Albert, 1991）である。それは，社会主義との対比でしか語られることのなかった資本主義が，実は異なる資本主義を包摂していることを明確に主張するものであった。その後展開する「資本主義多様性論（VOC：Varieties of Capitalism）」（Aguilera & Jackson, 2003；Albert, 1991；Amable, 2003；Dore, 2000；Hall & Soskice, 2001；山田，2008）の出発点ともなったのである。

例えば，Albert（1991）は，財の取引がどの程度市場経済に委ねられているかの程度の違いに注目し，アングロサクソン型資本主義とライン型資本主義に大別している。アングロサクソン型では，教育や医療そして企業をはじめとして，あらゆる対象が市場取引を通じた売買対象となる。対してライン型ではこれらが市場取引に委ねられるのではなく，社会や公共の管理の下に置かれる傾向にある。彼の議論に基づけば，アングロサクソン型資本主義の例示として挙げられるのが，米国や英国である。これに対してライン型資本主義の例示として挙げられるのが，ドイツやフランス，そして日本もここに含まれる。日本的経営を包摂する日本型資本主義はここで，欧州大陸との共通性とそれゆえの普

遍性が指摘されることとなったのである。

　Dore（2000）の議論もまた，日本型資本主義の一般性を他の資本主義との比較で検討したものである。ドーアによれば，米国や英国では市場化と金融化を特徴とし株価を企業の成功の尺度と見る株式市場資本主義が支配的であり，ドイツや日本では，生産活動の重要性を尊び，人間の福祉を成功の尺度と見る福祉資本主義（welfare capitalism）が支配的であることになる。福祉資本主義という呼称が日本の現実を適切に反映しているかについて異論を挟む余地はあるものの，ドーアが日本モデルの特徴として注目するのは，従業員重視，関係重視の取引関係，共同体としての業界，そして政府の指導的役割である。そこで強調されるのは，アベグレンによって指摘された〈終身の関係〉，つまり，「労働者は入社に際して，彼の残りの生涯を会社に委託する。会社は，最悪の窮地に追い込まれた場合を除いて，一時的にせよ，彼を解雇しない」という関係を基礎にした長期的なコミットメントを促す諸慣行を運用する。ドーアは，このような終身の関係性が市場化や金融化の進展によってどのように変化していくかに関心を寄せている。

　Hall & Soskice（2001）の議論は，企業外部との関係性，つまり，労使関係や職業教育，企業統治や取引関係の調整メカニズムの違いに注目して，「自由な市場経済（LMEs：liberal market economies）」と「コーディネートされた市場経済（CMEs：coordinated market economies）」とに大別し，米国や英国やオーストラリアを前者に，日本をスウェーデンやノルウェー，そしてオランダと同じく後者に位置づけている。Amable（2003）は，「市場ベース型」，「アジア型」，「大陸欧州型」，「社会民主主義型」，「地中海型」という五つの異なる資本主義に分類し，日本は韓国と同じくアジア型の代表として位置づけている[2]。

　いずれの類型化に従うにせよ，これまでの議論から明らかとなるのは，日本型資本主義というものが仮に存在するならば，それは明らかにアングロサクソン型資本主義の諸要素とは明示的に異なるものの，他方で欧州諸国の諸制度や諸慣行と部分的にせよ類似性が見られるということである。

5．日本型と米国型：二つの企業システム

　「資本主義多様性論」の流れを汲む一連の議論の基本的な主張は，特定の資本主義がその他の資本主義と比較して，より優れていると積極的に主張するものではない。しかし宮本（1997）が示唆するように，現実世界で起きたのは，

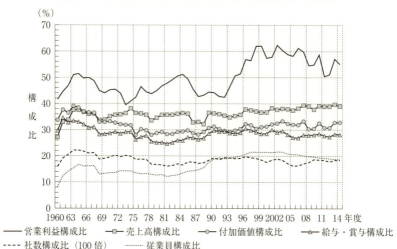

図表 3-2　日本経済に占める大企業（資本金 10 億円以上）の構成比

――営業利益構成比　―□―売上高構成比　―○―付加価値構成比　―△―給与・賞与構成比
---- 社数構成比（100 倍）　……… 従業員構成比

(出所)　財務省『法人企業統計』。

国境を跨いだ「異なるタイプの資本主義の間の競争」であった。そして，マクロレベルで見た経済成長という観点から判断する限り，その結果は明らかに日本型資本主義の優位を示唆するものではなかった。なぜなら，GDP の成長率に留まらず，既存大企業の国際的な競争力という点でも，新規企業の創業という点でも，悪化する傾向を示唆する材料は数多く見いだせるものの，好転する材料を見いだすことはより困難であるからだ。

　この問題を考える上で，Baumol, Litan, & Schramm（2007）の指摘は，より具体的で示唆的である。彼らは，大別して四つのタイプの資本主義を分類し，それぞれの特徴と課題を明らかにしている。ここで，四つのタイプの資本主義とは，起業家資本主義（entrepreneurial capitalism），大企業資本主義（big-firm capitalism），オリガルヒ的（新興財閥）資本主義（oligarchic capitalism），国家主導型資本主義（state-guided capitalism）であり，日本は大企業資本主義の一例として，米国は起業家資本主義の一例として挙げられている。日本は，その数において圧倒的に中小企業によって経済システム全体が構成されているが，相対的な企業規模と技術革新を牽引するという点において，大企業がより支配的な経済的地位を占める経済システムである。これに対して，米国は活発な新興起業家活動によって支えられる経済システムである。

　もっとも，あらゆる点で，日本では圧倒的に大企業が経済的に支配している

わけではないことにも注意を払う必要がある。一例ではあるが，図表 3-2 は，日本経済における大企業が占める割合を概観したものである。資本金 10 億円以上の大企業を対象に各指標に占める構成比に注目すると，利益構成比で唯一，1994 年以降に 50% を超え続けているに過ぎない。

さらに，注意しなければならないのは，Baumol et al. (2007) も指摘するように，「模倣的」起業家と「革新的」起業家との区別である。真に新しいことを始める「革新的」起業家と違って，「中小企業」と一般的に呼称される自営業者の多くはいわゆる「模倣的」起業家である。興味深いことに，雇用者に占める自営業者の割合は，米国よりも日本，日本よりも多くの欧州諸国の方が高い。

米国型企業システムは，相対的に市場取引を重視し，ヒトやカネといった経営資源が，頻繁に組織間を移動することで活用される企業システムである。それは，頻繁な経営資源の移動が，起業家活動を通じた新結合の実験と実現を可能とするシステムである。これに対して，日本型企業システムは，相対的に組織内取引を原則として，ヒトやカネといった経営資源が，組織内部で蓄積・活用される企業システムである。三品（1997）の表現を使えば，両国で支配的な経営の相違とは，「組み合わせ型」と「蓄積型」という対比となる。

その他にも限られたデータに基づく観察も踏まえるならば（軽部，1997；野中・米山，1992)，仮説的ではあるが，米国型企業システムはダイナミックな新規参入と退出，結果としての市場競争を通じた市場淘汰を通じて，産業全体の新陳代謝が促進される企業システムであると特徴づけることができる。これに対して，日本型企業システムは，米国型のようなダイナミックな新規参入・退出，市場淘汰の代わりに，産業を構成するメンバーシップが固定的で，固定的なメンバーが自己革新することで，産業全体の新陳代謝が促進される企業システムであると特徴づけることができる。

図表 3-3 が示されるように，理念型としての米国も理念型としての日本も，中小企業と起業家企業，そして大企業から構成されており，米国は起業家企業が変化のダイナミズムの主役となるのに対して，日本では大企業が変化のダイナミズムの主役となっている。そのような見立てが正しいならば，米国型システムでは新しいメンバーが市場に参入し，その結果既存メンバーが市場から退出するメンバーシップの交代が，産業もしくは国レベルの健全性維持の鍵となる。これに対して日本型システムでは，既存メンバーの組織内部での自己革新が個々の組織を集計した産業，もしくは産業を集計した国レベルでの健全性維

図表 3-3　理念型としての日本型企業システムと米国型企業
　　　　　システム

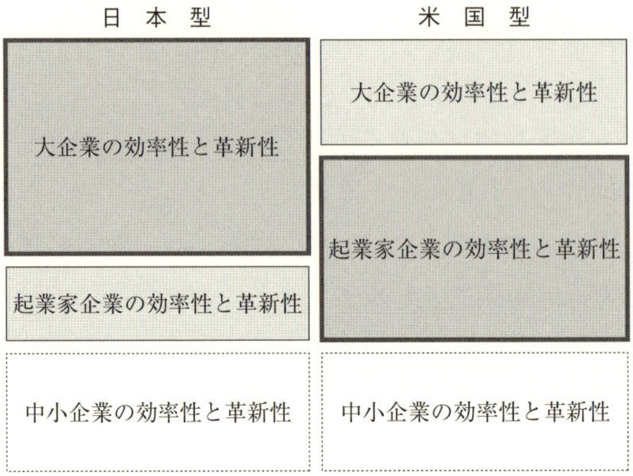

日 本 型	米 国 型
大企業の効率性と革新性	大企業の効率性と革新性
起業家企業の効率性と革新性	起業家企業の効率性と革新性
中小企業の効率性と革新性	中小企業の効率性と革新性

持の鍵となる[3]。日本において 2000 年代に発表された実証研究では，そのことを示唆する発見事実も提出されている。例えば，深尾・宮川（2008）によれば，日本の製造業では，新規参入事業所や既存事業所の撤退よりも，既存事業所の成長が産業全体の発展に大きく寄与している点が明らかにされている。このことは，日本において既存企業の自己革新性や自己革新能力がより重要な意味を持っていることを示唆するものである。

図表 3-1 に示されるように，2000 年代以降出現する研究の多くは，戦略の機能不全（三品，2004，2007）や日本企業の組織劣化（沼上・軽部・加藤・田中・島本，2007）など，日本企業の経営に関して様々な経営課題の存在を指摘している。この点について，もう少し具体的に，既存企業組織の自己革新性という点から，データを踏まえて検討することにしよう。

II　ランキング変遷から見る日本型企業システムの特徴

1. 日米売上高上位 500 社の変遷

Baumol et al.（2007）の指摘が正しければ，大企業資本主義が支配的な日本では，大企業の上位企業としての生存確率は高く，それとは逆に起業家資本主義が支配的な米国では新興起業家企業の急速な台頭によって，既存の大企業の上位企業としての生存確率は相対的に低いはずである。これまで経営史家を中心に，米国と日本のそれぞれにおいて，大企業ランキング（産業政策史研究所編，

第3章 自己革新性の限界とその超克 83

図表 3-4 日本企業売上高上位 500 社のコホート別残存率の推移

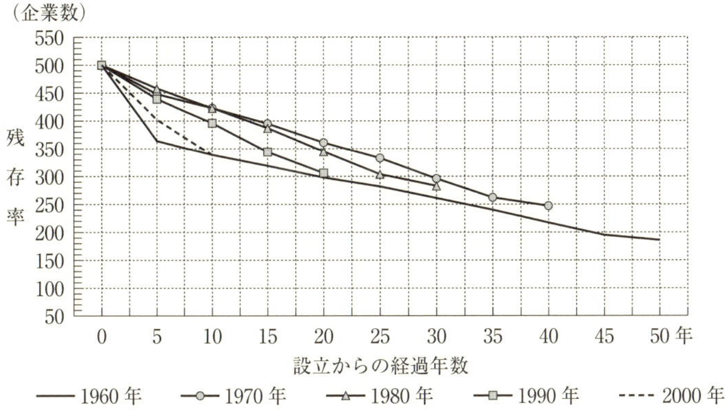

(企業数)

設立からの経過年数

――― 1960年　―◯― 1970年　―△― 1980年　―□― 1990年　---- 2000年

(注) 売上高は個別財務諸表の売上高を利用。
(出所) 『企業財務データバンク』(日本経済研究所) より筆者作成。

1976；中村, 1978, 1993) もしくはランキングに基づく生存率を検討した研究 (Edwards, 1975；Louca & Mendonca, 2002；清水, 2001；Stangler & Arbesman, 2012) はあるものの，日本と米国との対比を体系的に行った先行研究は残念ながら存在しない。

上述のような企業システムの相違に関する日米対比は，果たして適切な対比であるのか。この点を大規模企業に限定して注目することで確認してみることにしよう。規模の代理変数としては，総従業員数の他に総資産額や総売上高などの基本的な財務指標が考えられるが，ここでは業種間の相違の比較可能性も考慮して総売上高で規模を代理することにする。

図表 3-4 は，『企業財務データバンク』(日本経済研究所) を利用して，日本の上場企業を対象に，各年度の個別財務諸表の総売上高の上位 500 社を同定した上で，各年度で上位 500 社に入った企業が，その後 5 年ごとの時間経過とともに，それぞれの経過年で何社残存しているかを見たものである[4]。例えば，図表に示されるように，1960 年時点で総売上高上位 500 社に入っていた企業は，20 年後の 1980 年時点には企業数で約 6 割となる 300 社が 500 位にランクインし，40 年後の 2000 年には企業数で約 4 割となる約 200 社が 500 位にランクインしていることになる。同様にこの図表は，1970 年，1980 年，1990 年，2000 年という 4 時点で，それぞれ上位 500 社にランクインした企業のその後の推移を示している。1960 年の上位 500 社企業群 (コホート) を除けば，1970 年から 2000 年代にかけて，残存数の右肩下がりの傾向がより急峻になっている。こ

図表 3-5 米国企業売上高上位 500 社のコホート別残存率の推移

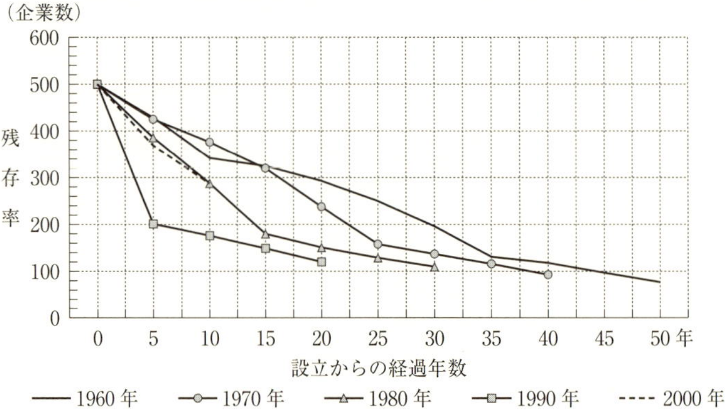

（注）企業名の同定には，*International Directory of Company Histories*, FundingUniverse : Search Thousands of Company Profiles, Thomson One, Hoover's Online Service 等を利用した。
（出所）Fotune 500 Historical Data より筆者作成。

のことから，経過時間当たりで見ると，500 社にランクインし続けることがより近年になるほど難しくなっていることが窺える。もっとも，これだけの傾向から日本型経営システムの特徴を語ることは困難である。

そこで，比較対象として日本企業と基本的に同じ手順で，米国企業売上高上位 500 社の経時的な残存企業数を見たものが図表 3-5 である。米国企業売上高上位 500 社については，1955 年以降 2015 年まで毎年公表される Fotune500 を利用して企業名を同定することで残存企業数を計算した[5]。先ほど日本企業で見たように，1960 年上位 500 社コホート，つまり 1960 年時点で総売上高上位 500 社に入っていた企業は，20 年後の 1980 年時点には企業数で 6 割となる約 300 社が 500 位にランクインし日本企業の場合とほぼ同一水準である。しかし，40 年後の 2000 年には，日本企業では 4 割の約 200 社が 500 位にランクインしていたのに対して，米国企業では 3 割を切る 120 社程度が残存しているに過ぎない。1960 年上位 500 社を日米で比較する限り，ランクインした時点から数えて 20 年間は同程度の残存企業数であるが，その後は米国の方が日本よりも上位 500 社にランクインし続けるのがより難しい傾向が窺える。また，日本と同様に，1960 年を除けば，1970 年から 10 年ごとの企業コホートの残存企業数の傾向を見ると，500 社にランクインし続けることがより近年になるほど難しくなっている。

図表 3-6 から図表 3-10 は，日米の相違をより明確に示すために，図表 3-4

図表 3-6　企業数残存率日米比較：1960 年上位 500 社

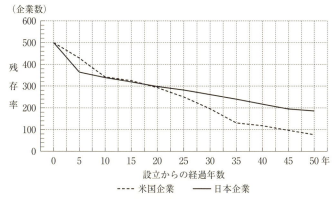

(注)　データの出所については，図表 3-4 および 3-5 を参照。

図表 3-7　企業数残存率日米比較：1970 年上位 500 社

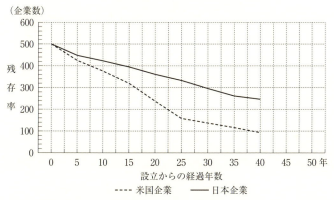

(注)　データの出所については，図表 3-4 および 3-5 を参照。

と図表 3-5 で示した日本と米国の残存企業数の推移を，基準年と任意に設定したコホート年ごとに比較したものである。これらの図表から読み取れるのは，1960 年コホートを例外として，それ以外のコホートで見られる日米の対照的な相違である。つまり，日本では一度上位 500 社にランクインすると，再びランクインし続ける傾向が強いのに対して，米国では相対的にランクインし続ける傾向が弱い，というものである。このことは，日本では大企業が一度大企業としての地位を確立するとそれを継続する傾向があるのに対して，米国ではそのような継続的な地位の確立が難しい傾向を示している。これらの日米に見ら

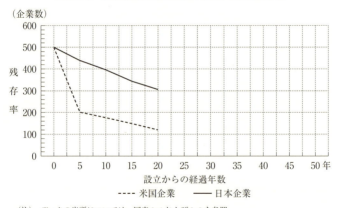

図表 3-8　企業数残存率日米比較：1980年上位500社

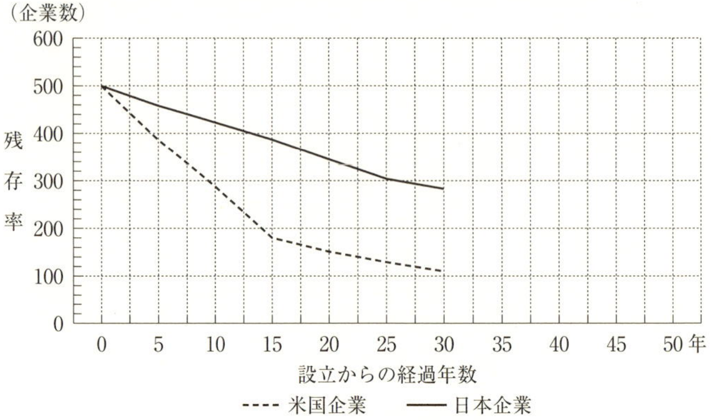

（注）　データの出所については，図表3-4および3-5を参照。

図表 3-9　企業数残存率日米比較：1990年上位500社

（注）　データの出所については，図表3-4および3-5を参照。

れる顕著な相違は，Baumol et al.（2007）が示唆する起業家資本主義と大企業資本主義との違いを裏付けるものである。

2. 日米時価総額上位20社の変遷：古参企業の長期支配

　起業家資本主義の米国と大企業資本主義の日本という対比は，株式市場のダイナミズムを生み出す主体が誰かという点に注目することによっても確認することができる。図表3-11と図表3-12は，それぞれ日本と米国の時価総額上位20社のランキングを，1989年，1999年，2009年，そして2015年と4時点で

図表3-10　企業数残存率日米比較：2000年上位500社

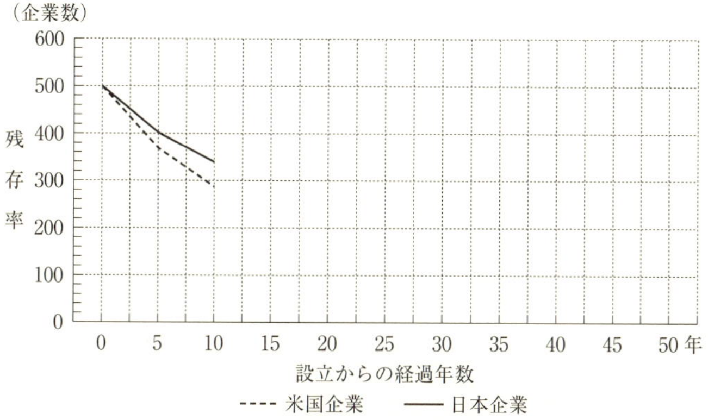

(企業数)

残存率

設立からの経過年数

---- 米国企業　　―― 日本企業

(注)　データの出所については、図表3-4および3-5を参照。

比較したものである。1989年はまさにバブル経済が頂点に達する時期であり，2009年は金融危機の時期に当たる。1999年はそのちょうど中間点であり電機メーカーの赤字決算が相次いだ翌年に当たる。

　図表3-11の日本企業のランキング変遷を振り返ると，多くの企業が景気低迷に伴う株式市場の低迷を受けて，1989年をピークにして時価総額が2009年まで減少してきたことが分かる。そして注目すべきことは，ランクインした20社の顔ぶれである。1989年は規制業種が市場を支配する状況であった。金融・証券で12社，電力・ガスで3社（東京電力，関西電力，東京ガス），通信が1社（日本電信電話）と，20社のうち16社が規制に守られた業種であった。しかもこれらの企業は，社歴の長いいわゆる古参企業でもある。残り4社となるトヨタ自動車，新日鉄（現，新日鉄住金），松下電器産業（現，パナソニック），日立製作所もまた，名の知れた古参企業だ。その後，バブル崩壊とともに金融機関は合併統合することでその数を減らし，時代が最近に近づくにつれてその数では支配的ではないものの，新興企業の台頭が読み取れる。例えば，ソフトバンクやセブン＆アイHoldingsやファーストリテイリングは，戦後に新しい事業の創造で台頭した企業だ。しかしその数はわずか3社である。これに対して，合併前の社歴も考慮に入れるならば実は古参企業である金融機関，NTTやJT，日本郵政やゆうちょ銀行など社歴が非常に長い，規制業種に属していた企業が上位にランクインしていることが明らかとなる。残念ながら，その企業の顔ぶれを見る限り，株式市場のダイナミズムはほとんど感じられない。

図表 3-11　時価総額上

	1989 年					1999 年		
順位	社名	設立年	時価総額	順位		社名	設立年	時価総額
1	日本電信電話	1952	276,823	1		日本電信電話	1952	203,046
2	日本興業銀行	1902	102,288	2		NTT ドコモ	1991	174,283
3	住友銀行	1912	99,893	3		トヨタ自動車	1937	130,494
4	富士銀行	1864	93,973	4		東京三菱銀行	1996	82,769
5	東京電力	1951	92,566	5		セブン-イレブン・ジャパン	1973	69,629
6	第一勧業銀行	1971	90,899	6		富士通	1935	62,505
7	三菱銀行	1919	89,239	7		ソニー	1946	58,216
8	三和銀行	1933	75,357	8		住友銀行	1912	53,392
9	トヨタ自動車	1937	71,850	9		武田薬品工業	1781	51,133
10	野村証券	1925	71,472	10		三和銀行	1933	50,913
11	新日本製鐵	1950	57,739	11		富士銀行	1864	48,636
12	松下電器産業	1918	49,494	12		松下電器産業	1918	45,580
13	日立製作所	1910	47,108	13		第一勧業銀行	1971	44,147
14	日本長期信用銀行	1952	46,118	14		本田技研工業	1948	43,361
15	関西電力	1951	45,561	15		ソフトバンク	1986	40,416
16	三井銀行	1872	42,369	16		日立製作所	1910	37,918
17	東海銀行	1941	42,169	17		日本興業銀行	1902	36,786
18	三菱信託銀行	1927	41,973	18		イトーヨーカ堂	1920	34,625
19	住友信託銀行	1925	36,811	19		東京電力	1951	34,565
20	東京ガス	1885	36,525	20		さくら銀行	1990	33,779

(出所)　2009 年と 2015 年の米国企業については，PwC (2015) Global Top 100 Companies by market capitalisation 31 1989 年と 99 年の日米企業については，『日経ビジネス』1999 年 10 月 4 日号，p. 29 に基づく。2009 年と 15 年の年を比較してみた」東洋経済オンラインに基づく。

図表 3-12　時価総額上

	1989 年				1999 年		
順位	社名	設立年	時価総額	順位	社名	設立年	時価総額
1	IBM	1911	64.65	1	Microsoft	1975	407.22
2	Exxon Corp.	1911	54.92	2	General Electric	1896	333.05
3	General Electric	1896	49.39	3	IBM	1911	214.81
4	AT & T Inc.	1877	38.12	4	Exxon Corp.	1911	193.92
5	Philip Morris International	1900	32.14	5	Wal-Mart Stores Inc.	1962	189.55
6	Merck & Co.	1891	27.52	6	AT & T Inc.	1877	186.14
7	DuPont	1802	26.08	7	Intel Corp.	1968	180.24
8	General Motors Company	1908	25.25	8	Cisco Systems Inc.	1984	174.09
9	BellSouth Corp.	1984	24.17	9	The Coca-Cola	1892	168.99
10	Ford Motor	1903	23.93	10	Merck & Co.	1891	159.79
11	Amoco Corp.	1889	22.93	11	MCI-World.Com	1983	152.24
12	The Coca-Cola	1892	21.5	12	Citigroup Inc.	1812	150.94
13	Wal-Mart Stores Inc.	1962	21.49	13	Lucent Technologies	2006	150.34
14	Mobil	1911	21.15	14	American International Group Inc.	1919	141.62
15	Atlantic Richfield Company (ARCO)	1911	19.63	15	Pfizer Inc.	1849	138.37
16	Chevron Corp.	1879	18.9	16	Bristol-Myers Squibb	1887	136.53
17	Sears	1893	17.5	17	AOL	1985	129.07
18	Procter & Gamble Co.	1837	17.4	18	Johnson & Johnson	1887	124.64
19	GTE Corp.	1918	17.33	19	Procter & Gamble Co.	1837	124.05
20	Bell Atrantic Corp.	1984	17.12	20	Bank of America	1874	112.87

(出所)　図表 3-11 と同じ。

第3章　自己革新性の限界とその超克

位20社の変遷：日本

(単位：億円)

順位	2009年 社名	設立年	時価総額	順位	2015年 社名	設立年	時価総額
1	トヨタ自動車	1937	98,268	1	トヨタ自動車	1937	260,754
2	NTTドコモ	1991	62,818	2	三菱UFJFG	2001	110,007
3	NTT	1952	59,659	3	NTTドコモ	1991	102,226
4	三菱UFJFG	2001	46,011	4	NTT	1952	100,564
5	ホンダ	1948	38,164	5	JT	1985	92,860
6	任天堂	1889	38,109	6	日本郵政	2006	86,175
7	東京電力	1951	34,025	7	KDDI	1984	83,149
8	キヤノン	1937	28,476	8	ゆうちょ銀行	2006	79,875
9	パナソニック	1918	25,831	9	ソフトバンク	1986	74,921
10	武田薬品工業	1781	25,190	10	ホンダ	1948	72,330
11	JT	1985	21,650	11	三井住友FG	2002	65,881
12	三井住友FG	2002	21,226	12	みずほFG	2001	62,130
13	KDDI	1984	20,944	13	日産自動車	1933	57,775
14	東日本旅客鉄道	1987	20,800	14	デンソー	1949	51,913
15	関西電力	1951	20,526	15	キヤノン	1937	49,603
16	三菱商事	1918	18,926	16	セブン＆アイHLD	2005	49,357
17	りそなHLD	2001	18,684	17	ファーストリテイリング	1963	47,924
18	みずほFG	2001	18,669	18	武田薬品工業	1781	46,811
19	信越化学工業	1926	17,457	19	東日本旅客鉄道	1987	45,255
20	セブン＆アイHLD	2005	17,413	20	ファナック	1958	44,205

March 2015 updateに基づく。
日本企業については，島大輔（2016）「最新！日本企業の『時価総額』70社ランキング：リーマンショック時と2015

位20社の変遷：米国

(単位：1999年は億ドル，10億ドル)

順位	2009年 社名	設立年	時価総額	順位	2015年 社名	設立年	時価総額
1	Exxon Mobil Corp.	1911	337	1	Apple Inc.	1976	725
2	Wal-Mart Stores Inc.	1962	204	2	Google Inc.	1998	375
3	Microsoft	1975	163	3	Exxon Mobil Corp.	1911	357
4	AT&T Inc.	1877	149	4	Berkshire Hathaway Inc.	1839	357
5	Johnson & Johnson	1887	145	5	Microsoft	1975	334
6	Procter & Gamble Co.	1837	138	6	Wells Fargo & Co.	1852	280
7	Chevron Corp.	1879	135	7	Johnson & Johnson	1887	280
8	Berkshire Hathaway Inc.	1839	134	8	Wal-Mart Stores Inc.	1962	265
9	IBM	1911	130	9	General Electric	1896	250
10	Google Inc.	1998	110	10	Facebook Inc.	2004	231
11	General Electric	1896	107	11	JP Morgan Chase & Co.	1823	226
12	The Coca-Cola	1892	102	12	Procter & Gamble Co.	1837	221
13	Genentech Inc.	1976	100	13	Pfizer Inc.	1849	214
14	JP Morgan Chase & Co.	1823	100	14	Verizon Communications Inc.	1984	198
15	Cisco Systems Inc.	1984	98	15	Chevron Corp.	1879	197
16	Apple Inc.	1976	94	16	Oracle Corp.	1977	188
17	Pfizer Inc.	1849	92	17	The Walt Disney Company	1923	178
18	Oracle Corp.	1977	90	18	The Coca-Cola	1892	177
19	Verizon Communications Inc.	1984	86	19	Amazon.com	1994	173
20	Intel Corp.	1968	84	20	AT&T Inc.	1877	169

他方で，アメリカの時価総額ランキングに登場する企業の顔ぶれは，日本のランキングと比較して，よりダイナミックに変化している。例えば，米国では1989年に時価総額ランキング1位であったIBMは，1999年3位，2009年9位，2015年には159位でランク外となっている。また1989年には上位20社にランクインしていた自動車メーカー（FordやGM）やたばこメーカー（Philip Morris）をはじめとした多くの古参企業が後にはランク外となり姿を消している。他方で，AppleやGoogleそしてFacebook等の新興企業が，新しい事業の成長とともに急速に台頭している。ダイナミックな顔ぶれの変化が起きる米国とメンバーシップが固定的な日本。この対比は，時価総額のランキングから見ても窺える日米対比である。古参企業の長期支配，これが日本の企業システムの顕著な特徴の一つなのである。

3. 日米で異なる新陳代謝のダイナミズム

このような日米で顕著に見られるランキング変動の相違を生み出す直接的な原因は，大別して次のようなものである。第一に，企業間の合併によって新しい企業が創出される頻度の相違。第二の要因が，既存企業から新しい企業がスピンアウトという形で創出される頻度の相違。第三の要因が，全く既存企業とは無関係に新しい企業が創出される頻度の相違。そして，第四の要因が，それぞれの国のマクロ経済を牽引する中心的な主要産業の構成割合と，その経時的変化の相違である。

このように，日米の相違を生み出していると考えられる要因は様々ありうるが，少なくとも企業の創業からの経過年に注目することによって，日米のランキングの変動が，新旧企業の代替を伴って起きているのかどうかを確認することができるはずである。社歴の長い古参企業が上位500社の地位を奪い合っているのであれば，創業年は古いままか，あまり若くはならない傾向が見られるであろう。それとは逆に，社歴の短い新興企業が台頭することで上位500社の地位変動が起きているのであれば，創業年は平均的に若返りの傾向が見られるはずである。

それを検討したのが，図表3-13と図表3-14である。図表3-13は日本における10年ごとの売上高上位500社の創業からの平均経過年の構成比の推移を示したものだ。図表3-14は米国における売上高上位500社の平均経過年の構成比の推移を示している。いわば創業からの経過年数の構成比（企業数ベース）

図表 3-13　日本企業 500 社の企業年齢別企業数の推移

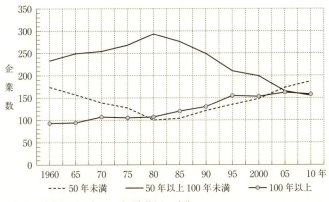

図表 3-14　米国企業 500 社の企業年齢別企業数の推移

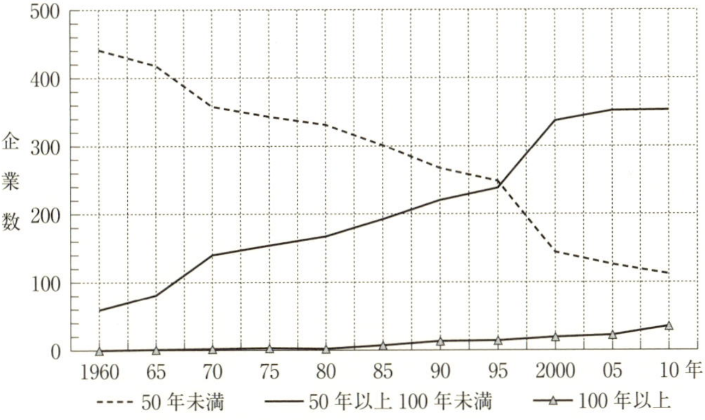

(注)　企業年齢は設立年からの経過年数として定義。

　の推移を日米で比較したものである。
　これら二つの図表から指摘できるのは，第一に日本では創業後経過年数が50年以上100年未満の企業が支配的となり，それに代わって創業後経過年数が50年に満たない企業がその地位を失っているという点である。第二に指摘できるのは，これとは対照的に，米国では1980年を境に創業後経過年数が50年以上100年未満の企業がその地位を失い，代わって創業後経過年数が50年未満の企業と100年を超える企業が台頭しているという点である。このことは，相対的にランキング変動が小さい日本において，ランク外に転落するのは創業

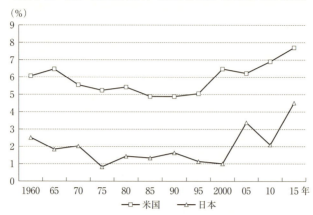

図表 3-15　ROS（売上高利益率，税引き後利益）日米上位 500 社比較

（出所）　Fotune 500 および『企業財務データバンク』（日本経済研究所）。

後経過年数が短い，社歴の浅い企業であることを示唆している。これに対して，相対的にランキング変動が大きい米国では，ランク外に転落するのは創業後経過年数が中程度の企業であり，相対的に創業後経過年数の短い社歴の浅い企業と逆に創業後経過年数が長い社歴が長い企業が，上位 500 社に留まる傾向を示している。その傾向は，特に 1980 年以降に顕著になっている。

　以上の発見事実をまとめると，冒頭で指摘したように，日本では既存企業が大企業としての地位を確立すると，一度確立した地位を維持する傾向が見られる。また，そのような企業は創業年で見る限り，いわば社歴の長い企業であり，その傾向は年代を経るたびに強まっているのである。これに対して，米国では日本と比較して相対的に一度確立した大企業の地位を維持することは難しい。むしろ，新興企業として台頭する新規の大企業にその地位を奪われる傾向が見られ，しかも相対的に社歴の浅い企業と逆に社歴が非常に長い企業とに支配される傾向が強まっているのである。高齢化企業が圧倒的に支配していく日本。歴史を生き抜く高齢化企業と若手企業が台頭する米国という対比が可能となる。

　このような変化は，単に日米企業がそれぞれ埋め込まれている企業システムの違いとして中立的に捉えることも可能ではある。しかし，必ずしもそうとは言えない側面も含んでいる。それを示したのが，図表 3-15 である。この図表は，5 年ごとの日米売上高上位 500 社の売上高税引き後利益率の総平均の推移をプロットしたものである。米国企業は 5% から 8% 近傍を推移しているのに対して，日本企業は 2000 年までは 1% 近傍を推移し，それ以降は大きく改善

するものの米国企業のそれには遠く及ばないのである。日本において，高齢化企業は収益の点でも深刻な問題を抱えているのである。

　以上の議論をまとめると次のようになる。つまり，日本企業はその顔ぶれが相対的に固定的であるのに対して，米国企業では流動的である。米国では古参企業に加えて創業期間の相対的に短い新規企業が上位企業としてランクインするのに対して，日本では古参企業のメンバーシップは大きく変化せず，継続的に上位企業としてランクインしている傾向が強い。また，近年では大きく改善しているものの，利益率は構造的に低い傾向が見られる。

　これらの事実は，環境変化への適応のあり方が日米で対照的であることを示唆している。つまり，米国では既存企業と新規企業の交代というメンバーシップの変化を通じて環境変化への適応が起きているのに対して，吉原他（1981）がかつて指摘したように，日本では内部多角化を中心とした既存企業の自己革新を通じて環境変化への適応が起きており，それらの企業レベルの新陳代謝を通じた産業ダイナミズムの日米相違に構造的な大きな変化が見られない，ということである。米国では，要素市場の流動性に起因して，ヒトの企業間移動，事業交換・買収を通じた事業の企業間再編が相対的に頻繁に起こる。これに対して，日本では，要素市場の流動性の低さに起因して，容易に他社の資源蓄積活動の成果を利用することはできないので，事前の内部資源蓄積が外部環境変化への適応力の源泉としてとりわけ重要となる。

　ここで問題となるのは，産業を構成する企業の顔ぶれが固定的で古参企業によって支配される傾向が強い日本において，それらの日本企業が諸外国の新興企業もしくは古参企業と比較して，変化する環境に対応する能力を進化させてきたのか，言い換えれば，環境変化に自己革新的であったのか，という点である。

4. 日本型システムに内在する問題

　長期的雇用を前提とする多くの日本企業において，組織内部の生産性向上と環境変化を見越した主体的な戦略，さらにそれを可能とする経営トップのリーダーシップは経営上特に重要な課題である。なぜなら，日本型企業システムの中核的な特徴として指摘される「終身の関係」(Abegglen, 2004) ゆえに，そのような関係を前提として長期的な雇用慣行を継続・維持する場合，外部労働市場を機動的に活用することによって事後的な環境変化に適応することが困難であ

るからである。一方で「終身の関係」を前提として生まれる長期的な雇用慣行とその結果としての労働市場の流動性の低さは，事業経験の累積的な蓄積を通じた会社特殊的な知識やノウハウを企業外に流出することなく，確実に会社のモノとして維持することを可能とする。このことは，長期的で組織的な学習を通じた内部資源蓄積に依拠した環境適応能力の構築が可能になるというメリットを，日本企業が潜在的に享受することを可能としている。

しかしながら他方で，労働市場の流動性の低さゆえに，環境変化に応じて柔軟にヒトの質と量を調整することが困難であるというデメリットも有しているため，事業の成熟化や技術変化によって過剰人員を社内に抱えることとなり，組織の効率性が低下するという潜在的問題を抱えている。日本企業が一方でコア人材の採用と選考を多元的な評価基準を以って重視し，他方で挑戦的に新規事業への進出を試みてきた背景には，成熟・衰退事業から新規事業への積極的な社内での人材再配置を通じて，コア人材の劣化や人材陳腐化への対処を主体的に行う意図があったことは間違いない。これまで，長期的な雇用慣行を前提としてきた日本企業は，事後的な環境変化に必要となる経営資源を外部調達することが困難であるという制約ゆえに，コア人材の厳しい採用と選考によって組織劣化に注意しつつ，他方で内部人材による蓄積のメリットを活かし，挑戦的に新規事業分野への進出を試みることによって，自己革新的な企業成長を志向してきたように思われる。

仮に，多くの日本企業が必ずしも十分ではない事前の資源蓄積や能力を与件として，限られた資源や能力に適合的に企業ドメイン（活動領域）を設定して事業活動を行ってきたのであれば，新たな環境変化に対応可能な資源や能力を欠いたまま外部環境の変化に翻弄され，結果的に自己革新的な環境適応能力を得ることはできなかったはずである。なぜなら，資源蓄積や能力構築にはそもそも時間がかかり，さらにその蓄積が企業の固有の競争力や変化対応能力として結実するにはさらに多くの時間を必要とするからである。

むしろ，多くの日本企業においては，現有の資源蓄積や能力を必ずしも与件や制約と考えるのではなく，資源や能力の裏付けが十分にない中で，事後的な環境適応の源泉となる資源蓄積を事前に意図して，新事業進出に果敢に挑戦してきたからこそ環境適応が可能になったと思われる。これが，資源アプローチの戦略論が強調し，能力構築のために能力の裏付けを欠いた活動領域を設定して，事後的な努力で資源と能力を獲得していくことの意義を説いた「オーバ

ー・エクステンション戦略」（伊丹，1984）もしくは「ストレッチ戦略」（Hamel & Prahalad, 1993）のエッセンスである。そこで次に検討しなければならないのは，自己革新能力を可能とする「戦略的な背伸び」となる活動にどれだけ日本企業は取り組んできたのか，という点である。

Ⅲ 日本企業における管理機構の肥大化

1. 問題の所在：管理機構肥大化仮説

　日本企業の競争力について批判的検討が十分になされなかった1990年代と違って，2000年代は日本企業の自己革新能力に対して，多くの疑義が提出されるようになる。具体的に言えば，1991年のバブル崩壊後の日本企業の長期的な収益性低下・低迷に呼応する形で，多くの先行研究は日本企業の競争力低下の原因を検討し，自己革新能力の低下や機能不全を指摘するようになっている（橋本，1994，1999，2002；三品，2004，2007；Porter, Takeuchi, & Sakakibara, 2000）。また，沼上他（2007）は，日本企業の事業部（BU，ビジネス・ユニット）における組織劣化の問題を「組織の重さ」という点から検討し，日本の企業組織の劣化の一要因として，成長期から成熟期への移行段階で組織の環境適応能力を減ずる組織劣化現象を伴うメカニズムを検討している。

　一連の研究が示唆するのは，日本企業の競争力の低下現象が戦略の機能不全に起因すると同時に，組織の機能不全にも起因する可能性である。特に，長期雇用を前提とする多くの日本企業では，しばしば戦略（の問題）と組織（の問題）は組織成員の固定性ゆえに密接かつ不可分な関係にある。それゆえ，戦略の問題は組織の問題に起因し，組織の問題は戦略の問題として顕在化する，と考えられる。

　自己革新性につながる「戦略的な背伸び」となる活動は，実験によって支えられる。実験にはしばしば失敗が伴う。失敗リスクを吸収するための経営資源のスラック（余剰）が必要となる。そのようなスラックを事前に持つためには，日々の業務を徹底的に効率化する必要があるので，結果的に「戦略的な背伸び」と呼びうる活動を事前に可能とするためには，日々の業務効率性が維持されていることが前提となる。業務効率が低下すると，実験を可能とする経営資源のスラックを生み出せなくなり，「戦略的な背伸び」となる活動は実行が難しくなる。結果として自己革新性は低下するのである。このことから，組織の

図表 3-16 付加価値総額に占める従業員給与・賞与（福利厚生費を含む）と役員給与・賞与の割合の推移

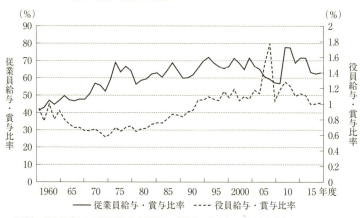

（出所）財務省『法人企業統計』年次別調査，製造業・資本金 10 億円以上対象。

内部効率性は組織の自己革新性を維持する前提となる。

橋本（1994, 2002）の一連の議論は，日本企業の競争力低下の原因をミドル階層もしくは従業員一般に求めている。例えば，橋本（1994）は，日本企業の競争力喪失の原因を，ミドルレベルの管理職位の肥大化に起因した意思決定効率の低下にその一因があると指摘している。さらに，橋本（2002）は，1990年代の収益性低迷を「利益圧縮メカニズム」と呼んで，収益低迷の原因をコア人材への労働分配率の過度な上昇に求めている。橋本（1994, 2002）の基本的な見立ては，組織内部の管理機構の肥大化とそれに伴う組織内部の効率性の低下が適応を阻害している，というものである。

図表 3-16 は，財務省が調査公表する『法人企業統計』調査（年次ベース）から資本金 10 億円以上の製造業を対象に，付加価値総額に占める従業員給与・賞与額（福利厚生費を含む），および役員給与・賞与額の割合の推移を示したものである。橋本（2002）が指摘するように，付加価値に占める人件費の割合は，利益を圧縮するように 1993 年度まで一貫して上昇していることが読み取れる。

さらに注目すべきことは，従業員への支払いだけでなく，役員給与・賞与の付加価値に占める割合もまた，1991 年以降にその増加率は穏やかになるものの，2008 年まで上昇を続けているという点だ。日本企業は 1980 年代初頭以降一貫して収益性低下が進行する中で，その影響は付加価値構成比で見る限り圧倒的に小さいが，従業員と同じく役員への支払額を増大させており，トップの

図表3-17 売上原価と販管費の動向（資本金10億円以上，製造業）

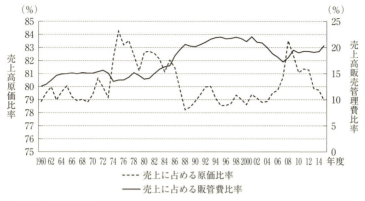

（出所）『法人企業統計』。

図表3-18 売上原価と販管費の動向（資本金10億円以上，非製造業）

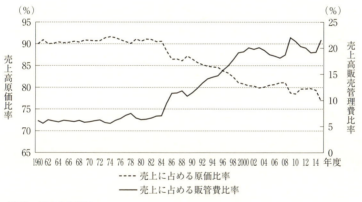

（出所）『法人企業統計』。

管理機構も中間管理職と同じく肥大化した可能性を指摘することができるのである。橋本（2002）が指摘するような労働分配率の過度な上昇が起きた背後では，過度な昇進による管理職の肥大化と一人当たりの給与上昇が起きていた可能性がある。それに加えて，役員数の増加が日本企業で起きていた可能性が指摘されるのである。いわばミドルとトップの双方で管理機構が肥大化した可能性がある。

集計レベルという点で推論の材料として限界はあるものの，平均的な傾向として，管理機構肥大化の帰結として日本企業は組織内部の効率性を失ってきた

可能性が考えられる。次の二つの図表はそのことを間接的に示唆するものである。図表3-17と図表3-18は，製造業と非製造業の売上高原価比率と売上高販売管理費比率の推移をそれぞれプロットしたものだ。対象企業は資本金10億円以上の企業とした。対外的な原材料調達活動を上手くコントロールできれば，長期的には売上高原価比率は低下するはずである。また，組織内部の効率性が高ければ，売上高拡大とともに売上高販売管理費比率が上昇することはなく，低下するか一定水準を維持することとなるだろう。

　図表3-17に示されるように，製造業の売上高原価比率は，二度の石油ショックを経験した1970年代を除けば，80%近傍で安定的に押さえ込まれており原価低減の努力をそこに見て取ることができる。しかし，売上高販売管理費比率は様子がかなり異なる。その比率は，1981年から1988年にかけて急速に増加し，2001年までは非常に緩やかに上昇している。減少傾向に転じたのは2002年以降であり，再度2007年以降上昇傾向にある。非製造業についてはさらに様相が異なる。図表3-18に示されるように，原価比率は1984年以降低下し続けている。これに対して，売上高販売管理費比率は1999年前後で大きく伸び率で鈍化するものの，1984年以降一貫して上昇傾向にある。

2. 二つの現場の相違：製造と管理

　もちろん，労働分配率の増大や役員への支払比率の増加が，そのまま管理機構の肥大化の証左となるわけではない。また，販売管理費比率の増大傾向は，販売活動重視の戦略も反映しており，その傾向がそのまま管理機構肥大化の証左となっているわけでもない。事業成長に伴い従業員（もしくは役員）が増加するのは必然である。問題は，事業成長のスピードを超えて過剰と呼べる採用や昇進が起き，管理機構が肥大化した傾向を確認できるかという点にある。そもそも，1980年以降全ての職種および階層において，一様に従業員増加が起きたわけではないことにも注意が必要である。

　従業員数の増加は，もの造りに直接関わる現業従事者の増加ではなく，現業を支援する管理業務に関わる間接部門従事者の増加という形で実現した可能性が指摘される。図表3-19は，総務省『国勢調査』に基づく職業別就業者数の推移を示したものである。農林漁業作業者やその他の現業作業者の割合が急速に低下し，それに代わってサービス職業従事者の割合の急速な増加と，専門技術職や管理職能，そして事務職能等のいわゆるホワイトカラー従事者の割合が

第3章 自己革新性の限界とその超克　99

図表3-19　職業別就業者数の推移

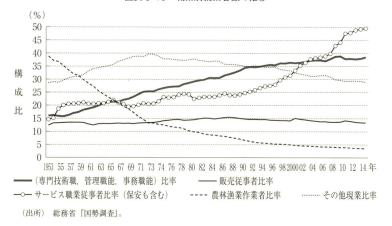

(出所)　総務省『国勢調査』。

一貫して増加してきた。いわゆる，サービス化の進展がこのようなマクロレベルでの就業構造の変化からも窺い知ることができる。

図表3-20は，厚生労働省が調査・公表する『賃金構造基本統計調査』における製造業（全規模集計）の生産労働者と管理・事務・技術労働者数の推移を示したものである。この表が興味深いのは，生産労働者が1981年から1991年までが横ばいもしくは微減傾向で，バブル崩壊後は，サービス化，生産拠点の海外移転，生産力の非正規化の影響を受けて，顕著にその数を減少させてきたのに対して，管理・事務・技術労働者は1995年まで一貫して増加し続け，その後ようやく減少に転じているという点である。この傾向は企業規模別に見ても変わらない。管理・事務・技術労働者の人員削減が生産労働者以上に進展したのは，2006年以降である。

生産現場は1980年代からすでに少人化が進んでいたのに対して，管理・事務・技術労働者に代表されるホワイトカラーは，少人化で出遅れていたことが推測される。あくまでも相対比較に基づく仮説の域を出ないものの，「製造の現場」と比較して「管理の現場」は肥大化していた可能性が示唆される。

3. ミドル階層の管理職能の肥大化

これまでの議論は，あくまでも間接的な証拠に基づくものである。「管理の現場」は本当に肥大化していたのだろうか。この点をもう少し，具体的に確認してみよう。図表3-21は，『賃金構造基本統計調査』に基づく管理職（部長，

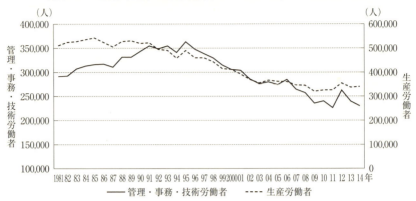

図表 3-20　全規模製造業の生産労働者数および管理・事務・技術労働者の推移

(出所)　厚生労働省『賃金構造基本統計調査』。

課長，係長）の総従業員数に占める割合（「管理職の比率」）の経時的推移を示したものである。総従業員数に占める管理職の割合は，1993年まで増加し，その後横ばいとなっている。管理職の総従業員に占める割合が低下するのは，その10年後の2003年になってからである。このような中間管理職の増加は，団塊の世代というデモグラフィックな影響を一方で受けたものであり，昇進ポストを用意するという意味で人事施策上やむをえなかった側面があることは否定できない。しかしながら，企業収益の長期低迷する過程でこのような昇進ポストの増加と維持が起きているということは，中間管理職の肥大化とでも呼べるような事態が起きていたことを推測させる。

　非管理職層やその一つ上の階層である係長層が1990年代初頭以降その絶対数を減少させているのに対して，部長層や課長層の規模はその他の階層と比較して相対的にその絶対数を減少させることなく安定的に推移している。相対的にポスト数が収益性の変動に影響することなく推移するという固定的傾向は，管理職層の中でも特により上位階層である部長層や課長層において見られる傾向である。それは，橋本（1994）によって，「追加された職位」や「挿入された職位」と表現されるように，事業運営上の経済合理性とは無関係の，従業員を処遇する意味で用意されたものである可能性がある。より上位階層におけるポスト数の増加と収益低下局面でのポスト数が削減されにくいという硬直的傾向は，単に従業員数が増加することによる人件費支払いの増大とその結果としての収益性圧迫という悪影響に留まらず，中間管理職が肥大化することによっ

図表 3-21 管理職の比率（対従業員数，従業員数 100 人当たり管理職者数）

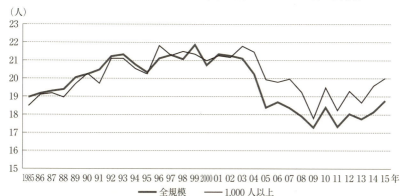

(注) 管理職：部長職，課長職，係長職従事者数の総計を総労働者数で除して計算。
(出所) 厚生労働省『賃金構造基本統計調査』。

て，日本企業内部の協働システムが複雑化し，管理機構としての効率性低下をもたらした可能性が示唆される。

図表 3-22，図表 3-23，図表 3-24 はそれぞれ，係長，課長，部長という 3 階層に位置する管理者が，各年齢別階層の中でどの程度存在し，どのように経時的に推移してきたかを示したものである。比率の分母は各年齢階層の非管理職者の数である。これらの図表から読み取れる傾向は 3 点ある。第一に，係長を除く課長と部長において構成比が年々上昇しているという点である。特定年齢階層に課長もしくは部長の割合が集中し，それが近年になるほど上昇する傾向が見られる。このことは管理職の割合が，特に課長や部長において相対的に増加していることを示すものである。第二に指摘されるべき点は，最大構成比となる年齢階層が高年齢化している，という点だ。昇進により時間がかかることになっており，組織内部のタテの階層が長くなっていることを示唆するものである。第三に指摘されるべき点は，1985 年から 1990 年にかけての係長と課長の数の逆転現象だ。どの企業も同じくトップから現場に三角形を描くような人員構成であれば集計レベルでもその数は逆転しないはずである。しかし課長の方が下の階層の係長よりもその数において多いという事態は，まさしく過剰な処遇とその結果としての非効率性の存在を間接的に示唆する傍証になると思われる。あくまでも集計レベルのデータに基づく推論であり仮説の域を出ないものの，中間管理職の肥大化は自己革新能力を阻害するように機能したのではないか，というのが一連の議論から導き出される一つの結論である。

図表 3-22　年齢階級別比率：係長

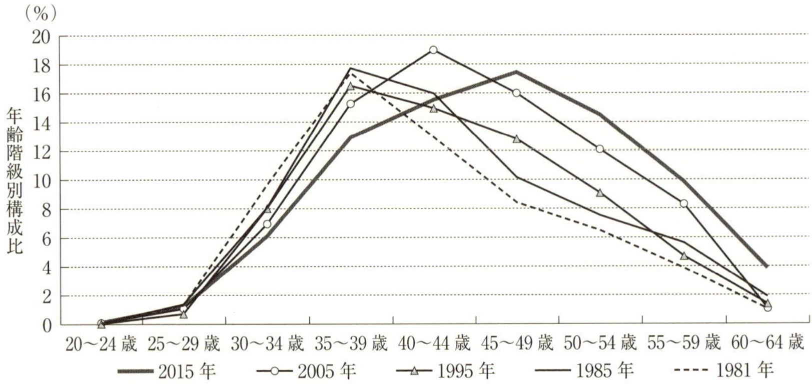

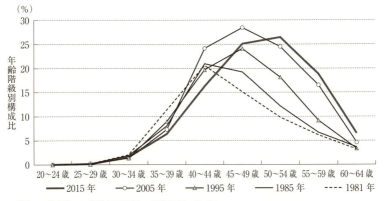

(注)　19歳未満，65歳以上は省略し，図中に示していない。
(出所)　厚生労働省『賃金構造基本統計調査』100人以上規模，男女合計，学歴合計。独立行政法人労働政策研究・研修機構「労働統計データ検索システム」よりデータ取得。

図表 3-23　年齢階級別比率：課長

(注)　19歳未満，65歳以上は省略し，図中に示していない。
(出所)　厚生労働省『賃金構造基本統計調査』100人以上規模，男女合計，学歴合計。独立行政法人労働政策研究・研修機構「労働統計データ検索システム」よりデータ取得。

4. 経営トップ階層の肥大化

　肥大化したと考えられるのは，ミドル階層を担う管理職だけではない。役員層もまた肥大化した可能性が示唆される。例えば，図表3-25は，総従業員数に占める役員の割合を全規模集計と資本金10億円以上の大企業とに分けてその推移をプロットしたものだ。全規模では2003年まで役員比率は増加し，資本金10億円以上の大企業では，1997年まで役員数の増加傾向が見られるので

図表3-24　年齢階級別比率：部長

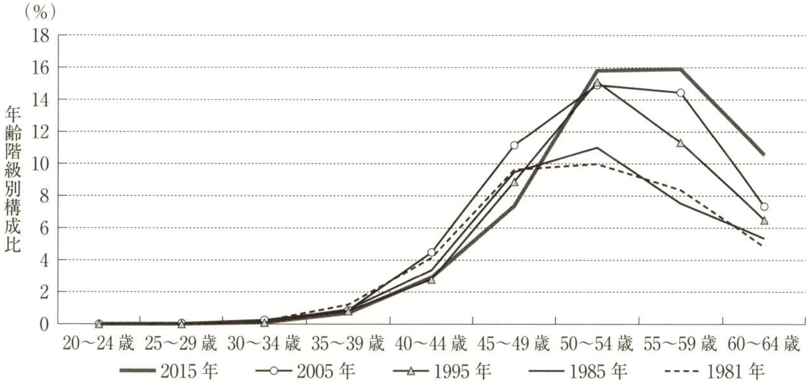

(注)　19歳未満，65歳以上は省略し，図中に示していない。
(出所)　厚生労働省『賃金構造基本統計調査』100人以上規模，男女合計，学歴合計。独立行政法人労働政策研究・研修機構「労働統計データ検索システム」よりデータ取得。

ある。単に増加したのであれば肥大化という表現は適切ではないかもしれない。しかし，この時期に，一貫して平均収益が低下してきたことを思い出せば，役員数の増加は適切な増加とは言えないだろう。このことから，中間管理職の肥大化とともに，役員の肥大化がバブル崩壊後も長期間ではないにせよ進展していた可能性が示唆されるのである。

経営成果が改善しない中での増加が見られれば，直接的に肥大化傾向の可能性が示唆されるであろう。図表3-26と図表3-27はそれぞれ，製造業と非製造業で資本金10億円以上の大企業を対象に，役員一人当たりの名目付加価値額と従業員一人当たりの名目付加価値額の推移を示したものである。役員一人当たりの名目付加価値額はなじみのない変数ではあるが，従業員一人当たりの付加価値額が労働生産性の尺度として知られるように，役員の増加と付加価値の増加が適切に連動しているかを確認するためには有用な指標となるだろう。

製造業に関する限り，先ほど存在の可能性を指摘したミドル階層の管理機能の悪影響は明示的に確認できない。従業員一人当たりの付加価値額は右肩上がりで2007年まで改善してきている。付加価値額が伸び悩む中で製造現場人員をタイトにコントロールしてきたからかもしれない。それに対して，役員の増加は付加価値の伸びとは必ずしも上手くバランスしていない。すでに1979年に壁にぶち当たって，1998年まで全く改善していないのである。改善するのは1999年以降だ。非製造業の場合は，従業員一人当たりの付加価値額はきれ

図表 3-25　役員数の対従業員数比率

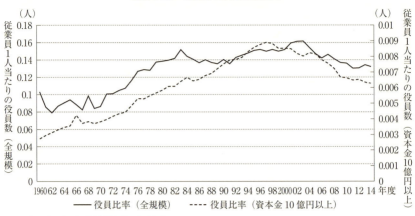

(出所)　厚生労働省『賃金構造基本統計調査』。

いに1991年で改善が止まっており，それ以降は横ばいである。役員一人当たりの付加価値額も1989年まで改善しているものの，改善速度は従業員一人当たりの付加価値額の増加速度には及ばない。本格的な改善は9年間の低迷の後の1998年以降だ。これらの事実の確認から，ミドル階層の肥大化のみならず，経営トップ階層の肥大化の可能性も示唆されるのである。

5. むすび

　日本企業において，トップと現場とをつなぐ有効な結節点としてこれまで果たしてきたミドルの役割（Nonaka, 1988）は，中間管理職層の（過度な）増加によって，トップと現場の意思決定経路が長く，複雑化し，組織内部のコミュニケーションと調整に必要な時間が大きくなった状況下で，協働作業のボトルネックとなっている可能性がある。もっとも，これらの議論は，企業集計レベルでのデータに基づく議論であるという点で，ありうる可能性のひとつを例示しているに過ぎない。また，管理職の肥大化はあくまでも自己革新性を低下させる一つの要因に過ぎない。可能性として示唆される役員の肥大化もまた，この指摘だけでは仮説の域を出ず，さらなる検証が必要である。そこで，続く第4章ではミドルレベルの問題に注目して，自己革新性の問題を検討する。また，第5章では全社レベルの問題に注目して，自己革新性の問題を検討する。

　未だ仮説の域を出ないものの，ここで確認できるのは次の事実である。つまり，長期的な環境変化に対応可能となる自己革新能力を有効に機能させるため

図表3-26　一人当たり付加価値額（役員と従業員）：製造業10億円以上

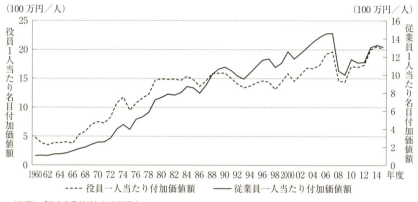

(出所)『法人企業統計』年次別調査。

図表3-27　一人当たり付加価値額（役員と従業員）：非製造業10億円以上

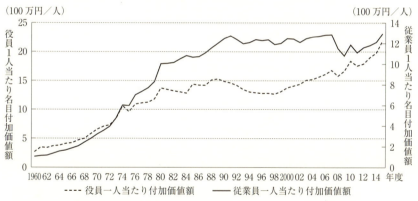

(出所)『法人企業統計』年次別調査。

には，日本企業の競争力の源泉と既存研究が指摘するミドル・マネジメントレベルでの管理機構の効率性を再点検することから始める必要があると思われる。その上で，長期的な自己革新性を発揮できるように，経営トップによるリーダーシップが発揮されているかを検討する必要がある。

　日本企業は，管理機構の肥大化に伴う意思決定効率の低下とともに，経営トップ層の肥大化が起きている可能性が示唆される。日本企業の健全性の鍵は，どれだけ環境変化に主体的に対応可能な自己革新性を組織として発揮できるかにかかっている。それには，管理機構の刷新による経営資源の蓄積効率の向上

とともに，経営トップがより強力なリーダーシップの下にどのような事業領域でどのような「背伸び戦略」を実行すべきかの事業構想力が問われている。

ミドルおよびトップ階層の肥大化は，コア人材のコミュニケーションロスや調整コストの増加を通じて，物理的な組織生産性のみならず新たな事業活動にコミットする精神的活力とエネルギー水準を低下させる。経営トップの短命化・ポスト化（伊丹，1995；三品，2004）は，経営トップが長期的なコミットメントと強力なリーダーシップに立脚し，現有の経営資源・能力を大きく超えた「背伸び戦略」を実行することを難しくさせる。

本章の基本メッセージは，低成長期の今こそ，コア人材によって実現される組織生産性の向上に努めつつ，高い使命感と長期的コミットメントによって支えられる深い関与を引き出す挑戦的な事業課題を，経営トップ自ら主体的に提示することが持続的な自己革新能力の構築には不可欠である，というものだ。経営トップのリーダーシップと構想の問題は，再度最終章で議論する。

注

1) ここで，日本型企業システムとは，やや回りくどい表現ではあるが，日本企業を成立させる多様な利害関係者との関係性を規定する次のような下位要素（サブシステム）から構成される全体システムと考えている。つまり，日本型企業システムとは，従業員との関係性を規定する雇用システム，債権者との関係性を規定する金融システム，株主との関係性を規定する企業統治システム，取引業者との関係性を規定する供給業者（サプライヤー）システムあるいは卸・小売り業者との関係性を規定する流通システム，企業間の競争のあり方を規定する競争システム，そして政府と企業との関係性を規定する政府・企業間システムから構成される全体システムである。

敢えて「理念型」という表現をここで用いるのは，現実にはそのような理念型からは大きく外れる日本企業（もしくは米国企業）も存在することを念頭に置いているためである。単純化のために，最頻値と平均値が一致し，左右対称の分布を想定するならば，何らかの経営慣行の数値化が可能で，その平均値（もしくは最頻値）を理念型企業とすれば，そこから 2σ とか 3σ 離れた企業が理念型から乖離した例外企業となる。

2) 日本と韓国では様々な共通性が見られるものの，他方で数多くの相違点も見いだせる。例えば，輸出依存の程度や特定財閥への依存度，産業構成から見た産業の裾野の範囲と規模で大きな相違が見られる。

3) 図表3-3では，日米ともに中小企業が重要ではないと主張しているわけではない。また，日本では起業家企業が，米国では大企業が革新の起点にならないと主張しているわけではないことにも注意を促しておく。

4) ここではデータの連続性を考慮し，個別財務諸表を用いている。

5) 企業名の同定作業には，図表の脚注に示されるような各種公刊資料を利用している。米国企業については合併・買収に伴う企業名変更が比較的頻繁に起こるため，名寄せ作業は企業の存続を同定する上で重要な作業となる。

第4章 事業戦略の構造的課題

ミドル・マネジメント主導の限界[1]

　前章では，管理機構の肥大化によって，日本企業の自己革新性が低下した可能性が示唆された。本章ではこの問題をさらに具体的に検討するために，日本企業の戦略・組織マネジメントの中核を担うとされるミドル・マネジャーが，どのような戦略志向性を以て直面する事業環境に挑んでいるかについて，質問票調査の分析を基にして明らかにする。本章の結論は，第一に戦略計画の重要性，第二にミドル・マネジャーを中心とした事業戦略の構造的限界である。

I　戦略とは何か

1. 戦略の定義

　戦略の定義は，論者によって様々な定義がある。戦略研究者であるヘンリー・ミンツバーグらによる著作『戦略サファリ（*Strategy Safari*）』(Mintzberg, Ahlstrand, & Lampel, 1998) では，10の学派に分けて学派ごとの戦略の定義と役割の違いについて整理されている。例えば，「デザイン学派」は分析としての戦略の役割を強調し，「計画学派」は計画としての戦略を強調している。「ポジション学派」は自社の市場地位確立のための方法論として戦略の役割を強調し，「学習学派」は学習促進としての戦略の役割を強調する。このように，戦略には多様な側面が存在するのである。

　こうした多面性を認めたとしても，それでも一般化可能な戦略の定義を行うことは可能である。つまり，「戦略とは，特定の意図した目標を達成するために用意される計画・方法・一連の行動」という定義だ。現状と将来の目標を達成した時に実現することとなる，未来の状況との隙間（ギャップ）を埋めるた

めの論理的な道筋（シナリオ），あるいは筋書き（ストーリー）と表現してもよい。戦略を策定するには，現状と未来の状況とのギャップを認識し自社と自社を取り巻く状況を的確に「診断すること」が不可欠である。また，将来に至る一連の道筋は，環境変化に振り回されて企業が右往左往することを防ぐ「一貫した基本方針」でなければならない。そして，戦略とは，戦略策定のみならず策定した計画を実行する過程（プロセス）を含んでいる。戦略の実行には明確な優先順位の下で絞り込んだ長期的な努力投入（コミットメント）を可能とする「行動」が必要となる。行動を伴わない計画は絵に描いた餅である。

戦略の策定とは目標を設定することでも，願望を表現することでもない。「今期売上1000億円達成」とか「来年度市場シェア20％達成」等は，願望を表現した目標であり，戦略ではない。むしろ，それらの目標に至る道筋こそが戦略である。したがって，戦略を創る活動とは，現状と願望との間のギャップを認識し，それを論理的なシナリオで結びつける活動であり，一貫した方針と行動の下で実現する活動である。時として魅力的なシナリオは，人の気持ちを駆り立てるものでもありうる。

ただし，多くの企業現場でしばしば目にするのは，願望として設定される目標集合としての戦略であり，具体的な道筋を欠いた夢物語としての戦略である。あるいは，日々の業務計画の延長線上にのみ位置づけられる，業務計画としての戦略である。これらは残念ながら戦略と呼べるものではない。目標には一定程度の飛躍が必要であり，現状と目標とのギャップを埋める道筋こそが戦略なのである。

2．事業戦略と全社戦略

戦略の問題を考える際に，大別して二つの異なるレベルの戦略に注意する必要がある。その一つが全社戦略であり，もう一つが事業戦略だ。どの既存業界に参入するか，という業界選択に関する意思決定の問題は，戦略論の世界では全社戦略に関わるものである。新規事業への参入の意思決定もまた，全社戦略に関わるものだ。全社戦略の要諦は，異なる事業間の資源配分の問題であり，異なる事業部門に横串を入れる共通技術・共通ブランド・共通能力の形成・維持の問題である。次章で検討する本社に関わる意思決定は，全社戦略の一部を構成する意思決定に相当する。全社戦略とは，本社スタッフ部門の支援と役員の深い経営関与によって，最高経営責任者が決断する意思決定である。それは

アンゾフの言葉を借りれば，戦略的意思決定と呼ばれる意思決定にあたる。

これに対して，そのような全社戦略の下，参入を決定した特定業界内で，どのように競合企業と戦い顧客に価値提供するのか，という意思決定は，事業戦略に関わるものだ。全社トップが選択した意思決定を与件として，業界の中でいかに戦うべきかという意思決定は，その呼称は企業によって異なるものの，経営階層上の中間に位置する事業責任者たるミドル・マネジャーが担う意思決定である。全社戦略が戦略的意思決定と位置づけられるのに対して，事業戦略は業務的意思決定と位置づけられる。

これらの二つの戦略の対比になぞらえれば，変化に対処するという問題は，どのような業界に出て行くかという全社戦略の問題と，狙いを定めた業界の中でどのように戦うべきかという事業戦略の問題とに分けることができる。本章ではまず事業戦略の問題を扱い，次章では全社戦略の問題を扱うことにする。

3. 良い戦略と悪い戦略

戦略論研究者であるリチャード・P. ルメルトは『良い戦略，悪い戦略』(Rumelt, 2011) の中で，悪い戦略の特徴として，(1)空疎である，(2)重大な問題に取り組まない，(3)目標と戦略を取り違えている，(4)間違った戦略目標を掲げる，という四つの特徴を指摘している。第一の特徴とは，戦略構想を語っているように見えるが実際には内容がなく，華美な言葉や不必要に難解な表現を用いることで，高度な戦略思考の産物であるかのような幻想を語る，というものである。第二の特徴は，取り組むべき重要な課題から敢えて目をそらし，それらを一時的にのみ観察される現象あるいは経営課題と見なして，敢えて取り組まない姿勢である。第三の特徴は，困難な道筋を示すことなく願望や希望的観測を語る傾向である。第四の特徴は，本来取り組むべき重大な問題と無関係な問題の解決のために目標を設定したり，解決不可能な目標を設定するという特徴である。

良い戦略には，悪い戦略とは対照的にいくつかの基本的な要件が揃っている。戦略と呼ぶにふさわしいシナリオを創るためには，いつまでに何をしなければならないのか（達成までの時間軸）が明確でなければならない。また，目標達成時点で，他社とは異なる価値ある独自性が，実現されていなければならない（独自性）。加えて，何を何よりも優先し（優先順位），何が何よりも先に手が着けられていなければならないか（実行順序）が明確でなければならない。

それではなぜ、世の中で語られる戦略の多くが、残念ながら「悪い戦略」の要件を兼ね備えているのだろうか。その理由として、次の三つの認識不足を指摘することができる。第一に、自社の強みに関する認識の不足。第二に、制約条件の認識不足。第三に、競合他社の動向に関する認識不足である。第一の認識不足は、後述するように自社の独自性や強み（中核能力〔コア・コンピタンス〕とも呼ばれる）に関する認識の不足である。自社のコア・コンピタンスは何か、という問いに容易に答えられる社員は少ないだろうし、中間管理職であっても、時として経営者であってもその答えに窮することは珍しくない。製品やサービスは目に見えるが、コア・コンピタンスは目に見えないものだからである。限られた人々の間で共有することは可能かもしれないが、組織全体で共有するのは難しい。組織規模が大きくなるに従い、共有の難しさはより大きくなるはずである。その難しさが、独自性の高い自社の強みに関する認識を組織成員間で曖昧にし、結果として独自性を起点にした戦略の中身を曖昧にするのである。

　第二の認識不足は、制約条件が曖昧であるがゆえに生まれる問題である。経営資源や時間の制約が厳しすぎると、ほとんどの経営課題は資源や時間不足ゆえに解決できない。それとは逆に、経営資源が無限にあり、時間設定をあまりに長期に考えると、ほとんどの問題が解決できるかのように思える幻想を生み出す。人材にも限りがあるし、資金繰りにも限りがある。格段の技術進歩は短い期間では期待できない。具体的な制約要因や条件を考慮に入れて初めて、明確な時間軸や優先順位、そして実行順序の重要性が明らかとなるのである。言い換えれば、自社の独自性の認識とともに、自社ではできないことを真剣に検討することでこそ、他社には真似できない戦略が生まれる可能性が切り開かれる。

　最後に、競合他社の動向の認識不足は、主として自社の課題解決能力が他社のそれよりも圧倒的に優れているという誤った前提に起因している。他社も自社と同じく競争しており、時として他社は自社よりも圧倒的に短い期間で直面する課題を解決するかもしれないのである。常に自社と他社との相対的な変化速度を意識しているだろうか。競合他社との差はどの程度顧客から認識可能であるだろうか。その差は、どの程度の期間で他社にキャッチアップされるだろうか。また、その差に対して、どの程度経済的プレミアムを顧客は支払ってくれるだろうか。これらの点を競合他社の動向を検討する上で意識する必要がある。競合他社は決して静止している存在ではない。

Ⅱ　なぜ自己革新性は低下するのか

1. 中核能力の罠と組織慣性

　日本企業か否かにかかわらず，どの企業においても環境変化への適応能力である自己革新性は低下する。自己革新性が低下する原因は大別して二つある。一つは「中核能力の罠」と呼ぶべき原因であり，もう一つは「組織慣性」と一般的に呼ばれる原因である。

　中核能力の罠とは，競争上の強みがそもそも存在しないからこそ自己革新能力の低下が起きるという当たり前の事態とは違って，皮肉にも競争上の強みがあるからこそ自己革新能力の低下が起きるという問題である。それは言うなれば，強みの訴求こそが，環境変化を通じて弱みの訴求へとつながるという問題である (Leonard-Barton, 1992)。

　自ら蓄積・保有する競争上の強みに経営資源を集中し自社の競争力を高めようとする経営施策は，中核能力（コア・コンピタンス）を構築し自己革新能力を高める上で合理的な施策である。ただし，中核能力の構築を意図した戦略を策定・実行する上で，留意すべき点がいくつかある。第一に，中核能力の定義・共有の問題である。中核能力自体は，目に見えるものではなく，日々の業務活動に深く根付いたものであるため，つかみどころがなく，その存在を認識・同定するのも，共有するのもしばしば困難である。それゆえ，より多くの組織成員が事業プロセスに参加するのに伴い，中核能力とは何かについて認識の共有が難しくなる。第二に，異なる領域への応用可能性の高さや汎用性こそが中核能力として定義されるがゆえに，技術力としての中核能力は過大評価される傾向にある。第三に，中核能力はヒト自体やヒトとヒトとの協働プロセスに埋めこまれ，組織文化や組織慣行と深く結びついている。そのため，中核能力は短期的には変化しえない。言い換えれば中核能力は強みであるとともに，環境変化によって弱みに転ずる性格を持っている (Leonard-Barton, 1992)。中核能力が硬直性の源泉となるのもそのためである。

　自己革新性が低下するもう一つの原因は，環境変化とは無関係に存続する組織慣性と呼ばれる原因にある。読んで字のごとく，組織慣性とは過去と同じように未来を方向づける組織レベルの慣性力を指す。その源泉は，組織の構成員の間で「共有され当たり前とされる」ルールや行動規範，そして評価基準にあ

る（Johnson, 2010）。既存事業で培われた評価基準や行動規範，あるいはルールによって新規事業が評価されることになるので，新規事業の可能性は過小に評価され，過度に既存事業の論理が支配する形で新規事業が推進されることになるのである。

　例えば，新規事業が想定する市場機会は，かつての既存事業が開拓してきた市場機会に比べると，市場規模が小さすぎるかもしれない。あるいは，既存事業に比べて利益率が低すぎるかもしれない。あるいは，社内の品質基準を満たさないかもしれないし，顧客層は既存企業が対象としてきた顧客層と大きく異なるかもしれない。既存事業の成功のエッセンスを体現したルールや行動規範，そして評価基準は，新規技術が切り開く市場機会の把握には役に立たないにもかかわらず，新規事業の立ち上げにも利用される。あるいは，新たな市場機会を政治的な理由から過小評価するための合理的な根拠として利用される。既存企業において新規事業が期待通りに立ち上がらないのは，十分に経営資源が新規事業に割かれていないことも一因であるが，それ以上に深刻なのが既存事業の経営慣行が新規事業に無意識的に持ち込まれることにある。本来新規事業は，既存事業とは異なる合理性と基準やルール，そして評価基準に支配されるべきものであることが多い。

　それゆえ，経営層は，必要に応じて新規事業と既存事業とを意識的に隔離し，経営層自らの積極的な関与を以て，異なるルールと基準で新旧事業を運営する必要がある。経営慣行と呼ばれるルールや行動規範，そして評価基準は，環境変化とは無関係に高度化し，複雑化し，そして自己目的化する性格を有している。そのような自走する性格を牽制するのが，経営トップの役割でもある。つまり，自己革新性を長期的に担保できるかどうかは，経営トップの日々の業務への関与のあり方に依存しているのである。

2. 組織は戦略に従い，戦略は組織に従う

　前章で簡単に言及したように，戦略（の問題）と組織（の問題）は密接不可分な関係にある。これは日本企業経営のエッセンスでもある。自己革新性の維持の問題を考える上でも，戦略と組織の相互依存関係に注目することが鍵となる。結論を先取りすれば，健全な戦略には組織の健全性が不可欠であり，健全な組織には戦略の健全性が不可欠である，ということである。

　ここで今一度，戦略と組織の関係を確認しておこう。「組織は戦略に従う」

(Chandler, 1962) という古典的「命題」が意味するのは，構想としての戦略（どのように成長するかの道筋）に周囲のヒトが共鳴・糾合し，組織への参加と組織内の分業を通じて共鳴・糾合したヒトが組織化されていく過程である。そこで暗黙に想定される前提は，構想としての戦略が「主」で，実行主体・手段としての組織（構造）が「従」という関係である。戦略が組織を決定する関係と言ってもよい（戦略→組織）。創業間もないスタートアップ企業において，創業者の掲げる戦略の下で新たなヒトが採用され，組織化されていく過程は，まさに組織が戦略に従う過程である。

　これとは逆の関係が，「戦略は組織に従う」という関係である。それは，組織が「主」で戦略が「従」という関係であり，組織が戦略を規定する関係である（組織→戦略）。社歴が長く，独自の組織構造や組織文化を発達させた企業が，既存の組織や組織成員の価値観や組織文化や知識を反映する形で戦略を創出する過程は，まさに戦略が組織に従う過程である。

　「組織は戦略に従う」か，あるいは「戦略は組織に従う」のかという対比は，それだけでは必ずしも取り上げるべき価値のある対比ではない。なぜなら，ごく自然に，経営を時間展開のプロセスとして考えれば，戦略と組織は時間展開を通じて双方向に規定し合うダイナミックな関係にあり，我々観察者は本来切れ目のないはずのプロセスを任意に切り取り，どちらかを原因として他方を結果として同定しているに過ぎないからである。常に，組織は戦略の問題であり，戦略は組織の問題でもある。

　もっとも，この対比を考えることに全く意味がないわけではない。というのも，「組織は戦略に従う」か「戦略は組織に従う」かという対比は，戦略を生み出す戦略策定・実行主体としてのヒトが，どの程度既存の組織に拘束される存在と考えるかという前提の違いを示唆しているからである。組織は戦略に従うという関係では，既存の組織への拘束性が低い，既存の組織とは独立の戦略策定・実行主体としてのヒトが想定されている。それに対して，戦略は組織に従うという関係では，既存の組織に拘束された戦略策定・実行主体としてのヒトが想定されている。

　既存の組織への拘束性が低い戦略策定・実行主体としてのヒトは，すでに述べた創業間もないスタートアップ企業の創業者のみならず，大胆な経営改革を嘱望されて外部から就任する経営者の事例がそれに当たる。外部労働市場の発達に伴い，あるいは，事業の売買市場の発達によって，相対的に既存の組織へ

の拘束性が小さいマネジャーや経営者を登用可能になるため，柔軟な既存組織の改革が可能になる。したがって，外部労働市場と事業の売買市場の発達によって，既存組織に拘束されない戦略策定・実行主体としてのヒトが想定され，「組織は戦略に従う」という関係が強調されることとなる。

これに対して，外部労働市場が十分に発達していない場合には，マネジャーや経営者の登用は内部出身者が支配的となる。彼らはキャリアの大部分を同一企業で過ごす人たちである。また，事業の売買市場が発達していないことで，買収を通じた外部成長ではなく，内部成長を前提とした戦略が生まれやすくなる。それは，既存の組織文化や価値観，すでにある知識や能力の延長線に事業の将来を見いだそうとする戦略である。その結果，既存の組織に強く拘束される点に注目した「戦略は組織に従う」という関係が強調されることとなる。

単純化するならば，ヒトの企業間流動性が高く，大胆な組織再編を可能とする事業売買市場が発達する企業社会では，「組織は戦略に従う」という関係が当然視される。これに対して，ヒトの企業間流動性が低く，事業の売買を通じた大胆な組織再編が相対的に困難な企業社会では，戦略を創出する組織成員のメンバーシップが固定的で既存の組織成員が戦略を構想するので，「戦略は組織に従う」という関係が当然視されることとなる。あくまでも平均像での対比であるものの，米国企業社会は前者の典型例であり，日本企業社会は後者の典型例である。

3. 問題の所在：組織と戦略の健全性

ここで，どちらの規定関係を過度に強調することにも問題があるという点を確認しておきたい。既存組織への拘束性が低い戦略策定・実行主体としてのヒトを想定することは，既存の延長線上の改革案とは異なる画期的な戦略や大胆な組織変革の実現を可能とするかもしれないが，同時にそのような戦略提案や改革案は机上の空論や絵に描いた餅として実効性を欠いたものとなる可能性がある。というのも，そのような戦略は，既存の施策や過去の蓄積とは断絶したものであるからだ。

それとは逆に，既存の組織に拘束された戦略策定・実行主体としてのヒトによって提案される戦略提案や組織変革案は，組織が歩んできた歴史的経緯や固有の強みの蓄積を踏まえた実行可能性の高いものとなるかもしれないが，大きな環境変化の下で，組織が生存するのに必要とされる十分な改革とはならない

第4章　事業戦略の構造的課題　　115

可能性がある。前者の過去や既存の施策との断絶は強みとなると同時に弱みともなる。同様に，後者の過去や既存の施策との連続もまた，強みとなると同時に弱みともなる。強（弱）みとなるかどうかは，環境変化の程度やタイプの違いに依存する[2]。

　日本企業の，特に大企業の経営課題を検討する上で留意しなければならないのは，この戦略と組織の相互依存関係である。外部経営者を招聘することが未だに例外的であり，内部出身の経営者が経営トップに就く企業において，自らのこれまでのキャリアを形成した組織が有する経営慣行や価値観や組織文化，あるいはその他組織成員に拘束されない戦略シナリオを描くことは容易ではない[3]。組織成員を拘束する経路は様々ある。そもそも，職位の低い人々には，既存の経営慣行や様々な経営施策を見直す機会と権利さえ与えられていない。創発的な試みが期待されるミドル・マネジメント階層に目を向けても，機会と権利は与えられてはいるものの，過去や既存の施策と断絶した戦略シナリオを描くことは難しい。過去や既存の施策や，慣行に固執する多くの上司に阻まれるからである。組織の上位階層に位置する上司ほど，既存の組織の論理を前提としてキャリアを上り詰めた人であり，既存の組織の権益によって守られた人である。そこに変革の起点を期待するのは無理なのかもしれない。ましてや変革を期待されて入社する，あるいは変革の実現を期待して入社する転職組が既存の経営慣行に固執するマネジャー層を支配することも例外的である。既存の施策や慣行に固執するその他組織構成員からの同調圧力もその一因となる。

　多くのミドル・マネジャーは新卒として採用され，長い実務・現場経験を通じて昇進したマネジャーである。また，戦略立案職能と実行職能とが高度に分化した米国企業（Mintzberg, 2000）と比較して，日本企業では必ずしも両者の職能を明確に分化しているわけではない。結果的に，日本企業において戦略立案という作業は，外部環境に対して本来やるべきことを同定する作業ではなく，シナリオ策定に従事する組織構成員を選定する作業へと置換されてしまうのである。結果的に，日本企業は，ヒトの選定に多くの時間が割かれるものの，戦略の中身に立ち入った検討は十分に行われなくなる課題を有している。

　そもそも，戦略策定に従事するヒトは，固定的な既存の組織構成員から選ばれるので，策定されるシナリオの中身はシナリオ策定に関与するそのヒトの既存の知識や能力もしくは人的ネットワークに制約され，戦略は組織に拘束される状態となる。経営トップといえども，既存の経営慣行や施策と断絶した意思

決定を行うことが難しいこともある。それは創業者かもしれないし，経営 OB と呼ばれる，退任した経営職を担っていた人かもしれない。いずれの階層にせよ，長期的雇用を前提として生まれてくる組織構成員の固定性は，結果としてトップ階層においてもミドル階層においても，過去を切断すること，既存の組織運営に拘束されない成長シナリオを描くこと，それに基づく戦略行動を実践することを相対的に困難にするのである。

　このような日本企業に特徴的な組織構成員のメンバーシップの固定性は，成長期においては大きな問題としては顕在化しない。なぜなら，成長期においては，多くの新卒が採用され，それに伴い新しい価値観が組織に持ち込まれるからである。若い人の組織への参加は，新しい価値観を組織が吸収するための入り口となる。成長期に伴う新規事業参入もまた，新しい経営慣行や組織文化，そして知識や経験を獲得する機会となる。新たな価値観を有した最終顧客，新たな組織文化や経営慣行を有した（法人）顧客と接触することが，学習機会となる。あるいは，新規事業に必要な未知の技術に挑戦し，未知の顧客の課題解決のために格闘することが，新しい知識や経験を組織が吸収するための機会となるだろう。

　前章でも述べたように，戦略欠如や機能不全のプロセスは，新卒採用の抑制に伴う組織構成員のメンバーシップの固定性の増大とともに，新規事業の低迷に伴う組織構成員のメンバーシップの固定性に起因するデメリットが顕在化した過程である，というのが本書の見立てである。すでに述べてきたように，日本企業に特徴的な組織が戦略を規定するという経路を念頭に置くならば，戦略的意思決定の質を向上させるためには，外部から経営トップを招聘するという独立の解決策だけではなく，それと同時に，戦略の健全性を支える組織の健全性の維持・回復にも目を向ける必要がある。これが，特に本書で強調されるポイントである。前章で管理職能の肥大化の問題に光を当てて自己革新性の問題を取り上げたのもそれが理由であった。

　図表4-1は，日米の理念系としての戦略と組織の相互依存関係を示したものである。理念型としての米国企業における戦略とは，過去の経緯や既存の組織の事情など考慮せずに白地に絵を描く戦略という意味で，組織的な制約なしに「立案（構想）される戦略」である。それは過去とは切断されたシナリオになる。これに対して，理念型としての日本企業における戦略とは，過去の経緯や既存の組織の事情に大きく影響を受けた「学習（創発）される戦略」である。

図表 4-1　日米で異なる相互依存関係

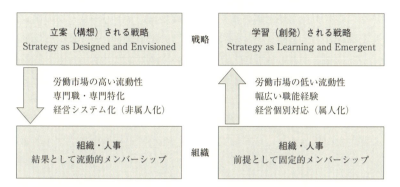

それは過去との連続性を重視しつつ，他方で環境変化への事後的な適応を組織メンバーに期待するシナリオだ。このように整理すると，戦略と組織の健全性の担保のあり方は，両国で顕著に異なる可能性を指摘できる。

　つまり，米国では戦略の健全性が，組織の健全性を維持する上でも重要となる。組織の健全性を担保できなければ，戦略を変更する必要があり，それに応じて組織のメンバーシップを柔軟に変更することが選択される。そこでは，非属人的な経営のシステム化が推進される。これに対して日本では，米国とは逆に，戦略の健全性は組織の健全性に依存している。組織の健全性が容易に維持できるならば問題ではないが，長期雇用を前提とした拡大成長が見込めない場合には組織の健全性を維持することが容易ではなくなる。また，固定的メンバーシップを前提とするため，属人性の高い経営慣行が成立し易くなる。すでに述べたように，拡大成長が見込めないことにより，日本では新規採用が困難となり，固定的な組織メンバーによって成長シナリオを描かなくてはならなくなる。組織メンバーがオープン性を欠いて固定的で，かつ時間とともに高齢化していく状況を思い浮かべれば，徐々にそのような組織が環境への適応能力を欠いていき，自己革新性を創出していくことが益々困難になるのは明らかだろう。日本の企業社会で感じる閉塞感は，まさにそこに原因があるのではないか，というのが本章の主張でもある。

4. 健全性を担保するものは何か

　ここで，長期雇用がもたらす悪影響をことさらに強調するわけではないこと

を敢えて確認しておこう。長期雇用は安定性と長期的な蓄積を誘因する制度としても機能する。しかし，ここで確認したいのは，持続的な市場成長が必ずしも望めない中での長期雇用制の維持は，組織成員のメンバーシップの固定性に起因した柔軟性の欠如ゆえに，組織レベルでの環境適応力を長期的に低下させていくことにつながる可能性が大きい，という点である。もっとも，長期雇用制の維持と市場成長の低迷が自動的に環境適応力の低下をもたらすわけではない。

むしろ，そのような悪影響に対抗して，組織健全性を担保し，その結果戦略の健全性を担保するためには，経営上次の三つの点に留意する必要があると思われる。第一に，激しい市場競争に積極的に身を投じることの重要性である。人間は弱い存在であるという性弱説に立てば，自ずと人間は易きに流れるというのが常である。それを牽制するのが市場競争だ。より厳しい市場競争に自らの組織が直面することによって，長期雇用に守られた組織構成員で構成される組織の健全性が担保される余地が生まれてくる。

第二に，組織の健全性を担保するには，広い意味での目的合理性，より具体的には技術合理性や経済合理性を踏まえたマクロトレンドを追求することが重要である。健全性を失った，あるいは失いつつある組織に共通するのは，「組織の集団浅慮（group think）」（Janis, 1972）として知られるような，外界と組織内部で「当然視される論理（当たり前）」の乖離である。組織メンバーが直面する事実は，組織メンバーの限定的な認識枠組みを通じて相互参照されることで，組織を取り巻く外界の人が認識する現実と異なるものとなる傾向にある。そのような乖離を事前に小さくし，組織の（事実認識上の）健全性を維持するためには，組織の中で支配する論理が，可能な限り技術や市場の合理性を考慮したものである必要がある。

第三に，組織の健全性を担保するには，新市場への飽くなき挑戦が必要となる。新市場への挑戦とは，言い換えれば新しい顧客や市場に取り組むことであり，新しい技術の開発に取り組むことである。自己革新性の唯一の原動力は限られた組織構成員の学習であり，それを促すのが新市場への挑戦である。新製品開発に取り組むことで，新しい開発能力を獲得できるかもしれない。新しい顧客と接点を持つことで，新しいニーズを獲得することができるかもしれない。さらに新しい顧客との接点は，顧客の優れた経営慣行を取り入れ，自らの組織文化を変えていく起点となる可能性がある[4]。

したがって，業種の違いを超えて低成長期に直面しつつ，長期雇用制を維持する日本企業において，組織の健全性を維持し，自己革新能力を担保していけるかどうかは，個々の企業において，どれだけ市場競争に身を置く努力がなされているか，技術・経済合理性を踏まえたマクロトレンドに自社の組織と事業を置く努力がなされているか，そして，新しい市場・顧客・技術への挑戦と，それらの組み合わせとしての新事業への挑戦がどの程度なされているか，に大きく依存していると考えられる。

以下では，日本企業における事業戦略の健全性がビジネスユニット（Business Unit, 以下ではBUと表記する）レベルでどの程度担保され，維持されているのか。さらに，戦略の健全性が，どの程度組織の健全性によって担保されているのかを検討する。これらの点を明らかにすべく，事業環境や市場地位の特徴，事業成果との関係，環境適応上の特徴，組織諸特性との関係を順に振り返ることで，日本企業の事業戦略の課題を，ミドル・マネジャーの認識と行動を中心にマイクロレベルから検証してみよう。

Ⅲ 日本企業の事業環境・事業成果・市場地位

1. 調査対象企業およびビジネスユニットの概要

日本企業を対象とした実証研究において，個別事例研究を除き体系的に大量サンプルを念頭に置いて事業戦略を検討した試みは残念ながら存在しない。それゆえ，日本企業の事業戦略の傾向や変化を知る上で，一橋大学大学院商学研究科戦略・組織実証研究グループが2004年から過去5回（10年）にわたって行ってきた体系的な質問票調査が収集した事業戦略に関わるデータは大変貴重な情報源である。

ここでは，過去5回実施してきた体系的質問票調査のうち，2010年度に実施した質問票調査（第4回調査）および2012年度に実施した質問票調査（第5回調査）で回収された質問票データ（参加企業24社から提供された221の事業部データ）を利用して，日本企業のBUが直面する競争環境や市場地位，そして事業成果等の全般的特徴を明らかにする。その上で，日本企業の強みと理解されてきたミドル・マネジャーを中心とした戦略行動上の意思決定特性に注目して，日本企業の事業戦略に関する経営課題を検討してみよう。

図表4-2は，上述の質問票調査に参加した企業数とBU数，および従業員数

図表 4-2　対象企業の概要

	2010 年度調査 (第 4 回)	2012 年度調査 (第 5 回)	全体サンプル (第 4 回・第 5 回調査)
参加企業数（社）	19	15	24
参加 BU 数	135	86	221
BU 設立年（中央値，年）	2003	2003	2003
BU 従業員数（中央値，人）	293	408	327
BU 従業員平均年齢（中央値，歳）	41	41.6	41.2
BU 売上高（中央値，億円）	347	478	410
売上高営業利益率（中央値，%）	3.6	4.3	3.8
BU の代表的業種	食料品，化学，医薬，一般機械，電気機器，精密機器，輸送用機械，サービス		

(注)　1)　売上高および利益率は当該調査年の前年 (2009 年，2011 年) の実績値の中央値。
　　　2)　2010 年度調査における BU 設立年の最小値は 1954 年で最大値は 2010 年である。2012 年度調査における BU 設立年の最小値は 1955 年で最大値は 2012 年である。

や従業員平均年齢，売上高と売上高営業利益率の中央値を 2010 年度と 2012 年度の 2 時点でそれぞれに示したものである。

　この表に示されるように，2010 年度に実施された第 4 回調査の参加企業数は 19 社で，参加 BU 数は 135 である。また，参加 BU の従業員数の中央値は 293 名で，売上高の中央値は 347 億円である。これに対して，2012 年度に実施された第 5 回調査の参加企業数は 15 社で参加 BU 数は 86 である。BU の従業員数の中央値は 408 名で，売上高の中央値は 478 億円である。BU の従業員平均年齢は，2010 年度調査で 41 歳，2012 年度調査で 41.6 歳である。東京商工リサーチの調査[5]によると，上場企業 2318 社の平均年齢が 2010 年に 39.3 歳で 2012 年に 39.9 歳であるから，我々の調査サンプルは上場企業を適切に代表したサンプルと言えるだろう。

　リーマンショック以降の上場企業の全般的な収益回復傾向からも容易に推測できるように，BU 単位で見た収益性もまた回復傾向にある。BU 全体レベルでの売上高営業利益率のサンプル中央値は，2010 年度の 3.6％ から 2012 年度の 4.3％ へと変化し，回復基調にあることが読み取れる。本調査に参加する BU の業種は，食品製造業からサービス業まで多様な業種が含まれることから，業種横断的に回復傾向が見られることを窺い知ることができる。

2. 事業成果：収益性と競合企業に対する比較優位性

次に，本調査に参加したBUレベルの事業成果を具体的に確認してみよう。米国では「PIMS研究（Profit Impact of Market Strategy）」として知られる1970年代から2000年初頭にかけて行われたBUに関する体系的調査によって，事業戦略に関する重要な知見が蓄積されてきた（Buzzell, 2004; Buzzell & Gale, 1987）。しかし，日本においてBUレベルの事業戦略に関する体系的調査は皆無である。そもそも，他社のBUレベルの事業成果について知る機会は皆無であろうから，匿名化した記述統計レベルの情報であっても，読者の事業との相対化という意味でも，日本企業の事業成果を知る上で有益な情報となるはずである。

図表4-3は，本調査に参加したBUの主要な事業成果を，①BU全体の売上高営業利益率の度数分布，②当該BUの競合上位3社と比較した比較優位性の度数分布を7段階（「非常に劣位」，「劣位」，「僅かに劣位」，「同等」，「僅かに優位」，「優位」，「非常に優位」）に分類して一覧にしたものである。競合他社上位3社との比較優位性は，品質，コスト，納期，成長性，収益性という5項目について7点尺度（「主要な競合他社より際立って劣っている」=1点，「主要な競合他社より際立って優れている」=7点）で測定した[6]。

この図表から読み取れる第一の特徴は，全てのBUが低収益に苦しんでいるわけでは決してないが，回復基調にある現在でも，低収益に苦しむBUが一定割合存在するという点である。221BUのうち約2割弱のBUが赤字を計上し，3割弱のBUの売上高営業利益率が5％未満である。低い収益性は，環境変化や顧客ニーズにうまく適応できなかった結果であると同時に，将来の成長機会を制約する要因となる。利益は単なる過去の経営活動の結果であるだけでなく将来に向けた成長原資でもあるので，収益性の改善は事業の持続的成長を考える上で最重要の経営課題である。

その一方で，相対的に高い収益性を実現しているBUも存在していることにも目を向ける必要がある。例えば，BU全体の売上高営業利益率で，3割程度の数のBUが売上高営業利益率で10％を超えている。日本企業が展開する個別事業の将来を過度に悲観的に考えるわけでも，過度に楽観的に展望するのでもなく，むしろそれぞれのBU間の収益格差の原因が，どのような組織プロセス要因と戦略要因を通じて生み出されているのか，という基本的な問題に関する理解をより深めることが必要とされるのである。

競合企業上位3社との比較優位性に関する特徴に注目すると，このことを理

図表4-3　BUの主要経営成果指標

売上高営業利益率	0%未満	0%以上5%未満	5%以上10%未満	10%以上15%未満	15%以上20%未満	20%以上	未回答	合計
BU全体	37	54	55	26	8	41	0	221
	16.7	24.4	24.9	11.8	3.6	18.6	0.0	100

競合企業との比較優位性		非常に劣位	劣位	僅かに劣位	同等	僅かに優位	優位	非常に優位	合計
品質	BU数	0	2	16	6	83	102	12	221
	構成比	0.0	0.9	7.2	2.7	37.6	46.2	5.4	100
コスト	BU数	2	52	116	12	33	6	0	221
	構成比	0.9	23.5	52.5	5.4	14.9	2.7	0.0	100
納期	BU数	0	5	49	28	102	35	2	221
	構成比	0.0	2.3	22.2	12.7	46.2	15.8	0.9	100
成長性	BU数	0	22	86	17	75	19	2	221
	構成比	0.0	10.0	38.9	7.7	33.9	8.6	0.9	100
収益性	BU数	3	35	91	9	55	25	3	221
	構成比	1.4	15.8	41.2	4.1	24.9	11.3	1.4	100

(注)　競合企業との比較優位性は，7点尺度で尋ねた各質問項目（品質，コスト，納期，成長性，収益性）について，各BUに所属する複数回答者の回答結果の平均値を以て各BUの値を代理している。全ての回答者が1と回答した場合は，平均値が1，全ての回答者が7と回答する場合は7となるので，最小値は1，最大値は7となる。各カテゴリは，BUの平均値が1以上2未満の場合を「非常に劣位」，2以上3未満の場合を「劣位」，3以上4未満の場合を「僅かに劣位」，4の場合を「同等」，4以上5未満の場合を「僅かに優位」，5以上6未満の場合を「優位」，6以上の場合を「非常に優位」とカテゴリ化している。

解する手がかりが得られる。例えば，品質の比較優位性に注目すると，より多くのBUが競合他社と比較して，相対的に優位なポジションを確立していると回答している。これに対して，コストの優位性に関する現状は対照的である。より多くのBUが比較劣位にある，と回答しているのである。具体的には，品質優位性に関して，競合企業と「同等」もしくはそれ以下の劣位にあるBUは僅か24BU（10.8%）であり，「僅かに優位」が83BU（37.6%），「優位」が102BU（46.2%），「非常に優位」が12BU（5.4%）である。多くのBUが品質に関しては競合他社よりも優れていると認識しているのである。これに対して，コストに関する状況は一変する。「同等」もしくは優位なポジションにあると回答したBUは51BU（23%）で，「非常に劣位」が2BU（0.9%），「劣位」が52BU（23.5%），「僅かに劣位」が116BU（52.5%）にのぼる。

納期に関しては半数以上のBUが競合企業と「同等」か，「優位」にあると

回答しているものの,成長性と収益性に関しては,劣位グループと優位グループに2極化している傾向が読み取れる。成長性に関していえば,108BU（48.9%）が劣位なポジションに位置すると回答し,収益性に関していえば,129BU（58.4%）が劣位なポジションにあると回答しているのである。

品質競争では優位性を維持しつつもコスト競争では劣位にあり,納期に関してはやや劣位にあり,成長性と収益性では半数程度のBUが課題を抱えているというのが,事業成果から見た日本企業のBUの現状であるようだ。

3. 直面する競争環境と市場地位

品質では優位性を保ちつつもコスト優位性では決定打を欠き,成長性や収益性では課題を抱えているのが日本企業のBUの一つの特徴だとすれば,そのような事業成果上の課題は,どのような競争環境と市場地位に起因してもたらされたのであろうか。本調査に参加したBUが,どのような経営環境に直面しているのかを具体的に示したのが図表4-4である。この図表は,BUの「主たる事業」が直面する競争環境を,①製品ライフサイクル（現時点および参入した時点）,②競合企業数,③競争相手の地理的多様性（国内企業か海外企業か,アジア企業か欧米企業か）,④生産拠点地域の多様性,⑤販売拠点地域の多様性の分布で一覧化したものである。また,市場地位の代理変数として,主たる事業における⑥市場シェア（絶対値）および⑦相対市場シェアの分布を示している。

ここで,主たる事業とは,質問票への回答においてBUが展開する複数事業の中で最大事業,と定義されている。また,相対市場シェアとは,当該BUの主たる事業の市場シェアと業界最大手競争者のシェアとの相対比をとったものである。仮に,当該BUの市場シェアが最大手競争者の半分のシェアの場合は0.5,最大手企業と同水準のシェアの場合は1を,当該BUが業界最大手で2番手企業のシェアの2倍を持つ場合は2の値をとる。

この表から読み取れる特徴は次の4点である。第一に,多くのBUの主たる事業が市場の導入期か成長期に参入し,現在では成熟期に位置している。例えば,221BUのうち120BU（54.3%）が市場の導入期に参入し,64BU（29%）が成長期に参入している。これに対して,「現在」（質問票配布時点）の製品ライフサイクルは,73BU（34.3%）が成熟前期に,114BU（53.5%）が成熟後期に位置しているのである[7]。日本企業の戦略的課題の一つとして,脱成熟化が重要であることは敢えて指摘するまでもないが,本調査の対象BUにおいても同様

の課題が指摘できる。

　第二の特徴は，競合企業との激しい競争である。競合企業数の多寡のみで競争の激しさを推測することはできないが，成熟期に位置する多くのBUが寡占的市場と呼べるような少数の競合企業から成る市場で戦うのではなく，多くの競合企業と市場競争を繰り広げていることからも，競争の激しさを窺い知ることができる。例えば，3社程度の競合企業と「顔の見える競争」を繰り広げているBUは，221BUのうちわずか39BU（17.6%）であり，10社を超える多くの競合企業と多数乱戦型競争とも呼べる激しい競争を展開しているBUは73BU（33%）も存在しているのである。先述したように，品質で競合他社に優位な地位を確立しているもののコストで比較劣位にあるという傾向は，成熟化した業界で品質差異を訴求しつつ，結果的に多数の競合企業との価格競争に巻き込まれている現状を反映した結果と言えるかもしれない。

　第三に指摘できる特徴は，競争環境のグローバル化である。日本以外の顧客を相手に国籍の異なる競争相手と競争することで，生産活動および販売活動のグローバル化も進展している。例えば，競争相手の地理的多様性について注目すると，221BUのうち日本企業のみを競争相手として想定しているBUは全体の48BU（21.7%）であり，日本企業と海外企業を競争相手として想定しているBUは148BU（67%）にのぼる。また，多数派ではないが，海外企業のみを競争相手に想定するBUが17BU（7.7%）存在することもグローバル化の進展という最近の傾向を把握する上で注目に値する。さらに，海外企業の具体的な地域に注目すると，海外企業を競争相手とする165BUのうち，半数以上の93BUがアジア企業と欧米企業それぞれを競争相手として想定し，27BUがアジア企業を，45BUが欧米企業を競争相手として想定している。

　加えて，競争環境のグローバル化は，生産拠点や販売拠点の国際化によっても確認することができる。生産拠点を例にとれば，221BUのうちで半数程度のBUが中国もしくは中国を除くアジア地域で生産活動を行い，2割程度のBUが欧州もしくは北米地域で生産活動を展開している。また，販売地域を例にとれば，6割程度のBUが中国で，7割程度のBUが中国を除くアジア地域で販売活動を展開している。欧州および北米地域においてもそれぞれ半数以上のBUが販売活動を展開している。

　最後に，図表から指摘できる特徴は，各BUの市場地位と業界構造の多様性である。自社シェアが10%に満たないBUが一定数存在する一方で，市場シ

図表4-4 主たる事業の競争環境と市場地位

製品ライフサイクル（参入時点）		導入期	成長期	成熟前期	成熟後期	衰退期	NA	合計
	BU数	120	64	20	8	0	9	221
	構成比(%)	54.3	29.0	9.0	3.6	0.0	4.1	100
製品ライフサイクル（現在）		導入期	成長期	成熟前期	成熟後期	衰退期	NA	合計
	BU数	4	19	73	114	3	8	221
	構成比(%)	1.9	8.9	34.3	53.5	1.4	3.8	100
競合企業数		0～3社	4～6社	7～10社	11～20社	21社以上	NA	合計
	BU数	39	56	48	31	42	5	221
	構成比(%)	17.6	25.3	21.7	14.0	19.0	2.3	100
競争相手の地理的多様性(1)		海外企業のみ		日本企業と海外企業		日本企業のみ	NA	合計
	BU数	17		148		48	8	221
	構成比(%)	7.7		67.0		21.7	3.6	100
競争相手の地理的多様性(2)		アジア企業のみ	欧米企業のみ	アジア企業・欧米企業		日本企業のみ	NA	合計
	BU数	27	45	93		48	8	221
	構成比(%)	12.2	20.4	42.1		100.0	3.6	100
生産拠点地域		日本国内	中国	アジア	欧州	北米	その他	生産活動無し	合計
	BU数	205	118	110	47	56	10	5	221
	構成比(%)	92.8	53.4	49.8	21.3	25.3	4.5	2.3	100
販売拠点地域		日本国内	中国	アジア	欧州	北米	その他		合計
	BU数	212	140	153	120	120	79		221
	構成比(%)	95.9	63.3	69.2	54.3	54.3	35.7		100
自社市場シェア		10%未満	20%未満	30%未満	40%未満	50%未満	50%以上	NA	合計
	BU数	77	35	24	30	10	17	28	221
	構成比(%)	34.8	15.8	10.9	13.6	4.5	7.7	12.7	100
自社相対シェア		同規模・それ以下	1.5倍	2倍	3倍	4倍	5倍以上	NA	合計
	BU数	5	56	29	31	23	37	40	221
	構成比(%)	2.3	25.3	13.1	14.0	10.4	16.7	18.1	100

(注) 生産拠点地域および販売拠点地域は複数回答を含んでいる。

ェアが50%を超えるBUも一定数存在していることが確認できる。具体的にいえば，221BUのうち市場シェアが10%に満たないBUが77BU（34.8%）存在する一方で，50%を超えるBUもまた17BU（7.7%）存在している。相対市場シェアで見ると，より明示的に本調査の対象BUの市場地位の特徴を指摘することが可能である。業界最大手企業とほぼ同規模のBUが221BUのうちわずか5BU（2.3%）であり，相対市場シェアの計算に必要なデータが取得できなかった40BUを除く176BUは，それぞれの業界のシェアで見た最大手企業として位置づけられるBUである。

以上の一連の傾向に関する指摘から明らかとなるのは，多くの BU が品質で優位性を確立し相対的に市場シェアで他社を圧倒しつつも，市場自体が成熟化し，グローバル化の進展に伴う数多くの競合企業との競争に直面し，一部の BU ではコスト競争力では劣位な状況に置かれ，成長性と収益性で課題を抱える状況に陥っているということである。前節で指摘したように，新しい市場開拓なくしては，日本企業は徐々に苦しい状況に追い込まれていくことが想像されるのである。

4. 事業成果との関係

それでは，これらの競争環境や市場地位に関する特徴は，事業成果とどのように関係しているのだろうか。それを確認したものが図表4-5である。この表は，BU の基本属性を加えて，これまで検討してきた主要変数と事業成果との相関係数を一覧にしたものである[8]。この表から指摘できる傾向は，次の三点である。

第一に，BU の基本属性として事業成果と一貫した相関関係を見いだせるのは，「BU の従業員の平均年齢」変数のみである。具体的には，BU の従業員の平均年齢が高い BU ほど，売上高営業利益率の絶対水準が低く（-0.1371, $p<.05$），競合上位企業との比較においても，コスト劣位にあり（-0.1983, $p<.01$），納期劣位にあり（-0.2197, $p<.01$），成長性劣位にあり（-0.3172, $p<.01$），収益性劣位にある（-0.2628, $p<.01$）。BU の組織年齢は品質項目を除けば有意な関係にはないことから，事業の成熟化に伴い従業員の平均年齢も高齢化し，競合企業の後塵を拝していることが窺える。

規模の効果は必ずしも明示的ではないが，従業員規模の拡大とともに，納期や成長性に関して競合企業に遅れをとる傾向が見られる。例えば，BU 従業員数（対数）と納期は -0.2025（$p<.01$），BU 従業員数（対数）と成長性とは -0.1881（$p<.01$）である。また，環境適応に不可欠な主要職能を BU 内部に有していることが，事業成果にどの程度貢献しているかを検討したものが，「BU 研究開発機能有無」，「BU 生産機能有無」，「BU 販売・マーケティング機能有無」という3変数と事業成果との相関係数であるが，明確に一貫した結果は見いだせない。BU 内に研究開発機能を有している BU は，納期において比較劣位に（-0.1134, $p<.1$），BU 内に販売・マーケティング機能を有している BU は，品質優位に（0.1898, $p<.01$），生産機能を有している場合は収益性に関し劣位

図表4-5 BU基本属性・経営環境・市場地位と事業成果の相関

	売上高営業利益率 (BU全体)	競合上位3社との比較				
		品質	コスト	納期	成長性	収益性
BU組織年齢	−0.01	0.14**	0.06	0.10	−0.01	0.05
BU従業員平均年齢	−0.13**	0.15**	−0.19***	−0.21***	−0.31***	−0.26***
BU従業員規模(対数)	0.02	−0.08	−0.07	−0.20***	−0.18***	−0.11
BU研究開発機能有無	−0.01	−0.09	0.01	−0.11*	−0.01	0.02
BU生産機能有無	−0.17**	0.04	−0.08	−0.04	−0.09	−0.12*
BU販売・マーケティング機能有無	0.14*	0.18***	−0.11*	−0.03	−0.04	−0.04
製品ライフサイクル(現在)	−0.02	0.10	−0.05	0.05	−0.151**	−0.05
競合企業数	−0.05	−0.05	0.10	0.00	−0.08	0.04
競争相手の地理的多様性:日本企業含	−0.03	−0.01	0.01	0.05	−0.02	−0.05
競争相手の地理的多様性:日本企業除	−0.04	0.01	0.02	−0.05	−0.02	−0.07
生産拠点地域数	0.12*	0.03	−0.10	−0.17***	0.01	0.05
販売拠点地域数	0.13*	0.13*	0.01	0.01	−0.04	0.10
自社市場シェア	0.14*	0.15**	0.08	0.07	0.22***	0.14**
自社相対シェア	−0.16**	−0.09	−0.14*	−0.11	−0.18**	−0.09

(注) 1) ***1%水準有意，**5%水準有意，*10%水準有意．
    2) BU年齢は「BUの設立年マイナス調査年」として計算している．

にあり(-0.1233, $p<.1$)，売上高利益率が低い傾向(-0.1772, $p<.05$)が見られる。

第二に指摘できるのは，競争環境要因の中でも，製品ライフサイクル段階，競合企業数，競争相手の地理的多様性と収益水準自体や他社との比較優位性との強い関係は全く見られないという点である。また，生産拠点地域数や販売拠点地域数と収益水準には弱い正の関係(10%水準で有意)が見られるものの，グローバル化の進展と共に収益性が改善しているとは必ずしも言えず，その他の要因も考慮に入れた統一的な解釈が必要な結果となっている。

最後に指摘すべき傾向は，市場シェアおよび相対市場シェアと収益性との関係である。市場シェアと売上高営業利益率は，弱いものの正の関係にあり(0.1498, $p<.1$)，市場シェアと競合他社との比較で見た収益性でも有意にある(0.1417, $p<.05$)。一見すると市場シェアの向上が収益改善につながると解釈したいところである。ただし，相対市場シェアと売上高営業利益率は，負の関係にあり(-0.1674, $p<.05$)，相対市場シェアの向上とともにコスト劣位になり(-0.1438, $p<.1$)，成長性劣位になる(-0.1828, $p<.05$)。

収益性格差は単に企業間の相違のみならず業界間の相違によっても影響を受けるので，多様な業種をそれぞれ生業とするBUを集めたサンプルを以て，業種間の相違をコントロールすることなく，売上高営業利益率の水準を比較する

のはそもそも乱暴な比較ではある。しかしながら，競合企業との比較においても，競争環境の相違や市場地位の相違が事業成果と強い一貫した関係が見られないことこそが，むしろ注目すべき発見事実である可能性がある。

例えば，市場シェアに関して言えば，PIMS 研究以来戦略論ではしばしば教科書的に語られてきた市場シェアの追求が収益改善につながる，という単純な経営処方箋への警鐘を鳴らしている結果と解釈できなくもない。市場シェアと収益性の関係についてはさらなる検討が必要であるが，市場シェアが十分に高く，他社と比較しても優位にある状況下での，さらなる市場シェアの増加は収益改善につながらないのかもしれない。あるいは，市場自体が成熟化し，市場シェアが高いことのメリットが十分に活かせなくなっているのかもしれない。以上の議論から少なくとも言えるのは，外形的な競争環境の相違や市場地位の相違によって，競争優位性は必ずしも明らかにできない可能性があるという事実である。

Ⅳ　ミドル・マネジャーの戦略志向性と環境適応

1. 戦略志向性に関する BU の特徴

主力事業の相対市場シェアで見る限り優位な地位に位置するものの，導入期・成長期から成熟期に移行し，グローバル化の進展に伴い競合企業との激しい競争に巻き込まれる状況を，多くの BU はいかに戦略的に打開しようとしているのだろうか。環境の変化に単に受動的に適応するのであれば，経営の役割は存在しえない。主体的に環境に適応することにこそ，経営戦略の存在意義があるからである。加えて，外形的な競争環境や市場地位の相違によって，BU 間の収益性格差を説明できないという先に指摘した事実は，BU 間で異なる環境適応のあり方の相違が，収益性格差をもたらしている可能性を示唆している。

それでは，どのような事業戦略を以て，調査対象の BU は直面する経営環境に適応しようと試みているのだろうか。このことを検討するために，各 BU の戦略的意思決定の特徴を明らかにすべく，経営戦略論ではよく知られた戦略志向性尺度（Venkatraman, 1989）の 6 次元（攻撃志向，未来志向，先取志向，分析志向，リスク志向，防衛志向）のうち防衛志向を除く五つの戦略志向性次元を以て，BU の戦略行動の特徴を確認してみよう[9]。

図表 4-6 はその記述統計の結果である。ここでは各 BU の戦略志向性を，①

第 4 章　事業戦略の構造的課題

図表 4-6　戦略志向性の記述統計

戦略志向性： 5 次元	番号	質問内容	平均	標準偏差	最小値	中央値	最大値	クロン バック α
Ⅰ　攻撃志向 (Aggressiveness)	問 4② 問 4⑪ 問 4⑮	戦略 _ シェア実現価格引下 戦略 _ シェア実現収益犠牲 戦略 _ 競合以下価格提示	3.71 3.91 3.46	0.92 0.79 0.88	1.38 2 1.17	3.67 3.99 3.5	6.33 5.83 6.5	0.82
Ⅱ　未来志向 (Futurity)	問 4④ 問 4⑥R 問 4⑭	戦略 _ 未来シナリオ策定 戦略 _ 資源配分目先対応非変化 戦略 _ 先読み経営	5.28 4.15 4.46	0.67 0.73 0.66	3 2.5 2.67	5.33 4.17 4.5	6.67 5.86 6.25	0.66
Ⅲ　先取志向 (Proactiveness)	問 4① 問 4⑤ 問 4⑨	戦略 _ 新成長機会探索 戦略 _ 他社先駆け撤退 戦略 _ 業界最初投入	4.78 3.43 3.54	0.58 0.69 0.94	2.67 2 1.5	4.88 3.33 3.5	6.5 5.83 5.67	0.65
Ⅳ　分析志向 (Analysis)	問 4③ 問 4⑧ 問 4⑫	戦略 _ 分析に基づく解決策 戦略 _ 多様な計画手法 戦略 _ 情報システム支援	5.42 3.91 3.48	0.58 0.7 0.68	3.33 1.83 1.83	5.5 4 4.5	6.75 6.5 5.83	0.67
Ⅴ　リスク志向 (Riskiness)	問 4⑦R 問 4⑩R 問 4⑬R	戦略 _ 確実収益非重視 戦略 _ 非冒険性 戦略 _ 決定非保守性	3 3.73 3.52	0.64 0.77 0.7	1.5 1.5 6	3 3.67 6	5.5 6 6	0.68

(注)　1)　R は質問票内では逆転項目として尋ねている項目。
　　　2)　サンプル数は全ての項目において N＝221。
　　　3)　クロンバックの α とは，各質問項目でそれぞれの次元を代理する際の変数間のまとまりの高さを示す指標である。この値が 1 に近づくほど質問項目間のまとまりが高いと言える指標である。

攻撃志向（aggressiveness），②未来志向（futurity），③先取志向（proactivness），④分析志向（analysis），⑤リスク志向（riskiness）という五つの志向性次元で測定している。それぞれの志向性は，三つの質問項目について 7 点尺度で尋ねられ，複数の回答者の平均値を以て BU の戦略志向性として定義している。言い換えれば，BU の戦略志向性とは，回答者自身の評価に基づくミドル・マネジャーの戦略的行動に関する意思決定特性である。自身の 7 点尺度の中央値が 4（どちらでもない）であるので，4 点をどの程度上回るか，もしくは下回るかが注目すべきポイントとなる。

　質問項目から示唆されるように，攻撃志向とは市場シェアや価格戦略に関するもので，市場シェアや他社に先駆けた低価格をどの程度重視しているかを測定している。未来志向とはどの程度将来を見据えた計画や組織運営がなされているか，近視眼的な資源配分がなされていないかの程度を測定し，先取志向は主体的に他社に先駆けて市場探索や製品投入あるいは市場撤退を行う程度を測定している。分析志向は，どの程度分析に基づく計画や多様な計画手法を活用しているか，情報システムを援用しているかを測定する次元であり，リスク志向はどの程度収益見込みのあるプロジェクトを重視していないか（逆転項目），

冒険的か，意思決定が保守的（逆転項目）であるかを測定している。

　この図表から読み取れる傾向は，第一に攻撃志向およびリスク志向の平均的な低さである。攻撃志向を測定する質問項目として，シェア実現のために価格を引き下げるか，シェア実現のために収益性を犠牲にするか，競合以下の価格を提示するか否かという三つの質問項目を利用したが，いずれの項目も平均値，中央値ともに4を下回っており，収益性を犠牲にしたシェア追求や低価格戦略を必ずしも積極的に実行していないことが読み取れる。このことは多くのBUの市場が成熟化し，その成熟化する業界でもすでに相応の市場地位を獲得しているという事実とも整合的である。リスク志向を測定する質問項目として，確実な収益プロジェクトを支持する傾向があるか（逆転項目），どの程度冒険するか，どの程度意思決定は保守的か（逆転項目）という三つの質問項目を利用したが，平均値でも見ても中央値で見ても，いずれも4を下回っており，冒険的な試みを志向するのではなく，保守的な意思決定に基づいて確実な収益を重視する傾向が垣間見られる。

　もっとも，これらの傾向を以て，多くのBUが近視眼的戦略行動をとっているわけでは必ずしもないことに注意する必要がある。例えば，未来志向を測定する質問項目として，重要な問題に関して未来のシナリオを考えているか，目先の問題に合わせてどの程度資源配分基準を変えるか（逆転項目），将来の経営状態を先読みしているかという三つの質問項目を利用したが，平均値でも見ても中央値で見ても，いずれも4を上回っており，将来起きうることを予見しようとする傾向を確認することができる。

　将来起こりうる変化を事前に同定するためには，その変化を正確に見通す環境分析能力と分析結果に基づく他社に先んじた主体的判断と行動が必要になるはずである。分析志向と先取志向は，それぞれ環境分析能力と環境への他社に先駆けた主体的行動が戦略意思決定上どの程度組織内で追求されているかを見たものでもある。分析志向は，重要な意思決定の際に情報分析に基づく解決策を志向しているか，多様な計画システムが事業立案に援用されているか，情報システムが意思決定を支援しているかという三つの質問項目で測定した。分析に基づく解決策を志向するという項目が5を超えているのを除けば，残り二つの項目はそれぞれ4を下回っており，必ずしも望ましい傾向にはないことが分かる。IT技術の普及による計画システムの改善を通じても，意思決定のスピードや質の向上につながっていない可能性がここで示される。

図表 4-7　戦略志向次元の BU 別度数分布

戦略志向次元 3 項目合計		非常に弱い (3〜6.6)	弱い (6.6〜10.2)	平均的 (10.2〜13.8)	やや強い (13.8〜17.4)	強い (17.4〜21)	合計
攻撃志向	BU 数	4	80	114	22	1	221
	構成比(％)	1.8	36.2	51.6	10.0	0.5	100
未来志向	BU 数	0	3	102	115	1	221
	構成比(％)	0.0	1.4	46.2	52.0	0.5	100
先取志向	BU 数	0	54	131	36	0	221
	構成比(％)	0.0	24.4	59.3	16.3	0.0	100
分析志向	BU 数	0	17	150	53	1	221
	構成比(％)	0.0	7.7	67.9	24.0	0.5	100
リスク志向	BU 数	1	121	93	6	0	221
	構成比(％)	0.5	54.8	42.1	2.7	0.0	100

(注)　戦略志向次元 3 項目合計値は，7 点尺度で尋ねた 3 質問項目の合計値である。最小値は 3，最大値は 21 をとる。

　また，他社に先駆けた一手を打つ先取志向は，新成長機会の探索という項目においては 4 を超えているものの，他社に先駆けて撤退する，あるいは他社に先駆けて最初の新製品・ブランドを投入するという 2 項目においては，4 を下回っている。長期的な変化対応への必要性を考慮に入れ，その可能性を追求しつつも，現実にはその変化対応を具体化するために必要となる意思決定・計画システムと他社に先駆けた主体的一手を打つという点において，課題を抱えている可能性がある。

　次に，BU ごとの戦略志向性の違いを見るために，各次元の三つの質問項目を単純集計した上で，各次元の BU 間の度数分布（ちらばり）を確認しておこう。図表 4-7 は，五つの戦略次元別に任意に分けた五つのカテゴリ別の BU 数とその構成比を示したものである。この表からも読み取れるように，攻撃志向はやや弱い BU が相対的に多く，リスク志向についても同様である。未来志向については平均的かやや強い傾向が見られるものの，分析志向と先取志向については BU 間で大きくばらついていることが示唆される。

2. 戦略志向性と事業成果

　それでは，これらの戦略志向性の相違は事業成果と関係しているのだろうか。図表 4-8 は，各戦略志向性次元と BU 全体の売上高営業利益率および競合上位 3 社と比較した事業成果 5 項目との相関係数を示している。経営環境や市場地

位と事業成果との相関係数を示した図表 4-5 と比較をすることで，両者の結果の違いをより明確に理解することができると思われる。

この表が示唆する第一の点は，攻撃志向の強い BU では品質で相対的に劣位にあり（-0.2883, p<.01），コストで優位にある（0.2335, p<.01）という傾向である。市場シェアの追求や競合に先駆けた低価格戦略はコスト優位性を有していることが不可欠である，という当たり前の結果でもある。ただし，このような攻撃志向性の強さは，相対的な収益性で見た優位性もしくは絶対レベルで見た収益水準（売上高営業利益率）とはほとんど一貫した関係が見られない。相対的な収益性では負の関係（-0.0899, n.s.）にあり，絶対レベルで見た収益水準では正の関係（0.0563, n.s.）にある。先述したように，従来繰り返し強調されてきた市場シェアの追求や価格戦略の追求とは異なる事業戦略が必要とされているのかもしれない。

第二に指摘すべき点は，残りの四つの戦略志向性次元（未来志向，先取志向，分析志向，リスク志向）のいずれもが，競合企業上位 3 社と比較した相対的な事業成果と強い正の関係が見られる，という点である。リスク志向性と相対品質との間にのみ有意な関係は見られないが，それ以外の項目では 1% 水準で有意という非常に強い相関関係が見られるのである。

第三に，指摘すべき点は，それら四つの戦略志向性次元のうち，先取志向を除く三つの戦略志向性次元（未来志向，分析志向，リスク志向）が絶対レベルで見た収益水準である売上高営業利益率とも有意な相関関係が見られるという点である。

最後に，戦略志向性と事業成果との関係を確認するために，いくつかのコントロール変数で事業成果への影響をコントロールした上で，各戦略志向性次元が事業成果に与える影響を確認しておこう。図表 4-9 は，調査年（2010 年度調査か 2012 年度か）のダミー変数，BU の従業員数（対数変換），BU 従業員の平均年齢，相対市場シェア，環境変化の大きさという五つの変数で統制した上で，各戦略次元がそれぞれ事業成果にどのような影響を与えているかを見たものである。モデル①はコントロール変数のみを説明変数として投入したモデルであり，モデル②は攻撃志向を，モデル③は未来志向を，モデル④は先取志向を，モデル⑤は分析志向を，モデル⑥はリスク志向をそれぞれ新たに説明変数として加えた説明モデルである。これらのモデルの推計結果から，攻撃志向は収益性に負の影響を（-0.21），未来志向（0.52），先取志向（0.28），分析志向（0.30），

図表 4-8　戦略志向性と事業成果の相関

戦略志向性	売上高営業利益率 (BU 全体)	競合企業（上位3社）との比較				
		品　質	コスト	納　期	成長率	収益性
攻 撃 志 向	0.06	−0.28***	0.23***	0.10	0.07	−0.09
未 来 志 向	0.16*	0.36***	0.24***	0.31***	0.54***	0.51***
先 取 志 向	0.11	0.31***	0.20***	0.27***	0.45***	0.31***
分 析 志 向	0.12*	0.27***	0.27***	0.34***	0.41***	0.35***
リスク志向	0.14**	−0.03	0.38***	0.21***	0.46***	0.37***

(注)　***1% 水準有意，**5% 水準有意，*10% 水準有意。

リスク志向（0.34）はそれぞれ収益性に正の影響を与えていることが分かる。

さらにこれらの戦略志向性が，環境変化の大きさに応じてどのように収益性に与える影響が異なるかを検討したモデルが，モデル⑦～モデル⑪である。それぞれのモデルでは，「環境変化の大きさ」との交互作用項を説明変数に加えることで，その効果の有意性を検討している。これらのモデルから明らかとなるのは，第一に，攻撃志向と先取志向は環境変化の大きさに依存して収益性に与える影響が異なるという点である。第二に，未来志向，分析志向，リスク志向は，環境変化の大きさには必ずしも依存することなく，収益に正の影響を与えていることが明らかとなる。

共変関係のみから因果関係を推論することは常に慎むべき行為であるが，収益性の改善を図る上で，ミドル・マネジャーの戦略行動に関する意思決定特性は，無視できない要因であると思われる。

3. 戦略志向性と計画プロセス

それでは，ミドル・マネジャーの戦略行動に関する意思決定特性は，どのような組織要因と結びついているのだろうか。仮に，ミドル・マネジャーたちの戦略志向性が全く組織プロセス要因と関係がなければ，組織運営の改善という側面から主体的に戦略志向性の改善を望むことは難しいはずである。残された方法は，第2節で述べたような米国型の組織改革，つまり，ミドル・マネジャーを入れ替えるという手段のみである。

紙幅の都合上，組織プロセスに関する要因を網羅的に提示することはできないけれども，戦略的意思決定が生成される過程で重要だと思われる計画プロセスに関する変数との関係を確認してみよう。図表4-10 は，五つの戦略次元そ

図表 4-9 重回帰分析の結果（被説明変数：収益優位性）

説明変数	モデル①	モデル②	モデル③	モデル④	モデル⑤	モデル⑥	モデル⑦	モデル⑧	モデル⑨	モデル⑩	モデル⑪
調査年度ダミー	0.09 [1.18]	0.08 [1.1]	0.03 [0.44]	0.08 [1.06]	0.08 [1.05]	0.09 [1.27]	0.06 [0.77]	0.03 [0.44]	0.07 [0.94]	0.08 [1.11]	0.10 [1.35]
BU従業員数（対数変換）	-0.01 [-0.12]	0.00 [-0.05]	0.01 [0.19]	-0.02 [-0.33]	0.00 [-0.05]	-0.04 [-0.49]	0.00 [-0.02]	0.01 [0.19]	-0.03 [-0.34]	-0.01 [-0.14]	-0.05 [-0.62]
BU従業員平均年齢	-0.27 [-3.59]***	-0.34 [-4.35]***	-0.25 [-3.98]***	-0.25 [-3.54]***	-0.23 [-3.26]***	-0.16 [-2.1]**	-0.32 [-4.1]***	-0.26 [-3.94]***	-0.25 [-3.58]***	-0.25 [-3.35]***	-0.17 [-2.28]**
相対市場シェア	-0.14 [-1.87]*	-0.15 [-2.02]**	-0.04 [-0.69]	-0.09 [-1.23]	-0.12 [-1.7]*	-0.11 [-1.5]	-0.14 [-2.00]**	-0.04 [-0.68]	-0.08 [-1.05]	-0.12 [-1.74]*	-0.10 [-1.43]
環境変化の大きさ	-0.14 [-1.87]*	-0.14 [-1.82]*	-0.03 [-0.4]	-0.14 [-1.85]*	-0.12 [-1.69]*	-0.14 [-1.89]*	-0.13 [-1.79]*	-0.03 [-0.41]	-0.17 [-2.23]**	-0.13 [-1.79]*	-0.15 [-2.08]**
攻撃志向		-0.21 [-2.68]***					-0.22 [-2.9]***				
未来志向			0.52 [7.7]***					0.52 [7.54]***			
先取志向				0.28 [3.92]***					0.29 [4.00]***		
分析志向					0.30 [4.22]***					0.31 [4.29]***	
リスク志向						0.34 [4.63]***					0.36 [4.78]***
環境変化の大きさ×攻撃志向							-0.15 [-2.09]**				
環境変化の大きさ×未来志向								0.00 [0.07]			
環境変化の大きさ×先取志向									0.13 [1.8]*		
環境変化の大きさ×分析志向										0.06 [0.77]	
環境変化の大きさ×リスク志向											0.10 [1.4]
R-squared	0.12	0.16	0.36	0.2	0.21	0.22	0.18	0.36	0.21	0.21	0.23
調整済み R-squared	0.09	0.12	0.33	0.17	0.18	0.19	0.14	0.33	0.18	0.17	0.2
F値	4.3	4.92	14.78	6.47	6.93	7.61	4.93	12.59	6.08	6.01	6.84
N	167	167	167	167	167	167	167	167	167	167	167

(注) 1) ***1%水準有意。**5%水準有意。*10%水準有意。
2) 環境変化の大きさは、経営環境に関する16の質問項目（7点尺度）の単純合計を利用している。
3) 上段は標準化偏回帰係数を、[ ]内はt値を示している。

れぞれについて，戦略志向性に影響を及ぼすと考えられる三つのコントロール変数のみを説明変数としたモデルと，コントロール変数に加えて計画プロセスに関する5変数を説明変数に加えたものである。三つのコントロール変数とは「BUの従業員の平均年齢」，「モデルチェンジの際の過剰調整割合」，「BU長の意思決定（分権度）」である。「モデルチェンジの際の過剰調整割合」では，調整に要する時間のうちで仕事の性質を考慮しても過剰だと思われる時間の割合を尋ねている。「BU長の意思決定（分権度）」は，ブルームの尺度（Vroom & Jago, 1988）を参考にして，「①リーダー自身が一人で決定する」か，「②情報を集めた上でリーダー一人が決定する」か，「③部下一人一人に相談した上でリーダーが決定する」か，「④部下を集めて相談した上で決定する」か，「⑤集団として選択肢を生成・評価し合意に到達する」かの5点尺度で尋ねている。また，「『BU計画参照』は全く参照していない」（1点）から「それなしでは仕事ができない」（7点）の7点尺度で尋ねている。標準化，目標ブレイクダウン，昇進昇給格差，目標決定参加の各項目についても，「全く違う」（1点）から「全くその通り」（7点）の7点尺度で尋ねている。

　図表4-10から示唆されるのは，次の5点である。第一に，成熟化に直面している代理変数として解釈できるBU従業員平均年齢に注目すると，攻撃志向とリスク志向においてのみ有意で負の関係が見られる。成熟した事業環境に直面して，平均年齢が高いBUほど，攻撃志向が低下し，リスク志向が低下する傾向が見られる。第二に，社内の過剰調整に拘泥する状況は，必ずしも戦略志向性を低下させるわけではない。唯一，リスク志向のみが一貫して係数が負で有意であり，過剰調整はリスク志向のみ低下させる傾向が見られる。第三に，計画プロセスに関する諸変数の影響を考慮すると，BU長の分権度は攻撃志向を除いて，戦略志向性の改善にはつながらない。単に意思決定の選択肢生成や評価も含めて，部下に意思決定を委ねるような分権化は，戦略志向性の改善にはつながらないことが分かる。第四に示唆されるのは，日々の業務においてBU計画を参照することの重要性である。BU計画への参照度が高いほど，攻撃志向性を除いて，その他の戦略志向性を改善する効果がある。最後に示唆されるのは，BUの組織目標を個人の目標にブレイクダウンすることがもたらす戦略志向性への改善効果であり，自身の業績達成と昇進昇給との結びつきが小さいことによる戦略志向性の低下効果である。つまり，組織目標がきちんとブレイクダウンされているBUほど戦略志向性が改善し，個人の業績達成が十分

図表 4-10 計画プロセス変数の影響（被説明変数：五つの戦略志向性）

説明変数	攻撃志向 モデル①	攻撃志向 モデル②	未来志向 モデル③	未来志向 モデル④	先取志向 モデル⑤	先取志向 モデル⑥	分析志向 モデル⑦	分析志向 モデル⑧	リスク志向 モデル⑨	リスク志向 モデル⑩
BU従業員平均年齢	-0.33 [-5.24]***	-0.33 [-4.98]***	-0.01 [-0.09]	-0.06 [-1.05]	-0.06 [-0.93]	-0.10 [-1.55]	-0.08 [-1.19]	-0.15 [-2.53]**	-0.32 [-5.19]***	-0.33 [-5.30]***
過剰調整割合（モデルチェンジ, %）	-0.05 [-0.85]	-0.07 [-1.03]	-0.14 [-2.06]**	-0.05 [-0.89]	-0.08 [-1.14]	-0.03 [-0.48]	-0.04 [-0.58]	0.02 [0.40]	-0.27 [-4.35]***	-0.26 [-4.19]***
BU長の意思決定（分権度）	-0.22 [-3.44]***	-0.20 [-2.96]***	0.18 [2.62]***	0.06 [0.90]	0.16 [2.29]**	0.09 [1.38]	0.20 [2.91]***	0.09 [1.56]	-0.05 [-0.74]	-0.09 [-1.51]
BU計画参照		-0.02 [-0.33]		0.22 [3.24]***		0.14 [1.96]*		0.31 [4.83]***		0.18 [2.62]***
標準化		0.02 [0.32]		0.08 [1.18]		0.11 [1.49]		0.12 [1.91]*		-0.02 [-0.27]
目標ブレイクダウン		0.02 [0.20]		0.21 [2.63]***		0.17 [2.01]**		0.22 [2.89]***		-0.01 [-0.08]
昇進昇給格差		-0.01 [-0.15]		-0.11 [-1.76]*		-0.15 [-2.09]**		-0.24 [-3.88]***		-0.20 [-3.02]***
目標決定参加		-0.12 [-1.6]		0.12 [1.75]*		-0.09 [-1.24]		-0.13 [-1.98]**		-0.05 [-0.73]
R-squared	0.15	0.16	0.06	0.29	0.03	0.16	0.05	0.36	0.18	0.26
調整済み R-squared	0.14	0.13	0.04	0.26	0.02	0.13	0.04	0.33	0.17	0.23
F値	12.54	5.08	4.18	10.43	2.8	4.99	3.72	14.57	15.39	8.96
N	215	215	215	215	215	215	215	215	215	215

(注) 1) ***1%水準有意. **5%水準有意. *10%水準有意.
2) 上段は標準化偏回帰係数を. [ ] 内はt値を示している.

に昇進昇給に反映されないBUほど戦略志向性が低下するということだ。この効果は，攻撃志向とリスク志向を除く，三つの戦略志向について見られる傾向である。また，目標決定への参加は，必ずしも戦略志向性の改善効果につながるわけではない点には留意すべきであろう。目標決定への参加によって，未来志向が改善する効果は見られるものの，他方で目標決定への参加が分析志向を低下させる効果が見られるからである。攻撃志向，先取志向，リスク志向については，目標決定への参加がもたらす効果は見られない。

　繰り返しになるが，共変関係から因果関係を推論することは適切な態度ではない。しかし，計画プロセスに関する諸変数と各戦略志向性との関係を今一度振り返ると，攻撃志向は必ずしも計画プロセスとは関連がないこと，その他の戦略志向性については，今以上にBU計画へ準拠することを意識した組織運営を心がけること，計画の実行において，個人と組織の目標との対応関係を具体化し，個人の業績達成と昇進昇給とをきちんと結びつけることによって改善する可能性が示唆されるのである。

4．事業戦略に関する得られた知見

　これまでの発見事実をまとめるならば，次の五つに要約することができるだろう。第一に，BUレベルで見た絶対的な収益水準や相対的な事業成果の優位性は，外形的な経営環境や市場地位の差だけでは十分に説明できないこと。第二に，BU間の事業成果に関する優位性格差は，直面する経営環境にどのように適応するかという環境適応のあり方の差によって説明される可能性があること。第三に，環境適応のあり方は，ミドル・マネジャーの戦略的行動に関する意思決定特性を代理する戦略志向性の違いによって説明される余地があること。第四に，戦略志向性が収益性格差にもたらす影響は，環境変動の大きさによって異なる場合があること。第五に，戦略志向性は，計画プロセスを考慮することによって改善する余地が存在しているということである。

　第2節で検討したように，戦略と組織の相互依存性が組織成員の固定性ゆえにより高まる傾向にある日本企業では，特に新しい戦略を創るという戦略生成のプロセスに目を向ける必要がある。というのも，計画プロセスへの配慮を通じて，環境適応への態度を規定する戦略志向性を改善する可能性が示唆されるからである。

5. ミドル・マネジメントの重要性と限界

　これまで，ミドル・マネジメントの重要性は，しばしば日本企業の特徴や強みと指摘されてきた (Nonaka, 1988)。しかし，その重要性は必ずしも日本に留まらない (Wooldridge & Floyd, 1990; Wooldridge, Schmid, & Floyd, 2008)。なぜなら，当然のことながら一般的な階層構造を前提とすると，ミドル・マネジメントは，企業の国籍の相違にかかわらず，常に現場とトップをつなぐ結節点であるからである。その役割とは，現場の些細な問題を一般化して，その中に潜む重要な経営課題を拾い上げることにある。あるいはそれとは逆に，経営トップが掲げる一般的で抽象的な経営課題や目標を，明日の短期的な課題や目標へと具体化することにミドルが果たす役割がある。現場から経営トップへ「一般化」するのも，経営トップから現場へ「具体化」するのも，ミドル・マネジャーなくしては果たせない役割である。情報技術の進歩によって，組織における階層削減やミドル不要論が繰り返し指摘されてきた (Littler, Wiesner, & Dunford, 2003) ものの，果たすべき役割は変わらない。

　確かに定型的な業務しかこなしてこなかったミドル・マネジャーは，情報技術の進展とともにその存在意義を失うことになるだろう。しかし，日本企業が直面する事業環境は今後益々不確実性を増し，複雑化していくはずである。そのような状況に適切に対処していくには，上述の発見事実が示唆するように，ミドル・マネジャーをその数において削減し現場を分権化することでフラットな組織を目指すだけでは十分ではなさそうである。

　むしろ，発見事実から示唆されるのは，戦略計画の重要性であり，組織レベルの目標や計画を個人レベルにブレイクダウンし，個人の業績や評価と関連づける重要性である。戦略計画プロセスは，事前に立てた計画を現実と乖離しても死守する必要があるという意味で，決してミドル・マネジャーの行動を制約し拘束するものではない。むしろ，計画があるからこそ事前の計画を参照点として，ミドルの活動が具体化し，創発的な環境適応行動を促す可能性が示唆されるのである。問題は，そのような新しい戦略を創る出発点となるはずの戦略計画が誰のイニシアティブによって生まれてくるのか，そして，そのような戦略計画がどの程度過去と決別した内容かという点である。

　本章前半で述べたように，長期雇用を前提とした日本型の企業組織において，戦略は過去の延長線で提案され，実行されるバイアスがかかる。したがって，そのようなバイアスを克服するためには，組織の中で正当性と権力を有する経

営上位層による戦略提案が期待される。しかしながら，経営上位層は現場と比較して，社歴が長く既存の価値観や組織文化に拘束され，過去の経営慣行に縛られる存在でもある。他方で，社歴の短い，より現場に近いミドル・マネジャーは，必ずしも既存の価値観や組織文化に拘束されず，既存の経営慣行に縛られない存在であるかもしれないが，組織の中での正当性と権力，あるいは社内外の経営資源を自らの意図で動員することにおいて課題を抱えている。そこに，ミドル・マネジメントの本質的な限界があり（Bower & Gilbert, 2007），ミドル・マネジャーに戦略策定・実行を大きく依存する日本企業の事業戦略特有の構造的課題がある。

それを克服するためには，外部環境との継続的なやりとりを必然化し，組織の健全性を担保する組織運営が必要となる。この点については最終章で再度議論することにしよう。

注
1) 軽部大（2014）「日本企業の戦略志向と戦略計画の重要性」（『一橋ビジネスレビュー』東洋経済新報社）を大幅に加筆訂正したものである。
2) この点は一連のイノベーション研究の知見からも当然のことながら導かれる帰結でもある（例えば，Henderson & Clark, 1990）。
3) ただし，外部招聘経営者が日本企業のトップに就任する事例は近年増加傾向にある。例えば，アップルコンピュータから日本マクドナルド，そしてベネッセへと転身した原田泳幸氏，ジョンソン・エンド・ジョンソンからカルビーに転身した松本晃氏，京セラから日本航空へ転身した稲盛和夫氏，GE から LIXIL へ転身した藤森義明氏，日本コカ・コーラから資生堂へ転身した魚谷雅彦氏，そしてローソンからサントリーへ転身した新浪剛史氏はその一例である。ハワード・ストリンガー（ソニー）やカルロス・ゴーン（日産）も外国人として外部から日本企業に経営責任者として就任した事例である。
4) 経営資源アプローチに基づく戦略論の基本的メッセージを踏まえると，能力構築こそが競争力の源泉となる。
5) 東京商工リサーチ「上場企業 2318 社の平均年齢」調査，http://www.tsr-net.co.jp/news/analysis/20130909_01.html（アクセス日：2013 年 3 月 20 日）。
6) 多くの質問票調査では，対象となる企業組織を回答者 1 名で測定することが一般的であるが，本調査では各対象組織となる各 BU を当該 BU に所属する複数の階層・職能に従事する回答者の回答結果を集計することで測定している。具体的には，競合他社との比較優位性については，ミドル・マネジャーに平均 6 票のほぼ同一質問票を配布し，その平均値を以て当該 BU の比較優位性を測定している。したがって BU レベルではサンプル数は 221 であるものの，BU レベルのデータは 1709 の個票から構築されている。
7) 本調査では，成熟前期を「多くの顧客に製品・サービスがすでに認知されており，市場規模が実質成長率で 2% 以上伸びている段階」と定義している。これに対して，成熟後期を「多くの顧客に製品・サービスがすでに認知されており，市場規模が実質成長率

でほぼ横ばいないし微減となっている段階」と定義している。
8) 相関係数は正の関係を持つ場合は1に近い値をとり，負の関係を持つ場合は−1に近い値をとる。両者に関係がない場合は0の値をとる。
9) Venkatraman（1989）の戦略志向性尺度として知られる六つの次元のうち，防衛志向については製造技術や品質に関する質問項目によって構成されている。日本企業の多くは製造技術や品質に多大の関心を寄せることが想定され，企業間の差異はそれほど大きくないと想定したため，我々の質問票調査では敢えて質問項目の中には含めなかった。

第5章 全社戦略の機能不全と本社

本社の役割の再検討[1]

　本章では、全社戦略の機能不全という視点から日本企業の経営課題を検討する。機能不全の源泉として注目するのが、本社が果たす機能と役割である。日本企業の本社は決して肥大化しているわけではないが、それでもマクロ・マネジメントの強化という点で解決すべき課題を抱えていることを指摘する。

I　全社戦略の機能不全

1．問題の所在：「強い現場と弱い本社」

　2000年代に経営学者が提出した日本企業の長期間の苦境を説明する一つの仮説は、組織階層の下位に位置する製造現場ではなく、階層上位に位置する経営トップ層に経営課題があるというものであった。それは、苦境の原因が全社戦略を司る経営トップの資質や意思決定の質に問題がある、という仮説であった（延岡, 2002；三品, 2004, 2007, 2010）。

　この仮説は、意思決定する人に注目するならば、現場従業員や中間管理職ではなく、経営トップに低収益の原因があるというものである。そして、この仮説は、低収益性という経営課題が現場の問題や事業戦略の問題ではなく、大局的な全社戦略の機能不全にその原因を求めるものである。「強い現場と弱い本社」という仮説もまた、同種の問題意識に基づいている。つまり、強いもの造りを収益に結びつけるストラテジー（戦略）に関して日本企業は課題を抱えており、その原因は本社にあるという仮説である（藤本, 2004）[2]。

　本章が注目するのは、「強い現場と弱い本社」という形で対比可能な本社組織（もしくは本社機能）に関わる経営課題である。そもそも、本社組織や本社機

能に関わる全社戦略の問題は，最終的にその戦略を司る経営トップの意思決定や資質に帰着される問題であることは間違いない。本社組織・機能の問題は，全社戦略の問題の一部であり，全社戦略は経営トップの戦略的意思決定の問題の一部である。ただし，経営トップによる戦略的意思決定は，本社スタッフによって支えられており，全社戦略は経営トップの意思決定の質とともに，経営システムとしての本社機能の質にも依存しているはずである。本章が注目するのは，まさにその点だ。特に，以下では次の3点を検討する。第一に，日本企業において，全社戦略の機能不全の兆候は見られるのか。第二に，仮にそのような兆候が見られるとしたら，その原因は本社組織の問題に起因するのか。そして第三に，本社組織は規模や役割という点で健全性を欠いた状態になっているのか，である。

「強い現場と弱い本社」という仮説は，実証的な裏付けを伴った仮説ではないものの，我々が一般的に共有する日々の認識を反映した仮説となってきた。その認識とは，本社が現業から離れた「場」であること，その「場」が競争力の源泉とはなっていないという認識である。本社の間接部門が肥大化しているのか，あるいは事業部の間接部門が肥大化しているのか，その事実認識は多くの一般的な言説において必ずしも明らかではない[3]。現実には肥大化しているかにかかわらず，無駄をそぎ落としてきた製造現場とは対照的に，現業部門を持たないがゆえに，ホワイトカラーによって構成される間接部門であるため，本社組織は，肥大化する部門として削減すべき対象とされているのである。

2. 全社戦略機能不全の背景

そもそも本社組織が肥大化しているか否かは，本社が果たすべき役割や機能が適切に遂行されているかどうかに依存しているはずである。本社に期待される役割とは，一般的に個々の事業に跨がる事業横断的な経営課題に従事することにある。適切にその役割が果たされれば全社レベルの経営成果は高くなるだろうし，果たされていなければ全社レベルの経営成果はそれとは逆に低下するだろう。したがって，本社が果たしてきた役割をまずもって評価する指標は，既存のすでにある事業部門間の調整に加えて，新規事業立ち上げの成果や多角化事業の展開，あるいは海外事業の成否であろう。

仮に多角化事業の展開を事例に取り上げて日本企業の全社戦略を評価するならば，数多くの成功事例を指摘することが可能であるものの[4]，他方で数多く

の失敗事例の存在にも眼を向けなくてはならない。第2章で言及した帝人もその一例である。戦後まもなく就任した大屋晋三社長の下で推進された事業拡大と多角化戦略は，本業と全く関係のない油田開発や自動車販売そして飲食業にまで及び，結果論ながら事後的に振り返ると事業として花開いたのは医薬・医療事業のみであった。そして，1980年3月に急逝した大屋社長の経営を引き継いだ歴代社長は，20年にわたってそれまで展開した事業の整理に忙殺されることとなった[5]。

　帝人の事例は特異な事例ではない。戦後企業発展の歴史を振り返っても，1980年代の日本企業による経済合理性を逸脱した投資行動の存在が繰り返して指摘されている（伊丹，2000a；三品，2010）。例えば，伊丹（2000a）は，1980年初頭から資本効率を無視した投資行動が，「横並び投資」，「再投入投資」，「重複投資」という形で起きたことを指摘している。横並び投資とは，他社が行うから自社も行うという戦略性を欠いた投資であり，再投入投資とは既存事業で稼いだ収益を既存の同一事業へ投じることである。重複投資とは同一戦略をとる企業が産業内に多いために起こる無駄な投資である。

　このような戦略なき投資が起こった原因として伊丹（2000a）が指摘するのは，「成金のゆるみ」，「従業員主権のオーバーラン」，「経営能力の不足」である。第一の要因は経営者への規律や企業統治に関わるものであり，第二の要因は日本企業に特徴的な雇用制約に関わるものである。銀行借り入れに比べて自事業で稼いだ内部留保に基づく投資は第三者の監視の眼や介入を気にしなくてすむ。必然的に投資案件への自己規律が緩む。従業員の長期的雇用を前提とすると収益性の低い投資案件が正当化されやすくなり，結果として過大投資が誘因される。第三の要因である経営能力の不足とは，経営者個人の能力不足と経営システムの未整備である。力量のある経営者の不足と過度に現場の従業員や特定の中間管理職に属人的に依存した経営システムの整備不足が戦略なき投資を生み出した原因である，という指摘である。

　三品（2010）は，『戦略暴走』の中で個別事例に迫って戦略機能不全の問題を検討している。具体的には，1960年から2006年までの1013社4万3237決算を対象に，戦略暴走と三品が呼ぶ巨額の特別損失を生み出した179事例を選定し，公開資料を基にしてその歴史的経緯と戦略的知見を検討している。同書の中で描かれる戦略暴走事例とは，社長を中心とした経営トップの意思決定にその責任を帰属することができる全社戦略の機能不全現象である。その現象は，

実に多様な戦略の文脈で起きている。第一に国際化を目論む全社戦略において，第二に多角化を目論む全社戦略において，第三に不動産事業開発を目論む全社戦略においてである。さらに，国際化に関する戦略暴走は，資本参加，M&A，自力進出という海外事業への関わり方の違いにかかわらず起きている。多角化の事例においても，既存事業の強みを活かせる隣接新規事業においても，成長分野として新天地を求めた非隣接新規事業においても，戦略暴走事例が報告されている。不動産事業においても，国内海外問わず，自社所有の遊休地開拓やマンション開発・リゾート開発など，全く異なる文脈でも起きているのである。

　我々は，結果的に暴走事例につながる可能性のあった大胆な戦略事例の真の母数を事後的にさえも知ることができない。それゆえ，このような戦略機能不全が起きる確率が増加しているとか逆に減少しているとか，その傾向を知ることさえできない。しかし，同書の多様な暴走事例から明らかとなるのは，「事業の転地」（三品, 2004, 2007, 2010）の必要性にもかかわらず，それを必要とされるタイミングと能力で実現することの難しさである。

3. 何が問題か：能力不足か規律の欠如か

　国際化や多角化の失敗で特徴づけられる全社戦略の機能不全の原因は何か。第一に考えられるのが，経営者個人の経営能力に関するものである（伊丹, 2000a；三品, 2004, 2007, 2010）。つまり，経営者の平均的な経営技能（能力）の水準が十分ではないために，直面する事業環境の複雑化に伴い能力不足が顕在化し，それが国際化や多角化という場面で巨額の赤字につながる投資意思決定をもたらしたという解釈である（図表 2-21 のケース（3）を思い出してほしい）。いわば，経営トップの経営技能不足に全社戦略の機能不全の原因を求めるものだ。

　もっとも，前述したように，経営トップによる戦略的意思決定は，本社というスタッフ機能によって支えられており，全社戦略は経営システムとしての本社組織に依存している。それゆえ，第二に考えられる機能不全の原因は，本社組織の機能不全に求められる。それは，過度に現場の従業員や中間管理職に依存した経営システム（伊丹, 2000a）の問題の一部として，本社組織のあり方に全社戦略機能不全の原因を求めるものである。直面する外部環境の複雑性を本社組織が吸収できないために，全社戦略の機能不全をもたらし，国際化や多角化の失敗をもたらしたという説明だ。経営者個人の経営技能に注目するか，そ

れを支える経営システムの一部としての本社組織に注目するかにおいて両者の強調点に違いはあるけれども，組織能力の不足が全社戦略の機能不全をもたらしたという点で上記二つの理由は共通している。組織能力の不足とは，例えば多角化展開の際に自社の技術力の転用可能性や多角化進出先の市場の成長可能性を過大評価することによって顕在化するだろう。あるいは，競争環境の変化速度に自社の意思決定速度が遅すぎて追従できない場合も能力不足の一例である。

　全社戦略の機能不全がもたらされたもう一つの原因は，銀行による規律やモニタリング機能の低下に求められる。いわばガバナンスに関わる仮説である。内部留保の増加とそれに伴う銀行借り入れへの依存度の低下，そして資本市場での新規調達機会の拡大は，負債による経営者規律とメインバンクによる監視を相対的に難しくし，結果として全社戦略の機能不全を招いたという仮説だ。そもそも負債による経営者への規律づけが原理的に期待できたとしても，1983年以降の不動産担保に基づく融資競争に走る日本の銀行行動を考慮に入れるならば，適切な銀行監視さえ期待することは難しくなると考えるのが適切かもしれない。もしそうであるならば，全社戦略機能不全のケースがいっそう顕著にバブルの時期において散見されるはずである。

　図表5-1は，そのことを間接的に示唆するものである。この図表は三品（2010）の『戦略暴走』の中で取り上げられた179事例を対象に，暴走に至る一連の意思決定の最初の一手がなされた時間的タイミングの分布を示したものである。対象となる事例は，すでに述べたように1960年から2006年までを対象に選定されている。ただし，選定された179事例は時代によって大きな偏りがある。実際の暴走事例として選出された事例は，1960年から1979年までの20年間で44事例であるのに対して，1980年代では69事例，1990年代では61事例だ。近年の事象ほどデータ入手可能性が高くなり，より多くの暴走事例を選出してしまうというバイアスを考慮しなくてはならないが，明らかに三品が暴走と呼ぶ全社戦略の機能不全の事例が，1980年代のバブルの時期に急増し，1990年代もそのような事例が頻発した可能性が示唆されるのである。

　上述の3つの要因は，いずれも全社戦略が適切に機能しなくなる要因として考えられる要因であり，複合的に全社戦略の機能不全をもたらした可能性も排除できない。本章では，ありえる原因の中でも全社戦略機能不全の原因を単なる属人的な経営者個人の経営能力の問題として捉えるのではなく，経営システ

図表 5-1　暴走につながる戦略着手年の分布

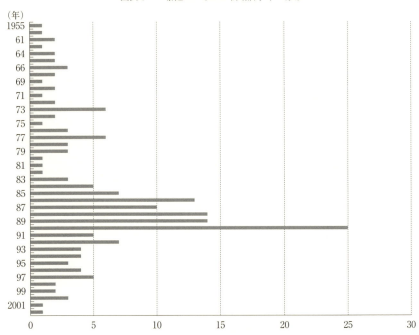

(注)　横軸は件数を示している。1955年から1969年までは縦軸が等間隔ではない。
(出所)　三品和広『戦略暴走』(東洋経済新報社，2010年) で取り上げられた戦略暴走事例179ケースで記載される戦略着手年を一覧にしている。不動産開発事例については不動産開発に着手した年を戦略着手年としている。

ムの問題の一部として捉え，本社組織のあり方に注目する。というのも，全社戦略の機能不全の問題は，属人的な経営者の経営能力のみならず，日本企業に内在する構造的課題の一つだと思われるからである。

II　本社に関する現状と研究課題

1. 小さな本社論

　小さな本社が望ましいという「小さな本社論 (mean and lean HQs)」は，しばしば実務家の世界で耳にし，またビジネス誌の世界で目にする言説である (加護野・上野・吉村, 2006)。その言説を裏付けるように，第二次石油ショック，円高不況，バブル崩壊に伴う外部環境の変化に対する日本企業の対応を振り返ると，事業のリストラクチャリングの必要性に迫られた日本企業は，事業現場

の人員削減のみならず本社人員(特に間接部門)の削減にも手をつけてきた[6]。「小さな本社論」は,時として本社もコスト削減で努力を積み重ねる現場と同じ痛みを甘受すべきであるという感情論によって主導され,次のような暗黙の前提によって主導されてきたと思われる。それは,本社対現場を間接(スタッフ)部門対現業(ライン)部門という対比の下で,直接的な価値創出機能が現業部門にあり,現業部門が間接部門に優先し,さらに市場競争に晒される現業部門と違って競争圧力に晒されることのない間接部門は肥大化する余地があるという前提である。

本社とは,社長直轄の組織であり直接的な現業部門を有しない存在であるから,業績が低迷するとその存在意義が問われる組織体である。いわゆる「小さな本社論」とは,収益を直接生まない間接機能は限りなく小さくあるべきであるという議論だ。間接機能の役割を否定的に捉えるこの種の議論は,IT技術の進展によって経営ミドル層は不要になるという議論と基本的に同型のものである(Littler, Wiesner, & Dunford, 2003)。

もっとも,「小さな本社論」の多くが限られた事例の経験的観察に基づいたものであって,体系的な実証分析や詳細な事例分析を基にして展開されているわけではないという点に注意を払う必要がある。例えば,加護野・上野・吉村(2006)でも指摘される重電メーカーのABB(アセア・ブラウン・ボベリ)の事例は,そのことを考える格好の事例かもしれない。1990年代に「グローバル経営」,「小さな本社」,「迅速な意思決定」という特徴を以て注目された同社の経営モデルは,バブル崩壊を契機に苦境に陥った一部の日本企業にとって,「小さな本社論」を裏付ける模範として,本社スリム化の根拠となった。しかしながら,少なくともその後の同社の経営成果を見る限り,当然のことながら小さな本社が必ず高い経営成果をもたらすわけではないことを我々に教えてくれる。同社の小さな本社は,徹底的な分権化戦略ゆえの特徴ではあったが,名経営者といわれたパーシー・バーネビック氏の会長退任を契機に,2001年に同社は大幅赤字に転落した。同社は2000年代後半にかけて中核事業に集中することで経営改革を断行している[7]。

「小さな本社論」は,本社組織は間接部門であって価値を生み出す主体ではないという意味で,一見すると直感的にアピールするものではあるものの,小さな本社が本当にあらゆる意味で望ましいのかどうかは必ずしも自明の問題ではない。そもそも,多角化行動を検討する先行研究と比較して,その数と質に

おいて本社の機能や役割を検討した先行研究は，驚くほど少ないのが現状である（Morikawa, 2015）。むしろ，ここで問うべきこととは，企業の置かれた条件を無視して「大きな本社か小さな本社のどちらが望ましいか」という単純な二項対立の議論ではない。「どのような事業環境下で，どのような本社組織が，どの程度の規模で望ましいか」，という具体的な問いに対する回答である。

そこで本章では，本社の定義や機能に関して既存の先行研究を振り返った上で，本社規模の決定要因に関する主要な仮説を提示する。その上で，「企業活動基本調査」のデータを利用して，提示した仮説を探索的に検証することとしたい。

2. 等閑視された本社研究

経営史家であるアルフレッド・チャンドラーの先駆的業績（Chandler, 1962, 1990）を引き合いに出すまでもなく，複数事業を営む多角化企業は現代の支配的な企業形態のひとつである。その認識と軌を一にするように，経営戦略論の分野を中心に大量の多角化研究が米国を中心に発表されてきた[8]。例えば，戦略論の主要国際誌の一つである *Strategic Management Journal* 誌に1990年代に掲載された主要テーマの一つが多角化行動に関するものであった。このような台頭する多角化研究とは対照的に，多角化を推進する組織構造のあり方に関する検討は，戦略論の急速な台頭と組織論の相対的な後退によって，十分な関心が払われることがなくなった。いわば「戦略が組織を規定する」という全体構図の下で，1970年代まで興隆した組織構造に主眼を置くアストン学派とコンティンジェンシー理論は衰退し，代わって全社戦略レベルで本来検討されるべき全社組織のあり方に関する研究課題は，その一部がトップ・マネジメントの戦略的意思決定の問題としてトップ・マネジメント研究に吸収されることとなったのである。加えて1990年代は，ネットワーク型組織や内部組織への競争原理の導入が組織設計論の主たる関心事となり，官僚制組織の逆機能に多くの関心が寄せられた。その結果，多角化企業の組織という点で本来より多くの関心が払われるべきだった本社組織に関する研究は，数多く量産される多角化研究とは対照的に，等閑視されることとなったのである。

もっとも，本社組織に関する研究は，全く進展しなかったわけではない。例えば，多角化パターンと本社組織の適合関係（Berg, 1965, 1973; Pitts, 1977），本社組織の歴史的進化（Chandler, 1991），本社組織の役割と経済的成果（Goold &

Campbell, 1987; Goold, Campbell, & Alexander, 1994)、本社組織に関する研究課題の提示 (Ferlie & Pettigrew, 1996)、本社組織の効率性 (Morikawa, 2015; Pettifer, 1998; Young, 1998)、本社組織の国際比較 (Collis, Young, & Goold, 2007)、日本企業の本社組織の特徴 (加護野・上野・吉村, 2006；河野, 1985, 1996；Kono, 1999；上野, 2011) が検討されてきた。

3. 定式化された事実と研究課題

その数において限定的ではあるけれども、上述の本社組織に関する既存研究は、注目すべき事実と検討すべき研究課題を明らかにしてきた。例えば、多角化パターンと組織構造の適合関係を検討した Pitts (1977) は、多角化した事業部門間の相互依存性に注目し、相互依存性の大きさと本社規模の関係を検討している。具体的には、21 社の米国企業を対象に内部成長を中心とする内部多角化型企業と買収を中心とした外部多角化型企業とに分類し、外部多角化型と比較して内部多角化型では部門間の調整の必要性から本社組織は相対的に大きく、部門間の経営資源の移転の必要性が大きくなり、事業部門のマネジャー評価は事業部門間の相互依存性ゆえに主観的になるという点を明らかにしている。単に分権化の程度のみならず、本社組織の規模は、事業部門間の相互依存性によっても規定されることが示唆されるのである。

削減すべき間接部門であるという消極的な位置づけではなく、本社機能を価値創出主体として積極的にその役割を位置づけ、その機能を戦略的本社機能と呼んで、本社による戦略的コントロールの重要性に注目するのが Goold, Campbell, & Alexander (1994) の研究である。グールドらは、単純な本社による集権化でも事業部への分権化でもない「ペアレンティング (Parenting)」という独自概念を提起することによって、必要に応じて本社が事業部に介入する必要性を検討している (Goold, Campbell, & Alexander, 1994)。「ペアレンティング」とはいわば親と子の関係であり、本社の事業部に対する「任せるけれども任せっきりにしない」という姿勢や関係を意味している。本社組織は、事業部に必要な最低限のスタッフ機能・管理機能を担う主体であるとともに、価値創出機能を担う主体でもあり、本社組織のあり方は全社戦略を反映したものであるはずだ。

英国企業と日本企業の本社組織を独自の質問票調査を基に比較検討した河野の一連の研究 (河野, 1985, 1996；Kono, 1999) は、集権 (大きな本社) 対分権 (小さな本社) という対立構造を念頭に、日本企業の本社組織が英国企業と比較し

て相対的に大きいこと，その原因が事業部によって保有される基本職能の自己完結性の低さにあることを指摘している。具体的には，日本企業は事業部レベルで本来保有されるべきスタッフ機能や基本職能（研究開発職能，生産職能および営業職能）を本社組織において事業部横断的に共有しているがゆえに，本社組織が相対的に大きい，と指摘している。この点は，加護野（1993）の職能別事業部が多いという指摘と一致する発見事実でもある。また，日本企業間で比較すると専門化企業の本社部門は，多角化企業のそれに比べて相対的に大きい，という事実が明らかにされている。

これらの議論から指摘できるのは，次の2点である。第一に，日本企業の本社組織が相対的に大きい原因として，日本企業の集権的志向性と事業部が有する基本職能の自己充足性の低さに起因する可能性があるということ。第二に，専業企業と多角化企業とでは，本社組織が果たす機能や役割が異なる可能性があるということである。

さらに，集権対分権という視点に加えて，内部化対外部化という独自の視点から日本企業の本社組織のあり方を検討したのが加護野・上野・吉村（2006）である。加護野らは，独自の質問票調査をベースに日英企業計305社（英国企業98社，日本企業207社）の本社組織を比較し，河野の指摘と同じく日本企業の本社は相対的に大きく，その原因が日本企業では本社が担う職能範囲が広く，さらに各職能の担当者数もまた相対的に多い点にある，と指摘している。また，注目すべき論点として，本社組織が単に単体企業のみならず子会社を含む企業グループ全体を統轄している可能性を示唆している。

Collis, Young, & Goold（2007）の研究は，本社組織の国際比較に関する最も包括的な研究であり，7カ国（フランス，ドイツ，オランダ，英国，米国，日本，チリ）の企業計374社の本社組織を実証的に検討している。統計的に有意な関係として指摘されるのは次のような事実である。大企業は中小企業と比較して相対的に本社組織の人員構成比は小さい。事業の地域多様性が高まると本社は大きくなる。規模と多角化の程度をコントロールすると内部組織が複雑になるほど本社組織は小さくなる。本社にサービス機能を有する企業ほど本社人員の構成比は大きくなる。本社規模は産業によって異なる。関連型事業構成を持つ企業ほど本社は大きい。五つの基本職能を強調する企業ほど本社組織は大きい。事業部門間の関連性が高いほど本社組織は大きい。政府所有の企業は，相対的に大きい本社組織を有する。最近民営化した企業は，相対的に大きい本社組織

を有する。本社組織は国によって大きく異なる。本社組織に必須の基本機能 (obligatory function) の人員規模は自由裁量機能 (discretionary function) の人員規模と比較して規模の経済性が見られる。本社の自由裁量機能は必須の基本機能と比較して本社戦略を反映している。収益性の高い企業は相対的により大きな本社組織を有する。

コリスらの研究は，クロスセクションデータを利用しているという点で因果関係の同定には限界を有しているものの，本社組織の規模が全社規模や事業環境・組織内部構造の複雑性，企業戦略や所有構造の相違のみならず，国を取り巻く制度の相違によっても規定される可能性を示唆している。加えて，この研究でもまた，日本企業は相対的に大きい本社組織を有していることが報告されている。Ferlie & Pettigrew (1996) は，既存研究のサーベイを通じて，本社組織の研究課題を多面的に提起している。例えば，方法論として，横断面分析ではなく時系列分析の必要性や国際比較による相対化の必要性，そして，事例研究のみならず質問票調査などを組み合わせることによる方法論的なトライアンギュレーションの必要性を指摘している。また，具体的な研究課題として，本社の再編成の決定・促進要因，戦略や組織，もしくは経営スタイルと本社組織との関係，本社組織の再編による経営成果の改善効果，本社組織の再編成は慣性を伴うものであるか，それとも容易に変革されるものなのか。本社再編はどの程度制度的模倣によって説明可能か。本社組織の再編成が経営者交代に起因したものか，本社組織の再編はどの程度経営トップ内の政治力学に影響を及ぼすか，金融機関がどのように本社組織の再編に影響を及ぼすか，本社組織の再編は新しい組織形態の出現を意味するか，などを挙げている。

4. 本社とは何か：機能と役割

本社組織とは，企業経営の中枢機能を有する組織単位であり，米語表記では Headquarters (HQs) もしくは英語表記では Corporate Centre と呼ばれる。一般的には，「企業全体を統合し，スタッフ部門をもって専門的助言を与え，さらに新事業などの革新を立案し推進する部門である」（河野，1985)，と定義される[9]。本社組織は，指揮命令系統上より社長に近い，組織図上最上位に位置づけられ，その傘下に専業企業であれば事業遂行に不可欠な職能が配置され，複数事業を展開する多角化企業においては，本社組織の傘下に各事業部が配置されることとなる。

企業経営の中枢機能とは，社長を頂点として経営トップ（層）によって担われる全社的経営職能とそれを支えるスタッフ機能によって構成される。アンゾフの意思決定の二類型に従えば，現業を営む事業所（事業部）が「業務的意思決定」を担当し，「戦略的意思決定」とその支援を本社が担うこととなる。業務的意思決定と戦略的意思決定との本質的な違いは，「時間分業」である。事業部は定型的で不確実性の低いより短期的な経営課題の解決に集中し，本社はより不定形で不確実性の高い長期的な経営課題に集中する。

　もっとも，本社に期待される役割は単に時間分業（垂直分業）の問題に留まらない。本社と通常の事業所との区別，もしくは通常の事業所とは別に，企業経営の中枢となる機能に専念する「特別の事業所」である本社は，地域の多角化や製品事業の多角化という直面する経営環境の複雑性への対処からも必要となる存在である。多角化企業では，事業部門間の管理・統合・シナジーという個々の事業所（事業部）では喫緊の関心事とならない経営課題を解決する必要があるからである。経営史家のチャンドラーが多角化企業の発展の歴史から明らかにした点はまさにこの点である。

　本社組織は，時間志向性と部門間調整（共通基盤職能への対処）という点から必要になるだけではない。それに加えて，企業を取り巻く外部環境との結節点という役割も担っている。外部ステークホルダーとの結節点として，広報・情報発信機能，渉外機能，そしてガバナンス（統制）機能を果たす存在としても，本社は存在している。

　本社の具体的な操作定義を考える上で，いわゆる専業企業が採用する職能別（機能別）組織と事業部制（あるいはより分権化されたカンパニー制）組織とを区別することは，河野（1985）がすでに指摘しているように特に重要である。なぜなら，事業部制組織と比較して，相対的に職能別組織では，全体と個，言い換えれば全社と事業，スタッフと現場，長期と短期という時間分業の組織的線引きが必ずしも明確ではないからである。例えば，職能別組織を採用する専業企業における研究所は，本社機能の一部であるのか，あるいは本社の傘下の職能別組織の一機能として定義すべきであるのかについて議論の余地がある。同様に，日本企業に特徴的な一部事業部制（「特定の職能が事業部としてくくられる」組織構造）に存在する販売・営業事業（国際事業）部門や生産事業部門は，本社機能の一部であるかについても議論の余地があると言えるだろう（加護野，1978，1993）。これらの点を考えてみれば，本社組織とそれ以外とを線引きする

ことは，本社の操作定義を具体的に考える上で，必ずしも容易ではないことが明らかとなる。

このように多様な操作定義を与えることが可能な本社組織には，大別すると次のような機能がある。第一の機能とは，専業企業であれば複数職能を，多角化企業であれば複数の事業部門を統括する全社統括機能である。第二の機能とは，傘下の職能や事業に助言を与えるスタッフ機能である。第三の機能とは，職能や事業部に期待される現業の定常的な業務を超えた革新立案・創出機能である。

例えば，日本における本社組織の先駆的研究である河野（1985）は，本社機能として組織全体の統合機能，専門スタッフとしての助言機能，革新的計画の立案機能を挙げている。Chandler（1991）は，本社組織の機能を，企業家的（Entrepreneurial）機能と管理的（Administrative）機能とに大別している。前者が価値創造機能（Value-creation）であり，後者が価値流出防止機能（Loss prevention）である。Goold & Campbell（1987）や加護野・上野・吉村（2006）は，本社の機能としてガバナンス機能，戦略調整機能（資源配分機能），サービス機能を挙げている。また，複数事業部を有する多角化企業を念頭に置いたCollis, Young, & Goold（2007）は，本社機能には情報処理機能（全社レベルでの財務会計情報の生成，税・法務業務，法的内部統制業務），共通サービス提供機能，コントロール（統制・牽制）機能，そして価値創出機能があると指摘している。

本書では，先行研究の知見を基礎として，本社組織を「企業内部の諸活動を全社レベルで調整・統合し，情報処理機能，共通サービス提供機能，コントロール（統制・牽制）機能，そして価値創出機能という四つの中枢機能を持つ部門」と定義する。事業部門の諸活動を調整・統合し，事業部門では達成しえない機能を果たすことこそ本社組織の役割である。いわゆる「小さな本社」論は，これらの四つの中枢機能のうち，価値創出機能を過小評価した議論である。むしろ，これらの中枢機能がきちんと機能し，経営成果に結びついているかどうかの検討なくして，「小さな本社」論の真偽は検証できないのである。

III 検討すべき仮説

上述したように，本社の機能は狭い意味での既存事業・業務の調整活動，支援活動，および新規事業・業務の革新機能を担っており，対内・対外に跨がる

図表 5-2 議論の全体像

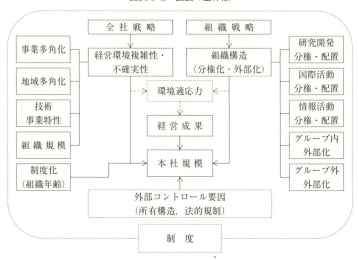

非常に多様な機能を担っている。したがって本社の役割も機能も，多様な組織外部・内部要因の影響を受けているはずである。それを鳥瞰したのが，図表5-2だ。この図表は，本社の組織規模の主要な決定要因を考慮に入れた議論の全体像を示している。先行研究を踏まえて本書が特に注目する因果経路は，大別して四つである。

第一の因果経路として注目するのが，全社レベルでの経営環境の複雑性と不確実性である。全社レベルでの外部経営環境の複雑性と不確実性は個別事業の複雑性と不確実性に起因し，さらにその複雑性と不確実性を規定するのが事業戦略と全社レベルでの多角化戦略である。本社組織から事業組織への分権化の程度や組織外部へのアウトソーシング（外部化）の程度が一定だとすれば，直面する外部経営環境の複雑性が高まるほど，本社レベルで処理すべき情報負荷は高まり，管理調整機能という点でも，資源配分機能という点でも，組織内部で本社組織が果たすべき役割は大きくなる。したがって，「情報処理システムとしての企業」（March & Simon, 1958; Cyert & March, 1963）を前提に置くと，次のような仮説が導きだされる。

仮説 1（複雑性）：直面する外部経営環境の複雑性（地理的／製品事業）が高まるにつれて，本社組織は相対的に大きくなる。

第5章 全社戦略の機能不全と本社　155

すでに述べたように，一般的に多くの組織において，定型的業務に関する業務的意思決定が事業組織でなされ，不定形で例外的な戦略的意思決定が本社組織でなされる，という垂直的な時間分業が事業組織と本社組織との間で成立しているはずである。したがって，直面する外部経営環境の不確実性が高まるにつれて，価値創出機能という点でも価値流出防止機能という点でも本社組織の果たすべき役割は大きくなるはずである。したがって，次のような仮説が導出される。

仮説 2（不確実性）：直面する外部経営環境の不確実性が高まるにつれて，本社組織は相対的に大きくなる。

もっとも，先行研究から得られた発見事実を踏まえれば，外部経営環境の複雑性と不確実性は，個別の事業環境の相互依存性（事業間の市場・技術リンケージの程度）によっても影響を受けることが考えられる。具体的には，事業部門間の相互依存性が低ければ，全社レベルでの経営環境の複雑性と不確実性に対する対処は，より事業部レベルで自律的に処理されるため，本社組織はより経営成果にのみ注目したコントロールが志向されるはずである。逆に，事業部門間のリンケージが強く，相互依存性が高ければ，本社が経営成果以外でも積極的に関与する余地が大きくなると考えられる。したがって，次のような仮説を導出することが可能となる。

仮説 3（事業部門間の相互依存性）：展開する複数事業の相互依存性が高くなるほど，本社組織は相対的に大きくなる。

ただし，本社組織の規模は，直面する経営環境の複雑性や不確実性によってのみ規定されるわけではない。直面する経営環境の複雑性や不確実性によって規定される情報負荷を全社レベルでどのように処理されるかは，本社組織と本社組織以外の下位組織（事業組織）との分業体制，言い換えれば組織構造のデザインとその選択によって規定されると考えられる。また，本社の規模は，処理すべき情報負荷についてどの業務を社内で，どの業務を社外にどの程度アウトソースするかを追求する組織戦略の違いによっても規定されるはずである。

増大する経営環境の複雑性を削減すべく，企業は組織内部で職能別組織から

事業部制組織へ，さらには事業部制組織からカンパニー制へと分権化を推進する。また，必要に応じて，情報負荷の削減を意図して，アウトソーシングもしくは子会社による業務展開を行う。組織内部の分権化の推進によって，処理すべき情報負荷を本社組織から事業部（カンパニー）へと委譲することが可能となり，また，アウトソーシングや子会社への外部化の推進によって，情報負荷を削減することが可能となるからである。したがって，組織構造の選択と業務構造の選択に注目した第二の因果経路に関する仮説が導出される。

　仮説 4（組織構造の選択）：下位に位置する事業組織への分権性が高まるほど，本社組織は相対的に小さくなる。

　仮説 5（業務構造の選択）：組織外部への依存度が高まるほど，本社組織は相対的に小さくなる。

　本社組織規模を規定する第三の因果経路は，経営成果の本社組織の再編に与える影響である。その一つは，経営成果が高ければ本社は肥大化する余地を持つという可能性である。それは，経営成果の高さが肥大化の原資になるという説明であり，本社を過度に大きくしないという規律が効かないことを前提として初めて起きる可能性がある。経営コントロールは常に経営成果の測定可能性を前提としている。したがって直接的にその経営成果を測りにくい間接部門でもある本社組織は，事業成果を測定し易い事業部門と比較して相対的に規模は大きくなるはずである。それとは逆に，経営成果が低下すると事業部門と比較して遅効的ではあるかもしれないが本社組織は相対的に小さくなるはずである。肥大化しているか否かは，どの程度経営成果に即応的に反応して本社規模が変動するかに依存している。したがって，次のような仮説を導きだすことができる。

　仮説 6（経営成果の影響）：経営成果が低くなれば，本社組織の再編を通じて相対的に本社組織は小さくなる。

　もっとも，上記仮説で示されるような関係性は，経営成果を踏まえた組織再編が適切になされて初めて観察可能な関係性である。経営成果に基づく経営施

策が打たれないガバナンス不在の状況下ではこうした関係性は期待できない。

そこで，第四の因果経路として，企業を取り巻くガバナンス要因が本社規模に与える影響を検討する必要がある。具体的には，個別事業での市場地位や競争圧力の多寡によって個別事業は規律づけられると同時に，全社を統括する本社組織は，外部の利害関係主体によっても規律づけられているはずだ。具体的には，外部の利害関係主体の影響力が大きければ，そこで牽制圧力が機能して，そのような圧力が機能しない場合と比較して相対的に本社組織が肥大化する余地は小さくなるはずである。したがって，次のような仮説を導きだすことができる。

仮説 7（外部利害関係者の影響）：外部ステークホルダーへの依存度や彼らの牽制圧力が大きくなるほど，本社組織は相対的に小さくなる。

以下では，上記七つの仮説について具体的に検討することで本社規模の決定要因を明らかにし，小さな本社論の妥当性について検討することとする。また，先行研究で繰り返し指摘されてきた日本企業に特徴的な大きな本社組織が何に起因するかについて，決定要因の検討から明らかにする。

Ⅳ サンプルと変数

1. データサンプル

利用するデータは，経済産業省から利用許可を受けた1995年から2008年までの「企業活動基本調査」データである。2002年から2007年までは長期にわたる国内好景気を経験した期間であるという点でその影響に留意しなければならないが，バブル崩壊後の本社のあり方を検討する上で，また，1990年代と2000年代の双方の動向を観察可能であるという点で適切な観察期間と言えるだろう。上場企業に関する財務データについては，日本政策投資銀行の『企業財務データバンク』を利用し，「企業活動基本調査」と接合した。加えて，ダイヤモンド社の『組織図・系統図便覧 全上場会社版』を利用して，1998年と2008年に限って全社レベルの組織構造，本社組織が有する職能，トップ・マネジメントレベルの意思決定機構に関する情報を収集し，上記二つのデータと接合した。

まず,1995年から2008年までのアンバランスト・パネルデータを作成し(35万3766企業・年),その上で本章が注目する本社機能部門の従業員数に関して異常値がないかどうかをチェックした。「企業活動基本調査」では,本社組織は本社機能部門と本社現業部門から構成され,さらに本社機能部門は調査・企画部門,情報処理部門,研究開発部門,国際事業部門,その他の部門(人事,総務,経理部門など)という五つの機能から構成されると定義されているので,本社組織の中でも間接部門に当たる本社機能部門の従業員数が総従業員数となっている場合(現業部門の従業員数がゼロ)や,本社機能部門の従業員数がゼロの場合は,不正回答(適切に回答者が質問票の設計通り回答していない)か,あるいは本社機能部門と本社事業部門(または本社以外の事業所)との職務分担が未分化である可能性がある。現業部門の従業員数がゼロのケースが692,本社機能部門の従業員数がゼロのケースが8225あったので,別途検討の余地があるサンプルとして,分析から除外することとした。その結果,サンプル数は34万4389(企業・年)となった。さらに製造業とそれ以外では本社の果たす役割は異なると考えられるので,製造業以外をサンプルから除外し,最終的にサンプル数は16万4877(企業・年)となった。つまり,ここでは分析対象とする企業は製造業のみとなる。

2. 変 数

経営環境の複雑性:環境の複雑性は製品事業の複雑性という次元と事業展開する地理的多様性という2次元で定義することが可能である。製品事業の複雑性は,製品事業数(「企業活動基本調査」)と多角化指数(3桁レベルの売上集中度の二乗の総和を1から引いたもの)で代理した。また,地理的多様性については,「企業活動基本調査」から得られる輸出先地域数と輸入元地域数,および全事業所に占める海外事業所数の比率で代理した[10]。

経営環境の不確実性:組織論では環境の不確実性は,環境の多様性と変動性の大きさによって一般的に定義される。したがって,売上高の変動の大きさ等も不確実性の代理変数になりうるが,本書では本社が生み出す付加価値機能にも関心があるので,最も一般的な売上高研究開発比率で代理することにする。本来業界平均の研究開発比率を売上比率でウエイト付けすることによって,全社レベルの経営環境の不確実性を測ることが望ましいと思われるが,簡便性を優先して企業の研究開発比率で代理することとした。具体的には,「企業活動

基本調査」から得られる自社研究開発費の情報を利用して，売上高自社研究開発比率（自社研究開発費／売上高）で代理した．

事業の相互依存性：事業部門間の関連性は，産業連関表を利用して類似度指標を作成することで代理可能であり，また，事業部門間の売上の変動の相関係数の大きさで代理することも可能である．もっとも3桁レベルの業種分類で関連性を検証することの限界もあるので，ここでは簡便性を優先し，3桁レベルの最大業種の売上高が業種全体に占める割合で，事業の相互依存性の大きさを代理した．本業依存度の大きさと呼ぶべき操作化である．言い換えれば，特定事業に売上レベルでより大きく依存する企業ほど，そうでない企業と比較して事業の相互依存性が高い企業として定義されることとなる．

内部組織の分権性：本来内部組織の運営が分権的か集権的かは，組織の外形的特徴からは必ずしも明確に同定することはできないけれども，次善の策として本章では従業員数の配置と，選択する組織構造の違いに注目して変数を選択した．具体的には，研究開発機能，情報処理機能，国際事業に関して本社組織に従事する従業員数が総従業員に占める割合で代理した．研究開発，情報処理，国際事業という基本職能に従事するマンパワーをより本社と物理的に近いところに配置する企業ほど集権性が高い企業と定義されることとなる．

もっとも，このような操作定義を与えることによって，地理的に近接して配置する企業ほど集権的企業と定義される問題を含むことになるので，補足的に上場企業に絞って，1998年と2008年の2時点において各社が採用している組織構造を『組織図・系統図便覧　全上場会社版』で調査した．具体的には，企業活動基本調査に含まれる上場企業のうち，『組織図・系統図便覧　全上場会社版』で採用する組織構造が追跡できた企業はのべ2223社で，2時点ともに組織構造の変化を追えた企業は801社であった．各社が採用した代表的な組織構造は，①職能制・職能本部制，②事業部・事業本部・職能本部制，③事業部制（純粋），④事業本部制（純粋），⑤カンパニー・職能本部制，⑥カンパニー・事業本部制，⑦カンパニー制（純粋），⑧マトリクス制，⑨持株会社制であった．これら九つの組織構造タイプそれぞれに，①＝1，②＝2，③＝3，④＝4，⑤＝5，⑥＝6，⑦＝7，⑧＝8，⑨＝9，という得点を与えて各組織構造タイプの分権化尺度とした．図表5-3には代表的な組織構造を示している．

外部組織への依存度：一般的に外部化を通じた業務活動の外部依存性は，マイクロレベルでは業務のアウトソーシングの程度によって，またマクロレベル

図表 5-3 組織構造の 9 類型

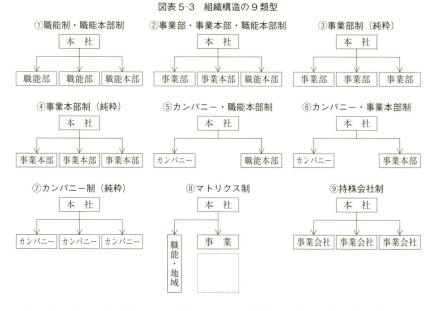

では,親会社と対比可能な子会社による企業活動に注目した操作化が必要となる。残念ながら「企業活動基本調査」では,業務の外注の程度については 1997～2003 年調査まで,また外注費についても 2001 年以降しか調査されていないので,一貫してデータを得ることは困難である。他方で,子会社・関連会社については一貫して調査される項目の一つであるので,親子の分業関係の違いを考慮に入れる必要はあるものの,例えば,子会社や関連会社数が,親会社の本社を取り巻く外部組織への依存度を代理していると考えることが可能であろう。生産子会社や販売子会社という形態,もしくは独立した新規事業として子会社を創出するという行動は,日本企業によく知られた行動でもあるので,そのような子会社あるいは関連会社の活発な展開は,本社組織の業務活動を本社組織の外に出し,外部化する程度を代理している,と考えることが可能であると思われる。

また,補足的に上場企業というサンプルに限られるものの「企業財務データバンク」を利用して売上高で見た連単倍率（単独と連結ベースの比）を外部依存度の代理変数とした。本社が販売子会社を,連結対象子会社が生産子会社を有する場合は,子会社から本社への売上が相殺されるため実態の物理的な活動以上に連結子会社の経済的活動が過小に評価されることから,売上高の連単倍率

の大きさが外部依存度の代理変数となるかについては注意が必要であるけれども，次善の策として外部化の程度の操作変数の一つとして検討することが可能であろう。

　経営成果：経営成果については多様な尺度がありえるものの，営業利益で見た過去3年間の平均ROA（総資産営業利益率）で代理した。

　外部ステークホルダーへの依存度・牽制圧力：本社組織の肥大化に関心を寄せるステークホルダーとして特に注目すべき主体は，海外株主であり金融機関であろう。「企業活動基本調査」で得られる「外資比率」および「企業財務データバンク」で得られる海外法人株主比率で代理した。また，金融機関は，株主として本社組織の肥大化に関心を寄せるとともに，資金の提供者として企業の資金運用に関心を寄せると思われる。具体的には，短期・長期借入金が有利子負債に占める比率を以て，銀行への依存度と定義した。

　本社組織の規模：被説明変数である本社組織の規模は，「企業活動基本調査」の操作定義に従って，本社の機能部門と定義する。すでに見たように，調査・企画，研究開発，情報処理，国際業務，その他機能として定義される本社組織は，その他機能のような裁量的で間接的な機能を担うとともに，価値創出機能を担う組織単位である。このような本社組織は，全社レベルでの組織規模とともに絶対的水準において大きくなるので，全社レベルでの組織規模をコントロールするという点から，総従業員数1000人当たりの本社機能部門従事者数の対数値で代理した。

　その他コントロール変数：業界の相違によって本社組織の規模は大きく異なることが予想される。また，社歴の長さは本社組織の制度化を通じて本社組織の発達を促すものの，より現業部門の発達によって，相対的に本社組織は小さくなる可能性も指摘できる。そこで，コントロール変数として3桁レベルでの業種ダミーと創業年からの経過年を組織年齢として定義し，本社組織の規模にそれぞれ与える影響を統制した。

3．記述統計

　図表5-4～5-6には，サンプル別の総従業員数1000人当たりの本社機能部門の従業員数規模の推移を示している。図表5-4は全サンプルの年度別推移を示し，図表5-5は製造業に絞ったサンプルの年度別推移を示し，図表5-6は従業員数2000人以上の本社機能部門の従業員数規模の推移を示している。また，

図表 5-4　本社機能部門従事者数（1,000 人当たり，全サンプル）

年	サンプル数	最小値	最大値	10パーセンタイル	50パーセンタイル	90パーセンタイル
1995	14,906	0.37	497.92	33.36	104.56	228.72
1996	16,180	1.22	500	37.37	101.09	215.12
1997	16,869	0.19	500	37.31	100	214.5
1998	25,258	0.31	991.79	41.91	124.54	322.36
1999	25,671	0.31	987.95	40	116.5	297.61
2000	25,424	0.31	988.43	38.63	113.47	288.46
2001	27,258	0.31	991.25	35.08	103.09	269.23
2002	27,769	0.39	989.47	35.08	101.6	262.29
2003	27,224	0.15	994.68	34.14	100	259.25
2004	26,414	0.53	994.08	33.11	98.36	259.25
2005	28,113	0.06	995.3	32.25	97.34	259.74
2006	27,424	0.08	996.44	32.76	96.96	259.74
2007	27,635	0.22	995.55	31.01	96.55	258.06
2008	28,704	0.05	996.09	30.76	95.24	260
全体	344,849	0.05	996.44	34.71	102.94	263.88

(出所)　「企業活動基本調査」に基づいて筆者作成。

図表 5-5　本社機能部門従事者数（1,000 人当たり，製造業）

年	サンプル数	最小値	最大値	10パーセンタイル	50パーセンタイル	90パーセンタイル
1995	6,812	0.37	497.92	30.53	100	236.15
1996	7,264	1.22	493.62	32.86	94.97	223.21
1997	7,466	0.19	500	32.87	92.65	222.22
1998	13,326	0.31	973.68	40.3	127.65	328.76
1999	12,497	0.31	958.33	38.88	119.4	312.5
2000	13,379	0.31	938.77	37.93	115.38	305.94
2001	13,045	0.31	948.27	35.92	108.43	289.6
2002	13,049	0.39	949.72	36.78	109.09	291.66
2003	12,791	0.49	980.76	36.23	108.1	291.66
2004	12,342	0.72	968.75	35.62	106.56	289.85
2005	13,126	0.46	924.24	35.08	105.26	287.76
2006	12,892	0.29	980.67	35.08	104.61	287.87
2007	12,670	0.27	942.67	35.08	105.88	289.43
2008	13,218	0.23	971.72	34.88	104.47	288.22
全体	164,877	0.19	980.76	35.75	108.1	287.87

(出所)　「企業活動基本調査」に基づいて筆者作成。

　国際的な水準との比較を可能とするために，Collis, Young, & Goold（2007）の記述統計の結果を図表 5-7 に示している。サンプルによって若干の傾向の違いはあるものの，1998 年まで僅かに大きくなった本社機能部門の従事者数は 1998

図表 5-6 本社機能部門従事者数（1,000人当たり，従業員2,000人以上上場製造業）

年	サンプル数	最小値	最大値	10パーセンタイル	50パーセンタイル	90パーセンタイル
1995	362	0.37	487.34	28.67	90.94	234.01
1996	372	1.22	437.44	31.86	87.22	221
1997	366	0.19	411.35	34.56	84.55	218.91
1998	363	0.31	543.24	34.23	94.13	285.31
1999	359	0.31	696.45	34.71	96.25	278.69
2000	348	0.31	739.07	34.7	96.83	282.23
2001	343	0.31	650.69	30.25	81.49	247.22
2002	318	0.39	591.54	29.88	85.42	240.92
2003	296	0.49	670.66	31.04	84.41	249.04
2004	313	2.18	661.23	28.65	82.06	230.96
2005	329	0.46	640.25	27.53	78.3	229.68
2006	336	0.29	656.18	25.01	79.32	238.28
2007	343	0.27	660.53	26.85	78.92	239.66
2008	359	0.23	678.48	26.57	80.42	251.71
全体	4,807	0.19	739.07	29.89	85.56	242.91

（出所）「企業活動基本調査」に基づいて筆者作成。

図表 5-7 本社組織の規模の国際比較

	フランス	ドイツ	オランダ	英国	米国	日本	チリ	全体
企業数	39	55	39	100	91	163	49	536
本社スタッフ人数								
最小	12	15	8	10	7	32	2	2
最大	3,800	17,100	1,115	8,100	13,030	7,912	1,328	17,100
10パーセンタイル	15	26	19	16	52	88	12	25
50パーセンタイル	290	240	61	103	400	226	46	184
90パーセンタイル	2,800	1,790	300	1,190	2,000	779	195	1,161
従業員数1,000人当たり本社人数								
最小	0.2	1	1.4	0.7	0.7	3	0.8	0.2
最大	349.1	670.1	107.1	890.6	295.9	336.2	324.6	890.6
10パーセンタイル	1.4	2.0	3.1	2.9	3.1	14.8	4.3	3.2
50パーセンタイル	10	9.3	7.4	7.3	14.8	38.7	25.8	19.7
90パーセンタイル	59.5	188.9	26.7	60.1	96.2	109.2	116.7	105.9
幾何平均	10	17.6	8.5	9.8	15.9	38.9	25.4	18.6

（出所） Collis, Young, & Goold（2007: 386）．

年以降緩やかにではあるが，減少傾向にあることが読み取れる。しかしながら，コリスらの国際比較の結果（日本企業は1997年データ）と比較すると，本章のサンプルにおいてもまた，日本企業は相対的に大きな本社組織を持つ可能性が示唆される。また，上場企業を念頭に置いたコリスらのサンプルと違って，本稿が依拠するサンプルは，大きな本社を持つ企業と同時に，相対的に非常に小さな本社組織を持つ企業も含まれるサンプルであることが読み取れる。

図表 5-8 主要

		本社組織規模	輸出先地域数	輸入元地域数	多角化指数	業種数	売上高研究開発比率	3桁レベル本業比率
	本社組織規模	1						
経営環境の複雑性	輸出先地域数	0.1149	1					
	輸入元地域数	0.1021	0.5745	1				
	多角化指数	0.0078	0.1214	0.1387	1			
	業種数	0.0136	0.1537	0.1730	0.7473	1		
経営環境の不確実性	売上高研究開発比率	0.1280	0.2387	0.1798	0.0490	0.0542	1	
事業間の相互依存性	3桁レベル本業比率	−0.0032	−0.1132	−0.1311	−0.9841	−0.7052	−0.0441	1
組織内部の集権性・分権性	研究開発人員本社比率（集権度）	0.3159	−0.2596	−0.2429	−0.1268	−0.1652	−0.1492	0.1211
	情報処理人員本社比率（集権度）	0.1882	0.0288	0.0072	−0.0243	−0.0126	−0.0222	0.0280
	国際事業人員本社比率（集権度）	0.0620	−0.0503	−0.0471	−0.0340	−0.0416	−0.0235	0.0307
	組織構造分権度	−0.1152	0.1491	0.1518	0.2258	0.1914	0.0756	−0.2228
外部化の程度	子会社数	−0.1000	0.3007	0.2438	0.1870	0.2318	0.2043	−0.1895
	売上高連単倍率	−0.0104	0.0215	0.0165	−0.0079	0.0076	0.0332	0.0068
経営成果	収益性 ROA	0.0115	0.0538	0.0464	−0.0245	−0.0146	−0.0453	0.0234
外部依存・牽制	外資比率①（企活）	0.0285	0.1338	0.1897	0.0150	0.0245	0.0647	−0.0130
	外資比率②（開銀）	−0.0173	0.2355	0.2311	0.0188	0.0459	0.2239	−0.0187
	金融機関持株比率	−0.1108	0.3345	0.2558	0.2482	0.2927	0.1317	−0.2381
	借入金/有利子負債	0.0229	−0.1651	−0.1285	−0.0542	−0.0681	−0.1147	0.0556

　そのような傾向を踏まえた上で，先述の説明変数と被説明変数との間の相関関係について簡単にチェックしておこう。図表5-8は，ピアソンの積率相関係数を見たものである。相関係数を見る限り経営環境の複雑性と本社組織の規模は予想通り正の関係にある。ただし，製品事業の複雑性よりも事業の地域多様性の方がより本社組織規模を規定する可能性が示唆される。経営環境の不確実性と本社組織の相対的な規模も仮説で想定した通り正の関係にあった。さらに，組織内部の集権性（分権性）が本社組織規模に与える影響も予想通りの関係にあった。しかしながら，事業間の相互依存性は当初に予想した方向と符号が逆であり，両者の関係も非常に弱かった。外部のステークホルダーがもたらす本社組織規模への影響は，より複雑な関係にあるかもしれないことが示唆される。海外法人株主の所有比率が本社組織の規模に与える影響は，全サンプルでは正で有意であり，上場企業を対象とした場合は負で有意であった。また，当初想定した関係と異なり，有利子負債のうち借入金という形で銀行により依存した

変数の相関行列

研究開発人員本社比率（集権度）	情報処理人員本社比率（集権度）	国際事業人員本社比率（集権度）	組織構造分権度	子会社数	売上高速単倍率	収益性 ROA	外資比率①（企活）	外資比率②（開銀）	金融機関持株比率	借入金／有利子負債
1										
0.1003	1									
0.1472	0.0422	1								
-0.0863	-0.1143	0.0062	1							
-0.2253	-0.0755	-0.047	0.2561	1						
-0.0494	-0.0071	0.0048	0.0541	0.0573	1					
-0.0521	-0.0039	-0.0045	-0.0522	-0.0005	-0.0079	1				
-0.1073	-0.0097	-0.0543	0.0299	0.1759	-0.0023	0.0461	1			
-0.1720	-0.0850	-0.0017	0.1551	0.3822	0.0883	0.1988	0.3847	1		
-0.2460	-0.0718	-0.0801	0.2017	0.3167	0.0465	0.0241	0.1510	0.2316	1	
0.0956	0.0125	0.0284	-0.0781	-0.2761	-0.0028	-0.0677	-0.1108	-0.166	-0.2975	1

企業ほど，本社組織が大きいという正の関係が見られた。

V 推計結果

　上記の変数間の関係をさらに検討するために，本社機能部門の従業員数の対数値を被説明変数とするプールデータによる OLS 推計を探索的に行った上で，さらに固定効果モデルおよび変量効果モデルによる説明変数の係数を推計した。

　図表 5-9 および図表 5-10 はプールデータによる OLS 推計の結果を示したものである。図表 5-9 では年と産業の双方の効果を統制し探索的に作成した全ての主要変数に関して推計を行い，図表 5-10 では年効果と産業効果を統制せず主要変数に絞って推計を行った。図表 5-9 の推計結果から，売上高研究開発比率（+），子会社数（-），金融機関持株比率（-）などがその他のコントロール変数の相違にかかわらず本社組織規模に影響を及ぼすことが示唆された。こ

図表 5-9 プールデータ (1995〜2008 年) による OLS 推計結果

	モデル1		モデル2		モデル3		モデル4		モデル5		モデル6		モデル7	
	Coef.	t値	Coef.	t値	Coef.	t値	Coef.	t値	Coef.	t値	Coef.	t値	Coef.	t値
輸出地域数			0.036	25.96***							0.028377	20.09***	0.028	19.9***
輸入地域数											-0.10316	-11.84***		
多角化指数					0.060	25.93***							0.206	4.33***
業種数							-0.086	-9.8***						
売上高研究開発比率											0.020355	32.97***	0.020	32.89***
3桁レベル本業比率									-0.008	-6.78***			0.003	6.61***
研究開発人員本社比率（集権度）														
情報処理人員本社比率（集権度）														
国際事業人員本社比率（集権度）														
組織構造分権度														
子会社数														
売上高速単倍率														
収益性 ROA														
外資比率①（企活）														
外資比率②（開鎖）														
金融機関持株比率														
借入金/有利子負債														
組織年齢	0.004	29.68***	0.003	23.41***	0.003	25.28***	0.004	30.41***	0.004	30.41***	0.003116	24.53***	0.0031	24.27***
年ダミー	Yes		Yes		Yes		Yes		Yes		Yes		Yes	
産業ダミー	Yes		Yes		Yes		Yes		Yes		Yes		Yes	
constant	Yes		Yes		Yes		Yes		Yes		Yes		Yes	
R-squared	0.059		0.063		0.063		0.060		0.060		0.0701		0.07	
Adj R-squared	0.059		0.063		0.063		0.059		0.059		0.070		0.07	
N of obs	164,877		16,845		164,845		164,845		164,845		164,845		164,845	
Mean of VIF	1.5		1.5		1.49		1.49		1.49		1.49		2.52	

第5章　全社戦略の機能不全と本社

図表5-9（続き）

	モデル8 Coef.	t値	モデル9 Coef.	t値	モデル10 Coef.	t値	モデル11 Coef.	t値	モデル12 Coef.	t値	モデル13 Coef.	t値	モデル14 Coef.	t値
輸出地域数	0.002	1.01n.s.	−0.0064	−0.79n.s.	−0.002642	−0.68n.s.	0.002357	0.76n.s.	−0.058237	−0.33n.s.	−0.00597	−0.03n.s.	−0.395	−3.51***
輸入地域数	0.090	0.99n.s.	−0.49167	−1.32n.s.	−0.190954	−1.11n.s.	−0.285872	−2.16**						
多角化指数													0.0406	3.8***
業種数														
売上高研究開発比率	0.03	18.21***	0.041	5.67***	0.016	4.7n.s.	0.017658	7.47***	0.016853	5.1***	0.01804	5.37***		
3桁レベル本業比率	0.3268	2.97***	−0.204	−0.46n.s.	0.216	1.06n.s.	−0.043988	−0.28 n.s.	0.301572	1.47n.s.	0.363077	1.75*		
研究開発人員本社比率（集権度）	0.0076	64.74***												
情報処理人員本社比率（集権度）	0.0016	13.45***												
国際事業人員本社比率（集権度）	0.0019	4.47***												
組織構造分権度			−0.06489	−4.23***	−0.001	−8.86***	−0.002	−11.93***	−0.000956	−6.08***	−0.00083	−5.01***	−0.031	−1.46n.s.
子会社数					−0.001	−0.35n.s.							−0.001	−3.1***
売上高速単倍率							0.161792	1.08 n.s.	−5.89E-05	−0.59n.s.	0.410461	1.74*		
収益性 ROA														
外資比率①（企社）									−0.004013	−5.97***	−0.00258	−2.78**	−0.005	−2.22**
外資比率②（開鎖）									0.058866	1.77*	−0.004	−5.46***		
金融機関持株比率											0.052	1.54n.s.		
借入金有利子負債														
組織年齢	−0.002	−9.09***	−4.1E-05	−0.04n.s.	0.000	−0.64n.s.	−0.0003	−0.76n.s.	0.000949	1.55n.s.	0.001	1.43n.s.	0.0028	1.5n.s.
年ダミー	Yes		Yes		Yes		Yes		Yes		Yes		Yes	
産業ダミー	Yes		Yes		Yes		Yes		Yes		Yes		Yes	
constant	Yes		Yes		Yes		Yes		Yes		Yes		Yes	
R-squared	0.3115		0.0991		0.1046		0.0858		0.1048		0.1057		0.1228	
Adj R-squared	0.3091		0.0756		0.098		0.0822		0.0978		0.0986		0.0754	
N of obs	18,254		1,887		8,410		15,651		8,159		8,057		937	
Mean of VIF	2.52		2.61		2.55		2.44		2.55		2.53		1.44	

（注）***1％水準で有意。**5％水準で有意。*10％水準で有意。
ここでは年効果と産業効果が統制されている。

図表 5-10 プールデータの OLS 推計結果（年・産業効果統制なし）

	Coef.	t 値
組織年齢	$-.0002176$	-0.46n.s.
総従業員数の対数	$-.19961$	-20.56***
輸出先地域数	0.0111577	3.37***
業種数	0.0010125	0.33n.s.
売上高研究開発比率	0.0412618	16.34***
子会社数合計	0.0008656	5.3***
研究開発従業員集権度	0.008138	47.99***
売上高営業利益率3年平均	0.0154079	6.71***
株式所有金融機関比率	0.0023928	3.92***
銀行依存度	$-.05929$	-1.96***
定数項	5.48938	69.85**
観測数		6719
修正済み R^2		0.337
F^0 値		343.71

（注）　***1％水準で有意，**5％水準で有意。
n.s. は non significant の略。

れに対して，経営環境の複雑性を代理する輸出入地域数，多角化指数，業種数などの係数はモデルによって符号とその有意水準が異なり，一貫した結果を見いだすことができなかった。

さらに，図表5-11は，固定効果モデルの推計結果と変量効果モデルの推計結果を示している。それぞれの推計結果を比較した上でF検定を行い，プールデータに基づくOLSによる推計よりも固定効果モデルによる推計の方が望ましいことを確認した。さらに，ハウスマン検定を行って，変量モデルと固定効果モデルのどちらが望ましいかを検定した。その結果，固定効果モデルよりも変量効果モデルが正しいという帰無仮説は棄却されたので，固定効果モデルの推計結果がより適切である可能性が示唆された。固定効果モデルによって推計された各係数の符号は，概ね当初の仮説で想定した通りであった。

つまり，「輸出先地域数」や「業種数」の係数が正で統計的に有意なことから，H1（複雑性）は統計的に支持された。また，「売上高研究開発比率」の係数も正で統計的に有意なことから，H2（不確実性）も統計的に支持された。つまり，複雑性や不確実性が増大すると本社組織は大きくなる。H3（事業部門間の相互依存性）については代理変数として「3桁レベル本業比率」の係数をOLS推計のみで検討したが一貫して結果は得られなかった。H4（組織構造の選

図表 5-11 固定効果モデルと変量効果モデルの推計結果

	Coef.	t 値		Coef.	z 値
組織年齢	-.0027	-4.40***	組織年齢	-.0016	-3.19***
総従業員数の対数	-.3889	-14.75***	総従業員数の対数	-.2378	-15.73***
輸出先地域数	0.0159	4.18***	輸出先地域数	0.0187	5.34***
業種数	0.0137	3.35***	業種数	0.0082	2.23**
売上高研究開発比率	0.0094	3.22***	売上高研究開発比率	0.0192	7.21***
子会社数合計	-0.0004	-2.77***	子会社数合計	-0.0001	-1.04n.s.
研究開発従業員集権度	0.0067	29.59***	研究開発従業員集権度	0.0068	33.75***
売上高営業利益率 3 年平均	0.0066	2.8***	売上高営業利益率 3 年平均	0.0075	3.5***
株式所有金融機関比率	0.0034	3.85***	株式所有金融機関比率	0.0037	4.91***
銀行依存度	-.0525	-1.8*	銀行依存度	-.0629	-2.28**
定数項	7.2117	34.43***	定数項	5.9563	51.91***
観測数	6719		観測数	6719	
グループ数	940		グループ数	940	
R-sq_within	0.1712		R-sq_within	0.1638	
R-sq_between	0.2612		R-sq_between	0.3247	
R-sq_overall	0.2470		R-sq_overall	0.3103	
sigma_u	0.6240		sigma_u	0.5132	
sigma_e	0.3526		sigma_e	0.3526	
rho	0.7579		rho	0.6793	
F test	F(939,5769) = 15.5	Prob>F = 0.0000	Wald chi2	Wald chi2(10) = 1601.88	Prob>Chi2 = 0.0000

(注) ***1% 水準で有意, **5% 水準で有意. n.s. は non significant の略.

択）については分権化に関する尺度作成で課題が残っており，H3（相互依存性）と同じく支持されなかった。つまり，多角化事業の相互依存性や組織内部の分権化が本社組織の規模に与える影響についてはさらに厳密な検討が必要である。H5（業務構造の選択）については「子会社」の係数が固定効果モデルでのみ統計的に有意で負である。子会社数の増加とともに本社組織の規模は小さくなる傾向が見られることから，より小さな本社でより多くの子会社を経営するという実態がそこに示唆される。「売上高営業利益率 3 年平均」の係数は正で統計的にも有意であり，経営成果が低くなれば，本社組織は小さくなるという関係（H6：経営成果の影響）が支持された。この結果は，本社が小さいと経営成果が低下するという因果関係ではなく，経営成果が低いと本社の肥大化余地が小さくなるという傾向を示唆していると思われる。

興味深い発見事実の一つが H7（外部利害関係者の影響）として検討した，金融機関による株式所有の比率の増大や企業による銀行への依存度が本社機能部

門の規模に与える影響である。金融機関による株式保有の比率が高まることと本社組織の相対的規模は正の関係にある。その一方で，より借入金に依存した資金調達構造を有する企業の本社組織の相対的規模は小さくなる傾向が見られた。金融機関への依存度が本社組織に与える影響は，株主と債権者とでは対照的に異なるようである。これらの点については，さらなる考察が必要となる。

VI まとめ

1. ディスカッション

これまでの一連の議論から，本社組織の規模は，外部環境の複雑性，社内の内部情報処理構造，あるいは外部利害関係者の影響という多様な要因の影響を受けている可能性が示唆される。OLS推計でも一貫して強い影響が見られるように，研究開発戦略とそれに基づく全社戦略，あるいはそれに関連した組織内部の情報処理構造と本社組織の規模とが密接に関連している可能性があるということだ。加えて，地域多様性と本社組織の規模とが相関しているということは，日本企業が経営環境の複雑性を日本国内の本社組織で解消しようとする志向性（バートレットとゴシャールの言葉を借りればインターナショナル戦略）を有している証左とも解釈できるだろう。

したがって，先行研究で指摘されるように，本社組織の規模は単に直面する経営環境の複雑性や不確実性を結果として反映するだけでなく，研究開発機能や国際業務機能のような個々の事業に横断的な共通機能を，どのような組織階層の中に位置づけるのか，という組織デザインの主体的な選択の結果とも密接に関連していると思われる。その他にも，例えば，先行研究で河野（1996）が指摘したように，米国企業の場合は，買収と売却で多角化を推進してきた企業が多いため，事業部の自立性が強く，事業部レベルでスタッフ機能が充実している可能性がある。その結果，米国企業では，日本企業との比較において，相対的に本社のスタッフ部門の規模が過小に評価されている可能性もある（河野，1996：6）。仮にそうだとすれば，本章ではその効果を十分に検討することができなかった事業部門間の関連性に注目して，さらに研究を深掘りする必要があると思われる。

多角化企業の本質は事業の単なる集合体ではない。本社機能は，市場以上の価値分配・創造機能を発揮することにあると考えるならば，本社組織の存在意

図表 5-12　1998〜2008 年組織構造 9 類型の遷移

	組織構造タイプ	2008年									
		①	②	③	④	⑤	⑥	⑦	⑧	⑨	合計
1998年	①職能制・職能本部制	216	52	34	8	2	1	1	1	1	316
	②事業部・事業本部・職能本部制	70	126	22	15	15	1	4	2	0	255
	③事業部制（純粋）	42	44	47	12	1	3	2	0	1	152
	④事業本部制（純粋）	9	16	7	26	1	2	3	1	0	65
	⑤カンパニー・職能本部制	0	1	0	1	1	0	0	0	0	3
	⑥カンパニー・事業本部制	0	0	1	0	0	0	0	0	0	1
	⑦カンパニー制（純粋）	1	1	0	3	0	0	2	0	0	7
	⑧マトリクス制	0	2	0	0	0	0	0	0	0	2
	⑨持株会社制	0	0	0	0	0	0	0	0	0	0
	合計	338	242	111	65	20	7	12	4	2	801

(注)　1)　上場企業 801 社を対象。
　　　2)　上場企業 1422 社は 1998 年と 2008 年のどちらかの年度の組織図データが NA。

義はいかに長期的な価値創出に向けて，事業部門間の有効なリンケージを生み出していけるかにかかっている。シナジーというありきたりの言葉ではなく，具体的にどのような本社組織と事業部門との関係，あるいは事業部門間の連携を生み出すことで，どのようにして個々の事業部門に還元できないような成果を新たに生み出せるか，を考える必要がある。その意味で，本社組織を削減すべきであるという小さな本社論ではなく，むしろどのような機能をどこが担うべきか，という全社レベルの構想があってはじめて本社の役割と機能が戦略的に定義され，さらにその効率性と有効性が検討できるはずである。

　この問題を考えるためには，「企業活動基本調査」のような貴重な本社データを活かしつつ，さらに研究者独自の調査データとマッチングさせることで，マイクロ・データの持つ潜在的意義をさらに高めることが可能である。具体的には，本章では紙幅の都合から十分に検討することはできなかったが，多角化行動のみならず，多角化行動を生み出す大規模多角化企業の企業組織の問題にもっと目を向ける必要があるように思われる。

　図表 5-12 は，分権化の尺度として OLS 推計でのみ利用した上場企業 801 社別の組織構造に関する情報を，1998 年から 2008 年への遷移行列として示したものである。行が 1998 年に上場企業が選択した組織構造の分布を，列が 2008 年の組織構造の分布を示している。この表から見て取れるように，上場企業でさえも職能制あるいは職能本部制を採用している企業が多い。多角化の程度やタイプも同時に考慮に入れなくてはならないが，純粋な事業部制や事業本部制

もしくは純粋なカンパニー制ではなく，職能制や職能本部制と混在した組織形態を有する組織が一定数存在することは，複数事業を展開する企業が数多くこの世の中に存在することからして驚きである。本社組織のあり方を検討すると同時に，通常の業務運営を司る組織形態のあり方についても，さらに検討する余地があると思われる。なぜなら，この図表から，組織形態のあり方を全社レベルで十分に検討することなく，増大する複雑性に対して中途半端な分権化と本社スタッフの増加によってしのいでいる可能性が示唆されるからである。このような事態で形式的な本社のスリム化が進展するならば，全社レベルでの情報処理能力は明らかに低下することとなる。その場しのぎの改革の積み重ねが，結果としてこのような事態を生みだしているのかもしれない。

本章では，十分に検討することができなかったが，内部組織の情報処理構造を考える上で，組織構造に関するより綿密な調査は不可欠であり，さらに本社組織の再編と関連づけることによって，より具体的に本章で指摘した本社組織の規模の決定要因に関する理解を深めることができるはずである。その他にも，本章の議論は，解決すべき課題を抱えている[11]。それゆえ，これまで検討した一連の因果関係は法則定立的な因果関係から未だほど遠いものであるものの，さらなる検証作業を行うに値する仮説であると思われる。

2. 本社組織とマクロ・マネジメント

多角化事業の展開に伴い，異なる複数事業の「横断的な」経営課題に関する機能を担う主体として，本社組織の必要性が生まれてくる。もっとも，必要性に応じて自ずと本社組織が整備されるわけでは必ずしもない。多角化企業でさえも，その必要性にもかかわらず経営トップ層が「横断的な」経営課題に直面しているという認識を欠いていれば，本社組織のあり方は「取り組むべき経営課題」とはなりえない。先の図表 5-12 が示す職能制・職能本部制組織を採用する企業の想像以上の多さは，そのことを間接的に示唆しているかもしれない。先に指摘した全社戦略機能不全の原因の一つとして，本社組織という経営システムのあり方に特に注目した本章の理由はそこにある。

敢えて踏み込んで言えば，本社組織のあり方を規模という観点でしか捉えられていなかった点にこそ，日本企業の全社戦略とそれに関わる本社組織の重要性に関する認識の欠如が表れている，と言えなくもない。今必要とされているのは，第2章でも指摘したように，増大する経営環境の複雑性をどのような組

織レベルで適切に処理していくのか,という問題への解決策である。その問題は,本社に集権化するのか,事業部に分権化するのか,という単純な問題として処理できないものである。集権化と分権化の程度は,想定する職能によっても異なってくるし,事業の特性によっても大きく変わってくるはずだ。グループ経営という表現で異なる複数事業の広域最適化が必要とされることは,経営者であれば当然のことながら認識しているであろう。むしろ,必要なのは,複数事業を束としてまとめた際の全社の「形」であり,複数事業間の「配置形態」の問題である。それは,個別事業のマネジメントの問題を超えたマクロ・マネジメントの問題である。

事業部長を適切に務められるヒトが,必ずしも複数の事業を統括する責任者として適格者ではなくなるのも,個別事業を運営する能力が複数事業を束ねて運営することの必要条件になりえても,十分条件とはならないことを意味している。その意味で,マクロ・マネジメント能力とは,広域に変化を見るという大局観だけでなく,個々の具体的な事業経験から他の事業へ転用可能な知見を見いだすという意味で,経験を一般化する能力をその構成要素として含んでいるのである。

注

1) 本章の一部は,2012年3月9日に実施したTCERカンファレンス(「日本企業の組織改革とパフォーマンス:企業パネルデータによる分析」)における討議を反映している。また,研究は経済産業省調査統計部の支援を受けて実施した「企業活動基本調査パネルデータを活用した企業グループの多角化行動に関する研究会」の成果である。本稿の作成に当たっては,長岡貞男一橋大学イノベーション研究センター教授(現,東京経済大学教授)をはじめとして,企業パネル分析研究会の参加メンバーの方々およびTCERカンファランス(2012年3月9日)の参加者の方々から貴重なコメントをいただいた。この場を借りてお礼を申し上げたい。また,「企業活動基本調査」を利用する機会を提供下さった経済産業省調査統計部の皆様にもお礼を申し上げる。なお,本稿の主張は,筆者の分析に基づく個人的な見解であり,本稿の課題やありうる誤りは全て筆者の責任にある。
2) 藤本は「もの造り」を収益に結びつける能力を戦略構想力と呼んでおり,その点で戦略構想力とストラテジー(戦略)は同義である。
3) 多くの本社肥大化に関わる記事は,間接部門の肥大化について事実指摘を行うものの,本社の間接部門の肥大化について言及しているのか,事業部の間接部門の肥大化について言及しているのか,必ずしも明らかではない。間接部門の肥大化は解決すべき経営課題であるが,それが本社組織の問題であるかどうかは,必ずしも自明ではない。
4) 米コダック社とは対照的にデジタル化に主体的に対応し,医療事業にも多角化する富士フイルムの事例。あるいは合成ゴム事業から電子材料分野へ進出するJSRは,成功

した多角化展開の一例である。

5) 「有訓無訓『改革の継続』こそ力なり　板垣宏（帝人会長）」『日経ビジネス』（1999年5月3日，p.3）および，「常識覆す大胆な手法を繰り出す　安居祥策氏（帝人社長）」『日経ビジネス』（2001年4月16日，p.122）参照。

6) 例えば，『日本経済新聞』では1981年に初めて「小さな本社」というキーワードが出現する。その後30年にわたって，「小さな本社」というキーワードが，本社の間接部門の人員削減，意思決定の効率化という文脈で繰り返して登場する。

7) 事実かどうかの同定とは無関係に，徹底的な分権化とマトリクス運営によって小さな本社こそが迅速な意思決定の源泉である，という「経営思想」が様々なビジネス誌で展開されている。

8) 膨大な多角化研究が米国を中心に進められた背景には，Compustatという標準化されたセグメントデータの普及が切り離して考えられない。実際，そのデータベースの普及によって，大量の多角化行動に関する知見が蓄積された。しかしながら，学術的知見から多角化行動を司ってきたはずの本社機能を検討する研究は，実は数えるほどしか存在しないのが現状である。その理由もまたデータの利用可能性に起因する。

9) 本社の定義として，例えば河野（1996）は次の部門を挙げている。①トップ・マネジメント，②企画統制スタッフ（企画部，予算課，監査課），③専門スタッフ（経理，人事，生産スタッフ，マーケティング），④サービススタッフ（コンピュータ部門，資材／購買部門，施設部門，輸送／物流部門），⑤研究開発の管理部門，新事業開発部門，⑥国際事業の管理部門，⑦機能別組織の際のラインとしての生産管理部門，営業管理部門（ただし，次のものは除かれる。事業部制組織の際の事業部の本部，管理部門。本社直属の研究所，支店，営業所）。つまり，トップ，最上位レベルのスタッフ，戦略計画部門，機能別組織の際の生産／販売部門が本社に該当することになる。

10) 輸出入に関して地域別売上高に関するハーフィンダル指数を作成したが，必ずしも説明力は高くなかった。

11) 例えば，各変数の操作化に関しても数多くの改善の余地が残されているし，変数間のカーブリニア的関係の可能性についての十分な検討もなされていない。また，組織構造タイプと本社組織の関係についても十分な考察がなされていない。加えて，業種間の相違についても検討すべき課題として残されている。経営環境の特性（複雑性や不確実性）を独立に測定することが本来この研究では必要である。

第6章 増加するM&Aとシナジー幻想

自力と他力の結合を阻むもの

合併や買収（M&A：Merger and Acquisition）は，他社の強みを自社の強みとして利用するために不可欠であり，高速化する環境変化に主体的に対応するために必須の成長手法である。多くの企業は他力を自力に変える魅力にとりつかれて合併や買収に走る。しかし，現実には，他社の経営権を金銭的に取得するだけでは他力を自力として利用できない。そこには容易に越えられない壁がある。本章は買収や合併に伴う障害として，組織の壁やサイロ化現象を検討する。

I 他力を活用する時代

1. 自力と他力の結合としてのM&A

「他人を通じて事をなす（Getting things done through others）」という有名な表現があるように，そもそも経営とは自ら全てをやり遂げるのではなく，他人との協働を通じて何かを成し遂げることである。一人でできないことを達成するのが組織の目標であり，組織の存在理由でもある。そもそも，自力には限界があるからこそ，組織という他力を利用する必要が生まれる。自力で全てのことが足るのであれば，組織はこの世には存在しない。

このように考えると，日本企業の特徴と指摘される「自前主義」という行動特性は，経営の基本原則に逆行している特性と言えるかもしれない。必要となる部品や材料，そして製造設備を自社に揃えることは必ずしも得策とは限らないし，どんな業務でも社内に抱えることが合理的ではあるかどうかは分からない。品質やコストや納期という観点で，自社よりもずっと優れた企業がこの世に存在するかもしれない。その意味で「自前主義」は，他力の優位性を無視し

た自力偏重主義である。

　もっとも，そのような自力偏重主義は，日本企業でさえも徐々に変化の兆しが見られる。というのも，企業存続のために急速に変化する外部環境に主体的に対応するには，何らかの形で他社の力（他力）を自社の力（自力）として利用する経営努力が不可欠となってきているからである。それは他社の有する技術力や特許かもしれないし，顧客資産やブランド資産かもしれない。クロスライセンスや業務提携という緩い協調・協力体制から資本参加や合弁企業の設立，もしくは合併や買収といった経営権の移転を伴う経営統合のプロセスに至るまで，関与の程度に大きな違いが存在するものの，他社と協働し他力を自力に利用する重要性は高まっている。他社との多様な関与のあり方の中でも，もっとも自社と他社とが踏み込んだ形で協働するのが，合併や買収（M&A）という形態である。M&Aこそが，自力と他力の最終的な結合形態なのである。

2. 急増する日本企業のM&A

　他力を自力とする手段であるM&Aが，日本企業において急速に増加している。これは，自前主義・自社開発に基づく内部成長にこだわっていた日本企業にも，変化の兆しが見られる証左である。特に，日本企業による対外M&A（クロスボーダーM&A）が急増している。2015年には日本企業による対外M&A買収金額の総額が初の10兆円を超えた。第一のピークだったバブル絶頂期に当たる1990年（3兆円）の約3倍，2006年でピークだった8兆円も超える勢いである。過去10年間の対外M&Aの特徴は，大別すると次の3点である。第一にメガディールと呼ばれる1回当たりの取引額が10億ドルを超える大型案件の増加，第二にサービス業の増加，そして第三に金額ベースで見た米国案件の支配的状況である（米山, 2014, 2016）。

　好調なのは，日本企業による海外企業のM&Aに留まらない。日本企業同士のM&Aも増加しており，13兆8670億円に達している（レコフ調べ）。少子高齢化と人口減少を受けて，積極的な海外展開と国内事業の業界再編を意図した積極的な経営姿勢を反映していると言えるかもしれない。買収件数でも右肩上がりで増加傾向にある。例えば，1980年代までは年間1000件に満たなかった買収件数は，2006年のピークには2500件を超えるに至っている（レコフ調べ）。自社成長の駆動力として，また，業界再編の駆動力として，日本企業はM&Aという手段を利用するようになっているのである。

その一例が，過去20年で大幅な規模拡大と業界再編を実現した日本の銀行業界である。バブル崩壊の1990年まで13行あった都市銀行は，2006年には四つの銀行に集約されることとなった。1990年に太陽神戸銀行と三井銀行が合併し太陽神戸三井銀行（1992年にさくら銀行へ名称変更）が誕生したのを皮切りに，1996年に東京銀行と三菱銀行が合併し東京三菱銀行が誕生した。2000年には富士銀行，第一勧業銀行，日本興業銀行が合併しみずほ銀行が誕生し，翌年の2001年には三和銀行と東海銀行が合併しUFJ銀行が誕生した。同年，さくら銀行と住友銀行が合併し，三井住友銀行も誕生した。2002年には，あさひ銀行と大和銀行の合併によってりそな銀行が誕生し，2006年にはUFJ銀行と東京三菱銀行が合併し，三菱東京UFJ銀行が誕生した。

鉄鋼業界も大型合併に伴う規模拡大と業界再編を実現した業界である。1990年代まで新日鉄を中心とした高炉メーカー6社による寡占的市場構造であったが，2000年初頭に川崎製鉄と日本鋼管の合併によりJFEスチールが誕生し，2012年には新日本製鐵と住友金属が合併することで新日鐵住金が誕生し，大手2社と神戸製鋼という寡占的市場構造へと変化している。M&Aによる規模拡大や業界再編は，これらの業界に留まらない。例えば，生保・損保業界や小売業界でも進行中の現象である。

3. M&A増加の背景

企業をM&A活動に駆り立てる要因とは何だろうか。先行研究は，大別するとM&A活動を規定する四つの基本要因を指摘している（Haleblian, Devers, McNamara, Carpenter, & Davison, 2009）。第一に，M&Aを通じた価値創造である。M&Aによって市場支配力を向上し，効率性を改善し，経営資源を再配置し，価値創造が可能となる。M&Aによって達成される経済的な期待利益が大きくなればM&Aが推進される。第二の要因は，経営者個人（もしくは経営陣）の自己利益である。経営者による自己利益の最大化行動は，経営者報酬や経営者の自己中心的自信や慢心にその原因があるとされる。時として買収防衛策に関わる経営者行動は，株主価値を棄損することもある。元来，企業のアイデンティティにも関わるM&A案件は，トップ・マネジメントの専権事項であり，経営トップの胸先三寸で案件が推進されるか否かが決定される。第三の要因が，企業を取り巻く外部要因である。経営環境の不確実性や規制，企業間の模倣行動や企業間の相互依存性，そして企業間の人的ネットワークに関わる要因が

M&A活動に影響を与える。最後の第四の要因は，企業固有の要因である。これまで志向してきた企業戦略や市場地位，過去のM&A経験によってM&A活動への積極性が規定される。

　それでは，特に日本企業において，M&A活動が活発化している理由はどこにあるのか。もちろん，第一の経済的動機がM&A活動を活発化させていることは間違いない。むしろ，これまで消極的であった日本企業が，なぜ近年経営者主導で積極的なM&A活動に転じたかの理由に注目する必要があるだろう。

　その理由の一つが，日本を取り巻く構造的な環境変化である。国内市場での競争企業数の多さと国内市場の成熟化に起因する過当競争，そして海外企業とのグローバル市場での競争が，M&Aを通じた抜本的な業界再編を必要なものとし，M&Aの増加を後押ししているのだ。先に挙げた銀行業界や製鉄業界，保険業界や小売業界，そして家電量販店業界もその一例であろう。

　もっとも，国内企業同士のM&Aだけでは国内市場の成熟化には根本的には対応できない。結果的に合併・買収先の国内市場規模に制約されるからである。したがって，成長機会を主体的に獲得していくためには，成長する海外顧客を有する海外企業とのM&Aを推進する必要がある。2009年5月のサン・ミゲルビール社（比）の買収，2009年10月のライオン・ネイサン社（豪）の買収，そして2011年8月のアレアドリ社（伯）の買収を実施してきたキリンビールの事例はそれに該当するだろう。ビール業界は人口減少とともにその消費量の減少が予想される成熟業界であり，そのような変化に主体的に対応するには多角化と海外展開が企業存続のための必須条件となる。医薬事業への多角化もその一手であり，海外企業買収も海外での事業展開の一手であろう。

　成熟市場は製造業に留まらない。サービス業もまた，人口減少に伴い長期的には国内の大きな市場成長は見込めない。成長機会を獲得するためには，海外企業のM&Aを念頭に置かざるをえない。2013年7月のソフトバンクによるスプリント・ネクステル社（米）の買収，2015年2月の第一生命によるプロテクティブ社（米）の買収事例は，同じく海外需要を獲得するための主体的な一手である。その中でも，ソフトバンクによるスプリント・ネクステル社買収事例は，国内市場ではなくグローバル市場での市場地位を変革するための野心的一手であろう。

　さらに，円高による為替条件の変化も，日本企業による積極的な対外M&Aの展開を後押ししている。国内市場は成熟化し，投資案件としての海外競合企

業が円ベースで安価となれば，自ずと経営者も対外 M&A に積極的になるはずである。それだけではない。旺盛な M&A 意欲を支えているもう一つの原因は，企業収益の改善に伴い積みあがる内部留保（利益剰余金）である。内部留保が大きくなれば，対外 M&A を実施するための軍資金も増加するので，加えて手元流動性を担保するための現預金や株主への配当，そして設備投資の必要性が小さければ，その分だけ対外 M&A を積極的に展開することが可能となる。日本経済新聞社が 2015 年 12 月に実施した社長へのアンケートは，過去最大規模に膨らんだ内部留保の活用先について，M&A（合併・買収）と株主還元との回答がいずれも 44.8% に達したと報じている[1]。他方で，ベースアップを検討すると回答した企業は僅か 9% である。それが適切な戦略であるかどうかの価値判断は別にして，稼いだ利益を労働者の給与ではなく，不確実性への対処として現預金で保有しておく，株主へ配当する，設備投資を行う，そして M&A の資金に充てる。それが日本企業の，特に大企業の傾向なのである。

　最後に，法規制緩和や競争政策上の変化によって，M&A 活動の阻害要因が取り除かれてきたことも M&A 増加の間接的な要因の一つである。それは，1997 年 10 月に施行された合併手続きの簡素化であり，同年 12 月の純粋持株会社の設立および転化の解禁であり，1999 年 10 月の株式交換および移転制度の創設であり，2001 年 4 月の会社分割制度の創設などである。

II　M&A は経営成果の改善をもたらすか

1. M&A の便益：四つの節約効果

　自社と他社の経営資源や管理機構そして組織文化を結合し，他力を自力として活用するのが M&A の目的である。したがって，M&A の経済的意図が達成されるためには，M&A を通じた何らかの経済性（節約効果）の実現を通じて，合併・買収元企業の経営成果が改善しなくてはならない[2]。その節約効果には，大別して四つの異なる経路がある。

　M&A を通じた経済性とは，第一に自社と他社の経営資源の結合によって達成される規模拡大がもたらす節約効果である。それは，規模の経済性と言い換えてもいい。生産（販売）規模が拡大することにより，供給業者（買い手）に対する交渉力が高まり調達コスト（販売価格）を低くする（高くする）ことが可能となる。あるいは時間当たりの生産量（スループット）を増加させることで，

固定費をより多くの生産（販売）量に案分することが可能となり，単位当たりのコストを低下させることが可能となる。

　M&Aを通じた第二の経済性とは，川上から川下までを構成する様々な業務活動（バリューチェーン）を統合することによって生まれる節約効果である。それは組織内部に取引を取り込むことによって実現される統合の経済性だ。川上企業と川下企業とのM&Aはそのような経済性の実現を意図したものとして行われる。市場取引で生じる取引コスト（取引相手の探索，取引条件の交渉，契約の監視と強制費用）の節約こそが組織統合の経済性が生まれる源泉となる。

　M&Aを通じた第三の経済性とは，他者が行った学習成果を自分のものとすることによって生じる節約効果である。自らの学習成果がもたらす経済性に注目するのが「経験効果」だとすれば，第三の経済性とは他者の学習成果を事後的に利用することで生まれる経済性である。経験のない技術領域や市場領域で新規に事業を立ち上げるのは時間もかかるしリスクも存在する。それゆえ，自社で新規事業に乗り出すのではなく，すでに顧客を獲得し市場地位を確立した他社の新規事業を企業丸ごと自社のものとすることで時間を節約し，リスクをヘッジすることが可能となる。後発者として未知の新規市場に参入する時もM&Aが選択肢となる。この経済性の存在ゆえに，M&Aによって他社の経営資源を獲得することが，時間の節約やリスクヘッジにつながるのである。

　最後に挙げられる経済性は，自社（合併・買収元企業）と他社（ターゲット企業）との間で生じる範囲の経済性である。範囲の経済性は，単純な相補的な範囲の経済性と，相乗的な範囲の経済性とに大別することができる。相補的な範囲の経済性とは，自社の弱み（強み）と他社の強み（弱み）とを互いに補完することで生まれる経済性である。地域的に異なる市場の補完性や異なる市場セグメントの補完性がそれに当たる。これに対して相乗的な範囲の経済性とは，シナジー（synergy）という言葉で表現されるように，単純和を超えた経営成果の実現を指して言及される経済性である。自社と他社に還元できない新規の成果が強調されるように，新しい技術や市場の創出につながる知識やアイデアの創出が節約効果の源泉となる。

2. M&Aの費用：経営統合コスト

　もっとも，上記に挙げた経済性（節約効果）は，常に生じるわけではない。経営統合のために必要となる費用がM&Aによって得られる便益を上回れば，

事後的に節約効果は生じることなく，純粋な費用のみが顕在化するはずである。経営統合の費用とは，自社（合併・買収元企業）が保有する経営資源と他社（ターゲット企業）が保有する経営資源の統合に必要となる費用である。その他にも，異なる管理機構や管理手順・規則の統合や異なる組織文化の統合に関わる必要経費が経営統合の費用となる。

より具体的に言い換えれば，これらの統合過程で生じる費用とは，合併・買収元企業の代表者および組織構成員と，ターゲット企業の代表者および組織構成員との間で生ずる一連の内部調整費用（交渉と調整，決定と履行，および一連の活動の監視に関わる費用）である。このコストが，市場を利用するコスト（取引コスト）を下回らなければ，M&Aは少なくとも経済的には成功と言えなくなる。

経営統合とは，異なるモノ（資源や管理機構や手続き，そして組織文化や価値観）を一つに統合し融合する活動であるから，それに必要となる費用は合併・買収元企業とターゲット企業との異質性の程度に影響を受けるはずである。それゆえ，統合費用は同業種の企業間統合（水平的M&A），川上企業と川下企業との統合（垂直的M&A），異業種の企業間統合（混合M&A）といったM&Aのタイプの違いにも依存すると考えられる。制度や文化の違いを統合するのも，経営統合に期待される役割なので，制度や文化的背景の違いを乗り越える必要のある対外M&Aの方がそうでない場合よりも統合費用は大きくなるだろう。

加えて統合費用は，統合の主導権を誰がどのように担うかによっても影響を受けると考えられる。合併・買収元企業とターゲット企業との間で，誰がどのような主導権を以て統合プロセスを実現するのかについて明確な合意が成立していなければ，成立している場合と比較して統合費用は大きくなるだろう。それゆえ，その他の条件が同じであれば，統合主体が明確な買収の方が合併よりも統合費用は相対的に小さくなると考えられる。また，合併の中でも合併過程でその都度交渉が必要となる「対等合併」の場合は，株式交換比率に大きな差が見られる合併の場合と比較して，統合費用は相対的に大きくなると考えられる（長岡，2005）。

3. 経営成果との関係

M&Aで実現が期待される便益とM&Aに伴う統合費用は，個々の企業が置かれた経営環境の影響を受けるため，当然のことながらM&Aは常に成功する

わけでも常に失敗するわけでもない。M&Aの経営成果に与える影響を検討した実証研究は膨大に存在するものの，一貫してポジティブな発見事実が見いだされているわけではない (Haleblian et al., 2009)。つまり，残念ながら，M&Aは必ずしも当初の意図を達成できているわけではないのである。

合併に関する実証研究をサーベイした滝澤・鶴・細野 (2008) は，合併の経済効果について，欧米の先行研究と日本の先行研究の双方で一貫した実証結果が見いだせないことを指摘している。例えば，Hoshino (1982) は合併元企業の収益性に改善が見られないと指摘しており，長岡 (2005) は対等合併では経営成果の改善が見られないのに対して，それ以外の合併では生産性向上の成果が認められると指摘している。

むしろここで問うべき点とは，事前に経営成果改善の保証がないにもかかわらず，なぜ多くの企業がM&Aに関与するのか，という疑問である[3]。この点に関してありえる一つの説明は，ターゲット企業の成長可能性や合併・買収元企業との補完性に関する評価が事前に適切に行われていない，というものである。滝澤・鶴・細野 (2008) は，1590の日本の合併事例に関する実証結果に依拠して，M&Aの経済的成果がどの程度の規模で生じるか否かは，合併後のリストラクチャリング・プロセスに依存し，よりパフォーマンス改善の見込めそうな合併を志向すべきであると指摘している。このことから，M&Aが期待する経営成果をもたらさない原因として，そもそもM&Aの対象企業が適切に評価・選別されていない可能性と，仮に適切な評価・選別がされていたとしてもその後生ずる経営統合費用が過小評価されている可能性が示唆されるのである。

III　合併に伴う組織統合

1. M&Aに伴うシナジー幻想

M&Aに関わる過度な期待は，経営学の分野では「シナジー幻想」という形でよく知られ，経営者が囚われる意思決定のバイアスの一つである (Goold & Campbell, 1998)。ここで言う幻想とは，M&Aによって創造される経済的価値を現実から大きく乖離して評価するバイアスである。これは，ターゲット企業の経済的価値もしくは合併・買収元企業との補完性が過大に評価され，他方でM&Aに伴う経営統合費用が過小評価される合成結果として生まれる。

例えば，2012年に北米・欧州・アジアの352人のエグゼクティブに対して

行われたコンサルティング会社 Bain & Company の調査結果によれば，合併の困難さや予期せぬ失望につながる原因として，次の五つの要因が指摘されている。第一に「法的監査・買収監査（Due diligence）における重要事項の見落とし（59%）」，第二に「シナジーの過大評価（55%）」，第三に「戦略的適合性の不十分な認識（49%）」，第四に「法的監査・買収監査（Due diligence）における文化的適合性の不十分な認識（46%）」，そして第五に「統合チームをまとめる，主要な人材を維持することの失敗（46%）」である。合併・買収の際には，必ず経営者は合併・買収後に実現すると「期待される」様々なシナジーに言及し，合併・買収を正当化する。しかし，実際にシナジーという形で顕在化するかどうかは，実は合併・買収統合の過程で初めて当事者自身にとっても明らかとなる統合マネジメントと，その実行に必要となる経営能力や残された時間にも依存しているのである。

　1998年に大西洋を跨いだ世紀の大合併と騒がれた「ダイムラー・ベンツ」と「クライスラー」の対等合併は，その9年後にクライスラー部門の売却という形で実質的に幕を閉じた。合併当初，自動車業界で生き残るには400万台の規模が最低線であり，巨大合併を通じた事業基盤の拡大によって規模の経済を追求する戦略が掲げられた。しかし，経営方針や技術思想の違いから両者の実質的な協業は進まず，クライスラー部門の収益も改善しなかったと言われている[4]。

　大型の買収・統合が容易にうまく行かないことは，日本企業においても全く同様である[5]。大きな期待の下に進められる合併・買収は，しばしば大きな失望とともに幕を閉じる。それは業界横断的に見られた共通現象である。三菱地所によるロックフェラーグループ社の買収（1989年），レナウンによるアクアスキュータムの買収（1990年），富士通によるICL買収（1990年），日本板硝子によるピルキントン買収（2006年）はその一例である[6]。1990年代初頭の日本企業による大型ハードとソフトの融合を意図した，1989年のソニーによるコロンビアピクチャーズ買収，そして1990年の松下電器産業（現，パナソニック）によるMCA買収も，後知恵という点で決して公正な評価ではないが，結果論から言えば「シナジー幻想」であったと言わざるをえないだろう。買収時の補完性だけでなく，買収（合併）後の統合マネジメントも事前に視野に入れなければならない。それゆえ，合併・買収統合は終わりではなく，価値創出のための統合マネジメントの真価が問われる「始まり」なのである。

2. 既存研究における統合問題

　統合マネジメントの鍵は何か。M&A に伴う経営統合問題を検討する既存研究が注目してきたのは、合併・買収元企業とターゲット企業との間の適合性である。具体的には、既存研究は「戦略的適合性（strategic fit）」と「組織的適合性（organizational fit）」とに区別し、合併統合の段階の違いによって、適合性の重要性が変化することに注目してきた（Datta, 1991; Jemison & Sitkin, 1986）。一連の研究が想定するのは、M&A の事後的な成功は事前の合併・買収元企業とターゲット企業との適合性に依存しており、事前の適合性が高ければ統合の難易度は低下し M&A の成功確率は改善するという前提である。戦略研究者は事前の戦略的適合性の重要性を強調し（例えば、Kim & Finkelstein, 2009）、組織研究者は組織的適合性の重要性を強調している（例えば、Lodorfos & Boateng, 2006）。このように戦略研究者と組織研究者との間で強調点に違いこそ見られるものの、既存研究は合併・買収元企業とターゲット企業との戦略的関連性（strategic relatedness）、戦略的類似性（strategic similarity）や補完性（complementarity）、文化的類似性（cultural similarity）、互換性（compatibility）に注目してきた。

　もっとも、既存研究は合併・買収元企業とターゲット企業との戦略的適合性に過度に注目してきたことに留意しなければならない（Anderson, Havila, & Salmi, 2001）。当事者である経営者は、統合前の戦略的適合性の重要性を強調する傾向にある一方で、その後に問題となる組織的適合性の問題を過小評価する傾向にある（Greenwood, Hinings, & Brown, 1994）。その結果、既存研究では組織的適合性の一要素である文化的適合性の果たす役割が十分に考慮されていない。先ほど挙げた Bain & Company での調査結果でも、文化的適合性は統合の成否に影響を及ぼす重要な要因であると示されている。また、この問題は特に日本企業で急増する対外 M&A の成否を検討する上でも重要な課題となるはずである。

　合併後の組織統合の問題は、しばしば意見の対立、抵抗、文化的衝突、組織アイデンティティの問題を引き起こす。組織統合とは、異なる組織タスクの統合過程であると同時に、異なる経営慣行、組織手順や組織構成員の価値観の統合プロセスである。したがって、合併後にいかに組織統合が進展するかは、合併前の諸要因によって規定されるだけでなく、組織統合過程に伴って推進される統合マネジメントのあり方にも影響を受けるはずである（Stahl & Voigt, 2008）。だからこそ、M&A に伴う統合マネジメントは終わりではなく始まりなのである。

3. 残された三つの研究課題

　経営分野における M&A 研究は，これまで様々な重要な知見を積み重ねてきた。しかしながら，そこにはいくつかの解決すべき研究課題が未だ残されている。第一の課題は，多段階から構成される M&A の実現過程における相互依存関係に関する理解が十分ではない，という課題である。多くの既存研究は，M&A の特定段階にのみ注目しており，異なる段階から成り，時間的に進展する相互依存関係を十分に検討していない。例えば，Bauer & Matzler (2014) は，多段階の過程の検討を可能とする経年的研究（longitudinal research design）の必要性を指摘している。

　第二の既存研究の課題は，個人の協働というマイクロ・レベルでの合併統合過程の検討である。M&A 研究分野は，主としてファイナンス研究者によって主導的に進められており，多くの研究の分析単位は個人レベルではなく企業レベルである。合併統合過程を通じて，合併・買収元企業とターゲット企業の個々人がどのように協働するかという点は，残念ながらほとんど検討されていない。組織統合における人的側面の重要性を強調する組織行動論でさえも，多くの研究は事例分析かフィールド研究に基づく逸話的証拠に基づいている。結果的に，合併・買収元企業とターゲット企業との間で起きる個人レベルでの協働とその時間的内部変化について十分な検討がなされていないのである。それゆえ，萌芽的研究提案ではあるものの，合併統合研究は社会ネットワーク分析の知見を取り入れることで，合併統合プロセスの理解が深化するかもしれない（Frantz, 2012）。社会ネットワークの視点から見ると，組織統合の過程は合併・買収元企業とターゲット企業それぞれにおいて発達した異なるネットワークが交差し調和する「社会的調和過程」として捉えることができるからである。

　近年台頭する，社会ネットワークの動的変化に注目する諸研究（Briscoe & Tsai, 2011; Rogan, 2013, 2014; Rogan & Greve, 2014）は，この流れに位置づけられるものである。これらの研究は，既存の社会ネットワークや関係的埋め込み（relational embeddedness）が，どのように合併統合過程のネットワークの形態に影響を与えるかを検討しており，合併統合を個人レベルの協働に落とし込んで具体的に検討しているという点で，今後の有力な研究方向の一つであると思われる。

　第三の研究課題は，M&A とそれに伴う統合過程における供給業者，顧客，労働組合，地域が果たす役割である（Calipha, Tarba, & Brock, 2010）。既存研究の多くは，株主や従業員が果たす役割や影響について過度に注目してきたけれど

も，その他の利害関係者の役割や影響についてはほとんど光が当てられていない。合併統合に伴う顧客が果たす役割（Öberg, 2014）や供給業者の果たす役割（Kato & Schoenberg, 2014）に近年関心が向けられつつあるが，十分とは言いがたい状況にある。M&Aを通じた価値創造過程は，株主や従業員だけではなく，他の利害関係者の果たす役割や影響を考察することで初めて完結するはずである。

その一例として，合併統合過程における顧客資産統合プロセスとして合併統合を捉える見方が挙げられる。合併統合において，統合プロセス自体は，合併・買収元企業の株主とターゲット企業の株主との間の株式交換を通じた統合プロセスであると同時に，両企業の従業員の協働を通じた人的統合プロセスである。ただし，統合プロセスは，それ以上の多面性を兼ね備えたプロセスである。それは等閑視されてきた側面であるが，合併統合は，合併・買収元企業とターゲット企業がそれぞれ抱えてきた異なる顧客を統合するプロセスでもある。

これらの既存研究の陥穽を克服するという点で，M&Aに関わる組織統合研究は，M&Aの各段階の相互依存関係を念頭に置いた経時研究を志向し，より組織内部の個人レベルの協働に注目すること，そして従業員や株主以外の利害関係者の役割や影響を検討する必要がある。

合併における統合の困難さは様々あるが，以下ではその中でも高度分業化の進展の必然的な帰結として生ずる「組織の壁」に注目する。合併統合とは，まさに異なる経営体に存在する「組織の壁」を克服する過程なのである。

Ⅳ　乗り越えるべき「組織の壁」

1. 基本的な課題：過去に最適化される組織

組織は，理想的には組織構成員による協力があって初めて成立する協働システムである。したがって，組織の壁ができるのを未然に防ぐには，元々異なる個人目標を有する組織構成員が，一つの組織の共通目標にうまく統合される必要がある。個人の目標の組織目標への統合プロセスは，組織論の古典的な問題である（March & Simon, 1958）。

一人でできないことを組織として達成するためには，組織は分業を必要とする。分業の最大のメリットは専門化の追求である。専門化の追求は専門的知識と技能形成に貢献する。しかし他方で，分業の進展はコミュニケーションや協

力を通じた分業間の協働を必要とする。組織論では前者を分化と呼び，後者を統合と呼ぶ。組織マネジメントの課題は，分化を追求すれば専門化のメリットを享受できるものの，分化が進むほど統合が難しくなるという分化と統合のトレードオフの問題に帰着する。統合を阻む組織の壁は，分化の進展に伴い必然的に生まれる組織病理である。分野によって異なる表現を使うことはあるもの，その本質は分化に伴う統合の問題にある。

　例えば，研究開発管理の分野においてよく知られた「NIH（Not Invented Here）症候群」と呼ばれる，自らの部署や組織の自前主義にこだわる傾向もまた，組織病理現象の一つである（Katz & Allen, 1982）。組織の壁に関わる病理は，最近では組織の「サイロ化現象」として知られるようになっている（Tett, 2015）。組織の「サイロ化」とは，組織の縦割り構造を表現する比喩として，北米英語圏で用いられる表現である。組織を縦に長い窓のない複数のサイロ（穀物貯蔵庫）に見立て，組織の縦割り構造と，縦割り構造ゆえに生まれる組織的病理を表現した比喩である。日本では，「タコツボ（蛸壺）」という表現がより馴染み深いかもしれない。「サイロ化」は，組織の縦割り構造を自らの殻に閉じこもるタコに見立てる指摘と基本的に同じ現象を指している（丸山，1961）[7]。

　分業の進展の帰結として生まれる縦割り構造は，縦割り構造の中で最適化され，他の縦割り構造との連携を困難にする。分業の必然的帰結として，分業単位ごとの部分最適化が生まれ，組織の壁が自然と生まれるのである。したがって，組織マネジメントによる協働過程への意図的な介入がなければ，分業の進展は必然的に組織の壁を生み，組織のサイロ化を進展させる。

　分業は専門化の追求という観点から推進されるだけでなく，日々の業務の効率化という観点からも推進される。組織の下位部門を職能ごとに束ねることも，商品ごとに束ねることも，あるいは事業ごとに束ねることも，その基本原則は日々の業務の効率化にあり，その観点で部門化が推進される。組織を構成する下位組織の部門化の進展は，環境変化が小さい場合には大きな問題とはならない。問題として顕在化するのは，大きな環境変化に直面する時である。環境変化によって社会は新しい課題を生み出し，その解決のためのニーズを企業に要求する。新たなニーズへの適応を図る際に，組織の壁の存在が組織内部の協力を阻み，経営課題として顕在化する。効率化によって推進された部門化は，過去の既存のニーズに最適化されるからである。組織の壁やサイロ化は，過去の成果に基づいて進められる分業ゆえにその原因が生み出され，未来への課題対

応に際して顕在化するのである。

2. 様々な場で観察される組織の壁

「組織の壁」が自然と厚くなり，突破することが難しくなるという組織のサイロ化は，日本のみならずどの地域でも生まれる現象である。また，どの時代でも，業種の違いにかかわらずあらゆるタイプの組織で生まれる現象である。そこでは，営利組織か非営利組織かも問わない。サイロ化とその克服を分析したTett (2015) は，ニューヨーク市役所，ソニー，UBS銀行，クリーブランドクリニック，フェイスブック，シカゴ警察などを検討し，サイロ化が高度専門化する社会の必然的特徴だと指摘している。

職能部門間におけるサイロ化現象は，職能ごとの部分最適化行動と職能部門間の対立という形で顕在化する（Majchrzak & Wang, 1996）。その一例として，研究開発職能と営業・マーケティング職能の連携の問題を考えてみよう。この二つの職能を単純化するならば，未来の新規事業の種を生み出すのが研究開発職能の基本目的であり，既存事業の売上・利益最大化が営業・マーケティング職能の基本目的である。研究開発職能は，新しい技術の種を体現した新規商品の投入を通じて，新規ニーズに応えることを目標とする。他方で，営業・マーケティング職能は，既存ニーズを最大限満たすことを目標とする。売上低下に直面した時，研究開発職能はその原因を営業・マーケティング職能の拡販努力の不足に求める。他方で，営業・マーケティング職能は，その原因を研究開発職能の，魅力的な商品を生み出せない開発努力不足にその原因を求める。研究開発も営業・マーケティングも，本来は顧客の課題解決という共通目標のために協力すべきであるにもかかわらず，各部門は自らの部門目標を職能単位で局所的に最適化するため，そのような対立が起きる。それは自ら所属する職能部門の目標が，本来組織の下位に位置し，職能目標を次善の目標として追求すべきであるにもかかわらず，互いの職能部門が組織の最上位の目標だと捉えるために起きる現象である。

事業部門ごとの部分最適化行動とそれに起因した部門間の対立も，どの組織でも観察される現象である。例えば，多角化した複数事業部門を抱える企業において，事業部門の再投資基準が，個々の事業部ごとの業績評価に基づいて厳密に運用されるに従い，事業部門ごとの部分最適化行動が強化され，異なる事業部門間の協力が難しくなる。前章で指摘した「戦略なき再投資」（伊丹，

2000a) もこのような部分最適化行動にその原因の一つがある。現在の収益を支える既存事業と，未来の収益を支える新規事業との対立も，多角化企業でしばしば見られる対立である。既存事業はかつての成功者によって運営される組織であるのに対して，新規事業は周縁と位置づけられ，時として異端者によって運営される。共通の問題意識と目標なくして，両者の協力を期待することは難しい。新規事業と既存事業とが代替的な関係にある場合は，両者の対立は先鋭化する。

　組織の壁が生まれ厚くなっていく組織のサイロ化という現象は，職能部門間や事業部門間でのみ観察される現象ではない。専門性の違いもまた，サイロ化を生み出す源泉である。専門化の追求は，専門内での独自の言語と文法，問題への接近法を発展させる。それが，異なる専門の間の対話の低下を生み出し，専門ごとの部分最適化行動を生み出す。材料技術者と電気技術者，電気技術者と機械技術者，ソフト設計技術者と生産技術者など，専門性の進展の裏返しとして専門間のサイロ化が進展する。ビジネスの世界と同じく，学問の世界でもその状況は同じである。専門性を越えた協働が，その重要性が認識されてきたにもかかわらず，必ずしもその社会的必要性ほどに進展しないのは，まさに専門家の専門性の違いを反映したサイロ化の存在の証左である。

　サイロ化は，分業が進んだ既存の組織構成員の中でのみ顕在化するわけではない。それは，組織間の合併を通じて，新たな組織構成員が既存の組織構成員の中へ参加するという状況でも顕在化する。合併と合併に伴う組織統合では，ターゲット企業の組織構成員が合併・買収元企業に参加し協働することが必要となる。それは異なる組織文化を持った組織構成員の協働であり，異なる経営慣行，実務手順，価値観を持った組織構成員の協働を必要とする。合併・買収元企業とターゲット企業の組織構成員間で共通目標を共有できなければ，サイロ化した組織が合併企業内で共存することとなり，合併のメリットは十分に享受できなくなる。

　既存の職能では問題解決できない時，既存の事業部門では問題解決できない時，既存の専門分野では問題解決できない時，サイロ化の問題が顕在化する。新たな課題への対応に既存の分業形態の再編成が必要とされているにもかかわらず，課題の存在さえ認識しない，認識していたとしても解決に向けた十分な協働が既存の境界線を越えて起きない問題。それこそが組織の壁が厚くなり，異なる人々の相互作用を欠いたサイロ化現象なのである。

3. 奇妙な一致：サイロ化した二つのエレクトロニクスメーカー

　サイロ化現象を検討した Tett（2015）は，ソニーの組織内の分裂した状況を示す事例として，1999年に同社から発表された，互いに競合する三つのデジタル音楽プレーヤーの製品投入事例を取り上げている[8]。もっとも，このような事態は，分裂した組織の状況を示唆する事例であると解釈できるものの，他方で当時デジタル化の方向性が必ずしも見通せない中で，複数の部門が市場に実験的に複数の製品を出す必要性があったという意味で，合理的な判断であったと解釈できなくもない。

　たしかに上記のような事態は，製品間の互換性を考慮することが必ずしも必要のないアナログ製品全盛の時代には，社内の事業部門間の激しい競争を通じた実験的な製品の市場投入例として高く評価されるべき事例かもしれない。しかし，製品間の互換性が重視されるデジタル技術の時代には，このような類似製品の市場投入は，全社としてのデジタル製品戦略の不在を図らずも対外的に（特に顧客に対して）示すことにつながっていたかもしれないのである。

　このような事態は，当時のソニーの事例に留まらない。組織内部で高度に分業した日本の大企業が，その程度の違いこそあれ共通に直面していた問題であったと考えられる。その一例が，その成り立ちから事業部別の自主責任経営を標榜していた松下電器産業（現，パナソニック）である。同社の特徴は，松下幸之助による，商品技術に基づく商品別事業部制である。デジタル化・ネットワーク化が進展する中で，「事業部の事業領域を規定している商品区分という旧来の『括り』が厳然と残っており，リソースの柔軟な組み合わせを阻んでいた。そればかりか，事業部の括りという壁が，技術の壁ともなっていた」（兒玉，2007：60）。事業構造改革という文脈で，松下電器の構造改革を検討した兒玉（2007）の中で引用される技術担当役員の二つの発言は示唆的である。

　　「松下電器は事業部制を堅持するんだ，といっぱい言ってきた。しかし，それは一方で技術にも事業部制を作ってしまった。技術の中にも壁を作ってしまった」（古池進の発言，兒玉〔2007：60〕より抜粋）

　　「（前略）アナログの時代ですと，社内競合・競争がプラスに働いて，強くなってくる。デジタルの場合は，もうプロトコルが違ったら，お客さんはえらく迷惑で」（三木弼一の発言，兒玉〔2007：60〕より抜粋）

　技術は壁を嫌い，組織は壁を好む。デジタル化とネットワーク化の進展という技術変化は，組織内部に存在する壁の顕在化を促し，日本企業のこれまでの

経営慣行の修正を迫るようになった。いかに既存の分業の境界線を越えて，新たな協働関係を生み出し，社会に出現する新規の課題解決に資する組織体制を構築できるか。この問題は，特に高度にその内部で分業が発達し，仕事が細分化して進められる大企業を中心とした日本の企業組織に共通の課題なのである。

技術進歩が組織の壁の存在を顕在化し，その修正を迫っている例はエレクトロニクスメーカーに固有の事態ではない。みずほ銀行による二度のシステム障害が起きた背景はまさにそのような事態である。第一勧業銀行と富士銀行，そして日本興業銀行の合併によって 2002 年に誕生したみずほ銀行は，2002 年と 2011 年に二度のシステム障害を経験した。障害が生じた構造的背景として指摘されるのが，みずほ銀行が統合元 3 行の勘定系システムのうち，どれか一つに片寄せして統合することをせずに，合併後も 3 行で異なる勘定系システムを維持したことにある。組織統合の過程で特定の IT ベンダーが開発・保守する勘定系システムに絞り込まなかったのは，大手銀行ではみずほ銀行だけである[9]。結果的に，みずほ銀行はバブル以前に多額の投資をした旧来の勘定系システムを温存し，それを異なる銀行間で接続するという技術的にも手間のかかる統合プロセスを選択することとなった。組織として合併しても，業務プロセスを効率化するようなシステム統合が適切になされていなければ，当然のことながら不確実性に脆弱な業務体制とならざるをえない。組織は一つかもしれないが，背後で働く業務システムは顧客に見えない形で共存していたのである。

4. 組織のサイロ化をいかに克服するか

このようなサイロ化の源泉は，「自分のやり方こそが自然で，普通で，必然的なものだと感じている」ことに起因している。当たり前であるからこそ，改めて考える機会も持たないし，その意義を見直す努力さえ行わない。いわば自らの存在と社会への関わり方を「当たり前」だと思うところに，サイロ化の源泉がある（Gulati, 2007; Stalk, 2011）。この問題は，関与の問題の一部でもある。自らの役割を既存の職能の一部と考える組織構成員にとっては，他の職能との積極的な連携は役割外の業務である。自らの事業部の役割を狭く定義する組織構成員にとっては，多くの仕事がまた役割外の業務と定義される。サイロ化は，まさに自らの仕事の対象を狭く，固定的なものとして捉える時に顕在化するものである。主体的に新たな対象に関与する姿勢なくしては，サイロ化はいつでもどこでも生まれる現象なのである。その意味で，組織構成員の深い心の中に

その源泉があると表現することも可能である。

　それでは，組織の縦割り構造に起因する部分最適化行動はどのようにすれば克服可能であるのか。職能部門間の対立を検討した Majchrzak & Wang（1996）は，その克服策として，組織文化の変革，責任の重複化，部門間協働を促す報酬構造への変革，相互作用を促す物理的レイアウトの配置，そして作業手順の変革を挙げている。サイロ化現象を組織内に部門別に分散する知識の統合過程に関わる問題として捉えた Lessard & Zaheer（1996）は，どのように組織構成員が直面する課題を認識するかという社会認識的視点（socio-cognitive perspective），どのように組織構成員が部門横断的協力を促すインセンティブ構造に置かれているかという経済的視点，そしてどのように協力を推進するプロセス管理がなされているかというプロセス視点の三つの視点からこの問題を検討している。具体的には，フォーチュン500社にランクインする14社を対象にし，どのように為替変動に対する部門間の対応の違いが生み出されるかを検討した。実証研究の結果は，組織構成員の課題認識，構成員へのインセンティブ付与，そしてプロセス管理のいずれもが，分散化した知識の統合に有効であることを明らかにしている。

　コモディティ化による競争圧力ゆえにソリューション販売への転換を図る過程を検討した Gulati（2007）は，製品志向から顧客志向への転換を図るための方策として，調整（Coordination），協力（Cooperation），能力（Capability），外部との協業（Connection）を検討している。彼の表現を用いれば，製品志向の企業は，顧客第一ではなく製品第一の企業であり，「内から外へ」という視点が社員に蔓延している組織である。これに対して，顧客志向の組織とは，技術部門でさえ「外から内へ」の視点を持っている組織である。彼が例示として挙げるシスコシステムの事例は示唆的である。「シスコシステムズでは，技術革新が尊ばれる。自社の影響を度外視して，顧客の問題を解決しようとする意欲がイノベーションの原動力になっている。その意欲は，全社員が身につけるバッジに『No Technology Religion（我々は技術崇拝者ではなく，お客様に必要なことならば何でもします）』と書かれていることからも伝わってくる」。同社では，顧客の抱えている問題解決こそが最優先とされ，それが成功の証となっているのである。一連の議論から，組織の壁を越えサイロ化を防ぐためには，顧客自身と顧客の抱える課題に対して，部門横断的に取り組むことが必然化される仕組みや経営上の介入が必要となるようである。

人類学的視点からこの問題に取り組んだTett（2015）は，五つの解決策を提案している。第一に，異なる部門の人間が相互交流可能なように組織内の境界を柔軟で流動的にしておくこと。第二に，部門最適化ではなく，部門間の協調を重視する報酬制度やインセンティブ制度の導入を検討すること。第三に，情報技術を積極的に活用して部門間で情報共有を促し，多様な事実解釈の生成を促し，部門間を往来する「文化的翻訳家」を育成すること。第四に，直面する世界を整理するために無批判に利用している分類法（認識枠組み，メンタルマップ）を定期的に見直すこと。第五に，認識枠組みを強制的に変更させるために，ハイテク技術を既存の分類法と異なる形で導入すること，である。

　一連の既存研究から明らかとなるのは，組織構成員の問題認識のあり方，協力行動に影響を及ぼすインセンティブ構造，協働を促すプロセス管理，そして異なる部門間の人的相互作用の場を規定する物理的空間配置が，組織の壁やサイロ化の克服策を検討する際に鍵になるという指摘である。次章では，合併に伴う異なる組織の統合という文脈（post merger integration）で，組織の壁をいかに越境可能かという具体的な問題を検討する。

注

1) 「社長100人アンケート」『日本経済新聞』（2015年12月21日朝刊，1面）掲載に基づく。
2) 1970年以来M&Aに関わる研究知見が積み重ねられている（Bauer & Matzler, 2014; Calipha, Tarba, & Brock, 2010; Cartwright & Schoenberg, 2006）。しかし，個々の研究は，立脚する理論や方法論，そして注目する現象において極めて多様である（Bauer & Matzler, 2014）。経営学，社会学，会計学，経済学・ファイナンスの違いによってその問題意識，注目すべき段階，説明論理に違いがあるものの，どのようにM&Aが経済的価値を創造するのか，という点でその関心は共通している。
3) 全社戦略の失敗事例として言及した『戦略暴走』（三品，2010）の179事例うち自力進出による国際化の失敗事例が22事例であるのに対して，資本参加による国際化の失敗事例が17事例で，M&Aによる国際化の失敗事例が19であった。
4) 『日本経済新聞』（2007年4月6日，朝刊，2面）。三菱自動車関係者の海外担当者の発言としての以下の引用は，両者の組織文化の違いを如実に表すものである。「2つの会社は，何から何まで違い過ぎた。ダイムラーの経営陣は体育会系で，議論に熱中すると役員会は深夜に及び，途中から酒が入って最後は歌い始める。クライスラーの役員は朝早くからバリバリ働いて定時になるとすっと帰った」『日経ビジネス』2007年5月7日号，pp. 30-31）。
5) 松本（2014）によれば，海外M&A事例116件のうち，わずか9件が成功事例だという。
6) レナウンは2009年9月8日付で，連結子会社であるAquascutum Group Limited 全株

式を，英国にてファッションブランドビジネスを展開する Broadwick Group Limited に譲渡した。
7) タコツボに対比されるのが，中華鍋を洗う際に利用される竹の先を細かく割って束ねた「ササラ」である。タコツボと違って，ササラは竹細工の先端に行くに従って広がっている。
8) 「メモリースティックウォークマン」，「VAIO ミュージック・クリップ」，「ネットワーク・ウォークマン」を指している。
9) 例えば，「みずほ銀システム崩壊」『日経産業新聞』（2002 年 4 月 9 日，24 面）および，「みずほ「鬼門」三たび」『日経産業新聞』（2014 年 3 月 5 日，22 面）を参照している。

第7章 組織の壁を越える

新規顧客の役割

　本章では，弁護士事務所や会計士事務所あるいはコンサルティング会社に代表される専門職サービス組織の合併事例を取り上げ，合併に伴う組織の壁をどのように越境可能かという問題を検討する。組織の壁を越え，異なる経歴を持った人々を協働させる鍵が，新規顧客の獲得にあることを明らかにする。「外の世界」に目を向けることでこそ，「内なる世界」の協働を促す可能性が示唆される。

I 専門職サービス組織の合併と統合過程

1. 問題の所在：合併後の統合過程

　合併に伴う統合プロセス（PMI: Post Merger Integration）とは，異なる管理機構の統合プロセスでありブランドや技術などの経営資源の統合プロセスである。それは出身母体の異なる人々が新たに協働することなので，異なる管理機構で働いた人々の価値観や，遵守する組織に固有の慣行や，手順の統合プロセスでもある。合併統合に注目した研究は数多く存在するが，多くの研究は個人レベルではなく集計した企業レベルでの統合問題を検討するに留まっている。一部の例外的な研究（Drori, Wrzesniewski, & Ellis, 2011; Greenwood, Hinings, & Brown, 1994）を除いて，個々の組織構成員がどのように合併後の組織に統合されるかについて十分な検討がなされていないのが現状である。

　本章が注目するのはこの点である。「定量的民族誌（quantitative ethnography）」（Briscoe & Tsai, 2011）と呼ばれる個別事例分析と定量的実証分析の双方を援用することで，個人の行動とそれを集計した平均的傾向の双方に注目する。それに

より，異なる組織背景と経歴を持つ個人が，統合過程を経てどのように協働に至るかについて検討を加えるのである。

具体的には，合併・買収元企業（もしくはターゲット企業）に所属する個人が合併統合に伴い，ターゲット企業（合併・買収元企業）の顧客を新たに担当することになる「顧客共有」という現象に注目する。この現象を実証的に検討する上で取り上げるのが，顧客との関係性が重要な専門職サービス業界の一つである監査法人業界だ。日本で多数観察される監査法人の合併事例に焦点を当てることで，合併・買収元法人（ターゲット法人）に所属する会計士が合併統合に伴い，ターゲット企業（合併・買収元企業）の顧客を新たに担当することになる「顧客共有」過程を検討するのである。

この検討作業は，経営統合プロセスを「顧客共有に伴う会計士個人のマイクロレベルの協働プロセス」として明らかにするものである。本章が事例として取り上げる専門職サービス業界は，サービス提供者と顧客との間で信用に基づいて繰り返し行われる取引関係ゆえに，合併統合の過程でも容易に顧客との関係性を変更することが難しい特徴を有した業界である（Briscoe & Tsai, 2011; Rogan, 2013, 2014; Rogan & Greve, 2014）。いわば「埋め込まれた関係性」（Granovetter, 1985）とその経時的変化過程に注目することで，合併後の経営統合過程実現の鍵要因を明らかにしようと試みるのである。以下では，専門職サービス組織の特徴と顧客との特徴的な関係性を指摘し，顧客共有のパターンを整理する。その上で，考えられる因果経路と仮説を提示し，研究デザインと研究対象について議論する。最後に，実証研究の結果と得られる知見を明らかにする。

結論を先取りするならば，組織の壁を越えサイロ化を防ぎ経営統合を促す要因として，新規顧客獲得の重要性を指摘する。新規顧客の獲得は，新しい組織文化と経営慣行を組織内部に持ち込む機会となり，組織の新たなアイデンティティ確立を通じて，組織統合を促す有用な機会となる可能性を指摘する。

2. 専門職サービス組織の特徴

かつて「知識労働者の台頭」（Drucker, 1959）として予想されたように，資本主義の発展において専門職サービス組織が果たす役割は無視できないほど大きくなっている（Lorsch & Tierney, 2002）。専門職サービス組織とは，弁護士事務所や会計事務所，人材派遣会社やコンサルティング企業に代表される専門サービスの提供を生業とする組織である。これらの組織は，一般的な企業組織と次の

ような点で大きく異なる特徴を有している。

　第一の特徴は，サービス提供者が単なる労働力ではなく，戦略的資産であるというものである。なぜなら，アウトプットとしての専門職サービスの品質が，インプットとしての提供者個人の能力や知識に大きく依存しているためである (Empson, 2000; Greenwood, et al. 2005; Maister, 1993; Starbuck, 1992)。

　第二の特徴は，上記の個人の専門性の高さゆえに生まれる特徴で，所属する組織からの独立性が高いという特徴である。サービス提供者である専門家個人は一般的な従業員と違って，所属する組織から相対的に独立しており，働き方や仕事内容そして他組織への異動に関して，相応の自由度が担保されている (Alvesson, 1995; Lorsch & Tierney, 2002)。単純で標準化された仕事と違って，専門職サービスは時として個別顧客のニーズに合わせてカスタマイズしたサービス提供能力を必要とする (Greenwood, et al. 2005)。これらの個人的知識や技能は暗黙的であり，第三者から見ると容易に観察できないという意味で秘伝的でもある。

　そのため，知識や技能は，専門家個人と顧客との関係性の中にしばしば「埋め込まれた」ものとなる。これが専門職サービス組織の第三の特徴である。結果的にサービス提供者と顧客との関係性は，「互いが関係性の維持に不可欠となる」という点で，強固で持続的な関係となる傾向を有している (Lorsch & Tierney, 2002)。

　そのような関係下では，顧客と専門家個人（もしくは専門職サービス企業）とが互いに依存しあっている。Podolny (2005) が指摘するように，そのような相互依存関係は，社会的地位が市場取引の選択にもたらす影響を考慮に入れると，明確に理解できるはずである。例えば，顧客企業と監査法人との取引関係を考えてみよう。顧客企業の評判や名声は，取引相手となる会計士個人もしくは所属先たる監査法人の評判や名声に依存するだろう。他方で，会計士個人もしくは所属先である監査法人の評判や名声は，顧客である企業の名声や評判に依存している。だからこそ，評判や名声が未だ確立しない新興企業（会計士や監査法人）は，有名会計士（有名企業）や大手監査法人（大手企業）との取引を積極的に選択する動機を持つのである。それとは逆に専門職サービス企業に従事する専門家個人は，自ら開拓した顧客との関係性を自らの資産と捉え，自らの資産と捉えるがゆえに，他者とその関係性を共有したり，他者にその関係性を移転したりすることに消極的になるのである。

このような点を考慮に入れると，専門職サービス業界における顧客とサービス提供者との関係は，事業会社と顧客との関係性と比較しても，密接で粘着的な関係性である。その粘着性ゆえに，新しいサービス提供者が顧客との関係性を構築するのにコストがかかり，初期の関係性を構築したサービス提供者から他のサービス提供者に移転するのもコストがかかる (von Hippel, 1994)。そのような粘着的な関係性は，特にM&Aに伴う組織統合という文脈では，統合マネジメントの障害となるはずである。というのも，組織統合はすでに述べたように顧客の統合であると同時に，顧客と関係性を持つ専門家個人同士の協働を通じた統合を必要とするからである。したがって，顧客統合あるいは顧客との関係性の統合という点で，専門職サービス組織の合併プロセスを研究対象として積極的に注目する意義が，そこに見いだせるのである。

3. 顧客との関係は誰のものか

顧客との関係が，注目に値する関係であるのはそれだけが理由ではない。というのも，「顧客との関係は誰のものか」という問いに対する回答が，特に専門職サービス組織において必ずしも自明ではないからである。例えば，監査業務を担当する会計士と監査対象となる顧客企業との関係で考えてみよう。この関係は会計士個人のものだろうか。あるいは，会計士個人が所属する監査法人のものだろうか。その答えは状況によって異なるはずである。会計士個人が何らかの理由で監査法人を代表しているのであれば，顧客との関係は会計士個人が所有していると解釈するのが適切であろう。それとは逆に，当該の会計士個人は監査法人で働く一専門家に過ぎないのであれば，顧客との関係性は会計士個人が所属する監査法人が所有していると解釈するのが適切であろう。

状況によって答えが異なるのは，専門職サービスの提供主体である個人が所属する組織の中で多面的な役割を担っているからである。「彼ら（専門家）は，製品サービスを売り顧客に資する生産者であり，組織を運営する管理者であり，長期的な関係性を有する所有者である」(Lorsch & Tierney, 2002)。図表7-1は，サービス提供先である顧客と，専門家個人とその個人が所属する組織との関係を図示したものである。図に示されるように，サービス提供主体としての企業と顧客との関係（非属人的取引関係）は，一方で顧客と専門家個人との関係（属人関係）に依拠しており，他方で専門家個人と所属組織との関係性（所属関係）に依拠しているのである。言い換えれば，顧客企業とサービス提供主体として

図表7-1 顧客とサービス提供者との関係

　の法人との間の企業レベルの非属人的取引関係は，サービス提供する提供主体の顧客との属人関係と，法人への所属関係という二つの個人レベルの関係によって成立しているのである。

　組織レベルでは本来一元的にしか見えない顧客との関係の背後に，このような関係の多面性を見ることができるのは，同一主体の中に二つの相矛盾する役割があることを認めるからである。その役割とは，個人が個人として果たす役割と，個人が所属する組織の代理（代表）として果たす役割である。個人が担う両義的な役割に注目することは，決して「机上の空論」ではない。なぜなら顧客との関係は誰のものかという問題は，現実には顧客という資産の所有権の問題であり，親方からの独立を考える職人や，独立開業する弁護士や税理士そして会計士などの専門職であれば現実に直面する問題である，からである。

　さらに，合併統合という事象において，顧客資産の所有権は特に重要である。というのも，純粋に個人に帰属する（と考えられる）のであれば問題はないが，組織にも帰属すると考えるならば，合併前後で帰属先となる組織に変更が起きるからである。言い換えれば合併統合に伴って，個人レベルで所有権の移転は起きないが，組織レベルでは合併前の組織から合併後の組織へと所有権の移転が起きるのである。

　本章は顧客との関係性について，一方で顧客資産の所有権の多面性に，他方

で合併に伴い起きる所有権の移転に注目するのである。このような分析視点は，社会的ネットワーク研究において「関係の多面性（multiplecity of the relationship）」（Shipilov et al., 2014）もしくは「関係の所有権（network ownership）」（Sorenson & Rogan, 2014）として近年知られる研究視点である。

4. 顧客共有の四つのタイプ

　以下で具体的に検討する過程とは，合併前に形成されていた顧客関係が，合併後の組織統合プロセスによってどのように経時的に変化するか，というものである。組織統合プロセスの程度を代理する現象として注目するのが，顧客共有という現象である。顧客共有とは，それぞれの顧客と取引関係を有している異なる主体が，互いの顧客と新たに顧客関係を結ぶことと定義される。つまり，顧客共有は，それぞれの主体が構築してきた顧客資産を，他の主体と共有するというプロセスである。合併に伴う組織統合という文脈では，まさに顧客共有行動こそが組織統合の程度を代理する重要な指標となりうる（Briscoe & Tsai, 2011; Rogan, 2013, 2014; Rogan & Greve, 2014）。統合の進んだ合併事例では，合併企業（被合併企業）の顧客を被合併企業（合併企業）の組織構成員が引き継ぐことが一般的であろう。それとは逆に，統合が進まない企業では，顧客共有行動は十分に観察されないだろう。

　対等合併の事例では合併企業と被合併企業とに分類することがそもそもできないが，便宜的に合併企業と被合併企業との合併事例を想定すると，図表7-2に示されるように大別して四つのタイプ（「既存組織内顧客共有」，「既存組織間顧客共有」，「世代間顧客共有」，「新設組織内顧客共有」）の顧客共有行動を想定することができる。第一の顧客共有行動は，「既存組織内顧客共有」と呼ぶことのできる顧客共有行動であり，合併企業（もしくは被合併企業）出身者のみで行われる顧客共有行動である。第二の顧客共有行動は，「既存組織間顧客共有」と呼ぶことのできる顧客共有行動であり，合併企業出身者と被合併企業出身者で行われる顧客共有行動である。これらの二つの異なる顧客共有行動の区別は，既存研究でも検討されている（Briscoe & Tsai, 2011）。

　これらの区別に加えて，新たに二つの顧客共有行動に注目するのが本研究の特徴である。その一つは，「世代間顧客共有」と呼ぶことのできる顧客共有行動であり，合併企業か被合併企業どちらかの出身者である組織構成員と統合後の組織に新規に所属することとなる組織構成員とが顧客を共有する行動である。

図表 7-2　顧客共有の例

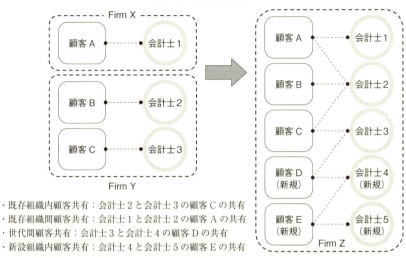

・既存組織内顧客共有：会計士 2 と会計士 3 の顧客 C の共有
・既存組織間顧客共有：会計士 1 と会計士 2 の顧客 A の共有
・世代間顧客共有：会計士 3 と会計士 4 の顧客 D の共有
・新設組織内顧客共有：会計士 4 と会計士 5 の顧客 E の共有

　もう一つは,「新設組織内顧客共有」と呼ぶことのできる顧客共有行動であり，合併後の新組織に所属する新規の組織構成員同士で行われる顧客共有行動である。既存研究と違って，新たにこれら二つの顧客共有行動に注目するのは，合併前後の数年にのみ注目する既存研究と違って，本研究が合併後の長期的な統合プロセスにもまた関心を払うからである。

　このように四つの異なる顧客共有行動に分類することによって，合併前から合併後の一連の統合過程を概念的にも操作可能になる。つまり，統合過程の典型例として想定される一つの理念型としてのパターンは，合併前は合併企業と被合併企業とは当然ながら独立しており，「既存組織内顧客共有」が支配的である。それが合併を契機に「既存組織間顧客共有」が増加し，時間経過とともに合併後創設された組織に新しい組織構成員が参加することで「世代間顧客共有」が増加し，結果的に最終形態として「新設組織内顧客共有」がすべての顧客共有行動を支配するというパターンである。

　それとは対照的に，合併後も旧組織出身者が，かつての所属組織に拘泥するような組織の壁をつくり，サイロ化した状況を維持するならば「組織内顧客共有」が支配的で,「組織間顧客共有」のような既存組織を跨いだ組織間協働の出現を期待することはできないだろう。したがって，合併後の組織統合がどの程度進んでいるかどうかは，組織内部の異なる出身者がどの程度顧客共有を通

じて協働しているかによって，経験的に観察可能であるはずだ。それは，合併直後に支配的である「既存組織内顧客共有」が，どの程度時間経過とともにその他の三つの顧客共有行動によって代替されていくことになるのか，という問題として検討することが可能となるのである（もっとも共有がまったく起きないこともありうる）。

II　検討する仮説：何を検証すべきか

1．ネットワーク閉鎖性（network closure）

　社会ネットワーク分析が提案する基本コンセプトの一つに，ネットワーク閉鎖性という概念がある。ネットワーク閉鎖性とは，一般的にネットワークの構成主体が相互に連結している程度として定義される。それは，他者から自身が認識される程度，言い換えれば他者の「気づき（notice）」から逃れることができない程度でもある（Burt, 1992）。もし，当該の社会ネットワークの構造が安定的で閉鎖的であれば，ネットワークを構成する主体同士は強固に連結しており，既存のネットワーク構造を外部の支援なしに変えることは難しくなる。それゆえ，ネットワーク閉鎖性が高くなれば，個人が付き合いのない個人と新たに結びつく可能性は小さくなる。それとは逆に，ネットワーク閉鎖性が小さければ，それまで付き合いのなかった個人と結びつく可能性が大きくなる（Burt, 1992; Briscoe & Tsai, 2011）。

　米国法律事務所の合併事例過程を顧客共有という観点から検討した既存研究（Briscoe & Tsai, 2011）で検証されているように，既存のネットワーク構造に深く埋め込まれている個人ほど，既存のつながりを断ち切ることは難しく，それと同時に新しい関係を構築することが難しいはずである。したがって，組織構成員が既存組織のネットワーク構造に深く埋め込まれている程度が高くなるほど，合併による組織統合の必要性に迫られ，顧客共有の必要性に迫られたとしても，顧客共有行動を達成することは難しくなると考えられる。それとは逆に，既存組織のネットワーク構造に埋め込まれている程度が小さければ，組織統合の必要性に応じて，より容易に既存顧客をこれまで協働経験のない組織構成員と共有することが可能になると考えられる。したがってこれらの議論を踏まえると，以下の仮説が導かれる。

仮説1：閉鎖性の高い協働ネットワーク構造下に置かれる主体ほど，異なる出身母体の組織構成員との協働（「既存組織間顧客共有」）や世代の異なる組織構成員との協働（「世代間顧客共有」）が少なくなる。

2. 埋め込み（embeddedness）

我々の意思決定は，個人の自由裁量に完全に委ねられているわけではない。しかしながら，それとは全く逆に，社会的規範や規則に制約され自動機械のように意思決定しているわけでもない。それは，経済的な関係が社会的関係と決して無関係ではなく，経済的な関係は社会的関係に影響を受けるという意味で，社会的関係の中に「埋め込まれている」状況として広く知られている（Granovetter, 1985）。グラノヴェッターによる一連の研究（Granovetter, 1985, 1992）の基本的主張は，経済的行為や成果が，行為主体間の直接的な結びつき（直接的結合）の強さとその直接的結合を含む全体関係の総体としてのネットワークの密度（直接的結合の数）によって規定される，というものである。一般的に，行為主体間で構築された直接的な強い結びつきに行為者が組み込まれている状況を「関係的埋め込み（relational embeddedness）」と呼ぶ。これに対して，「構造的埋め込み（structural embeddedness）」は，各行為主体がどの程度の密度（直接結合の数）のネットワークに組み込まれているか，で定義されている。仮説1で検討されるネットワーク閉鎖性とは，いわば「構造的埋め込み」の程度を検討するものである。これに対して，埋め込みの程度を検討するもう一つの視点が，「関係的埋め込み」である。

自らが位置するネットワーク全体の密度によって規定されるため，非個人的な「構造的埋め込み」と違って，「関係的埋め込み」とは個人がその関係に直接関与し，自らこれまで行った相互作用の歴史によって規定される個人的関係である（Nahapiet & Ghoshal, 1998）。この「関係的埋め込み」の特徴は，行為者自らの存在をその関係に重ね合わせて身近なものとして感じ，個人的な結束を伴って，個人的な信頼や信用の源泉となるものである（Moran, 2005）。個人の顧客との関係（あるいは，顧客の個人との関係）は，相互作用の繰り返しを通じて，より埋め込まれた関係となる。その関係は，専門職サービス業界におけるサービス提供者と顧客との間の関係性に見て取れるものだ。そこでは，手順や取引過程，それに必要な知識が，顧客のニーズに適合するように時間とともに深化するのである（Rogan, 2014）。

それゆえ，一度専門家個人が顧客と関係性を構築すると，長期間にわたる繰り返し取引によって関係的埋め込みの程度は，両者の間でより強化される。特定の専門家個人は特定の顧客との関係性により埋め込まれるようになることで，一度関係性を構築した顧客を変更することが難しくなるだろう。また，そのような「関係的埋め込み」は，専門家個人と顧客との間の個人レベルで成立するだけでなく，専門家個人が所属する専門職サービス企業と顧客との間の組織レベルで成立するものでもありえる。それゆえ，以下のような二つのレベルでの，「関係的埋め込み」が顧客共有行動に与える影響を検討する仮説を導出することができる。

仮説 2a：個人レベルで関係的埋め込みの程度が大きい行為主体は，異なる出身母体の組織構成員との協働（「既存組織間顧客共有」）や世代の異なる組織構成員との協働（「世代間顧客共有」）が少なくなる。

仮説 2b：組織レベルで関係的埋め込みの程度が大きい行為主体は，異なる出身母体の組織構成員との協働（「既存組織間顧客共有」）や世代の異なる組織構成員との協働（「世代間顧客共有」）が少なくなる。

仮説 2a は，個人レベルの効果に注目しているという点で，行為主体個人の関係的埋め込みの効果を検討しようとする仮説である。これに対して，仮説 2b とは，組織レベルでの関係的埋め込みの程度に注目することで，組織レベルでの関係的埋め込みの個人への効果を検討しようとする仮説である。

3．顧客の属性

第6章で言及したように，従来のM&A研究は顧客の属性や果たすべき機能をほとんど考慮に入れておらず（Öberg, 2014），顧客の属性や機能がどのように顧客共有に影響を及ぼすかという研究課題を検討していない。この課題を検討する上で，一つの分析の手がかりを提供してくれるのが組織間関係の分析視点として援用される「資源依存的視点」（Davis & Cobb, 2010; Pfeffer & Salancik, 1978）である。つまり，専門家個人，もしくはその集合体としての専門職サービス組織の存続は，経済的に顧客に依存しているので，顧客との経済的依存関係は専門家個人，もしくは専門職サービス組織としての顧客共有行動に影響を及ぼす

と考えられる。例えば，経済的な存続基盤の多くをより特定の顧客に依存している場合には，その顧客の意向を無視して，個人もしくは組織として新たな顧客を獲得することは難しくなるだろう。あるいは特定顧客に依存する程度が大きければ，そうでない場合と比較して，主体的に新たな顧客を獲得する経済的な動機も強くならないだろう。

加えて，近年の社会ネットワーク分析を駆使した社会経済学の一連の知見を踏まえると，経済主体間の交換は単なる経済的な互恵関係ゆえに生じるだけでなく，社会的地位の交換ゆえに生じることも明らかにされている（Sauder, Lynn, & Podolny, 2012）。この点も踏まえると，専門家個人もしくはその集計としての専門職サービス企業にとって，どの顧客をクライアントにするかという問題は，顧客の経済的地位のみならず，顧客の社会的地位によっても影響を受ける可能性がある。

専門職サービスのように，買い回り品や明確な品質基準を持つ工業製品と違って，提供する品質を事後的に評価することが，顧客のみならずサービス提供者から見ても，相対的に困難な信用財においては，社会的な評判や評判の源泉となる主体の社会的地位が，関係性を構築する有用なシグナルとなるはずである。いわゆる財の品質評価に関する不確実性が存在する時，サービス提供者から見た場合，取引相手となる顧客の経済的地位，もしくは社会的地位が高ければ，そのような顧客との取引関係が他の潜在的顧客を自社の顧客として誘因する戦略的資産となるのである。新興企業がより社会的地位が高いとされる取引先企業と取引関係を結ぶことで，自社の社会的地位の向上を志向しようとする行動はその一例であるし，それとは逆に，すでに高い社会的地位を獲得している大企業が同じく高い社会的地位を獲得した企業との取引を選好することもその一例である。どの顧客と関係性を構築するかという問題は，単に顧客の事業規模や経済的安定性だけではなく，顧客の社会的地位によっても影響を受ける可能性があるということである。

これまでの議論は，明示的に戦略的資産となる顧客との関係性が，誰のものかという所有の問題は検討してこなかった。この問題をさらに考慮に入れると，事態はより複雑なものになる。戦略的資産としての顧客の重要性は，サービス提供者が専門家個人なのか，あるいは個人は単なる組織の代理であり組織がサービス提供主体であるかによっても異なる可能性がある。特定の専門家個人にとっては重要な顧客かもしれないが，組織としては重要な顧客ではないかもし

れない。あるいはその逆のケースもありえる。両者は必ずしも一致するとは限らないし，経時的に変化するかもしれない。

　また，当該顧客の重要性は，その顧客との関係性が初めて構築された経緯や関係性が維持する期間に依存するかもしれない（Sorenson & Rogan, 2014）。例えば，合併前から特定の会計士と長期的な関係を有している顧客へのサービス提供に，合併後新たに採用された新規の会計士を関与させることは難しいかもしれない。というのも，元々ある両者の継続的関係ゆえに，その関係性に最初から関与していた会計士は，その関係を自らが所有する関係性と認識し，他者を敢えて関与させる動機は小さいと考えられるからである。それとは逆に，合併後に新たに獲得することになる顧客に対するサービス提供については，合併企業と被合併企業の出身者は，互いに元々所有権を争う余地はないので，そのような顧客については顧客共有が進展するだろう。なぜなら，合併後に獲得した新規顧客は，合併後新設された組織の顧客であるという認識が，異なる出身者間で容易に成立するからである。つまり，顧客との関係性がいつ構築されたのか，また，顧客との関係性がどの程度継続するかに，顧客共有行動が影響を受ける可能性がある。

　これまでの議論を踏まえると，顧客の経済的・社会的地位，そして顧客との関係性がいつ構築されどの程度の期間維持されているかが，顧客共有行動に影響を与える可能性がある。また，それらの要因は，個人が直面する直接効果と，その個人が所属する組織からの間接的影響とに分けて検討する必要があると思われる。これらの議論を踏まえると，以下のような仮説が導出される。

仮説 3a：顧客への経済的依存度が高い行為主体は，異なる出身母体の組織構成員との協働（「既存組織間顧客共有」）や世代の異なる組織構成員との協働（「世代間顧客共有」）が少なくなる。

仮説 3b：顧客への社会的依存度が高い行為主体は，異なる出身母体の組織構成員との協働（「既存組織間顧客共有」）や世代の異なる組織構成員との協働（「世代間顧客共有」）が少なくなる。

仮説 3c：新規顧客への依存度が高い行為主体は，異なる出身母体の組織構成員との協働（「既存組織間顧客共有」）や世代の異なる組織構成員との協働

(「世代間顧客共有」) が多くなる。

4. 新たな経営慣行の導入

　合併に伴う経営統合の成否は，合併後の統合プロセスにどの程度合併主体と被合併主体の双方が関与するかによっても影響を受けるはずである。しかし，既存研究は，あるべき経営統合の程度や統合速度が M&A の成果に与える影響に関して統一的な知見を見いだしてきたわけではない (Bauer & Matzler, 2014)。例えば，Larsson & Finkelstein (1999) は，統合の程度を高めることが合併企業と被合併企業とのシナジーの実現や潜在力を引き出すことにつながると指摘している。他方で，統合の程度を高めることは，調整コストの増大を招くという指摘もある (Teerikangas & Véry, 2006)。統合速度に関しても同様である。迅速な経営統合プロセスは M&A の成功につながるという指摘 (Angwin, 2004) がある一方で，近年の実証研究では両者に明示的な関係性が見いだせないという指摘もある (Bauer & Matzler, 2014)。一連の研究が明らかにしたのは，合併の統合度や合併速度が M&A の成否に与える影響は，我々が想定してきた以上に複雑であり，その影響は研究対象の研究上の文脈や経営統合のタイプの違いによって大きく異なる可能性があるということだ。(Larsson et al., 2004)。

　合併後の経営統合過程とは，そもそも多様なモノの統合プロセスであり，統合過程自体が，多面的な側面を持つ過程である。それは，合併企業と被合併企業で異なる手続きや経営システムの統合過程であり，物理的な資産の統合過程であり，異なる文化と価値観を持つ人々の社会認識の統合過程でもある。それゆえ，合併統合という点で M&A の成否を検討する上でも，事前の構造的適合性や統合に伴う社会化過程 (Larsson & Lubatkin, 2001)，経営統合に関わる事後的マネジメント (Larsson et al., 2004)，もしくはリーダーシップ (Teerikangas, Véry, & Pisano, 2011) など多様な要因が M&A の成否に影響を与える可能性がある。

　新たな関係性の構築を阻害し，既存の関係性を維持するような行動は，関係的慣性と呼ばれている (Briscoe & Tsai, 2011)。このような関係的慣性を克服するためには，トップ主導の外形的な組織改革ではなく，プロセス管理という点により重きを置いた双方向コミュニケーションやキャリア開発，組織的な投資を通じた能力構築 (co-competence) が必要とされている (Larsson et al., 2004)。

　専門職サービス組織は，一般的な事業会社と違ってパートナー制度を導入することが多いことからも窺えるように，相対的に分権化が進んだ組織であるの

で，経営トップ主導の統合に向けた経営介入はそもそも歓迎されないと考えられ，その実現可能性が低いと思われる（Greenwood, Hinings, & Brown, 1994）。むしろ，上述の既存研究が指摘するように，即効性は期待できないものの，組織構成員のインセンティブ構造や成員を取り巻く外部労働環境に影響を及ぼす経営慣行の導入に注目する必要があると思われる（Briscoe & Tsai, 2011）。以上の議論を踏まえると，次のような仮説が導出される。

仮説 4：組織構成員のインセンティブ構造や外部労働環境に影響を及ぼす経営慣行の導入は，組織間の協働（「既存組織間顧客共有」）や世代間の協働（「世代間顧客共有」）を増加させる。

Ⅲ　データと分析[1)]

1．対象事例の選択

上記の仮説を検討するには，合併を経験した専門職サービス組織に注目し，合併前後の協働ネットワークの変化に関するデータを収集する必要がある。本章では，データへのアクセス可能性という点と，合併による発展が業界の特徴となってきたという点から，日本の監査法人業界に注目する。日本の監査法人業界は，他の先進諸国と同じく数々の大型合併を通じて発展してきた業界である。日本では中小の会計事務所から出発し，監査法人制度の導入に伴い，特に1980年代半ば以降多くの大型合併を経験してきた。その数ある合併の中でも，統合過程における合併法人と被合併法人との事前のパワー格差の影響を最小化すること，事例の代表性を確保しサンプル数を確保すること，という条件を考慮に入れて，四つの大型合併事例に絞り込んだ。

対象事例の第一候補は，1985 年 10 月の監査法人太田哲三事務所と昭和監査法人の合併によって誕生した太田昭和監査法人の事例である。第二候補は，2000 年 4 月に太田哲三事務所と昭和監査法人の合併により誕生した太田昭和監査法人が，センチュリー監査法人と合併して誕生した新日本監査法人の事例である。第三候補は，1985 年 7 月の朝日会計社と親和監査法人の合併によって誕生した朝日親和会計社の事例（現，あずさ監査法人）である。第四候補は，1988 年 7 月の監査法人中央会計事務所と新光監査法人の合併によって誕生した中央新光監査法人の事例である[2)]。これらの四つの事例候補のうち，太田哲

三事務所と昭和監査法人の合併事例のみが，合併後約 15 年の長期にわたって中小法人との合併を含む合併を一切経験していない。そのため，合併統合のより純粋な影響を観察できると考え，1985 年 10 月の監査法人太田哲三事務所と昭和監査法人の合併によって誕生した太田昭和監査法人の事例を分析対象として選択した。

2. 事例の紹介[3]

　監査法人太田哲三事務所と昭和監査法人の合併事例は，日本の監査法人業界の歴史を振り返ってみても，大型合併の事例の一つに必ず数えられる事例である。監査法人太田哲三事務所は，法人名に見て取ることができるように，太田哲三によって 1950 年に開業された公認会計士太田哲三事務所を源流とする，日本最初の監査法人であり，監査法人黎明期においては日本最大の監査法人であった。太田哲三は，中央大学講師，一橋大学教授，長浜ゴム工業社長を歴任し，自らも公認会計士資格を取得し，日本の会計士制度創設に尽力した人物である。監査制度の策定に関わった著名な学者であり，同時に様々な公務を引き受けていた太田の下には，監査人選定の相談にくる企業が数多くあった。また，監査業務に自ら十分に時間を割けなった太田は，客員の公認会計士を自らの事務所に招くことによって増大する監査業務に対応し，制度監査初年度の 1951 年から多くの上場被監査企業を抱えることとなったのである。いわば監査法人太田哲三事務所は，多彩な経歴を持つカリスマ創業者であった太田哲三の個人事務所を母体として成長した監査法人であった。

　これに対して昭和監査法人は，有力会計士の結集という形で設立された監査法人であった。1967 年 10 月に日本で三番目の監査法人として設立された監査法人富島会計事務所を中心に，すでに複数のクライアントを有する有力な個人会計士が結集する形で設立されたという点にその特徴を持つ監査法人である。監査法人太田哲三事務所と同じく，創設当初から数多くの大規模上場企業を監査業務のクライアントとして有しており，個人事務所から協同組織体としての監査法人へ移行する要件を制度発足時点で具備した事務所であった。中心となる富島一夫の大規模監査法人設立の呼びかけに有力会計士 24 名が賛同し，1 年後の 1969 年 12 月に東京を拠点とし，大阪と名古屋を従たる事務所とする昭和監査法人が設立された。

　図表 7-3 は，合併時の二つの監査法人の基本属性を比較したものである。両

図表 7-3 研究事例の概要と比較

	監査法人太田哲三事務所（旧合併法人）	昭和監査法人（旧合併法人）	太田昭和監査法人（新設法人）
創業年	1967年1月	1969年12月	1985年10月
事務所所在地	主要国内都市に事務所あり，多くの社員は東京拠点	主要国内都市に事務所あり，多くの社員は東京拠点	主要国内都市に事務所あり，多くの社員は東京拠点
国際提携ネットワーク	Ernst & Young	Peat Marwick Mitchell	Ernst & Young, Peat Marwick Mitchell
知識の幅	フルサービス（監査，税務，MASサービス）	フルサービス（監査，税務，MASサービス）	フルサービス（監査，税務，MASサービス）
合併時の総職員数（人）	439	207	646
組織文化	より集権的	より分権的	混合
分析に用いられた代表社員数	118	73	191 => 343（合併後登場の新規152名）
分析に用いられた顧客数（社）	97	112	209 => 476（合併後登場の新規267社）
合併時の代表社員の平均組織テニュア	16.9年	15.2年	19.3年
以前の買収・合併経験	なし	なし	あり

　法人とも東京を本拠とし，地方にも事務所を持つ，フルサービスを提供する監査法人であった。顧客数や代表社員数，総職員数などには両者で違いは見られるものの，両法人ともに，大手監査法人として設立時点で社会的地位を獲得していた。両法人ともに監査法人制度が本格導入された黎明期に設立されており，両法人の収入基盤は，上場企業からの監査報酬に依存していた。

　監査法人太田哲三事務所と昭和監査法人の合併事例は，合併交渉当初から合併調印に至るまで対等合併の理念に基づいて進められた。このことは，当時の社史（太田昭和監査法人，2000）の記述からも窺い知ることができるだけでなく，どちらかの監査法人を存続会社とするのではなく新設組織の創設により合併したこと，そして，両者の旧法人名を新組織の名称に据えたこと（日本語名を太田昭和とし，英語名をShowa-Otaと表記したこと）からも窺い知ることができる。もっとも，その後の合併統合過程は，必ずしも容易なものではなかった。合併交渉から合併に至るまでは，両法人はほぼ同規模であり，お互いに類似の組織

文化を持つと考えていたものの，当初の期待とは違って，その統合には予想を上回る時間がかかった。

その背景には，両法人の異なる組織文化とそれに起因する実務慣行の違いがあった。監査法人太田哲三事務所は，多彩な経歴を持つカリスマ会計士であった太田哲三のリーダーシップの下に運営された事務所であった。これに対して，昭和監査法人は，富島一夫を中心としつつも，その他の多くの有力会計士が糾合することで全国レベルの監査サービスの提供を目指したより分権的な事務所であった。1985年の合併後，内部組織のルールの統合と監査実務の統合には2年8カ月かかったとされ，両法人の出身者を区別するため，「旧太田」，「旧昭和」という用語が用いられたと言われている（太田昭和監査法人，2000：215）。

以下では，具体的に監査法人太田哲三事務所出身者の会計士と昭和監査法人出身者の会計士が，元々担当していたクライアント企業をどのような顧客共有を通じて監査業務で協働するようになったのかについて，子細にその過程を検討していくことにする。

3．データ

日本における上場企業の監査は，大別して会社法に基づく計算書類等監査と金融証券取引法に基づく監査の二つに大別される。監査を担当した会計事務所名のみが記載される米国と違って，どちらの監査においても日本の会計制度における監査報告書には，監査を実施した監査人として，担当監査法人名に加えて，監査を担当した代表社員の氏名が記載されている。個々の企業の会計年度ごとに監査報告書が公表されるので，それを年度および企業ごとに追跡し名寄せすることによって，どの監査法人に所属する代表社員たる会計士が，いつ，どのクライアント企業の監査業務に従事し，どの代表社員とともに監査業務に従事したのか同定することが可能となる。

監査報告書は，株式会社プロネクサス社の総合企業情報データベース EOL を使って収集し，一部『有価証券報告書提出会社名簿』（大蔵省，各年版）で補完した[4]。本研究で分析に用いたデータは，合併の5年前となる1980年から1999年までの間に，監査法人太田哲三事務所，昭和監査法人，太田昭和監査法人に所属し，上場企業の監査業務に代表社員として従事した会計士による監査企業データである。前述したように，太田昭和監査法人は，監査法人太田哲三事務所と昭和監査法人とが1985年10月に対等合併を通じて誕生した監査法

人であり，現在では新日本監査法人（Ernst & Young ShinNihon LLC）として日本の三大監査法人の一つとして数えられる。

分析に用いられたデータは，監査法人太田哲三事務所，昭和監査法人，太田昭和監査法人のいずれかに代表社員として所属した343名の会計士による監査業務に関する情報であり，476社の上場企業の1980年から1999年までの監査報告書に基づく代表社員の会計年別の協働関係とその所属情報である。まずこのデータセットを用いて1万6614の協働関係（同一顧客に関する会計士同士の二者関係）を同定した上で，これらの協働関係を四つの顧客共有タイプについて分類し年別・個人別に集計した。本研究の関心は個人レベルでの顧客共有行動の選択に関心があるため，分析単位は年別の代表社員（個人）による協働とした。分析データは，2843人・年であり，分析の観察期間は合併時点である1985年からその後の大型合併を経験する直前となる1999年までである。

4. 従属変数

組織間顧客共有：合併法人出身者もしくは被合併法人出身者のみで行われる監査業務行動は，既存組織内部で行われる協働という点で，関係的慣性の一例である。これに対して，組織間顧客共有とは，合併法人出身者と被合併法人出身者とが，合併前の既存組織の境界を越えて協働することと定義される。したがって，合併に伴う経営統合とは，既存組織内部の協働の代わりに，異なる出身母体の会計士同士で顧客共有行動が増加するかどうかで把握することができる。したがって，注目すべき従属変数の一つは，組織間顧客共有の数である。組織間顧客共有数は，専門家個人レベルでの組織を跨がる協働の数である。具体的には，特定年の特定企業の監査報告書に登場する会計士氏名を同定し協働関係を同定する。その上で，その協働関係が組織間協働かどうかを，合併前の会計士の所属から把握した。

世代間顧客共有：注目すべきもう一つの従属変数は，世代間の顧客共有数である。世代間の顧客共有は，合併法人もしくは被合併法人の出身者と合併後の新設法人出身者（新設合併後に代表社員として監査報告書に登場することとなる会計士）との協働である。世代間の顧客共有もまた，特定年の特定企業の監査報告書に登場する会計士氏名を同定し，その協働関係が世代間協働かどうかを，会計士の所属から把握した。

5. 独立変数

　協働ネットワークの閉鎖性（closure）：近年の先行研究（Briscoe & Tsai, 2011）が指摘するように，他者と顧客共有が可能かどうかは，新たに関係性を構築する際にどの程度個人レベルの自由裁量が担保されているかに依存している。ここでは，Burt（1992）によって提案される構造的空隙制約（structural hole constraint）尺度を計算することで，閉鎖性の程度を操作化した。この変数は，会計士がどの程度他の会計士と直接協働関係としてつながっているか，またその他の会計士とつながっている会計士とどの程度間接的につながっているかの程度として定義される。この変数の高い値は，より少ない構造的空隙の存在を意味し，閉鎖的なネットワークを意味する。それとは逆に，この変数の低い値は，より多くの構造的空隙の存在を意味し，より開放的なネットワークを意味する。閉鎖性と顧客共有との間に2年間の時間ラグを想定し，過去2年間の値を計算した上で，その平均値を協働ネットワークの閉鎖性の代理変数とした。

　個人レベルの関係的埋め込み：当該パートナー会計士が，どの程度特定の顧客との関係の中に埋め込まれているかどうかは，観察可能なものではない。もっとも，Rogan & Greve（2014）が提案するように，繰り返し行われる取引は関係的埋め込みの源泉である。それゆえ，関係的埋め込みの代理変数として，当該パートナー会計士と特定顧客との最初の関係からの経過年数を用いた。複数顧客と同時に関係を持つパートナー会計士が存在するため，特定顧客と特定会計士ごとに経過年数を年度ごとに計算した上で，年別・個人別の平均経過年数を計算した。この個人別の平均経過年数を，個人レベルの関係的埋め込みの代理変数とした。

　組織レベルの関係的埋め込み：当該パートナー会計士は，個人レベルで特定顧客との関係に埋め込まれていると同時に，所属する組織と顧客との関係の中にも埋め込まれている。したがって，全ての取引関係は，個人によって構築され特定顧客と結びついているものの，必ずしもその関係は個人的な関係として定義されるわけではない。組織の代理人として個人が特定顧客と関係を結ぶ時，その関係は組織的関係と呼ぶのが適切な関係である。個人に新たな取引関係を結ぶ機会や自由度がそもそもない場合には特にそうである。組織レベルの関係的埋め込みは，特定顧客別に法人と取引関係を結んだ年からの経過年数を計算した上で，パートナー個人ごとに年別でその平均経過年数を計算した。

　顧客の経済的地位への依存：すでに述べたように，顧客への依存度は，経済

的地位への依存度と社会的地位への依存度を区別すること，そして個人レベルの依存度と組織レベルの依存度に分けて議論することが重要である。しかし，現実には，個人レベルと組織レベルとに分けて依存度を操作化することは容易ではない。というのも，特定顧客から監査法人に支払われる監査報酬総額は2003年以降公開されているものの，我々が分析期間として注目する期間では監査報酬データを収集することはできない。また，代表社員を責任者とした監査チームの中での監査報酬の分配スキームやルールは非公開であり，そもそも個々の顧客によって異なると考えられる。しかし，少なくとも監査報酬の自由化が推進される2003年以前は，監査報酬が顧客企業の総資産規模をベースラインとして決定されてきたことが指摘されている。そこで，全ての顧客についてまず総資産規模の対数を計算し，総資産規模の対数値の年別・個人別に平均値を計算することで，当該会計士の年別の経済的依存度の尺度とした。もっとも，経済的依存度の尺度として，顧客の絶対規模ではなく，組織レベルでの顧客ポートフォリオ全体の中での相対的な規模も考えられる。そこで，年別に顧客全体の中での特定顧客の相対的規模シェアを計算し，個人別にそのシェアの平均値をとることで，当該会計士の年別の経済的依存度を計るもう一つの尺度とした。

　顧客の社会的地位への依存：社会的地位への依存度を代理する変数は様々ありえるが，顧客の得ている名声や評判を把握することが可能となる変数に注目することが必要である。高い名声や評判を確立している顧客との関係性をすでに構築している会計士は，その関係を維持しようとするだろうし，そのような関係を有していない会計士は，そのような顧客との関係性を構築するように動機づけられているといえるだろう。顧客の名声や評判の代理変数として日経225銘柄に注目した。具体的には，当該顧客が日経225銘柄であれば1，そうでなければ0とコード化し，各会計士が何社の日経225銘柄数を保有しているかに注目した。

　顧客ポートフォリオ（新規顧客数）：顧客共有行動は，個々の会計士がどのような顧客ポートフォリオを有しているかによっても影響を受けるはずである。該当顧客が合併後に獲得した新しい顧客なのか，合併前から取引関係にある既存顧客か否かによっても影響を受けるはずだ。既存顧客をより数多く抱えた会計士は，そうでない会計士と比較して，新たな顧客との関係性を結ぶ可能性は相対的に小さいだろう。具体的には，該当顧客が合併前から取引関係にある顧

客なのか，合併後の顧客なのかを同定した上で，合併前の顧客を0，合併後の顧客を1とコード化し，年別・会計士別の新規顧客数を顧客ポートフォリオの代理変数とした。

　新しい経営慣行の導入：監査法人太田哲三事務所と昭和監査法人の合併以来，両者で異なる監査実務と手順の統合，人材配置ルール，退職金計画，退職年齢等の統合を試みる具体策が実行されてきた。これらの数ある経営統合施策の中でも，顧客共有行動に影響を及ぼす二つの統合を意図した経営慣行に注目した。その一つは，合併の約7年後の1992年に導入され統一した，代表社員の顧客ローテーション制である。この制度が導入されるまでは，それぞれの旧合併法人はそれぞれ閉じた形で異なる顧客を代表社員が異動するローテーション制度を採用していた。しかし，この新規制度の導入を契機に，個人的な経緯とは独立に顧客が割り当てられることとなった。1992年以前を0とし，1992年以降を1としたダミー変数を作成し，それをパートナーローテーションという経営慣行導入の代理変数とした。実質的な意味でローテーション制度が実施されているならば，1992年以降は組織間もしくは世代間の顧客共有がそれ以前と比較してより頻繁に観察されるだろう。

　もう一つは，1996年に導入された統一報酬制度である。合併によって同一組織となったとしても，異なる報酬構造下では協働は難しいはずである。前述のローテーション制度導入が外的な強制力として顧客共有を促す可能性があるのに対して，この統一報酬制度とは会計士のインセンティブに影響を及ぼす内的要因として顧客共有を促した可能性がある。1996年以前を0とし，それ以降を1とするダミー変数をもう一つの新たな経営慣行導入の変数とした。

6. コントロール変数

　組織内顧客共有：第一のコントロール変数は，既存組織内顧客共有である。組織内顧客共有とは，合併企業出身者もしくは被合併企業出身者同士で行われる協働である。組織間顧客共有や世代間顧客共有の同定作業と同じく，各年ごとに会計士個人の協働関係と各会計士の出身組織を同定し，年別・個人別の平均組織内顧客共有数を計算した。会計士個人が，任意の1年における担当可能な顧客数に一定の上限があることを想定するならば，組織内の顧客共有数と，組織間顧客共有数もしくは世代間顧客共有数とは，負のトレードオフ関係にあると考えられる。

年齢：専門家個人の年齢については，増加とともに担当可能な顧客数が増加する可能性が示唆される。年齢は法人が過去に出版公刊した社史，新聞や雑誌およびウェブページ等から生年情報を同定した。

　組織テニュア：担当可能な顧客数は，年齢だけではなく，当該組織にどの程度の期間従事しているかによっても影響を受けるはずである。組織テニュアが長くなるほど，広範なネットワークを構築し，結果として担当する顧客数も増加するかもしれない。組織テニュアは，主として社史を用いて当該監査法人への入社年を同定した。

　専門経験：年齢や組織テニュアと並んで，公認会計士としての専門経験もまた，担当可能な顧客数に影響を与える可能性がある。それは，年齢や組織テニュアと同じく，専門経験が長くなるほど，担当可能な顧客数が増加するという傾向である。専門経験は，公認会計士として登録した年からの経過年数として計算した。公認会計士の登録年は，電子官報サービスから収集した。

　小規模ネットワーク：既存研究（Briscoe & Tsai, 2011）で指摘されるように，極端に少ない顧客数しか担当していない会計士は，そもそも顧客共有行動にそれほど積極的ではないかもしれない。そこで，旧組織間を跨がる協働が二つ以下の会計士は，小規模のネットワークに属しているとして1を，そうでなければ0とするダミー変数を作成し，その変数を「小規模ネットワーク」と呼ぶことにした。

　外部競争環境：最後のコントロール変数は，外部競争環境の代理変数としての市場構造である。先験的に確立した尺度が存在するわけではないので，便宜的に上場企業を監査市場とする監査法人別の市場シェアを1980年から1999年まで各年計算し，そのHHI（ハーシュマン・ハーフィンダル・インデックス）を市場構造の代理変数とした。

IV　分析と結果

1. 分析方法と結果

　本書で注目する従属変数とは，組織間顧客共有と世代間顧客共有の2変数である。これらの2変数は非負のカウント変数であり，従属変数にゼロを多く含み，過分散が認められるデータである。ゼロとは，組織間顧客共有も世代間顧客共有もないというケースである。また，本データは同一会計士が経時的に同

一顧客と繰り返し取引を行う特徴を持つので,一般化推定方程式（GEE: generalized estimating equation）による推定を行った[5]。

図表7-4から図表7-7までに示される四つのネットワークダイヤグラムは,合併時を起点として,顧客共有行動がどのように経時的に変化したのかを示したものである。丸（○）で示される点は,監査法人太田哲三事務所に所属する会計士を示し,四角（□）で示される点は,昭和監査法人に所属する会計士を示している。また,三角（△）で示される点は,合併後に新設された太田昭和監査法人に代表社員として登場する会計士である。

図表7-4は1985年の合併時点の協働関係を示したものである。当然のことながら,全ての顧客共有という協働関係は,合併時点では監査法人太田哲三事務所出身者は同一の出身者同士で協働し,昭和監査法人出身者もまた同一の出身者同士で協働している。監査法人太田哲三事務所出身者と昭和監査法人出身者の協働は一切見られない。それが5年後（図表7-5），10年後（図表7-6），14年後（図表7-7）と合併後の時間が経過するにつれて,世代間の顧客共有（監査法人太田哲三事務所出身者〔○〕と太田昭和監査法人出身者〔△〕との協働,もしくは昭和監査法人出身者〔□〕と太田昭和監査法人出身者〔△〕との協働）が一貫して増加傾向にあること,組織間協働（監査法人太田哲三事務所出身者〔○〕と昭和監査法人出身者〔□〕の協働）は合併後増加するものの,一定期間以降は,減少する傾向にあることを示している。また,時間経過とともに,太田昭和監査法人出身者が増加し,合併後の新設組織出身者同士で協働することが多くなる傾向が読み取れる。

ここで指摘すべき点は2点である。第一に,合併に伴って即座に異なる組織を跨がった協働が起こるわけでは決してない,という点。そして第二に,組織統合の牽引役を果たしているのが組織間協働ではなく,世代間協働であるという点である。シナジーという美名の下で,しばしば合併による組織統合の重要性が指摘される。しかし現実には,統合に伴う異なる組織の出身者同士の協働は決して容易ではないのである。

図表7-8は主要変数の記述統計を,図表7-9は主要変数の相関行列を示している。図表7-8が示すように,組織内顧客共有数の期間平均は既存組織においては2.95で,合併後の新設法人である太田昭和監査法人では1.53である。このことは,既存組織において同一出身者内での協働がより頻繁であったことを示唆している。一方で,組織間顧客共有数の平均は0.61で,世代間顧客共有

図表 7-4　合併当初の協働ネットワーク（1985 年，合併時点）

太田

昭和

図表 7-5　協働ネットワークの変化（1990 年，5 年後）

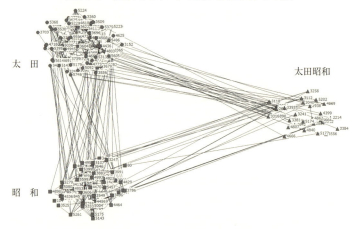

太田

太田昭和

昭和

数の平均は 1.99 である。このことは，経時的に世代間共有が増えることは必然的な傾向であることを割り引いたとしても，世代間共有が組織間共有よりも支配的で，組織統合の牽引役であったことを裏付けるものである。なぜ，組織間顧客共有ではなく，世代間顧客共有が合併統合の牽引役となるのか。その決定要因について，もう少し探索的に検討することにしよう。

　図表 7-10 は，組織間顧客共有数を従属変数とした説明モデルの推計結果を示したもので，図表 7-11 は世代間顧客共有数を従属変数とした説明モデルの推計結果を示したものである。図表 7-10 と図表 7-11 ではともに，モデル(1)は

図表7-6 協働ネットワークの変化（1995年, 10年後）

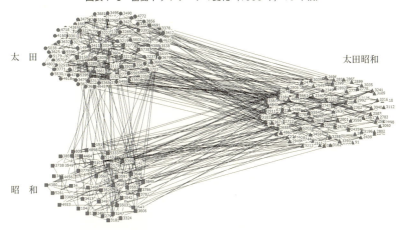

図表7-7 協働ネットワークの変化（1999年, 14年後）

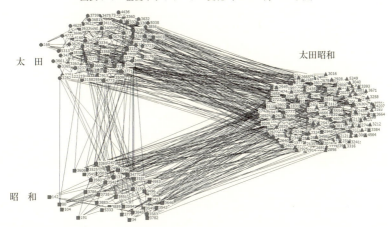

コントロール変数のみを説明変数としたモデルである。モデル(2)はネットワーク閉鎖性を加えた説明モデルであり，モデル(3)は関係的埋め込み変数を加えた説明モデルである。モデル(4)はさらに顧客ポートフォリオ変数を加えた説明モデルであり，モデル(5)は経営慣行に関する変数を加えた説明モデルである。

仮説1は，閉鎖性の高い協働ネットワークにいる個人会計士は，そうでない会計士と比較して，組織間顧客共有や世代間顧客共有の数は少ない，というものであった。推計結果は仮説で想定される結果と整合的である。図表7-10のモデル(2)およびモデル(3)に示されるように，ネットワーク閉鎖性と組織間顧客

図表 7-8　記述統計

変　数	平　均	標準偏差	最小値	最大値	サンプル数
1. 既存組織内顧客共有	2.95	3.45	0.00	20.00	2843
2. 新設組織内顧客共有	1.53	2.68	0.00	20.00	2843
3. 既存組織間顧客共有	0.61	1.74	0.00	16.00	2843
4. 世代間顧客共有	1.99	2.75	0.00	21.00	2843
5. 構造的空隙制約（過去 2 年の平均値）	0.77	0.31	0.00	1.72	2415
6. 個人レベルの関係的埋め込み	6.17	4.92	0.00	29.00	2843
7. 組織レベルの関係的埋め込み	12.48	6.31	0.00	33.00	2843
8. 顧客の経済的地位への依存（顧客の資産規模，対数変換）	18.52	1.33	11.64	22.68	2824
9. 顧客の経済的地位への依存（顧客の資産規模，社内シェア）	0.53	1.04	0.00	11.51	2824
10. 顧客の社会的地位への依存（日経 225 顧客数）	0.72	0.94	0.00	6.00	2843
11. 顧客ポートフォリオの属性（新規顧客数）	1.45	1.73	0.00	15.00	2843
12. 経営慣行変更 1992 年（1992 年導入統一ローテーション制度）	0.62	0.49	0.00	1.00	2843
13. 経営慣行変更 1996 年（1996 年導入統一報酬制度）	0.33	0.47	0.00	1.00	2843
14. 小規模ネットワーク	0.62	0.49	0.00	1.00	2843
15. 会計士専門経験年数（公認会計士登録からの経過年数）	21.69	7.61	5.00	44.00	2843
16. 会計士年齢	51.54	7.29	36.00	73.00	2843
17. 会計士勤務年数（組織参加からの経過年数）	17.62	6.40	1.00	32.00	2843
18. 市場構造（HHI）	1,038.13	219.49	489.74	1,265.71	2843

共有数とは負の関係にある。また，図表 7-11 のモデル(2)およびモデル(3)に示されるように，ネットワーク閉鎖性と世代間顧客共有数も負の関係にある。モデル(4)の推計結果に示されるように，クライアントに関わる 4 変数を導入すると，計数の符号は仮説で想定される方向ではあるものの，統計的には有意ではなくなっている。ネットワーク閉鎖性の効果に注目した先行研究（Briscoe & Tsai, 2011）の実証結果と違って顧客との関係性をコントロールすると，最終モデル（モデル(5)）ではその効果は統計的には組織間顧客共有を従属変数とするモデルでは支持されず，世代間顧客共有を従属変数とするモデルでは 10% 水準でかろうじて有意であった。

仮説 2a と仮説 2b はそれぞれ個人レベルと組織レベルでの関係的埋め込みと顧客共有行動との間に負の関係を想定したものであった。つまり，より関係的埋め込み関係を持つ会計士は，そうでない会計士と比較して相対的に顧客共有行動数が少ないという仮説である。係数の符号は個人レベルでは仮説の想定通

りだったが，統計的には有意ではなかった。したがって仮説 2a は統計的に支持されなかった。また，仮説 2b に関しても，統計的には有意であるものの，組織レベルの係数の符号は仮説の想定とは残念ながら異なっていた。つまり，関係的埋め込み効果に関する仮説はいずれも支持されなかった。組織レベルの関係的埋め込み効果が間接的に個人会計士に与える影響は，変数の操作化と解釈ともに，さらなる検討と考察が必要である。関係的埋め込みの効果は，置かれた状況や分析レベルの違いによって大きく異なる可能性がある。

仮説 3a は会計士の経済的依存度と組織間顧客共有数，もしくは世代間顧客共有数とが負の関係にあるというものであり，仮説 3b は会計士の社会的依存度と組織間顧客共有数，もしくは世代間顧客共有数とが負の関係にあるというものである。仮説 3c は，新規顧客に依存する会計士ほど組織間顧客共有数，もしくは世代間顧客共有数とは正の関係にあるというものである。図表 7-10 の結果に示されるように，組織間顧客共有数に関しては，仮説 3a および仮説 3b は支持されず，仮説 3c のみが統計的に支持された。世代間顧客共有数に関しても図表 7-11 に示されるように，仮説 3a および仮説 3b は支持されず，仮説 3c のみが統計的に支持された。つまり，経済的に依存度の高い企業を抱えていることは必ずしも顧客共有行動に明示的な影響を与えない。また，社会的地位の高い企業を顧客として抱える会計士は，世代間顧客共有行動については仮説とは逆に積極的な傾向が見られる。この点については，さらなる考察が必要である。最後に一貫して観察された傾向は，新規顧客に依存する会計士ほど，組織間顧客共有数が多くなり，世代間顧客共有数が多くなる傾向である。

最後の仮説 4 はそれぞれ，組織統合を促す新しい経営慣行の導入が労働環境の変化とインセンティブ構造の変化をもたらし，組織間もしくは世代間の顧客共有を促すというものであった。しかしながら，推計結果は，予想された結果とかなり異なる結果となった。1992 年に導入された統一ローテーション制度と 1996 年に導入された統一報酬制度の効果が観察されるだけで，しかも仮説で想定した係数の方向性とは異なり，組織間顧客共有とは負の関係にあった。合併時点が 1985 年であったことを踏まえれば，7 年後と 11 年後の経営施策を変数として取り上げたことに問題があったかもしれない。この変数は，統合を促す施策として導入されたというよりも，組織間顧客共有もしくは世代間顧客共有が進んだ上で，その現実を実質的に反映するために一連の施策が導入された可能性がある。

図表 7-9

変数	1	2	3	4	5
1. 既存組織内顧客共有	1.000				
2. 新設組織内顧客共有	0.544	1.000			
3. 既存組織間顧客共有	0.036	−0.165	1.000		
4. 世代間顧客共有	−0.123	−0.117	−0.017	1.000	
5. 構造的空隙制約(過去2年の平均値)	−0.314	−0.260	−0.119	−0.223	1.000
6. 個人レベルの関係の埋め込み	0.352	0.248	0.005	−0.109	−0.270
7. 組織レベルの関係の埋め込み	0.102	0.180	0.068	0.111	−0.054
8. 顧客の経済的地位への依存(顧客の資産規模,対数変換)	0.289	0.206	0.063	0.079	−0.120
9. 顧客の経済的地位への依存(顧客の資産規模,社内シェア)	0.087	0.095	−0.039	−0.081	0.078
10. 顧客の社会的地位への依存(日経225顧客数)	0.443	0.364	0.109	0.122	−0.314
11. 顧客ポートフォリオの属性(新規顧客数)	0.329	0.146	0.202	0.551	−0.327
12. 経営慣行変更1992年(1992年導入統一ローテーション制度)	−0.202	−0.068	0.037	0.463	−0.088
13. 経営慣行変更1996年(1996年導入統一報酬制度)	−0.189	−0.065	−0.018	0.408	−0.072
14. 小規模ネットワーク	0.117	0.200	−0.359	−0.702	0.187
15. 会計士専門経験年数(公認会計士登録からの経過年数)	0.408	0.309	0.042	−0.066	−0.305
16. 会計士年齢	0.406	0.310	0.041	−0.054	−0.310
17. 会計士勤務年数(組織参加からの経過年数)	0.496	0.411	0.161	0.013	−0.376
18. 市場構造(HHI)	−0.191	−0.064	0.073	0.476	−0.105

　以上の実証結果の検討から，多くの仮説が統計的に支持されない中で，仮説3cが一貫して想定された方向で，かつ統計的にも有意であった。これらの結果を踏まえると，さらなる検討が必要ではあるものの，社会ネットワーク研究でしばしばその重要性が指摘されるネットワーク閉鎖性や関係的埋め込み効果は先行研究の時間軸が短期的であることを反映して観察される効果であり，その効果は長期的には限定的であると考えられる。

　むしろ，経時的な効果も考慮に入れるならば，本章で検討したように顧客に関連した要因が，顧客共有行動を通じて組織統合に与える影響経路が存在している可能性を指摘することができる。短期的にはネットワーク閉鎖性や関係的埋め込みの程度によって行為者の行動は制約されるものの，ネットワークそのものが経時的に変化することを考慮に入れると，ネットワーク構造の変化に影響を与える要因にもっと目を向ける必要があるだろう。特に，上記の推計結果から明らかになった発見事実の中でも注目すべきこととは，新しい顧客との関係性を持った会計士が，組織統合につながる顧客共有行動に積極的であったという事実である。つまり，新しい顧客を獲得することこそ，異なる背景を持った組織構成員が協働する場を作ることとなる可能性が指摘できるのである。

相関行列

6	7	8	9	10	11	12	13	14	15	16	17	18
1.000												
0.306	1.000											
0.259	0.493	1.000										
0.129	0.275	0.676	1.000									
0.289	0.338	0.468	0.241	1.000								
−0.058	−0.215	0.010	−0.116	0.124	1.000							
−0.129	0.138	−0.016	−0.086	−0.068	0.327	1.000						
−0.065	0.140	−0.034	−0.064	−0.055	0.287	0.549	1.000					
0.111	−0.141	−0.124	0.079	−0.131	−0.418	−0.396	−0.307	1.000				
0.783	0.134	0.202	0.055	0.261	0.124	−0.045	−0.015	0.079	1.000			
0.782	0.140	0.205	0.055	0.259	0.133	−0.028	0.004	0.070	0.999	1.000		
0.553	0.292	0.203	0.044	0.244	0.266	0.104	0.127	−0.009	0.670	0.682	1.000	
−0.152	0.159	−0.002	−0.095	−0.076	0.375	0.834	0.629	−0.426	−0.047	−0.026	0.126	1.000

2. 結論：新しい顧客を獲得する意義

　これまで数多くの M&A 研究が推進され，多くの知見が積み重ねられてきた。しかし，残念ながら多くの研究は，合併後の組織統合の過程で，どのような個人レベルの協働が経時的に実現するのか，そして組織統合を促す協働がどのような要因によって決定されるのかについて，十分な実証的な検討と考察がなされてきたとは言いがたい。本章で検討したのは，その中でも合併統合のマイクロレベルのプロセスに注目している例外的研究（Briscoe & Tsai, 2011）の系譜に位置づけられるものである。これに続く近年の研究（Rogan, 2013, 2014; Rogan & Greve, 2014）は，繰り返しネットワーク閉鎖性と関係的埋め込み効果に注目している。しかし，本章の推計結果に依拠するならば，それらの要因がもたらす効果は，観察期間にも大きく依存すると思われるが，顧客関連の要因がもたらす効果によって相殺される可能性が示唆される。顧客関連の要因はこれまで等閑視されてきた要因ではあるが，組織統合を促進する要因として今後さらに検討すべき要因であると思われる。

　また，組織統合を促す経営慣行導入の限定的効果にも目を向ける必要がある。一般的に組織統合を促す新たな経営慣行の導入は効果的であると考えられてはいるが，少なくとも本章で取り上げた事例においては，その効果は十分には観察されなかった。むしろ，取引先となる顧客の社会的地位と顧客が新しい顧客

図表7-10 組織間顧客共有の推計結果（Generalized Estimating Equation Population Averaged Model）

変　数 Count model	モデル(1)	モデル(2)	モデル(3)	モデル(4)	モデル(5)
世代間顧客共有	-0.046 (0.029)	-0.051 (0.032)	-0.054 (0.035)	-0.147*** (0.046)	-0.144**** (0.044)
既存組織内顧客共有	0.031 (0.026)	0.027 (0.029)	0.028 (0.031)	-0.040 (0.035)	-0.048 (0.034)
小規模ネットワーク	-1.394**** (0.133)	-1.423**** (0.145)	-1.416**** (0.143)	-1.301**** (0.150)	-1.289**** (0.144)
市場構造（HHI）	0.004**** (0.000)	0.004**** (0.000)	0.004**** (0.000)	0.004**** (0.000)	0.004**** (0.000)
会計士年齢	-2.023**** (0.519)	-1.910**** (0.514)	-1.937**** (0.558)	-1.675*** (0.587)	-1.559*** (0.589)
会計士専門経験年数（公認会計士登録からの経過年数）	1.918**** (0.480)	1.813**** (0.475)	1.857**** (0.511)	1.618*** (0.536)	1.500*** (0.539)
会計士勤務年数（組織参加からの経過年数）	-0.036 (0.053)	-0.067 (0.053)	-0.068 (0.055)	-0.117** (0.053)	-0.083 (0.054)
構造的空隙制約（過去2年の平均値）		-0.450* (0.245)	-0.464* (0.250)	-0.260 (0.257)	-0.288 (0.251)
個人レベルの関係的埋め込み			-0.041 (0.031)	-0.021 (0.031)	-0.018 (0.031)
組織レベルの関係的埋め込み			0.019 (0.016)	0.077**** (0.022)	0.076**** (0.022)
顧客の経済的地位への依存（顧客の資産規模，対数変換）				0.060 (0.123)	0.062 (0.122)
顧客の経済的地位への依存（顧客の資産規模，社内シェア）				-0.141 (0.132)	-0.146 (0.134)
顧客の社会的地位への依存（日経225顧客数）				0.169 (0.109)	0.171 (0.107)
顧客ポートフォリオの属性（新規顧客数）				0.312**** (0.037)	0.318**** (0.036)
経営慣行変更1992年（1992年導入統一ローテーション制度）					-0.295**** (0.081)
経営慣行変更1996年（1996年導入統一報酬制度）					-0.173* (0.091)
Constant	59.428**** (15.629)	56.5628**** (15.516)	57.119**** (16.880)	48.068*** (17.863)	43.957** (17.870)
Wald Chi2	366.85	348.64	369.79	485.24	573.63
QIC	3964.807	3662.092	3669.969	3567.819	3546.993
N of observations	1978	1842	1842	1839	1839

（注）Numbers in parentheses are semi-robust standard errors.
*10% 水準で有意，**5% 水準で有意，***1% 水準で有意，****0.1% 水準で有意。

であるかどうかがより重要である可能性を示唆している。特に新しい顧客との取引関係は，異なる組織的な背景を持つ組織構成員の新たな協働の場となる可能性が指摘できる。このことは，組織統合を促す上で，積極的に新しい顧客を獲得する重要性を間接的に示唆するものであると思われる。

3．含意：組織の壁を乗り越えるために必要なこと

一連の研究結果から得られた知見は，顧客共有行動に影響を与える要因とは，

図表7-11 世代間顧客共有の推計結果（Generalized Estimating Equation Population Averaged Model）

変数 Count model	モデル(1)	モデル(2)	モデル(3)	モデル(4)	モデル(5)
組織間顧客共有	-0.055***	-0.081****	-0.086***	-0.107****	-0.118****
	(0.021)	(0.023)	(0.024)	(0.023)	(0.023)
既存組織内顧客共有	0.014	0.013	0.013	-0.023	-0.038***
	(0.015)	(0.015)	(0.016)	(0.014)	(0.015)
新設組織内顧客共有	0.011	-0.005	-0.01	-0.020	-0.017
	(0.018)	(0.018)	(0.019)	(0.017)	(0.017)
小規模ネットワーク	-1.438****	-1.511****	-1.497****	-1.308****	-1.293****
	(0.077)	(0.083)	(0.083)	(0.085)	(0.084)
市場構造（HHI）	0.004****	0.005****	0.005****	0.004****	0.004****
	(0.000)	(0.000)	(0.000)	(0.000)	(0.000)
会計士年齢	0.157	0.334***	0.327***	0.306**	0.397***
	(0.109)	(0.124)	(0.127)	(0.129)	(0.130)
会計士専門経験年数（公認会計士登録からの経過年数）	-0.157	-0.320***	-0.297**	-0.283**	-0.371***
	(0.102)	(0.118)	(0.120)	(0.123)	(0.124)
会計士勤務年数（組織参加からの経過年数）	0.009	-0.009	-0.005	-0.006	-0.004
	(0.012)	(0.009)	(0.010)	(0.009)	(0.009)
構造的空隙制約（過去2年の平均値）		-0.384***	-0.392***	-0.164	-0.195*
		(0.130)	(0.129)	(0.120)	(0.115)
個人レベルの関係的埋め込み			-0.038***	-0.024*	-0.021
			(0.013)	(0.013)	(0.013)
組織レベルの関係的埋め込み			0.003	0.008	0.0165**
			(0.005)	(0.007)	(0.007)
顧客の経済的地位への依存（顧客の資産規模，対数変換）				0.123***	0.104**
				(0.050)	(0.049)
顧客の経済的地位への依存（顧客の資産規模，社内シェア）				-0.149	-0.132
				(0.094)	(0.092)
顧客の社会的地位への依存（日経225顧客数）				0.159****	0.150****
				(0.037)	(0.036)
顧客ポートフォリオの属性（新規顧客数）				0.112****	0.139****
				(0.021)	(0.022)
経営慣行変更1992年（1992年導入統一ローテーション制度）					0.206*
					(0.107)
経営慣行変更1996年（1996年導入統一報酬制度）					-0.343****
					(0.046)
Constant	-8.289	-13.858***	-13.791****	-15.292****	-18.034****
	(3.274)	(3.714)	(3.787)	(3.848)	(3.909)
Wald Chi2	821.31	887.1	927.11	1135.43	1433.97
QIC	8438.612	7003.702	7006.992	6933.793	6901.109
N of observations	2843	2415	2415	2411	2411

(注) Numbers in parentheses are semi-robust standard errors.
*10%水準で有意，**5%水準で有意，***1%水準で有意，****0.1%水準で有意。

社会ネットワーク研究がその重要性を強調するようなネットワーク構造を特徴づける諸変数ではなく，どれだけ新たな顧客を獲得するかに影響を受けるというものであった。ネットワークの中に組み込まれる個人は短期的には，自らの置かれたその構造下に制約されるものの，長期的には新規顧客の開拓を通じて，その構造そのものを主体的に改変できるかもしれないのである。

前章の後半部分で組織の壁と，それをさらに厚くする組織のサイロ化という組織病理の特徴，その病理の克服のためのありうる方策を簡単に検討した。そ

の克服策として組織統合を促す合併後の介入マネジメントの重要性を指摘した。その流れでこれまでの発見事実を解釈すると，介入マネジメントの一つとして，新規顧客開拓の重要性を指摘することができるであろう。第3章で指摘したように，日本の経営システムの特徴は，大企業を中心に組織構成員のメンバーシップが固定的であるという点にある。その弱点は，続く第4章でも指摘したように，メンバーシップが固定的であるがゆえに，組織への高いコミットメントを誘因することが可能である一方で，組織の健全性が担保しにくいというデメリットを有している。これまで日本企業は，少なくとも成長期においては，新しい顧客の獲得という形で組織の健全性を維持することができた。しかし，成長期から成熟期への移行過程でひとたび新しい顧客獲得の機会が失われれば，組織の健全性を維持することが困難になる。言い換えれば長期雇用を前提とした日本的経営システムが健全に機能するためには，新しい顧客の獲得が前提となるのである。この前提は，本章で明らかとなった発見事実とも整合的に解釈できる。つまり，新しい顧客の獲得こそが，異なる組織的背景を持つ組織構成員が相互に協働する機会となっており，それが結果として組織統合の牽引役となる，という因果経路である。

　組織の壁を越え，組織のサイロ化を未然に防ぐためには，新しい顧客の獲得を志向することで，それまで協働したことがないヒト同士が出会う新たな協働の機会を組織内部に生み出すことが必要である。それが結果として組織内部で新しい学習機会を生み出すことにつながる。それは第6章で指摘した他力を自力に転換する上でも重要な要因となるはずだ。

　新しい顧客との関係性の構築こそが，協働機会となり，学習機会となり，組織構成員同士の関与の機会となり，結果的に合併統合の駆動要因となるというのが本章のこれまでの議論から導き出された最終的な結論である。

注
1) 本章は，福川裕徳氏（一橋大学）との科学研究費補助金の支援で実施された共同研究で収集されたデータに基づいている。「組織能力の解体・組織間移転メカニズム：マルチレベル分析に基づく学際的実証研究」（研究課題・領域番号 23330124)。
2) 1968 年に監査法人中央会計事務所として発足し，1988 年には新光監査法人と合併し，中央新光監査法人となる。1993 年には中央監査法人に改称した。その後，2000 年に青山監査法人と合併し中央青山監査法人となり，2006 年にみすず監査法人と改称し，2007 年 7 月 31 日に業務終了し解散した。
3) 監査法人と太田哲三氏に関する記述は，特に断らない限り太田昭和監査法人（2000）

の記述に依拠している。
4) 本章の分析が依拠するデータは，独自に構築した1961年から2013年までの全ての上場企業を対象として収集した監査報告書情報に基づくものである。独自に構築したデータセットは，上場企業名称の他に，会計年度ごとの監査報告書記載事項（例えば，監査法人名と代表社員氏名）を収集しており，23万行を超えるデータセットである。データは2013年以降の情報も継続してアップデートする形で更新中である。
5) 具体的には，統計ソフトウェア STATA Version13 を使って，従属変数の分布に負の二項分布を想定し，従属変数と線形予測値との間にログリンク関数を設定した。作業相関は交換可能とした。

第8章 外部投資家との対話と関与

　資本主義経済を前提とする限り，外部投資家とどのような関係を構築するかは，避けては通れない問題である。しかし，未だ日本企業の多くには，投資家と積極的な対話を行い，彼らの長期的な関与を促すという姿勢が十分ではないように思われる。本章では，この問題を決算短信発表までの時間（発表速度）とタイミング（決算発表集中日からの逸脱）に注目することで検討する。組織能力の構築を通じて，投資家の持続的関与を促す余地が未だ残されているというのが本章の主張である。

I　外部投資家との対話と関与

1. 多様な利害関係者による資源提供

　第1章でも述べたように，様々な利害関係者（ステークホルダー）の資源提供によって初めて企業は存続可能となる。このことは，創業間もない脆弱な経営状態にある企業を考えれば容易に理解できるはずだ。利害関係者とは，図表8-1に示されるように，労働力の提供者としての従業員，生産した財・サービスの購入者としての顧客，部品・材料提供者としての供給業者，カネの提供者としての銀行や株主，そして経営環境を提供する地域社会や政府である。顧客も購入という行為を通じて企業に存続原資を提供する資源提供者である。顧客クレームも見方を変えれば，企業に改善情報を提供しているという意味で，重要な資源提供である。

　一般的な言説の世界では，特定の利害関係者がより重要であるという規範的な議論[1]）が確かに存在する。例えば従業員（もしくは外部投資家）は外部投資家

(もしくは従業員) よりも重要であるというのはその一例である。しかし，特定の資源提供者が他の資源提供者よりも〈常に〉重要であるということはない。資金の拠出者と労働力の提供者のどちらが欠けても事業は立ち上げられない。顧客が存在しなければ企業はそもそも存続しえない。したがって，事業と事業を営む組織の存続のためには，いずれの資源提供者も等しく重要である。先の例に従えば，外部投資家も従業員も資源提供者という点で，等しく重要な存在である。

　もっとも，利害関係者からの資源提供は，自動的に得られるものではない。企業による資源提供者への主体的な働きかけが不可欠である。それぞれの資源提供者に対して，自社の事業の維持（あるいは成長）のために，経営資源が必要であることを説明し，資源提供者に資源提供の理由を納得してもらうことが必要となる。つまり，異なる資源提供者との主体的な対話を通じて，資源提供者の関与を促すことが，事業と企業の存続には必要である。それゆえ，資源提供者との対話と関与のマネジメントとは，(1)従業員との対話と関与，(2)供給業者との対話と関与，(3)顧客との対話と関与，(4)外部投資家との対話と関与，(5)地域社会との対話と関与，そして(6)政府との対話と関与から構成されていることになる。資源提供者の違いにかかわらず，これらの資源提供者による企業への関与を促すために，資源提供者への主体的な対話の姿勢と関与の姿勢が必要となる。他者の積極的な関与を実現するためには，資源提供者へ対話し関与する不断の姿勢と努力が不可欠である。

2. 高まる外部投資家の重要性

　日本企業は，銀行借り入れを中心とした間接金融を通じて，成長資金を獲得しそれを元手に成長した。他社に先んじて成長資金を獲得するためには，資金提供者としての銀行との良好な関係の構築とその維持が不可欠であった[2]。しかし，1980年代初頭を境として，日本企業の国際的競争力は急速に向上し，継続的な事業収支の改善により内部留保が厚くなった。その結果，借り入れに依存する必要性が低下し，資金調達も株式市場を中心とした直接金融へと変化していくこととなる。このことは，カネという資源提供者として，金融機関に代わって外部投資家が果たす役割が大きくなってきたことを意味している。もう一つの大きな変化は，海外投資家が果たす役割の増大である。1990年代から2000年代にかけての金融市場のグローバル化の進展に伴い，株式持ち合い

図表8-1 多様な利害関係者との資源提供と対話

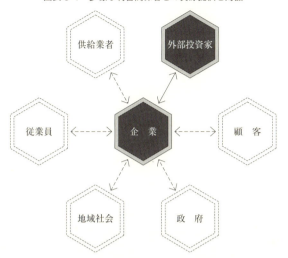

の解消が進展し，金融機関や事業法人に代わって，機関投資家を含めた海外投資家の役割が急速に大きくなっている。

図表8-2は，『株式分布状況調査』（東京証券取引所，以下東証）による上場企業の所有者別構成比の推移である。この図に示されるように，1990年以降金融機関の構成比の低下と，外国人株主の台頭が見て取れる。持株比率で見れば，近年まで一貫して金融機関が最大の主体であり，ピーク時の1989年度には45.6%であった。それが2000年代を通じて大きく低下することとなる。国内主要証券取引所に上場する企業（内国上場会社）の2014年度所有者別持株比率は，金融機関23.8%，事業法人23.1%，そして個人等が22.4%である。これに対して，外国人持株比率は28%で最大である。日本企業は資金提供者との関係性で大きな変化を経験してきたのだ。外部投資家，特に海外投資家とどのような関係性を構築するかは，日本企業にとって重要な経営課題となっているのである。

3. 問題の所在

そこで本章では，外部投資家との対話と関与の問題を取り上げる。ありうる資源提供者の中でも特に外部投資家に注目するのは，他の資源提供者と比較して相対的に重要であるからではない。他の資源提供者と等しく重要であるにも

図表 8-2　上場企業の持株所有比率の推移

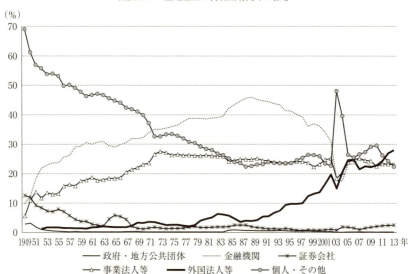

(注)　「個人・その他」の構成比が2004年度，2005年度調査ともに大きく変化しているのは，(株)ライブドア（4753）による大幅な株式分割の実施による影響である。
(出所)　『株式分布状況調査』東京証券取引所「所有者別持株比率及び持株数の推移（長期統計）」http://www.jpx.co.jp/markets/statistics-equities/examination/01.html。

かかわらず，敢えて投資家との関係にここで注目するのは，少なくとも日本企業では，資源提供者として外部投資家が果たす役割について十分な理解が進んでいるとは言えないからである。前述したように，資金調達の手段が借り入れから株式市場による資金調達へ移行するに伴い，投資家との対話と関与の重要性はかつてないほど増大している。しかしながら，投資家との関係については，従業員や顧客との関係と比較して，これまで等閑視されてきたか，誤った前提に基づいて議論されてきたと考えられる。

投資家との対話や関与の重要性が相対的に軽視されてきた直接的背景は，そもそも間接金融を中心に日本企業が成長してきたからに他ならない。しかし，すでにこのような状況も大きく変化してきている。背景にあるもう一つの理由は，日本社会に暗黙に存在する「拝金主義の忌避」とでも呼ぶべき考え方である。カネは自走の論理を内包しているという点で，それに距離を置く姿勢それ自体は健全な志向性であるかもしれない。しかし，行き過ぎると資本主義自体の否定につながりかねない。事業活動においては，ヒトの貢献と等しくカネの貢献も重要である。

興味深いことに日本では,そのような反拝金主義の思想が存在するにもかかわらず,創業とか上場という場面ではカネの提供を通じた事業創造者として,投資家の果たす役割の重要性が強調される。奇妙なのは,すでに市場地位を確立した既存企業の株主という場面では,経営者と従業員に対立する主体として措定される投資家の存在が,新しい企業の創業や上場という場面では経営者と従業員を支援する主体として措定されるという点である。投資家は常に良い存在でもあるし悪い存在でもある。それは従業員でも経営者でも同じである。良い従業員もいれば悪い従業員も存在する。

むしろ,投資家との対話や関与の重要性が相対的に軽視されてきた直接的背景は異なるところにある,というのが本章の立脚する見立てであり仮説である。あくまでも仮説の域を出ないものの,投資家は時間志向性が短期的であるがゆえに牽制すべき対象である,という暗黙の前提に立脚してきたがために,投資家との対話や関与の重要性を軽視してきたのではないだろうか。株主は短期的な時間志向性ゆえに長期的な事業活動と相容れないということがしばしば主張される。「株主資本主義はイノベーションの敵である」という言説は,広く我々の事実認識に影響を及ぼしている言説である (Lazonick, 2007)。

しかし,株主は常に短期志向であるという言説は,その影響力の大きさとは対照的に,根拠を欠いた極めて単純な主張である。むしろ,投資家の短期志向と並んで現実に広く観察される現象とは,経営者の短期志向化であり,すぐに結果を期待する消費者の短期志向性の増大でもある[3]。投資家のみが短期志向なのではなく,その他の資源提供者も同様に,高速に変化する外部環境に伴い時間志向性の短期化が進行していると思われる。むしろ,投資家の短期志向を促す原因は,それを許容する経営者自身の短期志向にあるというのが本章の基本的前提である。

経営者の投資家に対する主体的な対話と関与の姿勢があってこそ,投資家による積極的な関与が促されるというのが以下で展開する議論の基本的な出発点である。

II 決算発表を通じた投資家との対話

1. 決算発表の適時性と経営システム

投資家への主体的な対話と関与の問題を具体的に検討する上で,本章が注目

するのが，日本企業による財務情報の開示行動である。その中でも特に注目するのが，決算短信を通じた決算財務情報の適時開示である。ありうる開示情報の中でも決算短信を敢えて取り上げるのは，短信がその拠り所にする適時性（timeliness）の重要性に注目するからである。一般的に市場が適切に機能するためには，市場参加者の判断に供する情報が効率的に流通する必要がある。効率的な市場成立の一つの鍵は，証券市場で言えば投資家に必要となる重要な事象に関する情報を，必要なタイミングで開示する適時性である。そのような適時性の重要性を理解する企業経営者であれば，財務情報開示のタイミングを意識した行動を採るであろう。それとは逆に，その重要性をそれほど意識していなければ，決算情報の適時性を意識した企業行動を採らないだろう。

適時性は，単に必要とされるタイミングで開示するという意味でのみ重要なわけではない。前章までで検討してきたように，目まぐるしい環境変化の中で，従来以上に迅速な意思決定が求められており，企業の意思決定者はこれまで以上に意思決定スピードの向上が求められている。意思決定スピード向上にはいち早く正確な経営数値を把握することが不可欠である。迅速で正確な経営数値の把握を可能とする経営システムを確立することが前提となるのだ。特に，事業規模が拡大し事業環境の複雑性が増大するに従い，効率的に経営情報を処理することを可能とする経営システムの確立なくして，開示の適時性を担保することは難しくなっていると言えるだろう。

それゆえ，決算発表までの企業間のばらつき（決算発表の早い企業もあれば時間がかかる企業も存在する）は，企業間で異なる経営数値把握の速さゆえの決算発表の早さのばらつきを反映していると同時に，企業間で異なる適時性重視の程度ゆえの決算発表の早さのばらつきも反映している。いくら適時性を重視したとしても，経営数値把握の速さなくして早期開示が難しいことを踏まえると，迅速な経営数値把握を可能とする経営システムの確立が投資家の対話と関与の問題を考える上で，まず達成すべき前提となることが理解されるだろう。適時性を考慮した決算発表とは，早くしたいか否かの経営の意思の問題である前に，迅速に経営情報を把握することができるか否かの能力の問題なのである。

2. 法定開示，適時開示，任意開示

外部投資家による積極的で主体的な関与を促すためには，企業による積極的な情報開示と発信が欠かせない。例えば，企業は狭い意味での定量的な財務情

報に留まらず，企業の全社戦略や直面するリスク情報等の非財務情報も含め，企業の中長期的な価値創造のあり方を積極的に開示し発信していくことが求められている[4]。もっとも，これまで日本企業においてどの程度積極的に外部投資家との対話を促す努力がなされてきたかについては，未だ逸話の集積という形で語られるに留まっている。また，どの程度改善の方向性が見られるかについては，実証的にも議論の余地があると思われる。

そこで本章では，基本的な事実を提供するという意図からも，外部投資家との対話努力が日本企業においてどの程度なされているか，また，どの程度その対話努力がより積極的になされるように変化してきたのかについて，日本企業による経営情報に関する開示行動，特に適時開示の一つである決算短信の開示行動を中心に検討することとしたい。

外部投資家が投資判断材料として会社情報を取得するには，一般的に法定開示，適時開示，任意開示という三つの異なる経路がある。法定開示とは，法令に基づく情報開示であり，法定開示には金融商品取引法に基づく開示（有価証券報告書・四半期報告書・臨時報告書）と会社法に基づく開示（計算書類，付属明細書，事業報告）がある[5]。金融商品取引法に基づく開示は投資家を念頭に置いた情報開示であるのに対して，会社法に基づく開示は投資家たる株主と債権者の利害調整を念頭に置いて供せられる会計情報である。いずれも法定開示であるという点で，「法令に基づく拘束力」を有するものである。

これに対して，適時開示とは金融商品取引所の定める適時開示規則に従い，投資判断に重要な影響を与える会社の業務，運営または業績などに関する情報の公表を指す。法定開示が法令に準拠しているのに対して，適時開示は当該企業が上場する金融商品取引所の適時開示規則に準拠している。法令による拘束力はないものの，金融商品取引所による自主的な開示規則に準拠する必要があるという意味で，「当該取引所に拘束される事実上の合意」である。

日本では，1974年6月に「会社情報の適時開示に関する要請について」という形で上場企業に通知され，1999年9月には会社情報の適時開示要請が東証において規則化された（土本・飯沼，2007；安井，2014）[6]。投資家保護という観点から，会社情報の適時性を担保することを意図したものが，適時開示制度である。適時開示制度では，(1)上場会社に関わる情報，(2)子会社等にかかわる情報，(3)決算情報（同規程404条，405条），そして(4)非上場の親会社等の情報の開示が求められている。

三つ目の任意開示とは，金融商品取引法や会社法，あるいは金融商品取引所の開示規則に規定されない開示であり，企業が任意で投資判断に有用な企業情報を株主や投資家に対して提供する開示活動である。本章が注目する決算短信とは，業績情報等をその内容が定まった時点で法定開示である有価証券報告書に先立ち行われる，投資家に伝達すべき決算情報に関わる適時開示である。

　法定開示や任意開示ではなく，適時開示の一つとして決算短信に注目する理由は三つある。第一に，法的拘束力のある法定開示と違って，決算短信は上場市場の自主的な開示基準に準拠している。したがって，どの程度遵守するかは企業の自由裁量である。また，法定開示と違って，適時開示は監査法人による監査を前提としていないため，適時開示に注目した方が，企業の投資家への主体的な開示姿勢に関する企業間の相違をより明示的に観察することが可能になるはずである。もっとも，企業の主体的な開示姿勢にのみ注目するのであれば，法令にも取引所にも拘束されることのない任意開示に注目することが最も適切であるかもしれない。しかしながら，任意であるがゆえに，企業間の比較は難しくなる。したがって，比較可能性も考慮に入れるならば，上場市場の自主的な規則に準拠しつつも，企業間で開示行動に自由度が存在する適時開示に注目するのが適切であると思われる。

　第二の理由は，適時性という点に注目する重要性である。近年の急速な外部環境の変化に伴い，意思決定速度の向上は日本企業にとって重要な経営課題の一つとなった。もっとも，意思決定速度向上の重要性は，「創って，作って，売る」（三枝，2006）という一連の事業活動のサイクルを速く回すことで，鮮度の高い経済的価値を提供するという意味に留まらない。株主に代表される外部投資家に向けた会計情報の生産・開示プロセスについてもまた同じである。意思決定速度の向上を通じて，鮮度の高い会計情報を提供することもまた，日本企業に求められている。会計活動とは，カネの流れの認識・測定・計算・開示プロセスであり，カネに関わる会計情報の生産プロセスである。したがって，鮮度の高い会計情報を生産し発信するという意味で，適時開示の中でも最も早く業績が公表される場として機能してきた決算短信の発表行動に注目することには一定の意義があると思われる。

　第三の理由は，投資家から見た決算短信というイベントの重要性である。決算短信は，法定開示の一つである会社法に準拠して公表される計算書類および金融証券取引法に準拠して公表される有価証券報告書に先立って公表されると

いう点で，外部投資家がその会計年度の経営業績を初めて知る重要なイベントである。その意味でも，決算短信がどのタイミングで発表されるかに注目することは，外部投資家への企業による主体的関与の程度を窺い知る有効な観察指標であるはずである。

3. 適時開示から法定開示までの一連のプロセス

　決算短信とは，株式を証券取引所に上場している企業が，上場する証券取引所の適時開示ルールに則って，決算発表時に作成・公表する決算速報である。決算短信の様式は，上場する証券取引所によって定められており，年次報告は通期決算短信として，四半期ごとの報告は四半期決算短信として行われる[7]。本章が注目するのは，年次報告に当たる通期決算短信である。

　歴史的に振り返ると，決算短信は上場企業の決算発表時の記者クラブにおける共通質問事項等を定型の書式として整理したことにその源流が求められ，1980年以降は取引所が様式改定の実務を引き継いで現在に至るものである（安井，2014）。決算短信を中心とした適時開示制度は，大別すると(1) 1974年6月以前，(2) 1974年6月から1999年9月まで，そして(3) 1999年9月以降の三つの時代に分けられる（土本・飯沼，2007）。1974年6月以前は，投資家に対して会社情報が適時開示される明確な仕組みが存在せず，東証が公表の必要性を認めた場合にのみ，個別企業に公表を要請するという運用がなされていた時期である。それが転換するきっかけとなるのが1974年6月に東証によって全上場企業代表者宛てに出された「会社情報の適時開示に関する要請」である。これにより，東証の適時開示政策が一般的に明確化された。しかし，それはあくまでも証券取引所による上場企業への要請であって，その具体的な内容について規則化されたものではなかった。大幅に前進する契機となったのが，1999年9月に「上場有価証券の発行者の通告等に関する規則」を大幅改正し，「上場有価証券の発行者の会社情報の適時開示等に関する規則」として，適時開示制度が取引所規則として制度化されたことだ。（土本・飯沼，2007）。

　図表8-3は，上場企業の中でもその数において支配的な3月期末を決算期とする上場企業を念頭に，適時開示である決算短信発表から株主総会を経て法定開示である有価証券報告書の開示に至る一連のプロセスを示したものである。3月31日を決算期末日とする企業は，最速で翌日の4月1日に決算短信が公表される。多くの企業は，早い企業で決算期末日から数えて30日以内となる

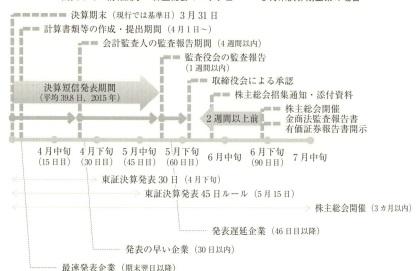

図表8-3 情報開示・株主総会のスケジュール：3月末決算期企業の場合

（出所）『開示・監査制度の在り方に関する提言』p.31 および『企業情報開示等をめぐる国際動向』（経済産業政策局企業会計室，2014年7月）を参考に作成。

4月15日に決算短信を発表し，最も遅い企業でも45日目となる5月15日から60日目となる5月末までに発表される。東証では，通期決算短信が決算期末日から45日以内に開示されることが適当とされ，30日以内の開示をより望ましいとしている。決算短信は，期中監査を通じて監査法人との事前調整がなされるものの，証券取引所の上場規則に従う適時開示であるため，監査法人による監査を前提としていない[8]。

　決算短信の公表を終えた企業が次に取り組むのが会社法監査である。作成された計算書類等が，会計監査人と監査役にそれぞれ提出され，その後4週間で会計監査人による会計監査報告が行われ，さらに1週間で監査役会による監査報告が提出される。その後取締役会での承認を経て，株主総会開催日の少なくとも2週間前に株主総会招集通知の作成・発送が行われる。株主総会の後，有価証券報告書の開示と，金融商品取引法に基づく監査報告書が開示されることとなる。

　あくまでも集計した平均像ではあるが，2015年3月期決算企業2367社において，決算期末日から短信発表日までの所要日数は39.8日であり，会計監査人の監査報告書日が44.3日，監査役会の監査報告書日が47.6日である。また，

総会招集通知の発送日が66.9日,株主総会の開催日が85.1日となっている。現行の開示慣行を前提として,運用上開示活動の早期化を図るには,総会招集のタイミングを前倒しする必要がある。加えて,監査内容の正確性を担保した上で,会社法監査日もまた前倒しされる必要がある。そもそも,非監査の決算短信と同じく,その前提となる計算書類等の作成・提出の早期化の可否は,企業による会計情報の生成能力に依存している。したがって,一連のプロセスの早期化を実現するためには,そのボトルネックである日々の業務に関わる会計情報の生成能力の向上が不可欠である。そのような理由からも,開示行動を見る上で開示の先頭を切る決算短信に注目するのは適切であろう。

4. 決算発表の「早さ」と発表集中日からの「逸脱」

適時性を重視できるかどうかは,会計情報の生成能力に依存している。言うなれば他社に先駆けて「早く」決算発表可能となるのは,会計情報の生成能力の速さに大きく依存しているのである。この問題を図表8-4で簡単に確認しておこう。図表の中には,四つの企業タイプが存在する。第一の企業タイプは,適時性を達成する動機がありそれができる企業である(企業D)。第二の企業タイプは,それとは対照的に,適時性を達成する動機もないし,そもそもできない企業である(企業B)。それらの中間に位置するのが,第三の企業タイプである適時性を達成する動機はないが,達成する能力を兼ね備えた企業(企業A)か,第四の企業タイプである適時性を達成する動機はあるが能力がない企業(企業C)である。この場合,企業Dは動機もあるし能力もあるので,他社に先駆けて決算発表を開示する。他方で,企業Bは能力も動機もないので,決算発表は遅いままである。注目すべきは企業Aと企業Cの比較である。動機はないが能力はある企業Aにとって,何らかの理由で決算発表を前倒し必要性に直面すれば,早期化は可能であるはずだ。あくまでも選択の問題である。これに対して,企業Cは動機があるものの能力が伴わない企業である。この企業では,どれだけ積極的な開示姿勢を以て早く開示する動機を持っていたとしても,その企業の内部で会計情報の生産能力が低ければ,決算短信発表日を前倒しして早期化することはできないだろう。仮に,無理をして早期化することができたとしても,持続的な早期化につながらないか,逆に開示の品質を低下させてしまうだろう。品質の低下は,後述するように修正開示という形で顕在化することになるかもしれない。

図表8-4　動機と能力：企業の4タイプ

	能力が低い (会計情報生成能力が低い)	能力が高い (会計情報生成能力が高い)
動機が弱い (低関与)	企業B (動機もなくできない)	企業A (動機はないができる)
動機が強い (高関与)	企業C (動機はあるができない)	企業D (動機もあるしできる)

　これらの異なる四つのケースを踏まえると，適時性を重視する開示姿勢と適時性を実現可能とする迅速な会計情報の生産能力の両方が企業に備わっていなければ，決算短信の発表日を前倒しして早期化することは難しいと考えられる。つまり，開示情報の質を担保した上で，競合他社と比較して相対的に決算短信発表日を前倒して行う企業は，積極的な開示姿勢とともに迅速な会計情報生産能力を有している企業である。これに対して，相対的に決算短信発表日が遅い企業は，適時性という観点から見て積極的な開示姿勢に乏しいか，迅速な会計情報生産能力をそもそも有していないか，あるいはその両方の特性を有した企業ということになる。

　このことから，個々の企業の決算発表日に注目することによって，当該企業の積極的な開示姿勢の有無と，迅速な会計情報生産能力の有無とを間接的ではあるが同定することが可能となる。本章が第一に注目するのは，どの程度早く決算発表が行われるかという点にある。いわば，決算発表の「早さ」（決算期末日から決算短信発表日までの経過日数）に注目するのである。

　本章はまた，決算短信発表集中日からの「逸脱」行動にも注目する。ここで逸脱とは，多くの企業が選択する決算発表日とは異なる決算発表日を選択する行動と定義する。上場企業の多くが株主総会の開催日を特定日へと集中させる行動はよく知られた事実であるが，決算発表行動においても同様に特定日への集中行動が見られる。株主総会の開催日を特定日へ集中させる行動は，株主の実質的参加と総会における議論を無効化させる効果があるという点で，企業統

治という観点から見て外部投資家との積極的な対話という方向性と逆行する施策である（内田，2016b）。というのも，株主総会の開催日の特定日への集中は，総会への物理的な参加と議論の機会を奪うからである。同様に，決算発表の特定日への集中は，外部投資家から見れば一度に多くの銘柄を限られた時間制約で評価する必要があるという意味で，外部投資家との積極的な対話という方向性と逆行するものである。

　他社の多くが集中して発表する日（集中日）を敢えて選択して決算発表するという行動は，いわば開示活動の「横並び行動（herd behavior）」である。集中日に決算発表するという行動自体が，投資家から見れば主体性を欠いた開示姿勢のシグナルとして機能するはずである。外部投資家への対話の重要性を考慮に入れる企業であれば，決算発表集中日に自社の発表日を設定することで起きる投資家側の制約問題を考慮に入れるはずだ。また，横並び行動自体のシグナリング効果を考慮に入れるならば，積極的に他社と異なる逸脱的な開示行動を選択し，集中日とは異なる日に決算発表を行うはずである。

　以下では，決算発表の「早さ」と非集中発表日への「逸脱」という二つの次元から，日本企業における外部投資家との対話の積極性がどのように変化してきたのかを検討することとしよう。

Ⅲ　二つの開示戦略と2000年代の動向

1. 早期化による開示戦略：決算発表の速報性

　決算内容を早く公表しない企業は，そもそも外部投資家への適時開示を重視しないか，重視していたとしても迅速な経営数値の把握がおぼつかないがゆえに，残念ながらそれができない企業である。それとは対照的に，決算内容を早く公表する企業とは，外部投資家への適時開示を重視する企業であり，迅速な経営数値の把握を可能とする経営システムを組織内部で構築できている企業である。ここで重要なのは，すでに述べたように，迅速な経営数値の把握を可能とする組織能力の構築なくして決算発表の早期化は難しいという点である。したがって，決算発表の早さは，迅速な意思決定を支援する組織能力の代理変数であり，組織の強さの源泉なのである。言い換えれば，決算発表の早さは，単に適時開示を重視するか否かという外部投資家への開示姿勢の相違を反映する代理変数ではない。むしろ，その実現には，経営情報システムの抜本的な改革

を必要とし，場当たり的な経営改革では達成しえない組織能力の代理変数でもあるのである。

具体的に組織能力の問題を検討する上で，いくつかの具体的な事例が参考になる。というのも，日本企業の中にも，意識的に早期決算発表の組織能力を構築してきた企業があるからである。一例として，1980年代の日製産業（現，日立ハイテクノロジーズ）[9] や花王，1990年代のホギメディカル，そして2000年代のアドヴァンやあみやき亭といった企業が挙げられる。

花王は，3月期決算期上場企業の多くが5月下旬に決算発表を行っていた当時，1カ月早く決算発表にこぎ着けている[10]。同社が早期決算発表を実現できた背景には，「販売，物流，在庫などの動きを端末を通じてリアルタイムに掌握」することを可能とする情報化投資が挙げられる[11]。同社は，1983年から本社のホストコンピュータと全国の工場や事業所をオンラインで結び，販売金額や費用をその日のうちに入力集計する会計システムを稼働させ，決算期には伝票の集計が不要な企業内情報システムをいち早く確立している[12]。

もっとも，業務変革を伴わない情報化投資であれば，決算早期化の効果は限られたものになるだろう。同社は，このような情報化投資とともに積極的な期中監査の実施による会計監査業務の前倒し化を行ってきた。会計士の監査も3月中に2月までの監査を追え，4月に入って3月分の監査を実施する前倒しで進められている[13]。そこでは，業務システムと会計システムを連動させ，分散入力を徹底することで「日々決算」を達成することが常に意識されている[14]。

そもそも信頼性の高い情報を日々積み上げていくためには，監査法人との緊密な協力体制も必要である。決算発表は法定監査と違って，事前の監査を必要としないものの，その正確性は外部投資家から問われるからである。同社は，期中監査に力を入れており，経理部と監査法人はコンピュータで結ばれ，会計情報の共有が進められている。

積極的な期中監査の推進はまた，監査法人の監査業務負担の平準化という点でも重要である。3月期末を決算期末日とする企業がそもそも多く，それらの企業の多くが決算期末日の直後に期末監査業務の多くを監査法人に依頼したとすれば，限られた監査法人のマンパワーを前提とすると，必然的に監査の質も低下する可能性が示唆される。このことからも，期中監査の積極的な推進は監査を必要としない決算短信の質の担保という観点でも重要である[15]。同時期

に決算発表早期化レースを結果的に争うこととなった山種産業（現．ヤマタネ；旧．辰巳倉庫）もまた同様に，月次決算を本決算並みの水準で推進することにより月次決算を積み上げるだけで本決算ができあがる決算システムを構築し，積極的に監査法人の協力を得て期中監査を推進している[16]。

医療用不織布製品，滅菌包装材，そして各種医療用キット製品のトップメーカーであるホギメディカル（当時は東証2部）は，1992年3月期から1999年3月期まで決算発表一番乗り企業であった。2000年3月期から2009年3月期には防犯システムのメッツ（東証マザーズ）が一番乗り企業となり，2010年3月期から2013年3月期までは輸入建材商社のアドヴァン（東証1部）が一番乗り企業となっている。そして，2011年3月期以降，同着一番乗り企業であるのが名古屋を拠点とする外食チェーンのあみやき亭である。

企業規模も業種も上場市場も違うこれらの企業に共通するのは，「日々決算」である。例えば，「小売業では月間や四半期の売上高速報を発表する企業も多いが，あみやき亭は原価率などの計算も毎日行っている。日々のデータを集計しておき，3月31日分だけを積み上げれば決算短信の作成にかかれるという具合だ」[17]。そこでは，業務の単純化と平準化の重要性が強調され，会計士による期中監査を通じた日々の積み重ねによって初めて，年次決算発表の早期化が可能となる，と指摘されている[18]。

最後に，大型の情報化投資やシステム化，業務の本格的な改革，そして監査法人との継続的な信頼関係の構築による期中監査の充実のいずれもが，社長のリーダーシップなくしてなしえないものである。先の花王の例で言えば，同社の大型投資は，1970年代から業務構造改革を仕掛け，大型投資を進めていった1971年から90年まで社長として同社の陣頭指揮を執った丸田芳郎の存在なくしては語れない。山種産業をはじめとして，その他の企業でも，社長のリーダーシップなくしては早期化はなしえていない[19]。法的義務がない，自主性に委ねられた開示であるからこそ，トップの強い早期化の意思なくしては決算発表の早期化は実現しないのである。また，決算の早期化は，あくまでも結果であり，迅速な収益認識能力を高める努力があって，初めて可能となるものであることが理解いただけるはずである。経営とは事実の正確な把握があってはじめて成立し，その基本原則は開示行動にも当てはまる。

したがって，持続的な決算発表の早期化は，迅速で正確な収益認識を可能とする組織能力の構築ゆえに可能となるものであって，トップの強い意志と現場

の抜本的なプロセス改善なくしては実現できないのである。早さは速さであり，速さは強みの源泉なのである。

2.「逸脱」による開示戦略：非集中日での決算発表

決算発表のタイミングの問題は，決算発表を早く行うかどうかという問題とともに，他社とどの程度異なるタイミングで決算発表を行うかという問題でもある。決算短信の発表は，外部投資家が初めて該当会計期間の経営業績をパブリックに知り，投資判断に資する情報伝達の場として，外部投資家にとって非常に重要な対話の機会である。それゆえ，他社と同日に決算発表を行うことは必ずしも望ましくない。むしろ，外部投資家により適切に自社の情報を認識してもらうためには，多くの企業が選択する決算発表日とは異なる日に決算発表を行うことが望ましい。横並びで発表日を設定するのではなく，戦略的に発表日を逸脱して設定することが必要となるのである。しかし，現実には，日本企業では，特定日に決算発表が集中するという決算発表の横並び行動が起きている。日本企業の競争戦略上の特徴として指摘される横並び行動（浅羽，2002）は，製品開発行動のみならず，決算短信の発表という開示行動においても見られるのである。

情報開示という理念に照らしてみても，自社の当該会計期間の経営情報発信の最初の機会であることを踏まえてみても，可能な限り他社と異なるタイミングで決算発表することが望ましい行動であるはずである。あるいは，他社と異なるタイミングで発表すれば，投資家の積極的な関心を引くことが可能であるはずである。それにもかかわらず，なぜ多くの企業が横並びで決算発表日を設定し，結果として決算発表が特定日に集中し横並び行動が起きるのだろうか。

Lieberman & Asaba（2006）は，横並び行動の説明メカニズムとして，先行者と追従者の間で起きる相互作用を，情報と対抗度という二つの視点で検討している。情報に依拠した説明理論は，注目すべき力点において分野で大きな違いがあるものの[20]，直面する外部環境の不確実性に注目し不確実性削減手段として模倣・追従が起きるメカニズムを説明している[21]。これに対して，対抗度に基づく説明理論では，当該企業と競合企業との間の事後的な競争地位の変動に注目して，模倣・追従行動が起きるメカニズムを説明している。そこでは，事前に確立している競争地位の維持，もしくは主体的な競争地位の逆転を意図して模倣・追従が起きるメカニズムを説明している。いずれの説明も，模倣・

追従行動が，主体的で合理的な意思決定ゆえに起きるという前提で説明が試みられてきている。

これに対して，新制度派組織論（DiMaggio & Powell, 1983）による説明は，主体的で合理的な意思決定を超えた慣行・慣習・制度の影響にその力点に置いている。例えば，ディマジオとパウエルは，強制的同型化（coercive isomorphism），模倣的同型化（mimetic isomorphism），規範的同型化（normative isomorphism）という三つの同型化プロセスの存在を指摘し，行動の同質化が起こるメカニズムを説明している。強制的同型化とは，法律や規則，世論や文化的期待に起因する経済主体間の行動の同質化である。第二の模倣的同型化とは，環境の不確実性に起因した他者行動の模倣の結果としての同質化である。第三の規範的同型化とは，職業的規範の共有化を通じて起きる行動の同質化である。

これらの一連の先行研究の知見を踏まえると，結果として開示活動の横並びが起きる原因として，多様な因果経路の存在を検討する必要がある。そもそも，結果として観察される特定日に多くの企業が決算発表を行うという行動は，個々の企業の主体的な意思決定に起因するものなのだろうか。もしくは，新制度派組織論が強調するように，企業の意思決定者を取り巻く外部の法的・規範的強制に規定されるのか。あるいは，制度とそこに埋め込まれる企業の意思決定主体との相互作用によって規定されるのか。

日本企業による開示行動に注目するという本章の文脈に照らしてこの問題を検討すると，企業固有の要因，企業を取り巻く共通の外的要因，そして両者の相互作用というそれぞれ異なるレベルでの説明がありえることが明らかとなる。個別企業レベルに注目すれば，横並び行動は開示戦略や企業業績そして財務状況等の個別企業要因によって説明されることとなる。例えば，業績の高い（財務状況の良い）企業は，早期化を可能とする能力投資が可能であるために結果的に他社とは独立に決算発表日を設定することが可能であるし，積極的にそのことを投資家に発信すべく，他社とは異なるタイミングで発表する動機を有している。これとは逆に，業績の低い（財務状況の悪い）企業は，他社とは独立に決算発表日を設定することが能力という点から相対的に困難で，自社の経営成果を積極的に発信する動機が弱いという意味で，他社と同一タイミングで発表する可能性が高くなるはずである。

産業レベルに注目すれば，横並び行動は業種固有の特性によって説明可能かもしれない。たとえ個別企業レベルで大きな相違が存在したとしても，業種固

有の共通要因の影響が強ければ，結果として横並びが起きることとなる。業種固有の要因として，ビジネスモデル上の特徴や技術上の特性，そして業種固有の規範や監督官庁による規制等の要因が挙げられる。例えば，1980年代から1990年代にかけて，東証による分散化の要請にもかかわらず，証券，海運，総合商社，建設，鉄鋼，大手都市銀行等で，特定決算発表日の集中傾向が見られることが繰り返し指摘されている[22]。

加えて，歴史的な固有要因が横並び行動に影響を及ぼしている可能性がある。その一つが，1980年代から1990年代にかけて進展した決算期の3月決算への変更である。この制度下では決算期末日から3カ月以内に株主総会を開催し，有価証券報告書を開示する必要がある。それに先立ち会社法監査を終了する必要がある。さらにそれに先立ち適時開示である決算短信を公表する必要がある。限られた時間で決算発表を行わなければならない中で同一決算期に移行すると，たとえ横並びを意図しなくても，結果として決算発表が集中する可能性は高くなる。バブル崩壊以前に顕著に観察された株式の持ち合い構造もまた，横並び行動を間接的に誘引する要因として機能する。というのも，持ち合い構造で必要とされたのは大株主からの協力であり，事前に大株主からの了承を取り付けていれば，敢えて一般株主への積極的な説明の場となる決算公表に注力する必要はなくなるからである。その結果，発表日について差別化する動機づけは小さく，結果として集中日を選択して決算公表することとなる。

主体的な開示を行うかという開示戦略の相違も重要ではあるものの，限られた発表可能日の中で，他社と異なる公表日を主体的に選択可能とする自由度を担保するには，会計情報の生成に関する組織能力を向上することが不可欠である。というのも，組織能力が高ければ発表日の選択肢をより多く用意することが可能となるからである。以下では特に，2000年代の決算発表行動を中心に決算発表の早期化と分散化という二つの視点からその経時的変化を確認する。

3. 決算発表の早期化：2000年代の動向

図表8-5は，東証に上場する企業を対象に，決算期末日から決算短信発表日までの所要日数の推移を示したものである。2007年3月期以降は個別決算と連結決算が同時公表されることとなったので，2007年3月期以前は個別決算短信の所要日数を示していることになる。この図表から示されるように，過去約30年間で所要日数は大幅に減少している。つまり，早期化が実現してきた

図表 8-5　決算発表までの平均所要日数

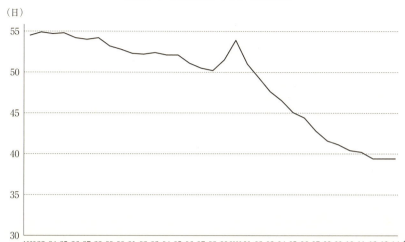

(注)　1999 年と 2001 年はデータが取得できなかったため，前後年の所要日数から外挿している。
(出所)　1986～98 年までは『朝日新聞』(1998 年 6 月 11 日) に発表された東証資料。2002 年以降は EOL データベースから著者が計算して算出している。

のである。

　例えば，1980 年代前半に個別決算短信発表日までの所要日数は，55 日を超える水準から一貫して早期化傾向が見られ，1998 年にはほぼ 50 日にまで低下している。適時開示が制度化する 1999 年から 2000 年にかけて制度運用の対応からか，一時的に所要日数が長期化するものの，その影響は 2002 年以降に解消し，2005 年には 45 日まで早期化し，2011 年には 40.2 日に，2012 年には 40 日を切る 39.4 日まで大幅な早期化が実現している[23]。これは単に個別決算のみ公表義務のある企業の短信発表が短縮化しただけでなく，連結決算を発表する企業の決算短信発表が短縮化した結果でもある。例えば，薄井 (2013) によれば，「連結決算短信発表日までの平均所要日数は，1987 年の 101 日 (805 社) から 2009 年の 41 日 (2794 社) に 60 日減少し」，「2000 年の会計改革を境に，連結・個別決算公表の早期化と同時化が進展した」ことが明らかにされている。あくまでも集計レベルで見た平均像で語るならば，決算短信の早期化という点で日本企業は外部投資家との対話に積極的になってきた，と言えるだろう。

　もっとも，このような早期化の傾向は集計した傾向であるので，どの程度の数の発表の遅い企業の減少によって実現したのか，あるいは，どの程度の数の

図表 8-6　決算短信発表日数：全上場企業サンプル（Unbalanced Panel Data，3万9254企業・年）

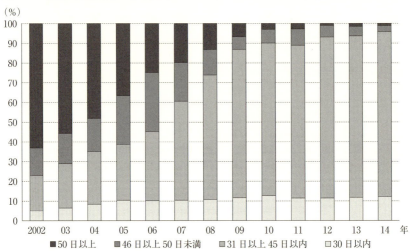

（注）対象：東証，大証，札証，福証，名証に上場企業。
（出所）EOL および各社 HP。

決算発表の早い企業の増加によって実現したのか明らかではない。そこで，その構成比の推移を見たのが図表 8-6 である。この図表は，決算発表までの所要日数を 30 日以内，31 日以上 45 日以内，46 日以上 50 日未満，50 日以上に分けて，それぞれに該当する個別企業数の年度別構成比率を示したものである。決算発表までの所要日数は，プロネクサス社企業情報データベース eol を利用して，上場企業のべ 3469 社を対象に決算発表日を同定し，そして，決算期末日から決算発表日までの経過日数を計算した。所要日数の 30 日，45 日，50 日という区切りは，東証の定義に従って設定したものである。同取引所は，30 日以内の開示が望ましく，45 日以内が適切であるとしている。また，50 日を超える場合は，東証に遅延する理由を提出する必要がある。

　この図表から指摘される傾向は，次の 3 点である。第一に，集計レベルでの短縮化傾向は所要日数が 46 日を超える企業もしくは 50 日を超える企業の減少によって実現されているという点である。第二に，2007 年 3 月期決算以降遵守が求められた 45 日以内の決算発表を促す東証の「45 日ルール」に伴い，急速に短縮化が図られたという点である。つまり，46 日を超えていた企業は，東証の 45 日ルール導入に伴い短縮化を実現している。第三に指摘すべき点は，より望ましいとされる 30 日以内に決算発表する企業数の構成比の安定性であ

図表 8-7 決算短信発表の所要日数（Balanced Panel Data, 1680 社, 2 万 1840 ケース）

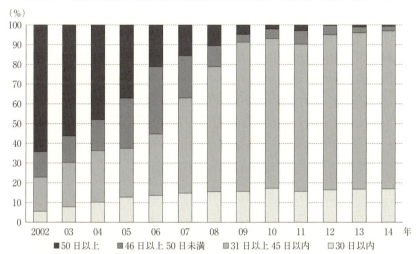

(注) 3月期決算企業, 決算期の変更企業を除く。
(出所) EOL および各社 HP。

る。言い換えれば，全体として早期化は進んだものの，その理由は多くの企業が 45 日以内の開示が適切とされた東証の達成目標に則っただけであり，望ましいとされる 30 日以内にまで積極的に短縮化する企業は未だ限られている。

最後に，これらの傾向がサンプルの偏りの影響を受けて生成された傾向ではないことを確認しておこう。図表 8-7 は，2002 年 3 月期から 2014 年 3 月期までの期間，一貫して 3 月期決算を実施し，決算情報を取得可能な 1680 社の上場企業を対象に，決算発表までの所要日数の構成比とその推移を示したものである。先に示した三つの傾向は同じくこの図表でも確認できる。したがって，平均傾向と構成比の傾向を踏まえれば，決算発表の早期化は進展し適正とされる水準まで大きく改善しているものの，それでも望ましい水準を達成する企業はその数において限定的なままなのである。

4. 決算発表集中日からの逸脱：2000 年代の動向

それでは，多くの企業が設定する決算発表の集中日とは異なる日に自社の業績を発表し，株主との主体的な対話を試みる企業はどの程度存在しているのだろうか。図表 8-8 は，図表 8-7 と同じく 2002 年 3 月期から 2014 年 3 月期までの期間に一貫して 3 月期末決算を実施した 1680 社の上場企業を対象に，決算

集中日と曜日，背後の決定ルールや集中日の所要日数，そして集中日の企業数とその構成比等をまとめたものである。例えば，2002年3月決算を例にとると，2002年3月31日決算期末の決算発表が最も集中した日は，2002年5月24日でその日は第四週の金曜日であった。当日は決算期末から数えて54日目であり，その日に決算発表を行った企業は1680社の18.2%を占める305社であった。すでに指摘したように，この図表でも同じく決算発表の早期化の傾向が読み取れる。具体的には，2002年3月期決算の集中日までの所要日数は54日であったが，2014年3月期決算の集中日は39日後となり大幅に短くなっている。毎年平均して1日分以上短縮していることとなる。

集中日の曜日とルールの項目にある傾向を比較すると，多くの企業が準拠している共通の慣行が推測される。それは2007年3月以前であれば5月第三週の金曜日であり，2010年3月以降は第二週金曜日である。調整期間ともなった2007年3月期決算と2008年3月期決算では45日以内というルールを遵守することが優先され曜日変更が行われたが，その後は45日ルールを遵守しつつ，第二金曜日に決算発表を行う企業が最も多くなっている。

他方で，決算発表集中日からの逸脱という点に関しては，必ずしも一貫した改善の傾向は明確に観察されないようである。それは集中日に決算発表を行う企業数の構成比で見ても，決算発表日の集中度（HHI）で見ても結果は同じである。例えば，2002年3月期のHHIは0.0774だが2011年3月期にかけて上昇傾向にある。つまり，特定の日に決算発表が集中する傾向がより強まっているのである。2011年3月期以降は低下傾向にあるものの，未だ最も分散化した2006年3月決算の水準にさえ届いていない。

したがって，決算発表の早期化は堅調に進展したものの，より多くの企業が他社とは異なる日に意識的に決算発表日を移動することをしなかったため，決算発表の分散化はそれほど進展しなかったと言える。一連の傾向を日本企業の外部投資家への対話という観点から再度振り返ると，積極的対話と関与を促す努力が行われつつも，未だ改善の余地があると言えるだろう。

Ⅳ　早期決算開示と開示の質

1. 検討すべき仮説：開示の質に与える影響

これまでの議論は，会計情報の生産と発信に関する組織能力の向上ゆえに，

図表 8-8　決算集中日の推移（3 月期決算上場企業 1680 社対象）

決算	第一集中日	曜日	ルール	集中日の決算期末からの所要日数（日）	企業数（社数）	構成比（%）	決算発表日のHHI
2002 年 3 月決算	2002 年 5 月 24 日	金	第 4 週金曜日	54	305	18.2	0.0774
2003 年 3 月決算	2003 年 5 月 23 日	金	第 4 週金曜日	53	301	17.9	0.0773
2004 年 3 月決算	2004 年 5 月 21 日	金	第 3 週金曜日	51	321	19.1	0.0788
2005 年 3 月決算	2005 年 5 月 20 日	金	第 3 週金曜日	50	283	16.8	0.0707
2006 年 3 月決算	2006 年 5 月 19 日	金	第 3 週金曜日	49	259	15.4	0.0676
2007 年 3 月決算	2007 年 5 月 15 日	火	第 3 火曜日*	45	265	15.8	0.0790
2008 年 3 月決算	2008 年 5 月 15 日	木	第 3 木曜日**	45	406	24.2	0.1024
2009 年 3 月決算	2009 年 5 月 15 日	金	第 3 週金曜日	45	471	28.0	0.1308
2010 年 3 月決算	2010 年 5 月 14 日	金	第 2 週金曜日	44	549	32.7	0.1569
2011 年 3 月決算	2011 年 5 月 13 日	金	第 2 週金曜日	43	586	34.9	0.1753
2012 年 3 月決算	2012 年 5 月 11 日	金	第 2 週金曜日	41	411	24.5	0.1316
2013 年 3 月決算	2013 年 5 月 10 日	金	第 2 週金曜日	40	378	22.5	0.1207
2014 年 3 月決算	2014 年 5 月 9 日	金	第 2 週金曜日	39	320	19.0	0.1101

（注）　1)　*は第 3 週金曜日は 5 月 18 日で，その場合の経過日数は 45 日を超える 48 日になる。
　　　 2)　**は第 3 週金曜日は翌日の 16 日で，その場合の経過日数は 45 日を超える 46 日になる。
（出所）　3 月期決算上場企業 1680 社の各社決算短信発表日を集計している。

決算開示の早期化が可能となり，さらに早期化が逸脱を可能にするという暗黙の前提を置いていた。しかし，もしかすると外形的に株主との対話姿勢を示すために，組織能力の裏付けなしに決算発表の前倒しが行われているかもしれない。そのような「組織能力の裏付けを欠いた無理な決算発表の前倒し」は，決算開示情報に関する質の低下という形で事後的に顕在化するであろう。例えば，米国では 2003 年に導入された「年次報告書（Form 10-K）」の「早期提出会社システム（Accelerated Filer System）」によって，制度変更の影響を受けた企業ではそうでない企業と比較して，統計的に有意に修正再表示（restatement）の確率が高いことを示している（Bryant-Kutcher, Peng, & Weber, 2013）。

　このような先行研究の知見を踏まえると，決算発表が元々早い企業もしくは決算発表を前倒しした企業は，決算発表が元々遅い企業もしくは積極的に前倒ししなかった企業と比較して，開示される決算発表情報の質が低いか否かを検討する必要があるだろう。決算情報を生産・発信する組織能力が構築されているならば，前倒しして発表される決算情報の質は担保され，事後的に修正される可能性は高くない。それとは逆に，決算情報を生産・発信する組織能力が構築されていなければ，開示される決算情報の質は担保されず，事後的に修正開示が起きる可能性が高くなることが予想される。これらの議論から以下のような仮説が導かれることとなる。仮説 1 は早期化の水準に関する仮説であり，仮

説2はその水準の変化に関する仮説である。

仮説1：決算発表の遅い企業によって開示される決算情報の質と比較して，決算発表の早い企業によって開示される決算情報の質は相対的に低い。

仮説2：早期化しなかった企業によって開示される決算情報の質と比較して，決算発表を早期化した企業によって開示される決算情報の質は相対的に低い。

これらの二つの仮説が支持されるならば，適時性と正確性のトレードオフの存在が示唆される。それは，適時性を重視すると正確性が犠牲になり，正確性を重視すると適時性が犠牲になるという関係である。それとは逆に，これらの仮説が棄却されるならば，決算発表の早い企業や早期化を実現した企業は，適時性と正確性のトレードオフを克服するような何らかの組織能力を背景にして，決算発表の質を担保している可能性が示唆される。会計情報の生産と発信に必要となる投入資源と経営能力が不変だとすれば，適時性と正確性とは当然のことながらトレードオフの関係にある。両者のトレードオフを解消する唯一の方法は，投入資源の増大か，組織能力の向上か，その両方である。それはまさに，品質管理でよく知られた経営課題の一つである外部不良率と内部不良率を同時解消するという方法が，唯一工程能力の向上のみに求められるのと同じである。

2. データと変数

データ：検証に用いるデータは，2002年3月期から2014年3月期までに一度でも東証を含む主要証券取引所に上場したことのある企業3401社である。決算発表日に関する情報は全てeolデータベースから収集し，企業の属性を含む財務データは日本経済研究所「企業財務データバンク」を利用した。

従属変数：決算情報の質をどのように変数化するかについては，多くの議論がありうる。財務情報か非財務情報のどちらに注目するかは，会計学研究では一般的に検討すべき議論の方向であろう。それだけで十分研究に値するテーマであるが，簡便性を重視して，ここでは決算短信が事後的に修正されるか否かに注目する。監査研究ではよく知られたように，監査された情報の事後的な修正は，監査の質を事後的な尺度ではあるが代理する変数である（DeFond & Zhang, 2014）。監査された有価証券報告書の修正と監査されない決算短信を同一

視することは決してできないけれども，どちらの場合でも事前に存在していた何らかの誤謬が事後的に発見され修正されることで顕在化するという点に注目するならば，修正という現象に注目して質の問題を間接的ではあるが検討することは可能であると思われる。

そこで，事後的に修正があった決算の場合を1，なかった場合を0として，0か1をとる二値変数を従属変数とする。先験的にその意味を同定することはできないので，複数回修正が行われた場合も全て1として処理した。決算短信の修正は，それぞれの決算期末から2014年3月期決算終了時点までの全期間で観測して同定した短信修正の場合（「決算短信修正（全期間）」）と，決算期末から13カ月以内で修正が観察される場合のみ1とする「決算短信修正（13カ月以内）」，そして決算期末から25カ月以内で修正が観察される場合のみ1とする「決算短信修正（25カ月以内）」という三つの異なる従属変数を作成した。

独立変数：仮説1を検証するために，決算期末日から決算発表日までの所要日数（実日数）とする「決算発表所要日数」という変数を作成した。また，東京証券取引所の基準に則り，「決算発表所要日数」が30日未満の場合を決算発表の早い企業と，それ以外の企業を決算発表の遅い企業と定義し，それぞれの企業を1と0とするダミー変数（「決算発表早期企業ダミー」）を作成した。また，当該決算期の一つ前の決算期と比較してX日以上早期化した企業を1，そうでない企業を0とするダミー変数（「所要日数X日短縮ダミー」）を作成した。X日には，3日以上早期化した場合1をとるダミー変数と，5日以上早期化した場合1をとるダミー変数という二つのダミー変数をそれぞれ作成した。

コントロール変数：開示した決算発表の質に影響を及ぼす要因を理論的に事前に想定することはできないので，組織属性に関わる基本的な要因と経営状態のみをコントロール変数として用いた。組織属性に関する要因として「組織規模」に注目し総資産額の対数値で代理した。経営状態は単独総資産利益率で代理した。その他，年度ダミーを作成して統制した。

3. 得られた結果と考察

推計方法は，従属変数が0か1をとる二項選択モデルであり，その選択の経時変化を捉えることが目的であるので，パネルロジット（Panel Logit）として推計した。推計結果は固定効果推計の結果が望ましいことを示唆しているので，図表に示される結果は全て固定効果推計の結果のみを示している。図表8-9は，

従属変数にそれぞれ決算短信修正（全期間），決算短信修正（13カ月以内），決算短信修正（25カ月以内）をとり，コントロール変数を投入した上で，独立変数たる決算期末から決算短信発表までの所要日数の効果を見たものである。係数は負であり統計的にも1％水準で有意である。所要日数が短くなるにつれて，決算短信が修正される確率が高くなる。したがって，仮説1は支持された。つまり，所要日数が短くなるにつれて決算短信の情報の質が低下する可能性が示唆されるのである。

次に図表8-10を見てみよう。この図表で示される推計結果は，東証の掲げる望ましい開示行動である，決算期末日から起算して30日以内の決算発表を達成した企業とそうでない企業との間で，その後の修正確率に違いがあるかを見たものである。「決算発表早期企業ダミー（30日以内）」の係数は正で統計的にも5％もしくは1％水準で有意である。30日を切るような早期決算企業は，そうでない企業と比較して，決算短信を修正する確率が高い。ここでも仮説1が支持されている。つまり，早期決算発表企業では，そうでない企業と比較して，決算短信の情報の質が低い可能性が示唆されるのである。

図表8-11と図表8-12は，それぞれ早期化の影響を検討する推計モデルである。それぞれ3日短縮した場合と，5日短縮した場合の影響を推計したものである。それぞれのダミー変数の係数は正で統計的にも1％水準で有意である。つまり，決算発表の早期化とともに決算短信修正の確率が高い傾向が見られるのである。これらの結果は，仮説2の支持を示唆している。つまり，決算発表を前倒しすることで，開示される決算短信の情報の質が低下する可能性が示唆されるのである。

以上の推計結果から示唆されるのは，決算発表の早い企業は遅い企業に比べて，決算短信の修正確率が高く，そして決算発表を前倒しすることによって決算短信の修正確率が高くなる傾向が見られるということである。本節冒頭でも指摘したように，適時性と正確性のトレードオフの存在が，そこに示唆されるのである。これは既存研究が示唆する結果とも整合的である[24]。

4. 対話と関与のための組織能力構築の重要性

これまでの一連の議論から，日本企業では決算短信の早期化が図られ，その点では適時性を重視する企業が増加していることが確認できた。これは外部投資家への主体的な対話と関与を示す行動として望ましい傾向である。しかし，

第 8 章 外部投資家との対話と関与　255

図表 8-9　早期企業：所要日数の影響 (Panel Logit の推定結果)

	固定効果推計 決算短信修正 (全期間)		固定効果推計 決算短信修正 (13 カ月以内)		固定効果推計 決算短信修正 (25 カ月以内)	
	Estimated Coefficient	z-statistics	Estimated Coefficient	z-statistics	Estimated Coefficient	z-statistics
決算発表所要日数	-0.0143203	-4.15***	-0.0183234	-4.98***	-0.0174923	-4.9***
組織規模 (総資産対数)	0.2436198	4.53***	0.236252	4.28***	0.2271443	4.19***
単独総資産利益率	-0.5333128	-4.3***	-0.4018216	-3.57***	-0.5172389	-4.23***
決算年度ダミー	Yes		Yes		Yes	
Number of observation	29,215		28,918		29,185	
Number of groups	2,472		2,449		2,471	
Log Likelihood	-10,704.691		-10,084.549		-10,483.346	
Wald test	chi2 (4) =89.54 Prob>chi2=0.000		chi2 (4) =54.37 Prob>chi2=0.000		chi2 (4) =63.75 Prob>chi2=0.000	

(注)　***1% 水準で有意。

図表 8-10　早期企業：30 日以内 (Panel Logit の推定結果)

	固定効果推計 決算短信修正 (全期間)		固定効果推計 決算短信修正 (13 カ月以内)		固定効果推計 決算短信修正 (25 カ月以内)	
	Estimated Coefficient	z-statistics	Estimated Coefficient	z-statistics	Estimated Coefficient	z-statistics
決算発表早期企業ダミー (30 日以内)	0.2979936	2.46**	0.3659288	2.95***	0.4176025	3.46***
組織規模 (総資産対数)	0.2349181	4.38***	0.2247976	4.1***	0.2164998	4.01***
単独総資産利益率	-0.4944665	-4.06***	-0.3625691	-3.3***	-0.4725339	-3.96***
決算年度ダミー	YES		YES		YES	
Number of observation	29,215		28,918		29,185	
Number of groups	2,472		2,449		2,471	
Log Likelihood	-10,710.53		-10,093.199		-10,489.96	
Wald test	chi2 (4) =77.86 Prob>chi2=0.000		chi2 (4) =37.07 Prob>chi2=0.000		chi2 (4) =50.52 Prob>chi2=0.000	

(注)　**5% 水準で有意。***1% 水準で有意。

図表 8-11 短縮化効果：3 日短縮の場合（Panel Logit の推定結果）

	固定効果推計 決算短信修正（全期間）		固定効果推計 決算短信修正（13 カ月以内）		固定効果推計 決算短信修正（25 カ月以内）	
	Estimated Coefficient	z-statistics	Estimated Coefficient	z-statistics	Estimated Coefficient	z-statistics
所要日数 3 日短縮ダミー	0.2477936	5.6***	0.2781296	6.12***	0.2758818	6.2***
組織規模（総資産対数）	0.2397458	4.46***	0.2306573	4.19***	0.2218793	4.1***
単独総資産利益率	-0.4914419	-4.06***	-0.3619456	-3.31***	-0.4684813	-3.96***
決算年度ダミー	YES		YES		YES	
Number of observation	29,215		28,918		29,185	
Number of groups	2,472		2,449		2,471	
Log Likelihood	-10,698.137		-10,079.191		-10,477.051	
Wald test	chi2 (4) =102.65 Prob>chi2=0.000		chi2 (4) =65.09 Prob>chi2=0.000		chi2 (4) =76.34 Prob>chi2=0.000	

(注) ***1% 水準で有意。

図表 8-12 短縮化効果：5 日短縮の場合（Panel Logit の推定結果）

	固定効果推計 決算短信修正（全期間）		固定効果推計 決算短信修正（13 カ月以内）		固定効果推計 決算短信修正（25 カ月以内）	
	Estimated Coefficient	z-statistics	Estimated Coefficient	z-statistics	Estimated Coefficient	z-statistics
所要日数 5 日短縮ダミー	0.2810699	5.21***	0.3004627	5.43***	0.2998073	5.52***
組織規模（総資産対数）	0.2384368	4.44***	0.2289677	4.16***	0.2201106	4.07***
単独総資産利益率	-0.4869041	-4.03***	-0.3573065	-3.27***	-0.463476	-3.92***
決算年度ダミー	YES		YES		YES	
Number of observation	29,215		28,918		29,185	
Number of groups	2,472		2,449		2,471	
Log Likelihood	-10,700.258		-10,083.182		-10,480.959	
Wald test	chi2 (4) =98.41 Prob>chi2=0.000		chi2 (4) =57.11 Prob>chi2=0.000		chi2 (4) =68.52 Prob>chi2=0.000	

(注) ***1% 水準で有意。

そのような行動は，正確性を犠牲にし適時性を重視した企業行動である可能性が示唆された。なぜなら，事後的な修正確率は，短信発表が早い企業もしくは早期化した企業において高いからである。

もっとも，正確性が犠牲になっているという指摘を以て，現時点での日本企業の開示行動の問題を指摘することは適切ではないだろう。というのは，そもそも決算短信は速報性を目的としており，決算短信の発表に時間をかけて正確性を期するのであれば，決算短信の目的そのものが問われかねないからである。適時性も正確性も同時に重要である。したがって，適時性か正確性かという二律背反の問題としてではなく，両者の同時達成を目指すべく，会計情報の生成と発信のための組織能力をさらに向上していくことが求められている。それが外部投資家との主体的な対話の機会となり，投資家の積極的な関与を促す契機となるはずである。しかし，現実には能力構築という点で，未だ克服すべき課題が残されているのである。

外部投資家の厳しい意見や対立する意見は，企業経営に常に負の影響を与えるわけではない。経営者からすれば，当然のことながら時として過剰に否定的な意見には耳を傾けたくないかもしれない。しかし，それは見方を変えれば自らが掲げる仮説としての事業計画を鍛える最良の機会となるものである。株主は関与する意図がなければ退出するだけである。したがって，外部投資家を持続的な関与を持つ主体として位置づけるためには，まず企業が外部投資家に対して主体的に対話し関与する努力を注ぐ必要がある。外部投資家は牽制すべき対象ではなく，彼らの主体的な協力を引き出すために企業側が主体的に関わるべき対象なのである。

これまでの議論は，いわば「学術的視点」に基づいて展開された発見事実とそこから導出される知見の紹介を通じて，日本企業が直面する課題を検討してきた。最終章となる第9章では，これまでの検討結果を踏まえ，より大局的視点から日本企業の直面する課題解決の方策を展望することにしよう。

注
1) 例えば，企業は誰のものかという議論がその一つである。それは株主のものでもあるし，従業員のものでもある。立場によってその答えは当然のことながら異なる。
2) 例えば，イトーヨーカ堂創業者である伊藤雅俊による「私の履歴書」(『日本経済新聞』朝刊 2003 年 4 月) を参照されたい。個人保証と銀行の担保主義について同氏の的を射た言及がある。

3) 大学で顕著に期待され，時に制度的にも要求される「使える」授業や研究という思想も，短期志向の発現形態と言えなくもない。すぐに利用に供することのできないものはこの世の存在意義がないという主張は，短期犠牲で長期生存を図る成熟社会の思想とは相容れない考え方である。
4) 例えば，「持続的成長への競争力とインセンティブ～企業と投資家の望ましい関係構築～」プロジェクト最終報告書（伊藤レポート）を参照されたい。その中では，日本企業の投資家との対話不足の事例が報告されている。以下 URL を参照されたい。http://www.meti.go.jp/press/2014/08/20140806002/20140806002.html.
5) 会社法で開示されるものは計算書類等と呼ばれ，貸借対照表，損益計算書，株主資本等変動計算書，個別注記表，事業報告および附属明細書が当たる。
6) 東京証券取引所における適時開示の変遷については，土本・飯沼（2007）および安井（2014）を参照されたい。
7) 四半期決算短信は，東京証券取引所が 2004 年 3 月期の第 1 四半期から義務化した「四半期業績の概況」の開示に端を発している。2008 年 4 月以降に開始する事業年度からは，四半期報告書制度が金融商品取引法で法制化されたのを契機に，東証は四半期決算短信を導入した（安井，2014）。
8) ただし，実際には一定数の企業が，監査を必要としない決算短信公表の前に，会社法監査を実施している。しかもそれは近年の傾向ではなく，決算短信早期化要請の前から観察される傾向である。したがって，決算短信もまた会社法監査との事前の整合性を以て発表されるので，実質的に監査されているとも解釈可能な証拠が存在する。例えば，「会社法監査に関する実態調査──不正リスク対応基準の導入を受けて」（日本公認会計士協会。2015 年 9 月 17 日公表）を参照されたい。
9) 同社は，2001 年 10 月に日立製作所の計測器グループ，半導体製造装置グループとの事業統合に伴い社名を「株式会社日立ハイテクノロジーズ」に変更した。
10) 1983 年 3 月期から 1991 年 3 月期まで，山種産業が最速企業であった 1983 年 3 月期決算を除いて，花王は 3 月期決算企業の中で，最も早く本決算を公表していた企業であった。
11) 『日本経済新聞』（1989 年 5 月 29 日）
12) 『朝日新聞』（1989 年 2 月 2 日）
13) 『日本経済新聞』（1991 年 4 月 23 日）
14) 『日経産業新聞』（1998 年 6 月 11 日）
15) 『日経産業新聞』（1996 年 11 月 8 日）
16) 『日本経済新聞』（1989 年 4 月 21 日）
17) 『日本経済新聞』（電子版，2015 年 5 月 3 日，5 時 30 分）
18) 『朝日新聞』（2006 年 9 月 9 日）
19) 『日経産業新聞』（1989 年 5 月 24 日）
20) 経済学，組織社会学，組織生態学，新制度派組織論と幅広い領域で検討される。
21) 経済学で援用される「情報カスケード」に基づく説明はその一例である。他者が持つ情報がより高く評価され，意思決定者自身の持つ私的情報を相対的に低く評価する点に注目し，他者の行動に追従することを説明している。他者のもたらす情報的価値を自身が持つ私的情報価値よりも高く見積もることによって，他者行動への追従・模倣が起きると説明される。

22)　例えば,「決算発表,集中化一段と」(『日本経済新聞』朝刊 1990 年 5 月 22 日 (17)),「ディスクロージャー再考 (5) 決算発表なぜか集中,最後の金曜なら目立たずに」(『日本経済新聞』1982 年 10 月 5 日 (17)),「96 年 3 月決算,5 月 24 日に発表集中——東証の前倒し要請効果なく」(『日本経済新聞』朝刊 1996 年 4 月 26 日 (19)) に依拠している。

23)　この傾向は,既存研究とも整合的な傾向である。例えば,薄井 (2013) によれば,過去 25 年間で,個別決算短信発表日までの所要日数は,1985 年の 54 日 (1332 社) から 2009 年の 41 日 (3402 社) に 13 日減少している。データソースは,東洋経済新報社の企業財務データベースである。

24)　本書は修正の頻度や修正内容について具体的に検討していないために,正確には修正の頻度や修正内容の相違に起因する質の相違を検討できていない。この点については今後の研究課題である。仮に,我々が検討した決算短信の修正の多くが形式的な修正であるならば,我々の検討結果は本質的な指摘ではない。もしそうであるならば,形式的な誤謬が決算早期化企業に多いという指摘を行っているに過ぎないことになる。しかしながら,もしそうだとしても,本章の主張には影響しない。

第9章 市場を創る

日本企業の未来

I 経営不況とマイクロ・マネジメントの支配

1.「勝利の方程式」の限界と経営不況

　日本企業がバブル経済崩壊以降経験してきた長期苦境の構造は，単純化して表現すれば，これまで強みとしてきた日本企業の「勝利の方程式」が，環境変化によって成立しなくなったことにその原因がある。環境変化に応じて必要となる経営技能を錬磨し，あるべき「勝利の方程式」を進化させなければならない。環境変化に追いつく形で経営技能の進化が果たせていないことにこそ，長期苦境の真因があると思われる。

　日本企業の「勝利の方程式」とは，輸出主導で成長してきた日本企業を念頭に置けば，「高品質で手離れの良い製品を大量にばらまく」というものである。高品質は高価格であるという常識に挑戦し，高品質であるにもかかわらず低価格であるという点に日本企業躍進のポイントがあった。市場席巻の本質は，既存製品の品質と価格バランスを見直し，価格性能比を大幅に改善したことにある。それにより，日本と海外市場の双方で，世界に散在していた大衆ニーズを満たすことに成功したのである。ここでは，手離れの良さとは，二つの意味で使っている。一つは，高品質であるがゆえに修理やメンテナンスが相対的に不要であるという意味である。もう一つは，財の特性ゆえに顧客に効能やメリットの説明が相対的に不要であるという意味である。前者の意味での手離れの良さは大量に売ることを可能とし，後者の意味での手離れの良さは，言語的・文化的障壁を越えて製品を売ることを可能とした。

日本企業が価格性能比を大幅に改善できた理由は，顧客視点での日本企業の「こだわり」にあり，日本国内市場の厳しい要求にある。徹底的に細部にこだわる姿勢とその姿勢を加速する日本国内の激しい企業間競争が品質向上をもたらした。日本国内の厳しい要求が，事後的に立ち上がる世界のニーズを先導したのである。

　問題として指摘すべきことは，日本企業の革新の実現に成功した後の対応の失敗である。それは，この30年間で勝利の方程式が徐々に陳腐化し，もたらされる経済的果実が小さくなってきているにもかかわらず，抜本的な経営的施策が十分に打たれていないことに原因が求められる。ビジネスモデル（ビジネスシステム）が重要であるとか，経営戦略の重要性を語る議論が世の中には溢れるほど存在するが，端的に言えば新たな勝利の方程式を生み出す一手が打たれていない点にその問題がある。日本企業の研究開発活動に問題があるとか，マーケティング活動に問題があるとか，職能のレベルで日本企業の課題を指摘する議論も存在する。しかし，根本的には，勝利の方程式を進化させる経営技能自体の進化が止まっていることが日本企業の最大の課題であると思われる。

　このことは，日本企業の戦後成長史を振り返った時，技術革新と経営革新のどちらに日本企業がより大きく貢献したのかを考えてみれば理解できる。答えは明らかに技術革新となるだろう。高速化する環境変化に適切な一手が打てず，自らが創り出した経営環境の複雑性に拘束され意思決定が遅延する状況は，まさに経営不況とでも呼ぶべき状況である。それは，本来であれば期待されるはずの責任者による主体的な関与が存在しない状況である。経営とは，外部環境を主体的にコントロールできる部分とできない部分とに分離し，前者に関しては経営者が主体的に関わり，後者に関しては最悪の事態を想定した事前準備をすることに他ならない。それが欠落している状況こそ経営不況の事態である。

　内部管理は行われているが，自らの置かれた状況を根本的に変える努力がなされていないことこそが経営不況の状況である。経営不況は，日本の企業社会に留まらない。日本の政治の世界においても，学校教育の世界でも，日本社会の様々な分野の異なる階層において見られる状況である。「事態がどれだけ改善するか分からないが，とりあえず現場で頑張る」という日本社会にありがちの姿勢は，まさにこの経営不況ゆえに生まれる姿勢である。

2. マイクロ・マネジメントの自走

　外部環境の変化に主体的に対応する必要性や重要性は，部外者から見れば容易に理解できるものの，当事者からするとなかなか気づくのが難しいことが多い。しかしながら，外部環境への適応失敗事例を以て，事例に登場する当事者の非合理性や不作為を事後的に指摘して非難することは容易いものの，事実の指摘としても正しくないことの方が多い。非合理や不作為を原因とする事例がないわけではないが，むしろしばしば観察されるのは，外部環境への適応の必要性や重要性を強く認識しているからこそ，それが原因となって結果的に適応に失敗するという事例である。

　その原因の一つとして挙げられるのが，マイクロ・マネジメントの自走である。マイクロ・マネジメントとは，微視的視点に基づく経営であり，マクロ・マネジメント（巨視的視点に基づく経営）に対比されるものである。その特徴は，微に入り細を穿って詳細にこだわる経営であり，神は細部のプロセスに宿るという思想に基づく経営である。それは些細な部分が世界を構成し，世界の変化に影響を及ぼすという前提に基づいている。外の世界よりも内の世界のマネジメントに注力する傾向を持ち，他者の力（他力）を借りるよりも自身の力（自力）で事態を打開しようとする経営である。

　マクロ・マネジメントが，置かれた環境の変革を促す戦略を構想・実行するのに対して，環境変化に対してマイクロ・マネジメントが最初に採る戦略は，組織内部の強みに即した戦略の構想であり実行である。すでにある強みに即した戦略的一手を採るべきであるという示唆は戦略論の定石である。しかし，そのような戦略は長期的にも合理的な一手となるとは限らない。その理由は，松下電工（現，パナソニック電工）会長であった三好俊夫の「強み伝いの経営は破綻し，経営者は跳ばなければならない」という表現に集約されている（三好，1994；石井，2009）。三好によれば，一歩ずつ尺取り虫的に伸ばして改良商品を出していくことで会社が潰れるのを食い止められるかもしれないが，大きく伸びはせず，そのうち自分の置かれた場所は小さくなっている。「強み伝い」に動いたつもりでも，社会の動きの方が企業の動きよりも元々早いため，経営者は「跳ばないと」いけないのである，と指摘している（三好，1994）。

　マイクロ・マネジメントの本質的な限界はそこにある。自社の今ある強みに即して社内にあるもの，社内でできることから出発することに非難すべき点は一切ない。むしろ問題なのは，組織内部の強みの訴求が出発点となって，長期

的には視野狭窄を助長し，関心の範囲と注意の焦点を狭め，努力投入の方向性を狭めることにつながる点だ。細部の改善がさらなる細部の改善を生み，内向き志向がさらなる内向き志向を生むという，いわばマイクロ・マネジメントの自走が起きることに問題があるのである。自走する理由は，過度な自力主義にある。自力の社会的価値と地位は低下し続けるので，自力に依存すると自ずとできることは限られてくる。だからこそ，さらに自分の強みが生きる分野に絞り込むことにつながり，それが結果として自らの社会的居場所を小さくしていくのである。

当事者からすると意図の上で至極真っ当な経営施策が遂行されていくものの，その施策が自力依存のため，益々自分たちを追い込む施策となる。それがマイクロ・マネジメントの自走と呼ぶ事態である。このような事態を脱却するには，大局的な視点から外部環境を変革する経営施策が必要となる。従来のやり方でうまくいかなければ，考え方や行動のパターンを変える必要がある。

3．マクロ・マネジメント重視への転換

マイクロ・マネジメントは，微に入り細を穿って細かいことを見つけて改善し，膨大な細部の改善の積み上げとして組織の強みの構築を試みる経営である。それは，日本企業のかつてのお家芸でもあった。例えば，マイクロ・マネジメントを強調する経営思想は，製造業において工場の強みを強調することに見て取ることができる。チリ一つない整理整頓された工場は，マイクロ・マネジメント重視の真骨頂である。これはサービス業でも同じだ。「おもてなし」とは，サービス提供の現場で実現される驚くほど子細な配慮と気遣いの集積と表現されるべきものである。単に顧客に配慮するだけでは，「おもてなし」とは呼ばれないであろう。目に見えないほどの細部にわたる配慮がそこで強調される。

増大する事業環境の複雑性を削減するために行われた分業の追求は，必然的に日本企業をマイクロ・マネジメント重視の経営へ傾斜させていったと思われる。その必然的な結果が，マクロ・マネジメントの不在という状況である。それは，マクロ・マネジメントを担うことのできる経営責任者の数が，この国に必要な水準と量で準備されていないという問題である。実証に足る十分な証拠が用意されているわけではないが，自ら経験のある事業の責任者を担える人は数多く見つかるものの，経験のない事業を担える人，もしくは複数の性格の異なる事業を担当できる人はどれだけ存在するだろうか。このことは，事業部長

候補者は見つかるものの，役員候補者や社長候補者はなかなか見つからない，という人事担当者からしばしば聞こえる声にも表れている。マイクロ・マネジメントを担うことができる人は日本企業に数多く存在する。いわば管理者である。それとは対照的に，マクロ・マネジメントを担うことのできる人が圧倒的に足りない。あくまでも仮説の域を出ないが，これが経営不況をもたらす直接の原因であると考えられる。

　マイクロ・マネジメントを担う人とマクロ・マネジメントを担う人は，いわば鳩と鷹である。鳩は伝書鳩でも知られるように，おとなしいが確実に仕事をこなす平和の象徴である。これに対して，鷹は群れるのを嫌い，自ら生きるための獲物を捕ってくる。鳩と鷹のどちらが強いとか，優れているかという意味で両者を引き合いに出しているのではない。獲物を捕獲する際の姿勢の違いにこそ，二つのマネジメントの本質的な違いが表れている。誰かに餌をもらうことを期待して，待っているのが鳩である。自ら生きるための獲物を獲りに行くのが鷹である。入社した時から誰かが立ち上げた事業を担当してきた人は鳩であり，事業をゼロから立ち上げた経験のある人は生まれながらの鷹である。社内で鳩が鷹をその数で凌駕していく時，マクロ・マネジメントの視点は失われていく。

　それゆえ，意識的にマクロ・マネジメント重視へと経営の力点を移行させる必要がある。それは細部から大局への視点移動の必要性であり，内向き志向から外向き志向への変化であり，自力中心から他力をより積極的に活用する経営への移行である。もっと外部環境を主体的に変革する一手を打つ努力を試みなければ，置かれた状況を根本的に変えることはできない。これまでの競争力の源泉として注目される「現場の強み」を活かすためにも，マクロ・マネジメント重視へと転換することが必要とされる。

　そのような視点を有した人とは，一見すると何も存在しない荒野の中にも，顧客の課題を見つけ，事業として解決する手段と方法を見いだす自信と覚悟のある人である。それは，変化する環境を事実として素直に凝視して観察することによって初めて可能となるものである。広い世界の中で，顧客の課題解決を通じて自らの存在意義を他者に常に問い続けなければ，マクロ・マネジメントはそもそも成立しない。第8章で問題にした外部投資家への対話という問題は，投資家という資源提供者の一構成主体に光を当てて検討した，多様な関与の問題の一部に過ぎない。供給業者へ，従業員へ，顧客へ，地域社会へ，自らの存

在意義を課題解決の提示を通じて発信し，主体的に問いかける関与が必要とされている。

それゆえ，マクロ・マネジメント重視とは，外部の多様な主体との関わりを重視する姿勢であり，局所的な視点からより大局的視点へと見るべき世界の範囲を拡大する姿勢である。それは最適化の範囲を広げることであり，広い視野から具体的な経営課題を検討することである。グローバルに経営するとは，国境を越える経営に留まらない。最適化の範囲を広げた視点から経営するということなのだ。

4. 問われる経営者の役割：内部留保と経営者報酬

管理と経営は本質的に異なる仕事である。管理はマネジャーが担う職能であり，マイクロ・マネジメントが支配する世界である。これに対して，経営はリーダーが担うべき職能であり，それは変化を創り出す職能である。したがって，経営不況とは，管理者がその数と権力において支配する状況であり，変化を担う職能が十分には機能しないという状況である。現実の経営不況は，経営者が管理職能を果たしつつも，変化を創り出す職能を十分には担っていないことにその原因があると考えられる。

経営者もしくは経営トップ層が，本来果たすべきマクロ・マネジメントを果たせていないという問題は，実は様々な形ですでに顕在化している。その一つが近年話題の，日本企業が過剰に内部留保を溜め込んでおり，その分配原資があるにもかかわらず，賃上げを拒んでいるという指摘である[1]。もう一つの指摘は，経営者報酬の開示と水準，そして決定に関わる指摘である[2]。

第一の内部留保に関わる指摘の骨子は，具体的には次のようなものである。つまり，日本企業は稼いだ利益を内部留保（正確には利益剰余金）という形で蓄積し，従業員給与の上昇という形で分配可能であるにもかかわらず，それを怠っているということだ。しかし，実態は企業によって異なるものの，「法人企業統計」などの指標の推移で見る限り，必ずしもそのような指摘はいくつかの点で正しくない。第一に，どの企業であれ，稼いだ利益を常に払い出し可能な形で保有しているわけではない。つまり，稼いだ利益を現預金という形で全てを保有しているわけでは必ずしもない。

第二に，利益剰余金は，現預金として保有される他に，子会社・関係会社投資や海外M&Aへの投資資金としてすでに利用され，株式等の形に変わってい

るのである。個人商店のように稼いだ収益を預貯金で保有している企業は，少なくとも大企業においては稀である。大企業とは対照的に，中小企業においては利益剰余金の増加と現預金の増加の傾向は極めて類似しているので，仮に企業に内部留保の払い出しを要求するのであれば，その影響は中小企業においてより甚大であることを留意しなければならない。大企業を念頭に置いて，給与増額を要求すれば，意図せざる結果として中小企業に負の影響が与えられることを考慮する必要がある。

　そもそも，不確実な環境下で流動性を担保するという意味で，企業が一定水準の現預金を持つことには経済的な合理性が存在する。しかし，ここで指摘する課題はそのような指摘自体の合理性や妥当性ではない。むしろ，そのような指摘に対する経営者による説明が，十分ではないという課題である。近年急速に拡大する対外M&Aも，そのような内部留保があってこそ可能なものであり，海外市場開拓において必要なものである。それゆえ，将来に備えて内部留保を一定水準持つこと自体は問題ではない。むしろ，対外的にその理由を説明することが可能であるにもかかわらず，その説明責任を十分に果たしていないことこそ問題なのである。

　第二の経営者報酬に関する指摘とは，米国の水準からすると未だ低いものの，徐々にその格差が拡大しつつある，経営者と従業員との報酬格差である。2000年代初頭まで極めて長期間にわたって安定的だった経営者と従業員の報酬格差は明確に拡大しつつある[3]。報酬格差をもたらした要因は様々ありえるが，その一つにミドル階層を中心とした成果報酬制度が積極的に導入されたのに対して，経営者報酬は基本報酬や役員退職慰労金といった固定的・安定的に支給される報酬の比率が高いことが挙げられよう。成果報酬制度を導入した経営者自身が，成果変動に規律づけられるような報酬を受け取っていないのである。

　本書の主張は，そのような近年観察される報酬格差の拡大は適切ではないとか，米国の水準に近づくのは望ましくないというものではない。報酬格差が大きくなることは，必然的に報酬の平等性にも関心を払ってきた日本企業の経営の転換を意味するわけだから，それを是とする経営も企業によってはありえるだろう。そもそも，経営報酬の水準そのものを議論するのは適切ではない（久保，2010）。問題なのは，諸外国と比べて経営成果と経営者の交代に強い関係が見られないということなのである（Crossland & Chen, 2013）。経営成果の変動が経営者の交代に影響する傾向が観察されないということなのである。

むしろ，経営者が自身の報酬水準と開示や決定方法に関してありえる説明を対外的に十分には果たしていないことが問題であると指摘したい。経営職能は希少な能力と判断を必要とする高度な職能であり，担うべき責任も大きい。したがって，優秀な経営者候補を外部経営者として誘因する意味でも，キャリアの最終地点として内部昇進者を経営者として誘因する意味でも，その報酬はもっと高くあっても良いはずである，という議論も成り立つ。しかしながら，現実には経営者報酬のあるべき姿について，経営者自身が語ることは稀である。そこが問題なのである。

内部留保と経営者報酬という一見すると無関係な現象に対する経営者の姿勢は驚くほど共通しており，そこに解決すべき経営者自身に関する課題の真因がある。その課題とは，経営者はもっと外向きの成長シナリオを発信しなければならないという課題であり，日本企業の事業の将来と日本企業の未来の形を語るシナリオや理念が，もっと明確に組織内外に発信されなければならないという課題である。

II 事業を創り，市場を創る

1. アクションカメラ市場の事例

事業の将来像や企業の未来の形は，空疎な企業スローガンや抽象的な企業理念によって体現されるものでは決してない（Rumelt, 2011）。むしろ，具体的な製品とかサービスのようなリアルなモノによって体現されて初めてその存在を実感し，体感できるものとなるはずである。したがって，企業の未来の形は，どれだけ新しい製品やサービスを，顧客に提案できるかにかかっている。それを試金石として日本企業を振り返った時，お家芸とされた新製品開発にも，多くの課題が残されていることが明らかとなる。例えば，お掃除ロボット市場を開拓した iRobot 社はその一例であり，日本企業は後塵を拝している。ここでは AI（Artificial Intelligence）で先行する米国企業に市場創造で先行するのは難しかったという説明がありうるかもしれない。

それでは，日本がお家芸としていたデジタルビデオカメラの世界はどうだろうか。撮像素子で世界シェアを握り，完成品の世界でも圧倒的な強みを見せた日本企業は，スマートフォンとの競合という深刻な脅威が顕在化するまで，向かうところ敵なしの状況であった。そのような圧倒的に強い日本企業が，市場

創造に失敗したのが GoPro 社で有名となったアクションカメラという市場セグメントである。

　同社は 2004 年にニコラス・ウッドマンによって創業され，創業者自身の「サーフィンをしている自分の姿を格好良く撮りたい」という発想から最初の製品が生まれた[4]。その後，豊富なマウントを開発提供することで，サーファーのみならず，スキーヤーや自転車愛好家そして一般消費者へと，非日常視点から動画を撮る楽しみと共有する楽しみを提供してくれる商品として，アクションカメラ（またはウェアラブルカメラ）と呼ばれる新市場を創造した。興味深いのは，単なる防水性を完備した動画撮影機器ではなく，訴求のポイントが動画撮影・共有を通じた非日常的視点と経験の共有にある，という点である。GoPro 社の広告では，製品訴求は一番最後に「添えられ」ており，全面には GoPro 社の製品で顧客が撮った動画がアップされている。同社の製品はあくまでも顧客の視点や経験の共有のための支援者という位置づけである。

　これに対して，ソニーやパナソニック，そしてカシオなどの日本企業が，この市場セグメントの成長性に気がついたのは，市場が大きく立ち上がってからであった。しかも，日本企業は GoPro 社の訴求とは対照的にハードウェア性能中心の訴求であり，良い製品なので買って下さいという形の製品説明となっている。防水機能であるとか，画質の美しさであるとか，物理的な性能訴求が広告の中心となっていることにそれが表れている。そこには，YouTube などの補完財を使って顧客による動画投稿との共有を促し，製品認知とブランド形成を試みるような共創的な要素は一切存在しない。ここで問題視するのは，単に新しい市場を先行して創造できなかったという点に留まらない。後発として参入したものの，新しい勝利の方程式を構築することなく，かつての勝利の方程式を新しい市場に同じく持ち込んでいるという点が問題なのである。

　多くの企業は，メーカーを中心に売り切りビジネスから脱却しなければならないことを強調している。しかし，実際にはビジネスを売り切りビジネスにしてしまっているのは，その企業自身なのである。日本企業が見る GoPro 社のビジネスは，アクションカメラを売っている企業である。だからこそ，日本企業の多くは自社の製品が防水機能で，手ぶれ補正で GoPro 社を上回っていると広告している。しかし，同社の定義は，動画撮影を通じて顧客の経験を他者と共有する行為を支援するために，製品とマウントを売っている企業である。顧客の撮影ニーズや共有と承認欲求の手段として製品があるのである。

顧客の問題解決を事業創造の主軸に据える。経験の手段として製品を売る。他力（補完財）とその自走を工夫する。顧客を製品開発のプロセスに積極的に関与させる。いずれの点も，後発企業である日本企業では明確に訴求されてこなかった点である。本来，後発企業である日本企業が学ばなければならないのは，まさにこれらの点なのである。

2. 事業創造の障壁

　お掃除ロボットもアクションカメラも，技術的能力から見た場合日本企業が市場創造に関与してもよかった製品である。しかし，現実には日本企業は，そのような機会を自らの成長機会として摑むことができなかった。個々の事例によって，それぞれ固有の事情があることは否定しないものの，業界横断的にいくつか，日本企業に共通の新規事業創造の障壁があるように思われる。

　第一の障壁は，成功と失敗から学ぶことの難しさである。第二の障壁は，小さく試すことの難しさである。そして第三の障壁は，やめる勇気の難しさである。成功から学ぶことも失敗から学ぶことも現実には難しい。例えば，成功事例と社会的に定義される事例ほど，人間はその背後にある因果関係の厳しい検証を怠る傾向がある（Gino & Pisano, 2011）。失敗事例から学ぶことは，社会的に体裁が問題となる日本の企業社会においてはさらに難しいものとなるだろう。というのも，失敗事例の検証は，次なる企業経営施策を構想するための知見を見いだす機会ではなく，しばしば関係者の責任を問う機会となるからである。多くの企業でそれはタブーであり，失敗事例が組織的に葬られることもそこに理由がある。その結果，失敗の知見を組織的に共有し，失敗から学ぶということを組織レベルで実践することが困難となる。

　学習を促すには，実験が不可欠であり，それはしばしば失敗を伴うものである。したがって，学習を促すには，一方で失敗を恐れず実験（試してみる）を促し，他方で失敗から学ぶという姿勢が必要となる。実験を促す方策としては，学習の制度化が挙げられる。3M社の15％ルールやグーグル社の20％ルールに代表される，業務時間の一定割合を日常業務以外に割り振ることを公式化するのは，その一例である。「バウンダリーレス」というGeneral Electric社のジャック・ウェルチ社長が推進した施策もその一例である（Welch, 2001）[5]。

　より難しいのは，失敗から学ぶという姿勢であり，失敗から学ぶ文化の構築である。失敗は将来の飛躍のための知の源泉であるにもかかわらず，我々は

様々な場面で暗黙裡に失敗は避けるべきものだと教えられてきている。しかし，そもそも失敗の原因は一様ではない。失敗は，単純な過失ゆえの「予防できる失敗」と，複雑性に起因した「避けられない失敗」，そして先端領域での「知的な失敗」とに分ける必要があり，それぞれに応じて対処すべきスタンスは異なるはずである（Edmondson, 2011）。大きく致命的な失敗を防ぐためにも，試してみる物理的・心理的ハードルを下げる意味でも，小さく試してみることが必要である。

　ただし，日本の一部の企業で深刻なのは，小さく試すことさえ難しくなっているという事態である。小さく始めることにより因果関係の同定がしやすくなり，失敗による損害やリスクも小さくできる（Sitkin, 1992）。しかし，既存事業と比べてずっと利益率が低いとか，期待できる事業規模が小さいとか，成長機会が見通せないという理由から，小さく試すことさえ認められないことがある。残念ながら黒字化できないという理由で，小さく始めた試みも短い期間で組織的に抹殺されることになる。むしろ，分からないからこそ積極的に試す必要があるはずである。にもかかわらず過剰な管理と「見える化」によって，事前合理性に過度に依拠した経営が，小さく始めることを難しくする。

　第三の障壁は，やめる勇気と呼ぶべき障壁である。日本企業が最も苦手とするのが，事業撤退である。撤退は失敗と定義されるため，事業担当者は，撤退の必要性を認識しつつも，自ら撤退を決定することはしない。撤退の判断は，可能な限り後継者に委ねられることとなる。問題は，そのようなやめる勇気が経営トップのレベルで十分に発揮されないために，結果として部下があれもこれもやらざるをえなくなる状況が生まれる，という問題である。それはただでさえ，確率が低い試みを集中して行う必要があるのにもかかわらず，現場の人間は片手間で手がけざるをえなくなるという問題である。新規事業を開始する「始める勇気」が日本企業に欠けているのではない。「やめる勇気」が経営判断として発揮されないからこそ，事業の「前線」が経営資源の裏付けなく展開されることとなる。

　したがって，そのような事態を打開するためには，始める勇気を発揮するのではなく，やめる勇気を発揮して，さらに試してみる領域を徹底して絞り込むことが必要となる。試してみることや失敗から学ぶことの意義を仮に認めたとしても，経営資源に限りがあるのは厳然たる事実である。成長性があるからという理由だけで，あるいは自社が技術的に実現可能であるという理由だけで，

新規事業や新規技術に手を染めることは適切ではない。自社が手がけるべき事業活動領域はドメイン（domain）とも呼ばれるが，経営資源に限りがあるからこそ，自社ゆえに手がけるべき事業領域を徹底的に絞り込む必要がある。明確な活動領域の定義なしに，目先の成長性に合わせて新規事業を立ち上げていると，結果的に関係性の低い事業の集合体を抱える危険に事後的に直面することとなる。

3. 最先端の課題に立つ：先進課題はどこにあるか

　もっとも，事前の仮説なくしては，実験による結果が成功だとしても失敗だとしても意味ある学習にはつながらない。新しい事業を他社に先駆けて社会に提案できないのは，顧客が直面する課題の把握が中途半端であり，想像力が欠如しているために意味ある仮説が創出できていないからである。冒頭で述べたように，かつてはうるさい顧客が日本という場に存在し，物理的にも近接しているがゆえに容易に現場観察が可能であり，自ら内省したことを付き合いのある顧客に外挿することで，仮説の検証が可能であった。しかし，自らの限られた経験と前提に基づく仮説の妥当性は，想定する顧客が日本以外に大きく広がることで，ますます低下してきている。日本人がどれだけ知恵を絞ってみたところで，広いアフリカ大陸で現地の人々が直面する課題を自在に想像することは当然のことながら不可能である。

　ましてや，先進的な課題が，先進国で最初に生まれてくるわけでは必ずしもない。これまでのイノベーションの説明モデルの基本的前提は，先進国でイノベーションが実現し，その成果を新興国が事後的に享受するというものであった。そこでは先進国→新興国という経路が想定されている。しかし，先進国で顕在化した課題は，必ずしも新興国で顕在化した課題と同一であるとは限らない。そのため，先進国の問題解決のために誕生した新製品やサービスは，新興国に自動的に受け入れられるわけではない。それとは逆に，新興国の課題解決のために誕生した新製品やサービスは，課題の後進性ゆえに先進国に受け入れられるわけではない。

　ゴビンダラジャンとトリンブルが『リバース・イノベーション』（Govindarajan & Trimble, 2012）の中で強調するのは，新興国の課題解決のために誕生した新製品やサービスが，時として途上国ゆえに直面する課題の先進性のために，事後的に先進国の潜在的な課題解決に資することがあるという点である。新興

国は先進国と比較して常に課題の後進国なのではなく，課題設定の仕方によっては，先進国に展開可能な課題解決の場として重要な役割を果たす可能性がある。

このように考えることで，海外事業の展開先に関する見方を拡張することができるはずである。それは当該事業の将来を見据えた上で，最も困難で解決に値する課題は何で，それを抱えた顧客がどこにいるか，という視点で海外展開を考える見方だ。伸びるべき市場に海外展開先を見いだすのは当然のことながら，長期的に問題解決能力を高めていくことこそ，企業の存在意義を高めることだとすれば，課題の先進性に注目することがもっと必要である。

4．経営者の仕事：関与と越境の促進

冒頭で，経営者の仕事とは，管理者の仕事と違って，変化を創り出す仕事であると指摘した。変化を創り出すとは，外部環境の変化に受動的に対応するのではなく，主体的に自らが変化することで，外部環境の変化に対応可能となるということである。それは第3章で指摘した主体的に自己革新能力を高めることに他ならない。自己革新能力の向上を実現するには，自力で達成することが難しいゆえに，他者の協力が必要である。他者からの資源提供を実現させるには，資源提供者への対話と積極的な関与が必要となる。それを行うのが，経営者の仕事である。この社長に賭けてみたい，一緒に仕事をしてみたい，協力してみたい，という気持ちを駆動させることこそ経営者の仕事だ。経営者の仕事とは，資源提供者と対話し，彼らの関与を促す仕事なのである。

経営者の仕事は，理想や理念を追求する情熱がなければできない仕事であり，解決すべき課題が明確でなければ，資源提供者の関与は促せない。それゆえ，経営者として課題への深い関与が必要となる。これがいわゆる創業経営者とサラリーマン経営者の本質的な違いである。理想や理念を徹底追求する深さには，両者の間に容易に超えがたい違いがある[6]。創業経営者は，自ら設定した解決すべき課題に対して，深い粘着質の関与を有している。それは誰にも負けないと自負できるほど，自らの眼と手と頭と心を酷使して考えに考え抜いた課題認識と，課題解決のための方法としての事業計画である。

経営者のもう一つの仕事は，様々な人々の越境を促進することにある。越境とは，第2章の最後で指摘したように，異なる背景を持った人々が互いに異なる背景を横断するということである。横断は常に避けるべきものではない。組

織も社会も放っておくと自然に分断し，壁が生まれる。専門性の存在も壁が生まれる原因である。この世の中には，様々な形で壁が存在する。部門の壁，組織の壁，技術の壁，そして専門性の壁はその一例である。分業と専門化の追求はこの世の中で必然的に進行し，管理志向の経営者が権力を握ることでその傾向は加速する。

他方で，革新は常に何らかの既存のモノの新結合であると踏まえるならば，まさに壁を越え越境を促すことこそ，新しいアイデアの創出の契機となるはずである。放置しておくと容易に結びつかない人と人とが持つそれぞれのアイデアが，越境を通じて時として対立しつつ，課題解決のための新しいアイデアとして結実する。それを促すのが，経営者の役割である。越境とは，自明とする既存の分類枠組みを越える行為であるので，分類枠組みそのものを当然視する人々には決して実現できない。それができるのは，既存の分類枠組み自体の存在意義を疑うことができる人である。

国境を越え，異なる部署や組織の境界を越え，異なる技術領域の境界を越え，技術と市場の境界を越え，様々な人の新しい協働の機会を創出し促すこと。それが経営者の仕事である。経営者に求められるのは，より世界を俯瞰できるような高い目線から，顧客の課題を同定し，解決のための関与を促し，解決のための有効な方策を創造するために，世の中に存在する壁を乗り越え，越境を促すことにある。

それには，経営者自らが，内なる世界をマネジメントする発想から，外の世界をマネジメントする発想へと戦略視点を転換する必要がある。それは，会社の「内」ではなく，「外」を動かす発想だ。ライバル企業を動かす，業界を動かす，世界を自分の競争の土俵に持ってくる。そうしたマクロ・マネジメントに関わる点に十分な配慮がないところが，日本企業の弱いところである。自力を錬磨し，高めることは重要であるが，他力を利用することで結果的に自力を高めることにつながるという施策が必要である。できることから出発しようとすると，自然に会社の「内」に目が行くことになる。もの造りや自社の技術力を起点に事業戦略を考えることは一つの重要な考え方ではあるが，行き過ぎると過度な自力依存主義に陥ることになる。それがすでに述べた強み伝いの経営の本質である。

自社の強みには限りがある。しかも，外部環境が高速変化する時代においては，強みだと思っているものがどんどん陳腐化する。したがって，どのように

他力を利用するかという視点は，これまで以上に重要な視点となっている。オープン・イノベーションは，自前主義に対する警鐘であるとともに，自社の強みを構築するために徹底的に絞り込んで資源を注入すべきであるというメッセージでもある。

Ⅲ　日本企業の経営の未来

1．経営技能の進化：経験則の一般化

　日本企業の弱みがどこにあるかを考える時，しばしば経営リテラシーが欠けている，ということが指摘されることがある。経営リテラシーとは，一般的にはビジネスに関する基礎的な知識を指す。会計に関する基礎的なスキルや戦略とか組織に関する基本的な考え方である，と考えられる。しかし，日本企業のビジネスパーソンが本当に完備すべき能力とは，そのようなノウハウなのであろうか。また，そのようなノウハウが日本のビジネスパーソンによって完備されるならば，多くの経営課題は解決されるのであろうか。ビジネススクールが社会に期待されてきた機能とは，まさしくそのようなビジネス知識を授与・育成するというものであろうが，果たしてそれで十分なのだろうか。あるいは，そのような基礎的な能力が適切な形で日本のビジネスパーソンに完備されていないことこそが，そのような人々によって支えられている日本企業組織の課題なのだろうか。

　本書でそれらの問いに対する回答を用意することは残念ながらできていない。しかし，その不足や欠如が指摘される一般的なビジネス知識という基本的な経営リテラシーとは異なる，経営技能に関する課題を敢えてここで指摘しておこう。それは，自然科学でも社会科学でも要求される過去の経験を一般化し，理論化する能力の欠如という課題である。単なる経験則の集積として経営リテラシーを捉えるのではなく，経験則を出発点としながらも，経験則を振り返り，その成立条件と境界条件を内省し，新たに直面する環境を構想し，外挿し，そこから理論化を試みる姿勢である。環境が迅速に変化するからこそ，直接経験から学ぶことはこれまで以上に難しくなっている。むしろ，経験そのものではなく，経験則を一般化することで経営技能の進化につなげることが日本企業に求められている。経営技能が大きく前進することで，日本企業の持つ技術力もより良い形で社会に活かされることとなるだろう。

2. 新たな能力構築を考える際の鍵

　経営技能の進化と並んで必要となるのは，当たり前ながら顧客の問題解決に資する能力構築を継続することに他ならない。戦略論では，すでに保有する能力や資源を活用することをレバレッジ戦略と呼び，新たに能力や資源を獲得することをストレッチ戦略と呼ぶ（Hamel & Prahalad, 1994）。新たな能力構築を目指そうとする活動は，まさにストレッチ戦略の一つである。ストレッチ戦略とは，いわば現状と目標との間のギャップを埋める戦略である。現状では実現できないが，目標として設定された期限には実現できるようになること。そのギャップを埋める道筋がストレッチ戦略である。

　ストレッチ戦略の実行過程の鍵は，個人と組織の二つのレベルにおける学習である。つまり，どの領域でどのような挑戦目標を事前に立て，その目標に向かってどのように個人と組織の双方で学習を促していくかの道筋を決めることである。研究開発活動とは，顧客の抱えた未来の課題を事前に同定し，その課題解決のための技術的解決策を発見し再現可能なものにして，製品サービスという形で顧客に提供する活動である。それは，その活動に関与する人々による問題解決の学習プロセスに他ならない。その意味で，研究開発活動が適切に推進されるかどうかは，組織の様々な場で効果的な組織学習が起きるかにかかっている。能力構築を促す戦略とは，組織学習を促す戦略である。

　健全な危機感：組織学習を促す第一の鍵は，健全な危機感である。人間は弱い存在である。目に見える具体的で短期的な目標に固執し，目に見えない曖昧で長期的な目標に挑戦することは難しい。したがって，弱い存在であることを前提に，技術戦略をはじめとする長期戦略を考えることが必要となる。例えば，スポーツウェアで急進するアンダーアーマー社の「私たちはまだ決定的な製品を生み出していない」というスローガンは一つの参考になるだろう。そこには，不完全だという認識がより完全なものを創り出すための挑戦を生み出す，という前提がある。ゆるまないネジで有名なハードロック工業の創業者である若林克彦の「世の中のモノは常に"不完全"であるから必ず改良余地がある」（若林, 2011）という言葉も同様の認識に基づくものである。

　厳しい環境と顧客：組織学習を促す第二の鍵は，敢えて厳しい環境に自らを置くという施策である。弱い存在であるからこそ，厳しい環境に敢えて身を置くことで学習が促されるという側面がある。学習を促す戦略として，自らを鍛える場として，厳しい仕様要求を行う顧客とつきあう，仕様要求が最も厳しい

技術・顧客領域を敢えて選択するという戦略がありうる。それは、現在保有する能力との適合を考えるのではなく、将来的な能力構築・錬磨という観点から敢えて不適合領域に参入するという戦略である（伊丹，2003）。それは，顧客によって能力構築が促されることを期待する戦略ともいえる。うるさく厳しい顧客と接点を持って初めて，未来の顧客との関係性を構築する機会が生まれるはずである。

　周縁から学ぶ：第三の鍵は，周縁から学ぶという姿勢である。イノベーションは辺境から生まれると言われる。多くの場合，月並みではない新しいアイデアは，組織や市場の中心部ではなく，周縁や辺境と呼ばれる多くの人々が関心を払わない，月並みではないところから生まれる。それは，過去からの延長線となる既存の原理や慣行が組織や市場の中心を支配し，新しい原理や慣行そしてアイデアは，たとえこの世の中に出現したとしても，既存システムとは相容れない変則事例（anomalies）として無視されたり，切り捨てられたりするからである（Hamel & Breen, 2007）。近年では，エッジ戦略（edge strategy）と呼んで，周縁の積極的意義に注目する議論もある（Lewis & McKone, 2016）。彼らによれば，周縁とは単なる辺境ではなく，むしろ異なる生態系の交差地帯（森林の周縁，海岸線，湿地帯など）ゆえに双方の生態系の特徴を兼ね備えた個体群が生息する場所であるとされる。そこに生息する個体群は，どちらの生態系においても周縁と位置づけられる異端であるものの，同時に双方の生態系の原理にも順応しているという意味で独自な存在である。ビジネスにおいても新しい機会は，どの既存市場や組織の原理や慣行から見ても周縁と位置づけられる場で生まれる可能性がある。革新とは起きる前には疑わしく，起きた後は当たり前だと思える現象である（吉原，2014）。したがって，革新の可能性を探索するには，主流ではなく周縁，そして異なる周縁が交錯する場の動向に目を向ける必要がある。

　社会的少数者に注目する：第四の鍵は，社会的少数者（マイノリティ）に注目することの重要性である。マーケティング理論では，社会的少数者は最初に切り捨てられるか，マーケティング対応では後回しにされる存在である。その原因は，セグメンテーションという古典的な手法に依拠している。市場は一様ではないが，可能な限り一様な部分（セグメント）に分け，それぞれの部分に有効な手立てをとるのがセグメンテーションの基本的な考え方である。その際，規模の小さな特殊な市場は，優先順位が最も低い市場である。

　しかし，そのような市場は，時として先進的な課題を抱える顧客集合である

かもしれない。物理的な理由から，もしくは経済的な理由から自社の製品を手にとって利用することができない人に，その製品を手にとって使ってもらうためには何をしなければならないかを考えることは，自社の製品の存在意義を根本から考える上で決して無駄にはならないはずである。このことは，例えばユニバーサルデザインの問題を例にとると分かりやすいかもしれない。目標はユニバーサルデザインそのものではなく，あらゆる人が製品の価値を享受できるように様々な障壁を除去し，顧客と製品の間に補助線を引くことであるはずだ。

　社会的少数者のニーズは，その他の平均的な人々が所望するのとは異なる特殊なニーズゆえに，短期的にはそのようなニーズを満たすことは合理的ではないかもしれない。しかし，そのようなニーズがその後の社会の先導的なニーズとなるのであれば，現時点では少数者のニーズであっても，長期的には社会のより多くの人々のニーズ対応につながる可能性がある。社会的少数者に注目することで，我々が当たり前にしている暗黙の前提が明らかとなるメリットもある。

3. 顧客が直面する問題に深く関与する

　すでに指摘したように，かつてない速度で業界の定義が変わり，競争相手が変わり，その戦い方が変化する。そこで企業に求められるのは，既存の業界の主導権を握るという姿勢ではなく，自ら業界を変え新しい土俵で主導権を握る姿勢である。その際に最も重視しなければならないのが，時間の価値である。時間の価値を意識した経営とは，単にスピードを重視するとか素早く意思決定をするだけではない。それは最悪の状況を想定して事前の準備を徹底することでもある。急速な変化はしばしば「想定外の最悪の状況」をもたらすからである。最悪の状況を考える仕事は，経営者であるからこそできる仕事であるし，経営者でないとできない仕事でもある。

　事前には分からない変化が起きても，何か準備をしていた会社と，全く準備をしていない会社とでは，変化に対応する能力は大きく異なるだろう。事前に決して詰め切れないけれども詰める努力をどれだけできるかが，その後の予期せぬ事態への対応として重要になると思われる。時間を生み出すためには，抜本的に仕事のやり方を変えることで効率化を図ることが必要だ。

　また，経営者はこれまで以上に「見えないもの」に対して積極的に関与する姿勢が求められている。見えないものを見える形で計測することは科学の原則

であり，科学的管理法以来の経営管理の基礎的前提である。しかし，それは管理の問題であって，経営の問題ではない。経営の問題とは，可視化の進展とともに可視化できない課題あるいは計数化できない課題に関与することにある。

将来への展望も，そもそも「見えないもの」である。すでに存在する顔の見える顧客に商品を売るだけなら，経営者は必ずしも必要ではない。しかし，顧客はそれだけではない。既存の顧客に加えて，現在リーチできていない潜在的顧客，そして未知のニーズを持った顧客をまとめて市場と見るべきである。そうだとすれば，未知のニーズが何かを同定する努力なくしては適応すべき市場も明らかとはならない。

市場調査では決して出てこないニーズも，顧客の置かれた状況を丹念に観察していけば，顧客の不満や不便という形でその片鱗が世に散在している。それらをいかに束ねニーズとして同定し，その具体的な解決策を事業としてどれだけうまく顧客に提案できるかに，事業と企業の存続はかかっている。誰にも見えない世界の中で，先んじて道をつけるのが経営者の仕事である。それは夜も眠れないゴールのない仕事であり，誰にも相談できない仕事である。だからといって，自分で勝手に決めて，他人に命令して実現するものでもない。むしろそれは，主体的に新しい将来像と成長シナリオを提案し，社会の様々な人々の関与を促すことで資源を動員し，越境を促すことで新結合を実現し，世の中を変革していく仕事である。

その仕事により多くの人が関わることによって初めて，日本企業の新しい未来が切り開かれるのである。

注

1) 内部留保に関しては，中島（2011）や鈴木（2014），もしくは太田（2015）を参照されたい。特に，鈴木（2014）は網羅的で多面的に論点を整理している。
2) 例えば，小針（2016）を参照されたい。
3) 日本的経営の構成要素の一つとして，「従業員代表者としての経営者」という見方が存在する。いわば内部出身者として昇進する経営候補者は，最終ゴールとして役員もしくは社長に就任するという見方である。日本の経営層と従業員との間の給与格差が小さいことがその証左とされている。例えば，日本的経営の特徴を指摘した Abegglen and Stalk（1985）によれば，税引き前ベースで社長（President）と新卒社員との給与格差は，1927 年には 110 倍だったのが，1963 年には 23.6 倍，1973 年には 19 倍，1980 年には 14.5 倍であったと指摘している。戦前には非常に大きかった社長と新入社員との給与格差は，戦後急速に低下していったことが窺える。米国の現状は，例えば Paywatch のデータ等で確認可能である。『法人企業統計』で日本企業の役員報酬と従業員給与の比率

をとって時系列で確認すると，役員報酬・従業員給与比率は1970年代半ばまで低下し続け，1970年代半ば以降2000年代初頭までの期間は超安定期となる。2000年代に入ると，役員報酬は増加し続け，その傾向は製造業よりも非製造業において顕著となっている。

4) 『日本経済新聞』（2015年7月21日），『日経産業新聞』（2016年1月4日），『日経産業新聞』（2016年2月5日）に依拠している。

5) 同社のバウンダリーレスは，「境界（バウンダリー）のなさ」を組織の理想状態とし，組織内部に生まれる組織の壁を破壊する一連の経営施策を指す。

6) ただし，生物学的加齢や過去の経験によって，「思い」が「思い込み」へ転嫁する危険もある。創業経営者は常に優れた主張をしているわけでは決してない。

参考文献

日本語文献

青木昌彦・伊丹敬之（1985）『企業の経済学』（モダン・エコノミックス 5）岩波書店。
青木昌彦, ロナルド・ドーア（1995）『国際・学際研究システムとしての日本企業』NTT 出版。
青島矢一（2016）「経済教室：電気不振は何を映す（下） 固定的な製品の枠 足かせ」『日本経済新聞』朝刊，3 月 15 日（28）。
浅川和宏（2010）「日本企業の R&D 国際化における現状と課題──組織・戦略的アプローチ」RIETI Discussion Paper Series 10-J-007。
浅沼萬里（1997）『日本の企業組織 革新的適応のメカニズム──長期取引関係の構造と機能』東洋経済新報社。
浅羽茂（2002）『日本企業の競争原理──同質的行動の実証分析』東洋経済新報社。
安保哲夫（編著）（1994）『日本的経営・生産システムとアメリカ──システムの国際移転とハイブリッド化』（MINERVA 現代経済学叢書）ミネルヴァ書房。
池田淳一・斉藤智美（2014）「動き始めたエレクトロニクスメーカーと自動車部品メーカーの融合──自動車電装化に伴う『メカニカル部品と制御の融合』を中心に」『Mizuho Industry Focus』Vol. 153 No. 9，みずほ銀行産業調査部，5 月 16 日，1-30 頁。
石井淳蔵（2009）『ビジネス・インサイト──創造の知とは何か』岩波書店。
伊丹敬之（1984）『新・経営戦略の論理──見えざる資産のダイナミズム』日本経済新聞社。
伊丹敬之（1987）『人本主義企業──変わる経営変わらぬ原理』筑摩書房。
伊丹敬之（1995）「戦後日本のトップマネジメント」森川英正・米倉誠一郎（編）『高度成長を超えて』（日本経営史 5）岩波書店，95-136 頁。
伊丹敬之（2000a）『経営の未来を見誤るな：デジタル人本主義への道』日本経済新聞社。
伊丹敬之（2000b）『日本型コーポレートガバナンス──従業員主権企業の論理と改革』日本経済新聞社。
伊丹敬之（2003）『経営戦略の論理（第 3 版）』日本経済新聞社。
伊丹敬之（編著）（2006）『日米企業の利益率格差』（一橋大学日本企業研究センター研究叢書）有斐閣。
伊丹敬之・軽部大（編著）（2004）『見えざる資産の戦略と論理』日本経済新聞社。
今井賢一・伊丹敬之・小池和男（1982）『内部組織の経済学』東洋経済新報社。
岩田龍子（1977）『日本的経営の編成原理』（文眞堂現代経営学選集）文眞堂。
岩田龍子（1978）『現代日本の経営風土──その基盤と変化の動態を探る』日本経済新聞社。
上野恭裕（2011）『戦略本社のマネジメント──多角化戦略と組織構造の再検討』白桃書房。
上野恭裕・吉村典久・加護野忠男（1999）「日本における企業ガバナンス」『国民経済雑誌』第 180 巻第 1 号，37-62 頁。
薄井彰（2013）「決算短信の情報有用性は過去 25 年間で低下していたか」『早稲田商学』第 434 号，1 月，725-741 頁。
内田大輔（2016a）「日本企業の収益性のばらつきに関する実証分析」『一橋商学論叢』第 11 巻第 1 号，2-11 頁。
内田大輔（2016b）「株主による企業への関与──日本企業の株主総会に関する実証分析」『組織科学』第 50 巻第 2 号，55-68 頁。
占部都美（1978）『日本的経営を考える』中央経済社。

太田昭和監査法人（編）（2000）『太田昭和監査法人史』太田昭和監査法人．
太田珠美（2015）「内部留保は何に使われているのか――M&A など海外向け投資が大幅増」『大和総研レポート』12 月 17 日，1-8 頁．
大野耐一（1978）『トヨタ生産方式――脱規模の経営をめざして』ダイヤモンド社．
岡崎哲二（1993）「日本型企業システムの源流」『リーディングス日本の企業システム第 4 巻　企業と市場』有斐閣，第 7 章，183-213 頁．
岡崎哲二・奥野正寛（1993）「現代日本の経済システムとその歴史的源流」岡崎哲二・奥野正寛（編）『現代日本経済システムの源流』（シリーズ現代経済研究／現代経済研究グループ編 6）日本経済新聞社，第 1 章，1-34 頁．
奥村宏（1975）『法人資本主義の構造――日本の株式所有』日本評論社．
奥村宏（1995）『法人資本主義の運命――株式会社の「死に至る病」』東洋経済新報社．
奥村宏（2000）『株式会社はどこへ行く――株主資本主義批判』岩波書店．
奥村宏（2005）『最新版　法人資本主義の構造』（岩波現代文庫）岩波書店．
尾高邦雄（1984）『日本的経営――その神話と現実』中央公論社．
小田切宏之（2000）『企業経済学』（プログレッシブ経済学シリーズ）東洋経済新報社．
科学技術庁科学技術政策研究所第 1 研究グループ（1999）「研究開発関連政策が及ぼす経済効果の定量的評価手法に関する調査（中間報告）」NISTEP REPORT 64, 6 月．
加護野忠男（1978）「事業部制と職能制――組織形態選択の実証的分析」『国民経済雑誌』第 137 巻第 6 号，68-93 頁．
加護野忠男（1993）「職能別事業部制と内部市場」『國民經濟雑誌』第 167 巻第 2 号，35-52 頁．
加護野忠男（2002）「『合理性万能論』の経営者がはまる罠」『プレジデント』第 40 巻第 13 号，157-159 頁．
加護野忠男（2010）『経営の精神――我々が捨ててしまったものは何か』生産性本部．
加護野忠男・上野恭裕・吉村典久（2006）「本社の付加価値」『組織科学』第 40 巻第 2 号，4-14 頁．
加護野忠男・野中郁次郎・榊原清則・奥村昭博（1983）『日米企業の経営比較――戦略的環境適応の理論』日本経済新聞社．
軽部大（1997）「日米半導体産業における制度と企業戦略」『組織科学』第 31 巻第 1 号，85-98 頁．
軽部大（2003）「見過された分析視角――E. T. Penrose から『資源・能力アプローチ』へ」『一橋論叢』第 129 巻第 5 号，555-574 頁．
軽部大（2008）「日本企業の環境適応力とオーバー・エクステンション戦略」伊藤秀史・沼上幹・田中一弘・軽部大（編）『現代の経営理論』有斐閣，第 3 章，105-143 頁．
軽部大（2012）「多角化企業における本社組織規模の決定要因」Tokyo Center for Economic Research．
軽部大（2014）「日本企業の戦略志向と戦略計画プロセス」『一橋ビジネスレビュー』第 62 巻第 1 号，38-57 頁．
北村行伸（2005）『パネルデータ分析』（一橋大学経済研究叢書 53），岩波書店．
木村英紀（2009）『ものつくり敗戦――「匠の呪縛」が日本を衰退させる』（日経プレミアシリーズ）日本経済新聞出版社．
久保克行（2010）『コーポレート・ガバナンス――経営者の交代と報酬はどうあるべきか』日本経済新聞出版社．
公文俊平（1981）「日本的経営の特質とは何か」並木信義（編）『日本社会の特質』日本経済新聞社，第 4 章，99-126 頁．
経済産業省（2013）『2013 年版ものづくり白書』経済産業省．
経済団体連合会（1998）『「産業技術力強化のための実態調査」報告書』（社）経済団体連合会，9 月．
小池和男（1987）「長期の競争と知的熟練――日本企業のひとつの説明」『Business Review』第 35 巻

第 1 号，13-23 頁．
小池和男（1999）『仕事の経済学（第 2 版）』東洋経済新報社．
小池和男（2012）『高品質日本の起源——発言する職場はこうして生まれた』日本経済新聞出版社．
小池和男・猪木武徳（編著）(2002)『ホワイトカラーの人材形成——日米英独の比較』東洋経済新報社．
厚生労働省（2016）『平成 28 年版 労働経済の分析——誰もが活躍できる社会の実現と労働生産性の向上に向けた課題』2016 年 9 月，厚生労働省．
河野豊弘（1985）「本社組織の規模と機能についての実態調査——革新のための組織及び事業部制との関連において」『組織科学』第 19 巻第 3 号，15-24 頁．
河野豊弘（1996）「『小さな本社』実現の実際とすすめ方」『Business Research』No. 866，8 月号，5-9 頁．
兒玉公一郎（2007）「事業構造改革」伊丹敬之・田中一弘・加藤俊彦・中野誠（編著）『松下電器の経営改革』（一橋大学日本企業研究センター研究叢書）有斐閣，第 3 章，49-94 頁．
小針真一（2016）「役員報酬改定に取り組む企業の本音と建て前——コーポレートガバナンス・コードで風向きが変わった日本の役員報酬」『コンサルティング重点テーマリポート（〈実践〉コーポレートガバナンス）』3 月 31 日，大和総研．
三枝匡（2006）『V 字回復の経営——2 年で会社を変えられますか』（日経ビジネス人文庫）日本経済新聞社．
産業政策史研究所編（1976）『わが国大企業の形成・発展過程——総資産額でみた主要企業順位の史的変遷』産業政策史研究所．
資源エネルギー庁（2016）「平成 27 年度エネルギーに関する年次報告」平成 28 年 5 月，資源エネルギー庁．
清水剛（2001）『合併行動と企業の寿命——企業行動への新しいアプローチ』有斐閣．
白木三秀（2000）「大きな本社と小さな本社——日米欧企業の本社規模と本社機能を比較すると」『月刊グローバル経営』第 227 号，4 月号，6-9 頁．
菅幹雄（2009）「法人企業統計を用いた従業員 1 人当たり給与と役員 1 人当たり給与・賞与の格差の測定方法の検討」『統計数理』第 57 巻第 2 号，393-411 頁．
菅山真次（2011）「『就社』社会の誕生——ホワイトカラーからブルーカラーへ』名古屋大学出版会．
鈴木絢子（2014）「企業の内部留保をめぐる議論」『調査と情報』第 836 号，11 月 11 日，巻頭 1，1-13 頁．
田尾雅夫（編著）(1997)『「会社人間」の研究——組織コミットメントの理論と実際』京都大学学術出版会．
滝澤美帆・鶴光太郎・細野薫（2008）「企業のパフォーマンスは合併によって向上するか——非上場企業を含む企業活動基本調査を使った分析」RIETI Discussion Paper Series 09-J-005．
武石彰・青島矢一・軽部大（2012）『イノベーションの理由——資源動員の創造的正当化』有斐閣．
竹内弘高・野中郁次郎（1985）「製品開発プロセスのマネジメント」『Business Review』第 32 巻第 4 号，24-44 頁．
田中一弘（2014）『「良心」から企業統治を考える』東洋経済新報社．
津田眞澂（1975）『日本的経営の擁護』東洋経済新報社．
津田眞澂（1977）『日本的経営の論理』中央経済社．
寺西重郎（1982）『日本の経済発展と金融』（一橋大学経済研究叢書別冊）岩波書店．
土本清幸・飯沼和雄（2007）「東京証券取引所における適時開示政策の変遷」『現代ディスクロージャー研究』No. 7，3 月，23-30 頁．
土屋守章（1978）『日本的経営の神話』日本経済新聞社．

長岡貞男（2005）「合併・買収は企業成長を促すか？――管理権の移転対その共有」『一橋ビジネスレビュー』第53巻第2号, 32-44頁。

中沢孝夫・藤本隆宏・新宅純二郎（2016）『ものづくりの反撃』筑摩書房。

中島厚志（2011）「日本企業は利益をため込みすぎているのか――内部留保は過大, 人件費比率は過小とはいえない」『みずほリサーチ』第107号, 2月, 1-2頁。

中谷巌（1998）『日本経済「混沌」からの出発』日本経済新聞社。

中村青志（1978）「100社ランキングの変遷」『別冊 中央公論』（秋季号）, 第16巻第3号, 320-387頁。

中村青志（1993）「企業ランキングの変遷――鉱工業上位100社と運輸・電気・ガス業上位30社」伊丹敬之・加護野忠男・伊藤元重（編）『リーディングス日本の企業システム第4巻 企業と市場』有斐閣, 第12章, 341-379頁。

日本公認会計士協会（2015）「開示・監査制度の在り方に関する提言――会社法と金融商品取引法における開示・監査制度の一元化に向けての考察」（平成27年11月4日）。

日経ビジネス編集部（1984）『会社の寿命――"盛者必衰の理"』日本経済新聞社。

沼上幹（2006）「1990年代の経営戦略論」伊丹敬之・藤本隆宏・岡崎哲二・伊藤秀史・沼上幹（編）『リーディングス日本の企業システム第Ⅱ期第3巻 戦略とイノベーション』有斐閣, 序章, 1-17頁。

沼上幹（2009）『経営戦略の思考法――時間展開・相互作用・ダイナミクス』日本経済新聞出版社。

沼上幹・軽部大・加藤俊彦・田中一弘・島本実（2007）『組織の〈重さ〉――日本的企業組織の再点検』日本経済新聞出版社。

野中郁次郎・米山茂美（1992）「組織間知識創造の理論――日本半導体産業における集合革新のプロセス」『Business Review』第40巻第2号, 1-18頁。

延岡健太郎（1996）『マルチプロジェクト戦略――ポストリーンの製品開発マネジメント』有斐閣。

延岡健太郎（2002）「日本企業の戦略的意思決定能力と競争力――トップマネジメント改革の陥穽」『一橋ビジネスレビュー』第50巻第1号, 24-38頁。

延岡健太郎（2011）『価値づくり経営の論理――日本製造業の生きる道』日本経済新聞出版社。

延岡健太郎・伊藤宗彦・森田弘一（2006）「コモディティ化による価値獲得の失敗――デジタル家電の事例」RIETI Discussion Paper Series 06-J-017。

延岡健太郎・軽部大（2012）「日本企業の価値づくりにおける複雑性の陥穽」『一橋ビジネスレビュー』第60巻第3号, 84-96頁。

間宏（1963）『日本的経営の系譜』（マネジメント新書）日本能率協会。

間宏（1971）『日本的経営――集団主義の功罪』日本経済新聞社。

橋本寿朗（1991）『日本経済論――二十世紀システムと日本経済』ミネルヴァ書房。

橋本寿朗（1994）「〈肥満になった〉日本の大企業」『世界』（岩波書店）第593号, 121-128頁。

橋本寿朗（1996）「企業システムの『発生』,『洗練』,『制度化』の論理」橋本寿朗（編）『日本企業システムの戦後史』東京大学出版会, 序章, 1-42頁。

橋本寿朗（1999）「現代日本企業のトップマネジメント――トップマネジメントはいかに選抜され, 犯した『誤算』の経営責任は, 何故, 放置されたのか」『グノーシス』No.8（法政大学産業情報センター）85-109頁。

橋本寿朗（2002）『デフレの進行をどう読むか――見落された利潤圧縮メカニズム』岩波書店。

蜂谷義昭（2005）「技術寿命の短期化と財務構造に与える影響」『調査』第78号（2005年3月）, 1-47頁。

花田光世（1987）「人事制度における競争原理の実態――昇進・昇格のシステムからみた日本企業の人事戦略」『組織科学』第21巻第2号, 44-53頁。

早房長治（2010）『監査法人を叱る男――トーマツ創業者・富田岩芳の経営思想』プレジデント社。

原丈人（2007）『21世紀の国富論』平凡社.
深尾京司・宮川努（編）（2008）『生産性と日本の経済成長——JIP データベースによる産業・企業レベルの実証分析』東京大学出版会.
藤本隆宏（2003）『能力構築競争——日本の自動車産業はなぜ強いのか』中央公論新社.
藤本隆宏（2004）『日本のもの造り哲学』日本経済新聞社.
堀内昭義・花崎正晴（2000）「メインバンク関係は企業経営の効率化に貢献したか——製造業に関する実証研究」『経済経営研究』（日本政策投資銀行設備投資研究所），第 21 巻第 1 号，1-89 頁.
松本茂（2014）『海外企業買収失敗の本質——戦略的アプローチ』東洋経済新報社.
丸山真男（1961）『日本の思想』岩波書店.
三品和広（1997）「『蓄積』対『組み合わせ』——日米経営比較の仮説」『Business Review』第 45 巻第 2 号，75-83 頁.
三品和広（2002）「企業戦略の不全症」『一橋ビジネスレビュー』第 50 巻第 1 号，6-23 頁.
三品和広（2004）『戦略不全の論理——慢性的な低収益の病からどう抜け出すか』東洋経済新報社.
三品和広（2007）『戦略不全の因果——1013 社の明暗はどこで分かれたのか』東洋経済新報社.
三品和広（2010）『戦略暴走——ケース 179 編から学ぶ経営戦略の落とし穴』東洋経済新報社.
宮島英昭（編者）（2011）『日本の企業統治——その再設計と競争力の回復に向けて』東洋経済新報社.
宮本光晴（1997）『日本型システムの深層——迷走する改革論』東洋経済新報社.
三好俊夫（1994）「経営の現代化は情報公開にあり」『ビジネス・インサイト』第 2 巻第 2 号，68-80 頁.
三輪芳朗・J. マーク・ラムザイヤー（2001）『日本経済論の誤解——「系列」の呪縛からの解放』東洋経済新報社.
森川英正（編）（1991）『経営者企業の時代』有斐閣.
森川正之（2014）「本社機能と生産性——企業内サービス部門は非生産的か？」RIETI Discussion Paper Series14-J-028.
安井良太（2014）「適時開示推進に係る東証の取り組みの変遷」『証券アナリストジャーナル』第 52 巻第 12 号，12 月，30-40 頁.
安田雪（2001）『実践ネットワーク分析——関係を解く理論と技法』新曜社.
山田鋭夫（2008）『さまざまな資本主義——比較資本主義分析』藤原書店.
湯之上隆（2013）『日本型モノづくりの敗北——零戦・半導体・テレビ』文藝春秋.
吉川良三（2011）『サムスンの決定はなぜ世界一速いのか』角川書店.
吉田和男（1993）『日本型経営システムの功罪』東洋経済新報社.
吉原英樹（2014）『「バカな」と「なるほど」——経営成功の決め手！』PHP 研究所.
吉原英樹・佐久間昭光・伊丹敬之・加護野忠男（1981）『日本企業の多角化戦略——経営資源アプローチ』日本経済新聞社.
米山洋（2014）「世界のビジネス潮流を読む　エリアリポート　世界——日本企業の対外 M&A が加速」『ジェトロセンサー』第 64 巻第 763 号，6 月号，60-61 頁.
米山洋（2016）「世界のビジネス潮流を読む　エリアリポート　世界——日本の M&A が活況　企業統治強化が後押し」『ジェトロセンサー』第 66 巻第 786 号，5 月号，70-71 頁.
労働政策研究・研修機構（2016）『データブック国際労働比較（2016 年版）』3 月 30 日.
若林克彦（2011）『絶対にゆるまないネジ——小さな会社が「世界一」になる方法』中経出版.

新聞・雑誌記事（時系列順）

「ディスクロージャー再考(5)決算発表なぜか集中，最後の金曜なら目立たずに」『日本経済新聞』朝刊 1982 年 10 月 5 日（17）.

「遅い決算発表　今年も 55 日間」『朝日新聞』朝刊 1984 年 6 月 8 日（8）．
「決算発表まで平均 54.7 日」『朝日新聞』朝刊 1985 年 3 月 16 日（8）．
「オンライン会計威力　花王，また決算発表一番乗りへ　情報開示のモデルにも」『朝日新聞』朝刊 1989 年 2 月 2 日（8）．
「3 月期決算発表，山種産業一番乗り」『日本経済新聞』朝刊 1989 年 4 月 21 日（17）．
「決算発表を早める法」『日経産業新聞』1989 年 5 月 24 日（32）．
「花王，企業情報開示のお手本」『日本経済新聞』朝刊 1989 年 5 月 29 日（39）．
「決算発表，集中化一段と」『日本経済新聞』朝刊 1990 年 5 月 22 日（17）．
「決算トーク――早期発表は義務」『日本経済新聞』朝刊 1991 年 4 月 23 日（17）．
「企業財務 ABC⑬――決算発表」『日経産業新聞』1992 年 5 月 15 日（29）．
「96 年 3 月決算，5 月 24 日に発表集中――東証の前倒し要請効果なく」『日本経済新聞』朝刊 1996 年 4 月 26 日（19）．
「センチュリー監査法人青柳好一氏――決算発表の早期化を　投資家重視，適時に」『日経産業新聞』1996 年 11 月 8 日（25）．
「決算発表，早さは強さ」『日経産業新聞』1998 年 6 月 11 日（26）．
「有訓無訓『改革の継続』こそ力なり　板垣宏（帝人会長）」『日経ビジネス』1999 年 5 月 3 日（3）．
「常識覆す大胆な手法を繰り出す　安居祥策氏（帝人社長）」『日経ビジネス』2001 年 4 月 16 日（122）．
「みずほ銀システム崩壊」『日経産業新聞』2002 年 4 月 9 日（24）．
「迅速決算，ぜい肉カット」『朝日新聞』朝刊 2006 年 9 月 9 日（11）．
「震災後の経営を考える（上）　モノづくりを再定義せよ」『日経ビジネス』2012 年 3 月 19 日号，108-111 頁．
「みずほ「鬼門」三たび」『日経産業新聞』2014 年 3 月 5 日（22）．
「決算発表『一番乗り企業』へ　深夜 3 時の準備作業」『日本経済新聞』電子版ニュース，2015 年 5 月 3 日 5 時 30 分．
「米ゴープロ，ビデオカメラ世界首位」『日本経済新聞』朝刊 2015 年 7 月 21 日（4）．
「ウエラブルカメラ――臨場感売り用途広がる」『日経産業新聞』2016 年 1 月 4 日（6）．
「「革命児」ゴープロ苦境，競争激化，10〜12 月赤字転落，戦略商品，割高感で不発」『日経産業新聞』2016 年 2 月 5 日（4）．
「日本の家電メーカーなぜ衰退」『東京新聞』朝刊 2016 年 3 月 7 日（2）．

英語文献

Abegglen, J. C.（1958）*The Japanese Factory: Aspects of its Social Organization*. Glencoe, IL: Free Press.
Abegglen, J. C.（1984）*The Strategy of Japanese Business*. Cambridge: Ballinger Publishing Company.
Abegglen, J. C.（2004）*21st-Century Japanese Management: New Systems, Lasting Values*. New York, NY: Palgrave Macmillan.
Abegglen, J. C., & Stalk, G.（1985）*Kaisha: The Japanese Corporation*. New York, NY: Basic Books.
Adner, R.（2012）*The Wide Lens: A New Strategy for Innovation*. London, UK: Penguin.
Aguilera, R. V., & Jackson, G.（2003）"The Cross-National Diversity of Corporate Governance: Dimensions and Determinants." *Academy of Management Review*, 28（3）: 447-465.
Albert, M.（1991）*Capitalisme contre Capitalisme*. Paris: Seuil.
Allison, P. D.（2009）*Fixed Effects Regression Models*. Los Angels, CA: Sage Publication.
Allison, P. D.（2012）"Do We Really Need Zero-Inflated Models?" A blog posted in http://statisticalhorizons.com/zero-inflated-models. August 7, 2012.
Alvesson, M.（1995）*Management of Knowledge Intensive Companies*. Berlin and New York: Walter de

Gruyter.
Amable, B. (2003) *The Diversity of Modern Capitalism*. Oxford, UK: Oxford University Press.
Andersen, T. J. (2004) "Integrating Decentralized Strategy Making and Strategic Planning Processes in Dynamic Environments." *Journal of Management Studies*, 41 (8): 1271-1299.
Anderson, H., Havila, V., & Salmi, A. (2001) "Can You Buy a Business Relationship?: On the Importance of Customer and Supplier Relationships in Acquisitions." *Industrial Marketing Management*, 30: 575-586.
Angwin, D. (2004) "Speed in M&A Integration: The First 100 Days." *European Management Journal*, 22 (4): 418-430.
Ansoff, H. I. (1965) *Corporate Strategy: An Analytic Approach to Business Policy for Growth and Expansion*. New York, NY: McGraw-Hill.
Aoki, M. (1988) *Information, Incentives, and Bargaining in the Japanese Economy*. Cambridge and New York: Cambridge University Press.
Aoki, M., & Patrick, H. (eds.) (1995) *The Japanese Main Bank System: Its Relevance for Developing and Transforming Economies*. Oxford, UK: Oxford University Press.
Barney, J. (1991) "Firm Resources and Sustained Competitive Advantage." *Journal of Management*, 17 (1): 99-120.
Barney, J. (1997) *Gaining and Sustaining Competitive Advantage*. Reading, MA: Addison-Wesley Publishing Campany.
Bauer, F., & Matzler, K. (2014) "Antecedents of M&A Success: The Role of Strategic Complementarity, Cultural Fit, and Degree and Speed of Integration." *Strategic Management Journal*, 35 (2): 269-291.
Baum, R. J., & Wally, S. (2003) "Strategic Decision Speed and Firm Performance." *Strategic Management Journal*, 24 (11): 1107-1129.
Baumol, W. J., Litan, R. E., & Schramm, C. J. (2007) *Good Capitalism, Bad Capitalism, and the Economics of Growth and Prosperity*. New Haven, CT: Yale University Press.
Beard, D. W., & Dess, G. G. (1981) "Corporate-Level Strategy, Business-Level Strategy, and Firm Performance." *Academy of Management Journal*, 24 (4): 663-688.
Berg, N. A. (1965) "Strategic Planning in Conglomerate Companies." *Harvard Business Review*, 43 (3): 79-92.
Berg, N. A. (1973) "Corporate Role in Diversified Companies." In Taylor, B. & MacMillan, K. (eds.) *Business Policy: Teaching and Research*. New York, NY: Wiley: 298-347.
Blau, P. M., & Scott, W. R. (1963) *Formal Organizations: A Comparative Approach*. London, UK: Routledge & Kegan Paul.
Bourgeois, L. J., & Eisenhardt, K. M. (1988) "Strategic Decision Processes in High Velocity Environments: Four Cases in the Microcomputer Industry." *Management Science*, 34 (7): 816-835.
Bower, J. L., & Gilbert, C. G. (2007) *From Resource Allocation to Strategy*. Oxford, UK: Oxford University Press.
Brandenburger, A. M., & Nalebuff, B. J. (1997) *Co-Opetition*. London: Crown Business.
Briscoe, F., & Tsai, W. P. (2011) "Overcoming Relational Inertia: How Organizational Members Respond to Acquisition Events in a Law Firm." *Administrative Science Quarterly*, 56 (3): 408-440.
Brush, T. H., Bromiley, P., & Hendrickx, M. (1999) "The Relative Influence of Industry and Corporation on Business Segment Performance: An Alternative Estimate." *Strategic Management Journal*, 20 (6): 519-547.
Bryant-Kutcher, L., Peng, E. Y., & Weber, D. P. (2013) "Regulating the Timing of Disclosure: Insights from the Acceleration of 10-K Filing Deadlines." *Journal of Accounting and Public Policy*, 32 (6): 475-494.
Brynjolfsson, E., & McAfee, A. (2012) *Race Against the Machine: How the Digital Revolution is Accelerating*

Innovation, Driving Productivity, and Irreversibly Transforming Employment and the Economy. Lexington, MA: Digital Frontier Press.

Burt, R. S. (1992) *Structural Holes: The Social Structure of Competition*. Cambridge, MA: Harvard University Press.

Burt, R. S. (2005) *Brokerage and Closure: An Introduction to Social Capital*. Oxford, UK: Oxford University Press.

Buzzell, R. D. (2004) "The PIMS Program of Strategy Research: A Retrospective Appraisal." *Journal of Business Research*, 57 (5): 478–483.

Buzzell, R. D., & Gale, B. T. (1987) *The PIMS Principles: Linking Strategy to Performance*. New York, NY: Free Press.

Calipha, R., Tarba, S., & Brock, D. (2010) "Mergers and Acquisitions: A Review of Phases, Motives, and Success-Factors." *Advances in Mergers and Acquisitions*, 9: 1–24.

Cartwright, S., & Schoenberg, R. (2006) "Thirty Years of Mergers and Acquisitions Research: Recent Advances and Future Opportunities." *British Journal of Management*, 17 (S1): S1–S5.

Chakravarthy, B. S., & Doz, Y. (1992) "Strategy Process Research: Focusing on Corporate Self-Renewal." *Strategic Management Journal*, 13 (S1): 5–14.

Chandler, A. D., Jr. (1962) *Strategy and Structure: Chapters in the History of the American Industrial Enterprise*. Cambridge, MA: MIT Press.

Chandler, A. D., Jr. (1990) *Scale and Scope: The Dynamics of Industrial Capitalism*. Cambridge, MA: Belknap Press of Harvard University Press.

Chandler, A. D., Jr. (1991) "The Function of the HQ Unit in the Multibusiness Firm." *Strategic Management Journal*, 12 (S2): 31–50.

Chang, S.-J., & Singh, H. (2000) "Corporate and Industry Effects on Business Unit Competitive Position." *Strategic Management Journal*, 21 (7): 739–752.

Chesbrough, H. (2003) *Open Innovation: The New Imperative for Creating and Profiting from Technology*. Boston, MA: Harvard Business School Press.

Christensen, C. M., & Raynor, M. E. (2003) *The Innovator's Solution: Creating and Sustaining Successful Growth*. Boston, MA: Harvard Business School Press.

Collis, D., Young, D., & Goold, M. (2007) "The Size, Structure, and Performance of Corporate Headquarters." *Strategic Management Journal*, 28 (4): 383–405.

Connelly, B. L., Haynes, K. T., Tihanyi, L., Gamache, D. L., & Devers, C. E. (2016) "Minding the Gap: Antecedents and Consequences of Top Management-to-Worker Pay Dispersion." *Journal of Management*, 42 (4): 862–885.

Cowherd, D. M., & Luchs, R. H. (1988) "Linking Organization Structures and Processes to Business Strategy." *Long Range Planning*, 21 (5): 47–53.

Cowley, P. R. (1988) "Market Structure and Business Performance: An Evaluation of Buyer Seller Power in the PIMS Database." *Strategic Management Journal*, 9 (3): 271–278.

Crossland, C., & Chen, G. (2013) "Executive Accountability around the World: Sources of Cross-National Variation in Firm Performance–CEO Dismissal Sensitivity." *Strategic Organization*, 11 (1): 78–109.

Crossland, C., & Hambrick, D. (2007) "How National Systems Differ in Their Constraints on Corporate Executives: A Study of CEO Effects in Three Countries." *Strategic Management Journal*, 28 (8): 767–789.

Crossland, C., & Hambrick, D. (2011) "Differences in Managerial Discretion Across Countries: How Nation-Level Institutions Affect the Degree to which CEOs Matter." *Strategic Management Journal*, 32 (8): 797–819.

Cyert, R. M., & March, J. G. (1963) *A Behavioral Theory of the Firm*. Englewood Cliffs, NJ: Prentice-Hall.

Dalton, D. R., Todor W. D., Spendolini, M. J., Fielding, G. J., & Porter, L. W. (1980) "Organization Structure and Performance: A Critical Review." *Academy of Management Review*, 5 (1): 49-64.

Datta, D. K. (1991) "Organizational Fit and Acquisition Performance: Effects of Post-Acquisition Integration." *Strategic Management Journal*, 12 (4): 281-297.

Davis, G. F., & Cobb, J. A. (2010) "Resource Dependence Theory: Past and Future." In Schoonhoven, C. B., & Dobbin, F. (eds.) *Stanford's Organization Theory Renaissance, 1970-2000* (Research in the Sociology of Organizations, Volume 28) Emerald Group Publishing Limited: 21-42.

Davis, P. S., & Schul, P. L. (1993) "Addressing the Contingent Effects of Business Unit Strategic Orientation on Relationships between Organizational Context and Business Unit Performance." *Journal of Business Research*, 27 (3): 183-200.

DeFond, M., & Zhang, J. (2014) "A Review of Archival Auditing Research."*Journal of Accounting and Economics*, 58 (2-3): 275-326.

Dess, G. G., Ireland, R. D., & Hitt, M. A. (1990) "Industry Effects and Strategic Management Research." *Journal of Management*, 16 (1): 7-27.

DiMaggio, P. J., & Powell, W. W. (1983) "The Iron Cage Revisited: Institutional Isomorphism and Collective Rationality in Organizational Fields." *American Sociological Review*, 48 (2): 147-160.

Donaldson, L. (1987) "Strategy and Structural Adjustment to Regain Fit and Performance: In Defense of Contingency Theory." *Journal of Management Studies*, 24 (1): 1-24.

Dore, R. P. (1973) *British Factory*'*Japanese Factory: The Origins of National Diversity in Industrial Relations*. Barkeley, CA: University of California Press.

Dore, R. P. (2000) *Stock Market Capitalism: Welfare Capitalism: Japan and Germany versus the Anglo-Saxons*. Oxford: Oxford University Press.

Drori, I., Wrzesniewski, A., & Ellis, S. (2011) "Cultural Clashes in a 'Merger of Equals': The Case of High-Tech Start-Ups." *Human Resource Management*, 50 (5): 625-649.

Drucker, P. (1959) *The Landmarks of Tomorrow*. London, UK: Heinemann.

Edmondson, A. C. (2011) "Strategies for Learning from Failure." *Harvard Business Review*, 89 (4): 48-56.

Edwards, R. C. (1975) "Stages in Corporate Stability and the Risks of Corporate Failure." *Journal of Economic History*, 35 (2): 428-457.

Eisenhardt, K. M. (1989) "Making Fast Strategic Decisions in High-Velocity Environments." *Academy of Management Journal*, 32 (3): 543-576.

Empson, L. (2000) "Mergers between Professional Services Firms: Exploring an Undirected Process of Integration." In Finkelstein, S., & Cooper, C. L. (eds.) *Advances in Mergers and Acquisitions*, volume 1, Emerald Group Publishing Limited: 205-237.

Ferlie, E., & Pettigrew, A. (1996) "The Nature and Transformation of Corporate Headquarters: A Review of Recent Literature and a Research Agenda." *Journal of Management Studies*, 33 (4): 495-523.

Forte, M., Hoffman, J. J., Lamont B. T., & Brockmann, E. N. (2000) "Organizational Form and Environment: An Analysis of Between-form and Within-form Responses to Environmental Change." *Strategic Management Journal*, 21 (7): 753-773.

Foss, N. J. (1993) "Theories of the Firm: Contractual and Competence Perspective." *Journal of Evolutionary Economics*, 3 (2): 127-144.

Franko, L. G. (2004) "The Death of Diversification? The Focusing of the World's Industrial Firms, 1980-2000." *Business Horizons*, 47 (4): 41-50.

Frantz, T. L. (2012) "A Social Network View of Post-Merger Integration." In Cooper, C. L., & Finkelstein, S.

(eds.) *Advances in Mergers and Acquisitions*, Volume 10, Emerald Group Publishing Limited: 161-176.

Galbraith, C., & Schendel, D. (1983) "An Empirical Analysis of Strategy Types." *Strategic Management Journal*, 4 (2): 153-173.

Garud, R., Nayyar, P. R., & Shapira, Z. B. (1997) *Technological Innovation: Oversights and Foresights*. Cambridge, UK; New York, NY: Cambridge University Press.

Gawer, A., & Cusumano, M. A. (2002) *Platform Leadership: How Intel, Microsoft, and Cisco Drive Industry Innovation*. Boston, MA: Harvard Business School Press.

Gino, F., & Pisano, G. (2011) "Why Leaders don't Learn from Success." *Harvard Business Review*, 89 (4): 69-74.

Ginsberg, A., & Venkatraman, N. (1985) "Contingency Perspectives of Organizational Strategy: A Critical Review of the Empirical Research." *Academy of Management Review*, 10 (3): 421-434.

Goold, M., & Campbell, A. (1987) *Strategies and Styles: The Role of the Centre in Managing Diversified Corporations*. Oxford, UK: Blackwell.

Goold, M., & Campbell, A. (1998) "Desperately Seeking Synergy."*Harvard Business Review*, 76 (5): 130-143.

Goold, M., Campbell, A., & Alexander, M. (1994) *Corporate-Level Strategy: Creating Value in the Multibusiness Company*. New York, NY: John-Wiley.

Govindarajan, V., & Trimble, C. (2012) *Reverse Innovation: Create Far from Home, Win Everywhere*. Boston, MA: Harvard Business Review Press.

Granovetter, M. (1985) "Economic Action and Social Structure: The Problem of Embeddedness." *American Journal of Sociology*, 91 (3): 481-510.

Granovetter, M. (1992) "Problems of Explanation in Economic Sociology." In Nohria, N., & Eccles, R. (eds.) *Networks and Organizations: Structure, Form, and Action*. Boston, MA: Harvard Business School: 25-56.

Grant, R. M. (2008) *Contemporary Strategy Analysis*. Malden, MA: Blackwell.

Greenwood, R., Hinings, C., & Brown, J. (1994) "Merging Professional Service Firms." *Organization Science*, 5 (2): 239-257.

Greenwood, R., Li, S., Prakash, R., & Deephouse, D. (2005) "Reputation, Diversification, and Organizational Explanations of Performance in Professional Service Firms." *Organization Science*, 16 (6): 661-673.

Gulati, R. (2007) "Silo Busting: How to Execute on the Promise of Customer Focus." *Harvard Business Review*, 85 (5): 98-108.

Haleblian, J., Devers, C. E., McNamara, G., Carpenter, M. A., & Davison, R. B. (2009) "Taking Stock of What We Know about Mergers and Acquisitions: A Review and Research Agenda." *Journal of Management*, 35 (3): 469-502.

Hall, P. A., & Soskice, D. (2001) *Varieties of Capitalism: The Institutional Foundations of Comparative Advantage*. New York, NY: Oxford University Press.

Hambrick, D. C. (1980) "Operationalizing the Concept of Business-Level Strategy in Research." *Academy of Management Review*, 5 (4): 567-575.

Hamel, G., & Breen, B. (2007) *The Future of Management*. Boston, MA: Harvard Business School Press.

Hamel, G., & Prahalad, C. K. (1993) "Strategy as Stretch and Leverage." Harvard Business Review, 71 (2): 75-84.

Hamel, G., & Prahalad, C. K. (1994) *Competing for the Future*. Boston, MA: Harvard Business School Press.

Haunschild, P. R. (1993) "Interorganizational Imitation: The Impact of Interlocks on Corporate Acquisition." *Administrative Science Quarterly*, 38 (4): 564-592.

Haunschild, P. R., & Miner, A. S. (1997) "Modes of Interorganizational Imitation: The Effects of Outcome Salience and Uncertainty." *Administrative Science Quarterly*, 42（3）: 472-500.

Hawawini, G., Subramanian, V., & Verdin, P.（2003）"Is Performance Driven by Industry-or Firm-Specific Factors? A New Look at the Evidence." *Strategic Management Journal*, 24（1）: 1-16.

Henderson, R. M., & Clark, K. B.（1990）"Architectural Innovation: The Reconfiguration of Existing." *Administrative Science Quarterly*, 35（1）: 9-30.

Hirschman, A. O.（1970）*Exit, Voice, and Loyalty: Responses to Decline in Firms, Organizations, and States*. Cambridge, MA: Harvard University Press.

Hoshino, Y.（1982）"The Performance of Corporate Mergers in Japan." *Journal of Business Finance and Accounting*, 9（2）: 153-165.

Huy, Q. N.（2001）"In Praise of Middle Managers." *Harvard Business Review*, 79（8）: 72-79.

Iansiti, M., & Levien, R.（2004）*The Keystone Advantage: What the New Dynamics of Business Ecosystems Mean for Strategy, Innovation and Sustainability*. Boston, MA: Harvard Business School Press.

Imai, K., Nonaka, I., & Takeuchi, H.（1985）"Managing the New Product Development Process: How Japanese Learn and Unlearn." In Clark, K. B., Hayes, R. H., & Lorenz, C.（eds.）*The Uneasy Alliance: Managing the Productivity-Technology Dilemma*. Boston, MA: Harvard Business School Press: 337-375.

Janis, I. L.（1972）*Victims of Groupthink: A Psychological Study of Foreign-Policy Decisions and Fiascoes*. Boston, MA: Houghton and Mifflin.

Jaques, E.（1990）"In Praise of Hierarchy." *Harvard Business Review*, 68（1）: 127-133.

Jemison, D. B., & Sitkin, S. B.（1986）"Corporate Acquisitions: A Process Perspective." *Academy of Management Review*, 11（1）: 145-163.

Johnson, M. W.（2010）*Seizing the White Space: Business Model Innovation for Growth and Renewal*. Boston, MA: Harvard Business School Press.

Karube, M., Numagami, T., & Kato, T.（2009）"Exploring Organisational Deterioration: 'Organisational Deadweight' as a Cause of Malfunction of Strategic Initiatives in Japanese Firms." *Long Range Planning*, 42（4）: 518-544.

Kato, J., & Schoenberg, R.（2014）"The Impact of Post-Merger Integration on the Customer-Supplier Relationship." *Industrial Marketing Management*, 43（2）: 335-345.

Katz, R.,& Allen, T. J.（1982）"Investing the Not Invented Here（NIH）Syndrome: A Look at the Performance, Tenure, and Communication Patterns of 50 R & D Project Groups." *R & D Management*, 12（1）: 7-19.

Kennedy, A. A.（2001）*The End of Shareholder Value: Corporations at the Crossroads*. Cambridge, MA: Perseus Pub.

Kessler, E. H., & Chakrabarti, A. K.（1996）"Innovation Speed: A Conceptual Model of Context, Antecedents, and Outcomes." *Academy of Management Review*, 21（4）: 1143-1191.

Kim, J.-Y., & Finkelstein, S.（2009）"The Effects of Strategic and Market Complementarity on Acquisition Performance: Evidence from the U. S. Commercial Banking Industry, 1989-2001." *Strategic Management Journal*, 30（6）: 617-646.

Kimberly, J. R.（1976）"Organisational Size and the Structuralist Perspective: A Review, Critique, and Proposal." *Administrative Science Quarterly*, 21（4）: 571-597.

Knight, F. H.（1921 [1933]）Risk, Uncertainty and Profit.（Series of Reprints of Scarce Tracts in Economics and Political Science, no. 16）, London: London School of Economics and Political Science.

Kono, T.（1999）"A Strong Head Office Makes a Strong Company." *Long Range Planning*, 32（2）: 225-236.

Larsson, R., Brousseau, K. R., Driver, M. J., & Sweet, P. L.（2004）"The Secrets of Merger and Acquisition Success: A Co-Competence and Motivational Approach to Synergy Realization." In Pablo, A. L. & Javidan, M.（eds.）*Mergers and Acquisitions: Creating Integrative Knowledge*. Malden, MA Blackwell: 3-19.

Larsson, R., & Finkelstein, S. (1999) "Integrating Strategic, Organizational, and Human Resource Perspectives on Mergers and Acquisitions: A Case Survey of Synergy Realization." *Organization Science*, 10 (1): 1–26.

Larsson, R., & Lubatkin, M. (2001) "Achieving Acculturation in Mergers and Acquisitions: An International Case Survey." *Human Relations*, 54 (12): 1573–1607.

Lawrence, P. R., & Lorsch, J. W. (1967) *Organization and Environment: Managing Differentiation and Integration*. Boston, MA: Division of Research Graduate School of Business Administration, Harvard University.

Lazonick, W. (2007) "The US Stock Market and the Governance of Innovative Enterprise." *Industrial and Corporate Change*, 16 (6): 983–1035.

Leonard-Barton, D. (1992) "Core Capabilities and Core Rigidities: A Paradox in Managing New Product Development." *Strategic Management Journal*, 13 (S1): 111–125.

Lessard, D. R., & Zaheer, S. (1996) "Breaking the Silos: Distributed Knowledge and Strategic Responses to Volatile Exchange Rates." *Strategic Management Journal*, 17 (7): 513–533.

Lewis, A., & McKone, D. (2016) *Edge Strategy: A New Mindset for Profitable Growth*. Boston, MA: Harvard Business School Press.

Lieberman, M. B., & Asaba, S. (2006) "Why Do Firms Imitate Each Other?" *Academy of Management Review*, 31 (2): 366–385.

Littler, C. R., Wiesner, R., & Dunford, R. (2003) "The Dynamics of Delayering: Changing Management Structures in Three Countries." *Journal of Management Studies*, 40 (2): 225–256.

Lodorfos, G., & Boateng, A. (2006) "The Role of Culture in the Merger and Acquisition Process." *Management Decision*, 44 (10): 1405–1421.

Lorsch, J. W., & Tierney, T. J. (2002) *Aligning the Stars: How to Succeed When Professionals Drive Results*. Boston, MA: Harvard Business School Press.

Louca, F., & Mendonca, S. (2002) "Steady Change: The 200 Largest US Manufacturing Firms Throughout the 20th Century." *Industrial and Corporate Change*, 11 (4): 817–845.

Maister, D. H. (1993) *Managing the Professional Service Firm*. New York, NY: Free Press.

Majchrzak, A., & Wang, Q. (1996) "Breaking the Functional Mind-set in Process Organizations." *Harvard Business Review*, Sep.–Oct.: 93–99.

Malone, T. W. (2004) *The Future of Work: How the New Order of Business Will Shape Your Organization, Your Management Style, and Your Life*. Boston, MA: Harvard Business School Press.

March, J., & Simon, H. A. (1958) *Organizations*. New York, NY: Wiley.

McCarthy, I. P., Lawrence, T. B., Wixted, B. L., & Gordon, B. R. (2010) "A Multidimensional Conceptualization of Environmental Velocity." *Academy of Management Review*, 35 (4): 604–626.

McGahan, A. M. (1999) "The Performance of US Corporations: 1981–1994." *Journal of Industrial Economics*, 47 (4): 373–398.

McGahan, A. M., & Porter, M. E. (1997) "How Much Does Industry Matter, Really?" *Strategic Management Journal*, 18 (Summer Special Issue): 15–30.

McGahan, A. M., & Porter, M. E. (2002) "What Do We Know About Variance in Accounting Profitability?" *Management Science*, 48 (7): 834–851.

McGrath, R. G. (2013) *The End of Competitive Advantage: How to Keep Your Strategy Moving as Fast as Your Business*. Boston, MA: Harvard Business School Press.

Merton, R. K. (1949) *Social Theory and Social Structure*. New York, NY: Free Press.

Miles, L., Borchert, A., & Ramanathan, A. E. (2014) "Why Some Merging Companies Become Synergy Overachievers." Boston, MA: Bain & Company.

Mintzberg, H. (2000) *The Rise and Fall of Strategic Planning*. New York, NY: Prentice Hall.

Mintzberg, H., Ahlstrand, B., & Lampel, J. (1998) *Strategy Safari : A Guided Tour Through the Wilds of Strategic Management*. New York, NY: Free Press.

Mintzberg, H., & McHugh A. (1994) "Strategy Formation in an Adhocracy." *Administrative Science Quarterly*, 30 (2): 160-197.

Misangyi, V. F., Elms, H., Greckhamer, T., & Lepine, J. A. (2006) "A New Perspective on a Fundamental Debate: A Multilevel Approach to Industry, Corporate, and Business Unit Effects." *Strategic Management Journal*, 27 (6): 571-590.

Montgomery, C. A. (1994) "Corporate Diversification." *Journal of Economic Perspectives*, 8 (3): 163-178.

Moran, P. (2005) "Structural vs. Relational Embeddedness: Social Capital and Managerial Performance." *Strategic Management Journal*, 26 (12): 1129-1151.

Morand, D. A. (1995) "The Role of Behavioral Formality and Informality in the Enactment of Bureaucratic versus Organic Organizations." *Academy of Management Review*, 20 (4): 831-872.

Morikawa, M. (2015) "Are Large Headquarters Unproductive?" *Journal of Economic Behavior & Organization*, 119: 422-436.

Nahapiet, J., & Ghoshal, S. (1998) "Social Capital, Intellectual Capital, and the Organizational Advantage." *Academy of Management Review*, 23 (2): 242-266.

Nakatani, I. (1984) "The Economic Role of Financial Corporate Grouping." In M. Aoki (ed.) *The Economic Analysis of the Japanese Firm*. Amsterdam, North-Holland: 227-258.

Nohria, N., & Gulati, R. (1996) "Is Slack Good or Bad for Innovation?" *Academy of Management Journal*, 39 (5): 1245-1264.

Nonaka, I. (1988) "Toward Middle-Up-Down Management: Accelerating Information Creation." *Sloan Management Review*, 29 (3): 9-18.

Numagami, T., Karube, M., & Kato, T. (2010) "Organizational Deadweight: Learning from Japan." *Academy of Management Perspectives*, 24 (4): 25-37.

Öberg, C. (2014) "Customer Roles in Mergers and Acquisitions: A Systematic Literature Review." In C. L. Cooper & S. Finkelstein (eds.) *Advances in Mergers and Acquisitions*, vol. 12, Emerald group publishing limited: 59-74.

OECD (1973) *Reviews of Manpower and Social Policies: Manpower Policy in Japan*. Paris: OECD.

Ouchi, W. (1981) *Theory Z: How American Business Can Meet the Japanese Challenge*. Reading, MA: Addison-Wesley.

Penn, M., & Kinney, Z. (2007) *Microtrends: The Small Forces behind Tomorrow's Big Changes*. New York, NY: Twelve.

Peteraf, M. A. (1993) "The Cornerstones of Competitive Advantage: A Resource-Based View." *Strategic Management Journal*, 14 (3): 179-191.

Pettifer, D. (1998) "Measuring the Performance of the Corporate Centre." *Long Range Planning*, 31 (5): 783-785.

Pfeffer, J., & Salancik, G. R. (1978) *The External Control of Organizations: A Resource Dependence Perspective*. New York, NY: Harper & Row.

Pitts, R. A. (1977) "Strategies and Structures for Diversification." *Academy of Management Journal*, 20 (2): 197-208.

Podolny, J. M. (2005) *Status Signals : A Sociological Study of Market Competition*. Princeton, NJ: Princeton University Press.

Porter, M. E. (1980) *Competitive Strategy: Techniques for Analyzing Industries and Competitors*. New York, NY: Free Press.

Porter, M. E., Takeuchi, H., & Sakakibara, M. (2000) *Can Japan Compete?* Basingstoke, UK: Macmillan.

Powell, T. C. (1992) "Organizational Alignment as Competitive Advantage." *Strategic Management Journal*, 13 (2): 119–134.

Powell, T. C. (1996) "How Much Does Industry Matter? An Alternative Empirical Test." *Strategic Management Journal*, 17 (4): 323–334.

Prahalad, C. K., & Hamel, G. (1990) "The Core Competence of the Corporation." *Harvard Business Review*, 68 (3): 79–91.

Prahalad, C. K., & Ramaswamy, V. (2004) *The Future of Competition: Co-Creating Unique Value with Customers*. Boston, MA: Harvard Business School Press.

Rhoades, S. A. (1974) "A Further Evaluation of the Effect of Diversification on Industry Profit Performance." *Review of Economics and Statistics*, 56 (4): 557–559.

Rogan, M. (2013) "Too Close for Comfort? The Effect of Embeddedness and Competitive Overlap on Client Relationship Retention Following an Acquisition." *Organization Science*, 25 (1): 185–203.

Rogan, M. (2014) "Executive Departures without Client Losses: The Role of Multiplex Ties in Exchange Partner Retention." *Academy of Management Journal*, 57 (2): 563–584.

Rogan, M., & Greve, H. R. (2014) "Resource Dependence Dynamics: Partner Reactions to Mergers." *Organization Science*, 26 (1): 239–255.

Roquebert, J. A., Phillips, R. L., & Westfall, P. A. (1996) "Markets vs. Management: What 'Drives' Profitability?" *Strategic Management Journal*, 17 (8): 653–664.

Rosenberg, J. (2009) "The Meaning of Open."Monday, December 21, 2009, Posted by Jonathan Rosenberg, Senior Vice President, Product Management. (https://googleblog.blogspot.jp/2009/12/meaning-of-open.html, 2016 年 12 月 21 日アクセス).

Rowley, T., Behrens, D., & Krackhardt, D. (2000) "Redundant Governance Structures: An Analysis of Structural and Relational Embeddedness in the Steel and Semiconductor Industries." *Strategic Management Journal*, 21 (3): 369–386.

Rumelt, R. P. (1991) "How Much Does Industry Matter?" *Strategic Management Journal*, 12 (3): 167–185.

Rumelt, R. P. (2011) *Good Strategy, Bad Strategy: The Difference and Why It Matters*. New York, NY: Crown Business.

Sauder, M., Lynn, F., & Podolny, J. M. (2012) "Status: Insights from Organizational Sociology." *Annual Review of Sociology*, 38: 267–283.

Schmalensee, R. (1985) "Do Markets Differ Much?" *American Economic Review*, 75 (3): 341–351.

Schoemaker, P. J. H. (2002) *Profiting from Uncertainty: Strategies for Succeeding No Matter What the Future Brings*. New York, NY: Free Press.

Shapira, Z. (1995) *Risk Taking: A Managerial Perspective*. New York, NY: Russell Sage Foundation.

Sharfman, M. P., Wolf, G., Chase, R. B., & Tansik, D. A. (1988) "Antecedents of Organizational Slack." *Academy of Management Review*, 13 (4): 601–614.

Shipilov, A., Gulati, R., Kilduff, M., Li, S., & Tsai, W. (2014) "Relational Pluralism within and between Organizations." *Academy of Management Journal*, 57 (2): 449–459.

Sitkin, S. B. (1992) "Learning Through Failure: The Strategy of Small Losses." In B. M. Staw, & L. L. Cummings (eds.) *Research in Organizational Behavior*, vol. 14, Greenwich, CT: JAI Press: 231–266.

Sitkin, S. B., See, K. E., Miller, C. C., Lawless, M. W., & Carton, A. M. (2011) "The Paradox of Stretch Goals: Organizations in Pursuit of the Seemingly Impossible." *Academy of Management Review*, 36 (3): 544–566.

Sorenson, O., & Rogan, M. (2014) "(When) Do Organizations Have Social Capital?" *Annual Review of Soci-*

ology, 40: 261-280.

Stahl, G. K., & Voigt, A. (2008) "Do Cultural Differences Matter in Mergers and Acquisitions?: A Tentative Model and Meta-Analytic Examination." *Organization Science*, 19 (1): 160-176.

Stalk, G. Jr. (1988) "Time: The Next Source of Competitive Advantage." *Harvard Business Review*, 66 (4): 41-51.

Stalk, G. Jr., & Hout, T. M. (1990) *Competing Against Time: How Time-Based Competition is Reshaping Global Markets*, New York, NY: Free Press.

Stalk, D. (2011) *The Sense of Dissonance: Accounts of Worth in Economic Life*. Princeton, NJ: Princeton University Press.

Stangler, D., & Arbesman, S. (2012) "What Does Fortune 500 Turnover Mean?" June 2012. Ewing Marion Kauffman Foundation.

Starbuck, W. H. (1992) "Learning by Knowledge-Intensive Firms." *Journal of Management Studies*, 29 (6): 713-740.

Swart, J., & Kinnie, N. (2003) "Sharing Knowledge in Knowledge-Intensive Firms." *Human Resource Management Journal*, 13 (2): 60-75.

Tan, J., & Peng, M. (2003) "Organizational Slack and Firm Performance During Economic Transitions: Two Studies from an Emerging Economy." *Strategic Management Journal*, 24 (13): 1249-1264.

Teece, D. J., Pisano, G., & Shuen, A. (1997) "Dynamic Capabilities and Strategic Management." *Strategic Management Journal*, 18 (7): 509-533.

Teerikangas, S., & Véry, P. (2006) "The Culture-Performance Relationship in M&A: From Yes/No to How." *British Journal of Management*, 17 (S1): S31-S48.

Teerikangas, S., Véry, P., & Pisano, V. (2011) "Integration Managers' Value-Capturing Roles and Acquisition Performance." *Human Resource Management*, 50 (5): 651-683.

Tett, G. (2015) *The Silo Effect: The Peril of Expertise and the Promise of Breaking Down Barriers*. New York, NY: Simon & Shuster.

Tripsas, M. (1997) "Unraveling the Process of Creative Destruction: Complementary Assets and Incumbent Survival in the Typesetter Industry." *Strategic Management Journal*, 18 (S1): 119-142.

Utterback, J. M. (1994) *Mastering the Dynamics of Innovation: How Companies Can Seize Opportunities in the Face of Technological Change*. Boston, MA: Harvard Business School Press.

Venkatraman, N. (1989) "Strategic Orientation of Business Enterprises: The Construct, Dimensionality, and Measurement." *Management Science*, 35 (8): 942-962.

Vogel, E. F. (1979) *Japan as Number One: Lessons for America*. Cambridge, MA: Harvard University Press.

von Hippel, E. (1994) "'Sticky Information' and the Locus of Problem Solving: Implications for Innovation." *Management Science*, 40 (4): 429-439.

von Hippel, E. (2005) *Democratizing Innovation*. Cambridge, MA: MIT Press.

Vroom, V. H., & Jago, A. G. (1988) *The New Leadership: Managing Participation in Organizations*. Englewood Cliffs, NJ: Prentice-Hall.

Welch, J. (2001) *Jack: Straight from the Gut*. New York, NY: Warner Books.

White, R. E. (1986) "Generic Business Strategies, Organizational Context and Performance: An Empirical Investigation." *Strategic Management Journal*, 7 (3): 217-231.

White, R. E., & Hammermesh, R. G. (1981) "Toward a Model of Business Unit Performance: An Integrative Approach." *Academy of Management Review*, 6 (2): 213-223.

Whyte, G. (1989) "Groupthink Reconsidered." *Academy of Management Review*, 14 (1): 40-56.

Wooldridge, B., & Floyd, S. W. (1990) "The Strategy Process, Middle Management Involvement, and Organiizational Performance." *Strategic Management Journal*, 11 (3) : 231-241.

Wooldridge, B., Schmid, T., & Floyd, S. W. (2008) "The Middle Management Perspective on Strategy Process: Contributions, Synthesis, and Future Research." *Journal of Management*, 34 (6) : 1190-1221.

Wright, P. (1987) "A Refinement of Porter's Strategies." *Strategic Management Journal*, 8 (1) : 93-101.

Young, J. D. (1998) "Benchmarking Corporate Headquarters." *Long Range Planning*, 31 (6) : 933-936.

あとがき

　日本企業を取り巻く環境がめまぐるしく変化し，何が本質的課題かを適切に捉えられずに2000年代が過ぎて行った。企業現場を預かる人々との対話を通じて何を問うべきか苦闘する中，遅筆と能力不足もあいまって，あっという間に時間が過ぎてしまった。その結果，本書を執筆する過程で，実に多くの方にお会いしお世話になることとなった。まさしく他力なくして書き終えられなかった。この場を借りてお礼を申し上げたい。

　その一人は伊丹敬之先生である。学部から博士課程修了に至るまで，実に多くのことを教えていただいた。僅かながらも本書に大きな構想の片鱗が見いだせるとしたら，それは伊丹先生から受けた学恩の賜物である。また，もう一人の指導教官であった沼上幹先生にもお礼を申し上げたい。本書に緻密な立論が幾許かでも存在するならば，それは沼上先生から受けた学恩の賜物である。また，大学2年時の演習の指導教官として，伊藤邦雄先生には会計学の基礎を教えていただいた。ご指導いただいた先生方はそれに留まらない。組織学会やIBMカンファレンス，そして日経カンファレンスを通じて，吉原英樹先生，奥村昭博先生（静岡県立大学），加護野忠男先生（甲南大学），榊原清則先生（中央大学），山倉健嗣先生（大妻女子大学），金井壽宏先生（神戸大学），藤本隆宏先生（東京大学），桑田耕太郎先生（首都大学東京），新宅純二郎先生（東京大学），三品和広先生（神戸大学），小川進先生（神戸大学），そして淺川和宏先生（慶應義塾大学）など人生の先輩である諸先生にご指導をいただく機会に恵まれた。受けた貴重な学恩は，新たに若い人に返していかなければならない。

　大学院時代は先輩，同級生，後輩にも恵まれた。柳田卓爾さん（山口大学），田中一弘さん（一橋大学），中野誠さん（一橋大学），加藤俊彦さん（一橋大学），島本実さん（一橋大学），稲山健司さん（明治学院大学），福島英史さん（法政大学），寺畑正英さん（東洋大学），加賀谷哲之さん（一橋大学），松井剛さん（一橋大学），畢滔滔さん（立正大学），林保順さん（三菱総研），Scott Hughes さん（エス・エー・ヒューズ・エンタープライゼズ）は，答えのない問題を延々と議論して一日を過ごした人達である。しつこく考える機会は，こうした友人から幸運にもいただくこととなった。

かつての職場であった東京経済大学の諸先生にも大変お世話になった。海のものとも山のものとも分からない私を採用して下さったのは故竹内一夫先生であり，故土屋守章先生である。東京経済大学には，自由に研究させていただいたことに心より感謝している。特に，故今村仁司先生，浜野忠司先生，麻生博之先生には，敢えてここでお名前を挙げさせていただき，お礼を申し上げたい。というのも，社会思想，経済学，哲学と全く専門の異なる先生と丁々発止に議論できたことが，私にとってかけがえのない資産となっているからである。今振り返れば，それはまさに立場や専門や所属の違いを超えた越境であった。

2002年から職場となった一橋大学イノベーション研究センターは，専門分野の異なる研究者が互いに越境しつつ領域横断的なイノベーションという現象の解明に取り組む組織である。中馬宏之先生（現在，成城大学），長岡貞男先生（現在，東京経済大学），西口敏宏先生，米倉誠一郎先生，武石彰先生（現在，京都大学），延岡健太郎先生，江藤学先生，青島矢一先生，楠木建先生，岡田吉美先生，清水洋先生，大山睦先生，Joel Malen 先生，楡井誠先生（現在，財務省），生稲史彦先生（現在，筑波大学）には，セミナーや研究会だけでなく，些細な立ち話を通じて知的な刺激をいただいた。非常にオープンで新しいことに挑戦することを掛け値なしで応援してくれる組織であり，元気がもらえる組織でもある。

研究者として大きく関心領域を広げ，国際的な研究ネットワークに参加する機会を与えて下さった方々にもお礼を申し上げたい。同僚でもある Christina Ahmadjian 先生はその一人である。また，米国滞在時には Ian C. MacMillan 先生（ペンシルバニア大），そして同大 The Sol C. Snider Entrepreneurial Research Center の Rosalie Cohen さんにも大変お世話になった。共同研究者である Israel Drori さん（Vrije Universiteit Amsterdam），Ilir Haxhi さん（University of Amsterdam）にもお礼を申し上げたい。お二人からは，国境と異分野，そして異文化を往来することの意味と意義を様々な形で教えていただいている。監査法人に関する研究では同僚でもある福川裕徳さんや鳥羽至英先生（早稲田大学）にもお礼を申し上げたい。第7章の議論は，共同研究成果の一部でもある。

これまでの研究は，大学院生への指導という形で進められてきた多様な議論と学生との対話の賜物でもある。その意味で，特に私の大学院の演習に在籍した歴代の大学院生にお礼を述べたい。大倉健さん（就実大学），大沼雅也さん（横浜国立大学），内田大輔さん（九州大学），高橋秀直さん（北九州市立大学），飯

塚陽介さん（帝京大学），久保田達也さん（成城大学），宍戸拓人さん（武蔵野大学），尾田基さん（東北学院大学），八幡和磨さん，青山裕樹さん，于雷さんとの議論は，研究者として興奮する有意義な時間となった。

それに加えて，本書執筆で必要となったデータ収集は，優秀な学部生によっても大きく支えられている。特に久保敦さん，祖父江将樹さん，細見優里加さん，住本直也さんにはお礼を申し上げたい。原稿確認作業では，学部生の稲葉純汰さん，橋之口翔希さん，そして山本美里さんにもお世話になった。私の冗長な悪文を読みやすくするようお手伝いいただいた。もっとも，ありうる事実認識や解釈の誤りがあるとすればひとえに私個人に帰着されるべきものである。

紙と鉛筆があれば研究できると言いたいところだが，現実はそれほど簡単ではない。年々研究環境が悪化する中，以前にも増して外部資金の重要性は大きくなっている。日本生産性本部「生産性研究助成」なくして，就職したばかりの研究は加速できなかった。東京経済大学から一橋大学へ職場が変わった際の研究の立ち上げには，公益財団法人「清明会」による研究助成に助けられた。米国での在外研究は，大学からの財政支援がない中でフルブライト奨学金なくしては実現しなかった。2014年から残念ながら科学研究費補助金を受給する機会に恵まれなかった時，公益財団法人野村財団による「社会科学助成金」および二十一世紀文化学術財団による「学術奨励金」にご支援いただく機会に恵まれた。これまで財政支援くださった上記組織の皆さまに心より感謝申し上げたい。

日々の当たり前の業務に支えられて，研究生活は成り立っている。その点で，一橋大学イノベーション研究センター事務室の事務員の皆様そして調査室の皆様にも心より感謝を申し上げたい。当たり前のルーチンがあってこそ挑戦が可能となるのは会社も大学も同じである。

それから，本書は，残念ながら詳細にお名前を挙げることのできない多くのビジネスパーソンの観察と経験そして彼ら彼女らの意見を，私のフィルターを通じて反映したものである。貴重な経験をお話しくださった多くの方に，この場を借りてお礼を申し上げたい。少しでも本書の内容が将来の実践のヒントを得る機会につながればと願うばかりである。

最初にお話をいただいてから，とんでもなく長い時間が過ぎてしまった。有斐閣の藤田裕子さんにはお礼とお詫びをしなければならない。辛抱強く待ってお手伝いいただいたおかげで，ようやく出版にたどり着くことができた。

最後に両親と家族にお礼を述べたい。大学院に進学したかった父は金銭的事情でそれが叶わなかった。「答えのない世界で答えを見つけよ」と繰り返し言い続けた意図は，当時全く理解できなかったが，ようやくその意味が頭だけではなく体でも分かりつつある。母は恐ろしく前向きでそのことが私を強く支えてくれた。戦後一文無しから人生が始まったのだから失うものはないと言える度量は私にはまだない。弟である央にも感謝したい。彼の話はいつも型破りで刺激的であるとともに人間社会の本質を突いている。本書のいくつかのアイデアは，彼との議論から生まれたものである。明るくマイペースな妻と二人の子供へも感謝を述べたい。私に楽天的な部分があるとしたら，それは生来のものではなく，生物学では本来説明できない「家族から受け継いだもの」である。

　このように執筆過程を振り返ると，多くの人と同じく，私もまた周囲の人々に大いに助けられ，支援され，生かされている。

　認識が変われば考え方が変わり，考え方が変われば行動が変わる。行動が変われば運命が変わり，運命が変われば未来が変わる。その機会に本書が少しでもお役に立てれば幸いである。

　2017 年 2 月

　　　　　　　　　　　　　　　　　　　　　　　春の到来を感じる国立にて

　　　　　　　　　　　　　　　　　　　　　　　　　　　　著　　者

索　引

● あ　行
アクションカメラ　64, 268, 270
アフリカ大陸　272
いざなみ景気　4
逸脱（決算発表集中日からの）　229, 239, 244, 249, 250
イノベーション　27, 35, 139, 233, 272, 277
失われた10年　1, 2
失われた20年　1, 3
内なる世界　195, 274
埋め込み　185, 203, 204, 213, 219, 221, 222, 224
　　関係的——　203, 204
　　構造的——　203
売り切りビジネス　269
越　境　66, 68, 273, 274, 279
エッジ戦略　277
M&Aの費用　180
M&Aの便益　179
円高不況　2, 54, 78, 146
オーバー・エクステンション　94
オープン・イノベーション　62
オープン・システム　62
オープン性　63, 64, 117
おもてなし　264

● か　行
開示
　　——の質　250
　　⇒適時開示, 任意開示, 法定開示
開示戦略　241, 244-46
外部投資家　229-32, 234, 235, 237, 241, 242, 244, 247, 250, 254, 265
価格低下　37, 38, 40
革新（性）　5, 40, 41, 82, 93-95, 101, 104-06, 111, 119, 151, 153, 192, 262, 274, 277
　　⇒技術革新, 経営革新, 自己革新（性／能力）

革新的起業家　81
かけがえのなさ　9, 59, 60
過剰投資　33, 35
過剰労働　24
課題解決　1, 7-14, 19, 60, 64, 110, 116, 188, 191, 265, 272, 274, 276
課題認識　192, 273
勝ち組　69
価値づくり　48
株主総会　28, 33, 237, 239, 241, 246
監査法人　196-98, 208-11, 214-17, 236, 238, 242, 243
関　与　1, 19, 20, 22-28, 59, 60, 63, 65, 106, 108, 112, 115, 155, 176, 182, 191, 203, 207, 226, 229-33, 237, 240, 250, 254, 262, 270, 273, 274, 276, 278, 279
　　——の二極化　24
　　——のマネジメント　19, 230
　　思い込みの——　26
　　外部投資家への——　25
　　企業への——　22, 24, 230
　　経営者の事業への——　26
　　顧客と課題への——　26
　　定まらない——　25
　　未来への——　26
管理機構　71, 95-98, 101, 105, 107, 179, 181, 195
企業統治　23, 33, 74, 76, 79, 106, 143
技術革新　33, 39-41, 44, 80
機能不全　82, 95, 116, 141-46, 172
厳しい環境　15, 276
競合企業　35, 51, 53, 62, 63, 109, 121-24, 126-28, 132, 133, 244
共　創　62-64
　　⇒競争ルールの変化
競争環境　9, 43, 57, 119, 123-28, 145, 216
競争優位　12, 28, 43, 62, 128
競争力　6, 9, 15, 57, 60, 80, 95, 96, 105, 111,

126, 139, 142, 230, 258, 265
競争ルールの変化　62
協　働　62, 101, 104, 111, 175, 176, 185-87, 189, 191-93, 195, 196, 198, 201, 202, 204, 206, 208, 211, 212
業務的意思決定　68, 109, 155
業務的判断　56
巨視的視点　66, 263
　⇒マクロ・マネジメント
規律の欠如　144
クローズド・システム　63
経営革新　77, 262
経営技能　59, 144, 261, 262, 275, 276
経営システム　19, 84, 142-45, 172, 207, 226, 234, 241
経営者の仕事　4, 273, 274, 279
経営者の役割　19, 27, 266, 274
経営者報酬　177, 266-68
経営成果　9, 15
経営の未来　19, 275
経営不況　261, 262, 265, 266
計画至上主義　15, 19
計画の勝利　17
計画プロセス　133, 135, 137, 138
経験則の一般化　275
決算開示　251
　早期──　250
決算短信　229, 234-40, 242, 243, 246-49, 251, 252, 254-59
決算発表　229, 233, 234, 237-54, 259
　──集中日からの逸脱　229, 239, 244, 249, 250
　──の早期化　241, 243, 246, 249, 250, 254
　──非集中日　244
健全性　81, 105, 112, 114, 116-19, 139, 142, 226
健全な危機感　276
現　場　5, 8, 12, 13, 25, 27, 28, 48, 60, 64, 66, 69, 72, 75, 98, 99, 101, 104, 108, 115, 138, 139, 141-44, 146, 147, 152, 243, 262, 264, 265, 271, 272

強い──　141, 142
コア・コンピタンス（中核能力）　110, 111
公益資本主義　25
攻撃志向　128-32, 135, 137
構造的課題　107, 139, 146
構造的空隙　213, 220, 222
効率性　1, 10-12, 19, 28, 71, 82, 94-97, 101, 105, 149, 171, 177
顧　客
　──接点　1, 13, 14, 19, 60
　──像　26, 64, 66
　──との関係　14, 21, 59, 196-199, 203-05, 213, 214, 220, 222, 226, 232, 277
　──の課題　10, 12, 26, 60, 66, 116, 265, 274
　──の声　13, 59, 60
　既存──　14, 202, 214
　新規──　14, 195, 196, 206, 214, 220-22, 225, 226
古参企業　86, 87, 90, 93
こだわり　61, 262
コミットメント　20, 23, 24, 75, 79, 106, 108, 226
コモディティ化　36-38, 52, 55, 192

● さ 行

最適化の範囲　66, 266
細　部　27, 59, 61, 262, 264
細分化　30, 59, 60, 65
サイロ化　175
　⇒組織の壁
撮像素子　38, 40, 268
サービス産業化　5
三方よし　7
時間志向性　152, 233
時間の価値　30, 278
事業環境　55, 57, 59, 107, 119, 135, 138, 144, 148, 151, 155, 234, 264
事業成果　4, 53, 55, 119, 121, 123, 126, 128, 131, 132, 137
事業戦略　49, 55, 107-09, 119, 121, 128, 132, 137, 139, 141, 154, 274

索引 303

事業創造の障壁　270
自己革新（性／能力）　71, 82, 95, 96, 104, 105, 107, 111, 112, 116, 117
資源アプローチ　94
資源提供者　21, 22, 25, 26, 229-31, 233, 265, 273
事後的評価　17
市場地位　9, 27, 107, 119, 123, 124-26, 128, 130, 131, 137, 178, 180, 233
事前合理性　18, 271
事前評価　16-18
シナジー幻想　175, 182, 183
資本主義
　オリガルヒ的——　80
　株主——　25, 233
　起業家——　80, 82, 86
　国家主導型——　80
　大企業——　80, 82, 86
自前主義　175, 176, 187, 275
社会的課題　6
社会的少数者　277, 278
社外取締役　5
収益性格差　49-51, 128
収益性低下　54, 95, 96
周　縁　189, 277
終身の関係（lifetime commitment, lifetime employment）　23, 24, 73, 74, 79, 93, 94
情報開示　234, 235, 244
勝利の方程式　261, 262, 269
職能制・職能本部制組織　172
自　力　61, 144, 175, 176, 179, 193, 226, 263-65, 273, 274
　——中心　61, 265
　⇒他　力
自力依存主義　274
新陳代謝　81, 90
人本主義　25, 74, 77
ストレッチ戦略　95, 276
スマイルカーブ　37
スマートフォン　41, 268
正確性　242, 252, 257
成果報酬制度　267

成長期　25, 33, 95, 116, 123, 125, 128, 226
　——の終焉　33
　低——　106, 119
正当化　5, 65, 143, 183
正当性　21, 138, 139
セグメンテーション　65, 277
節約効果　179
背伸び戦略　106
全社戦略　49, 55, 108, 109, 141-46, 148, 149, 170, 172, 235
全社組織　148
先取志向　128-32, 137
先進課題　272
先導ニーズ　66
専門職サービス組織　195-98, 204, 207, 208
戦略計画　107, 138, 139, 174
戦略巧拙　51
戦略志向性　75, 107, 128, 129, 131-33, 135, 137
戦略的意思決定　68, 74, 109, 128, 133, 142, 144, 152, 155
戦略的な背伸び　95
戦略的判断　56
戦略の定義　107
相互依存性
　事業（部門）間の——　149, 155, 164, 168
　戦略と組織の——　137
速報性　241, 257
組織慣性　111
組織能力　29, 30, 55, 57-59, 66, 75, 145, 241, 242, 246, 250, 251
組織の重さ　95
組織の壁　175, 188, 193, 195, 280
組織文化　14, 113-116, 139, 179, 181, 189, 193, 211
組織劣化　82, 94, 95

● た　行
大　局　27, 66, 173, 257, 264, 266
退出（exit）　23

対話　5, 6, 16, 60, 64, 189, 231, 265, 273
鷹　265
多角化戦略　56, 77, 143, 154
脱成熟化　35, 52, 123
脱文脈化　30, 59, 60
他　力　175, 176, 179, 226, 263, 265, 270, 274
　⇒自　力
地域社会　229, 230, 265
中核能力（コア・コンピタンス）　110, 111
中間管理職　100, 101, 103, 143, 144
長期支配　86, 90
挑戦的実験　15
陳腐化　29, 40, 68, 94
強み伝い　263, 274
適時開示　234
適時性　233, 239, 240, 252, 257
デジタルカメラ　37, 38, 40, 41
デジタル技術　28, 36, 41, 56, 62, 190
統合過程　181, 184-86, 192, 195, 196, 201, 207, 208, 210
統合問題　184, 195
当事者　24, 183, 184, 263, 264
ドメイン　94, 272

● な 行
内部昇進　25, 74, 76, 268
内部留保　25, 143, 145, 179, 230, 266, 268, 279
二極化　5, 24, 44, 65, 69
日本型
　――企業システム　71, 76, 81, 82, 93, 106
　⇒米国型企業システム
　――システム　77, 81, 93
　――資本主義　77-80
日本的経営　1, 4, 71, 72, 74, 76, 78, 226, 279
任意開示　235, 236
ネットワーク閉鎖性　202, 219, 220, 222
能力構築　8, 10, 11, 14, 15, 57, 94, 139, 207, 257, 276
能力不足　58, 143, 144

● は 行
始める勇気　271
発言（voice）　23
鳩　265
バブル経済　1, 77, 78, 87, 261
比較優位性　121, 127, 139
微視的視点　30, 59, 61, 66, 263
　⇒マイクロ・マネジメント
ビジネスモデル　41, 63, 246, 262
肥大化　71, 95, 102, 107, 116, 141, 142, 147, 156, 161, 169, 173
不確実性の増大　29, 31, 33, 35
複雑性の増大　55, 56
プラットフォーム　62
プロダクト・アウト　13
分析志向　129, 130, 137
ペアレンティング　149
米国型企業システム　71, 81
　⇒日本型企業システム
変換
　技術的――　1, 8, 19, 35, 60
防衛志向　128, 140
報酬格差　267
法定開示　235, 236
補完財　269, 270
ボトムアップ　25
本　社
　――機能　141, 142, 149, 152, 158, 161-63, 165, 169, 170, 174
　――研究　148
　小さな――　146-48, 153, 157, 163, 169, 171, 174
　弱い――　141, 142

● ま 行
マイクロ・マネジメント（微視的経営）　27, 62, 261, 263, 264, 266
マクロ・マネジメント（巨視的経営）　27, 62, 172, 263, 264, 266, 274
負け組　69
マーケット・イン　13
見えないもの　278

見える化　271
ミドル・アップダウン　75
ミドル・マネジメント　105, 107, 115, 138
ミドル・マネジャー　107, 109, 128, 133, 138
未来志向　129-132, 137
持ち合い　25, 74, 230
物言う株主　23, 25
もの造り　5, 57, 141, 173, 274
もの造り神話　30, 61
模倣的起業家　81
問題解決　60, 189, 192, 270, 272, 276

● や　行

役員退職慰労金　267
やめる勇気　270
有効性　1, 10, 12, 19, 28, 65, 72, 171

良い戦略　109
　⇒悪い戦略

● ら　行

楽観論　4
ランキング（時価総額）　82, 87, 90, 92
　――に基づく生存率　83
利益圧縮メカニズム　96
利益剰余金　179, 266
利害関係者（ステークホルダー）　11, 21, 106, 157, 169, 170, 186, 229, 230
リスク志向　128, 129, 130, 132, 135, 137
労働生産性　46-48, 103

● わ　行

悪い戦略　109, 110
　⇒良い戦略

著者紹介

軽部　大（かるべ　まさる）

1969年福岡市生まれ。1993年一橋大学商学部卒業，1998年一橋大学大学院商学研究科博士課程修了。博士（商学）。同年東京経済大学経営学部専任講師。2002年一橋大学イノベーション研究センター助教授，2007年同センター准教授。2017年一橋大学大学院商学研究科兼イノベーション研究センター教授。2006～07年フルブライト奨学金客員研究員（Wharton School, University of Pennsylvania）。1998年に第14回組織学会高宮賞，2003年に第19回組織学会高宮賞受賞。2012年に第55回日経・経済図書文化賞受賞。

主要著書『イノベーションの理由』（共著，有斐閣），『組織の〈重さ〉』（共著，日本経済新聞出版社），『見えざる資産の戦略と論理』（共編著，日本経済新聞社）ほか。

関与と越境：日本企業再生の論理
*Engagement and Trespassing:
Logic of Managerial Reform in Japan*

2017年4月30日　初版第1刷発行

著　　者	軽　部　　　大	
発 行 者	江　草　貞　治	
発 行 所	株式会社　有斐閣	

〒101-0051
東京都千代田区神田神保町2-17
(03) 3264-1315〔編集〕
(03) 3265-6811〔営業〕
http://www.yuhikaku.co.jp/

印　　刷　大日本法令印刷株式会社
製　　本　大口製本印刷株式会社

© 2017, Masaru Karube.
Printed in Japan
ISBN 978-4-641-16500-7

★定価はカバーに表示してあります。
落丁・乱丁本はお取替えいたします。

JCOPY　本書の無断複写（コピー）は，著作権法上での例外を除き，禁じられています。複写される場合は，そのつど事前に，(社)出版者著作権管理機構（電話03-3513-6969, FAX03-3513-6979, e-mail:info@jcopy.or.jp）の許諾を得てください。